청탁금지의 법과 사회

청탁금지의 법과 사회

박명규·이우영 엮음

경인문화사

'부정청탁 및 금품 등 수수의 금지에 관한 법률'(이하 청탁금지법)이 2015년 3월 3일 국회 본회의를 통과하고 3월 27일 공포되었다. 그리고 1년 6개월의 유예기간을 거쳐 2016년 9월 28일부터 시행되었다. 법 시행 2년이 지난 지금까지 비교적 잘 정착하고 있는 것으로 평가된다. 하지만 이 법이 미치는 사회전반의 영향은 단순하게 판단할 일은 아니다. 도덕과 규범, 관행과 행동양식 전반에까지 복합적인 변화를 가져올 수 있기 때문이다.

이 법은 제정시점부터 여러 가지 논란을 불러 일으켰다. 2012년 '부정청탁금지 및 공직자의 이해충돌방지법안'으로 입법예고 되었지만 제정과정에서 이해충돌방지 부분이 제외됨으로써 그 취지가 제대로 반영되지 못했다는 비판이 제기되었다. 교사와 언론인이 이 법의 적용대상자로 포함된 것에 대해서도 민간인의 일상생활에 법의 강제력이 지나치게 개입하는 것이라는 우려도 뒤따랐다. 또한 법시행으로 가장 큰 불이익을 받는다고 생각한 직종과 업종의 불만이 컸고 형평성과 금액의 적정성 등에도 이견들이 속출했다. 2017년 12월 11일 농축수산물 분야에 한해 선물 상한액을 높이는 개정안이 국민권익위원회를 통과했고 국무회의의 의결을 거쳐 일부 시행령의 내용이 변경되기도 했지만 그 골격은 그대로 유지되고 있다. 시행령 개정이 입법취지를 약화시킬 것을 될 것을 우려하는 목소리가 매우 높은 데서 보듯 이 법에 대한 국민적 지지는 상당히 강하다. 시행령 상의 식사, 선물, 경조사비의 금액상한선을 의미하는 소위 3-5-10 조항은 앞으로도 부분적으로 수정될 수 있겠지만 법 자체는 상당기간 한국사회에 유의미한 영향력을 미치는 규범으로 존속할 것으로 예상된다.

그런데 2019년에 들어서 한 국회의원의 개발투기 의혹을 계기로 이해충돌 방지의 중요성이 사회적 관심으로 부상했다. 공적 권력을 보유한 자가 사적 개인으로서 이익추구로 인식될 수 있을 행위를 했을 경우 이를 규율할 적절한 틀이 마련되지 못한 한계가 노정된 것이다. 현재 국회에서는 공직자 이해충돌을 방지하는 법안이 제출되고 그 추진의지를 밝히고 있지만 그 내용은 이미 청탁금지법 제정 당시에 제출되었던 것이다. 권력형 비리를 방지하고 공공성과 투명성을 제고하기 위해 공직자와 민간부문 모두에서 새로운 변화를 견인할 법적 보완과 규범의 재구축 노력이 지속되어야 할 것이다.

이 법이 논의되던 시점부터 이 법이 미칠 사회적 파장에 깊은 관심을 기울여온 사회학자들과 법사회학자들이 법 시행에 즈음하여 공동연구를 추진했다. 우리사회에 만연해 있는 청탁문화, 연고주의의 생활문화를 법이라는 강제력을 통해 변화시키려는 시도가 실제로 어떤 효과를 가져오는지를 조사하는 것은 법의 정당성과 효과성을 높이기 위해서 매우 중요하다. 동시에 법과 사회, 규범과 행동의 관계를 연구하는 학자들에게는 매우 드문 사회적 대실험 과정을 추적하는 기회가 된다. 이러한 문제의식에 공감한 사회학과 법학분야 연구자들이 법 시행 직후와 1년 시점을 택하여 전국 단위의 패널조사를 실시하였고 두 차례의 세미나와 심포지엄을 통해 다양한 사회적인 의견들을 수렴했다. 여러차례 희의와 발표, 자료검토와 토론의 자리에 함께 참여하여 알찬 내용의 글을 만들어준 연구자 여러분들게 깊은 고마움을 전하고자 한다.

서울대학교 법학대학에서는 일찍부터 공익인권법센터를 중심으로 우리 사회의 공공사안에 법이 기여하는 내용들을 연구하고 이를 책으로 출간해왔다. 청탁금지법과 관련해서도 그 중대성을 감안하여 독자 세미나를 개최한 바 있다. 한국사회학회가 수행한 공동연구와 서울대 법대 공익인권법센터의 관심은 학문적으로나 실천적으로 상통하는 바가 매우 많아 양자의 연구작업을 함께 모아 이 책을 간행하기에 이른 것이다.

　이 책의 간행에 있어서 여러분의 도움을 받았다. 꼭 감사를 해야 할 몇 분만 여기에 언급해 두고자 한다. 우선 쉽지 않은 조사설계에서 자료분석에 이르기까지 힘든 작업을 수행해준 김석호, 임동균 교수에게 감사한다. 이들의 손을 거쳐 제시된 데이터들은 앞으로도 이 주제에 대한 중요한 기초자료가 될 것이다. 서울대 법대의 양현아 교수는 공익인권법센터 센터장으로서 공동연구는 물론이고 이 책이 간행될 수 있도록 하는데 큰 도움을 주었다. 책이 만들어지는 전 과정을 꼼꼼히 챙겨준 주윤정 박사의 수고에도 감사한다. 마지막으로 법무법인 율촌의 우창록 대표변호사, 윤세리 대표변호사, 공익재단 온율의 소순무 변호사, 박은수 변호사께 감사한다. 법무법인 율촌은 이 공동연구의 문제의식에 공감을 표하고 물심양면의 지원을 아끼지 않았을 뿐 아니라 심포지엄의 자리에는 귀한 시간을 내어 끝까지 참여해 주셨다. 신뢰와 공정, 공익의 실현을 위해 뜻있는 로펌, 공익재단, 학회와 대학의 연구자가 힘을 모으는 멋진 협력의 한 모델이 되었다고 자부한다. 한국사회가 더욱 투명하고 공정하면서도 신뢰수준이 높은 미래를 만들어가는데 자그마한 도움이 되기를 기대한다.

2019. 2.

필자들을 대표하여　박명규, 이우영

목 차

제2부 청탁금지법 시행의 사회적 효과

제3부 청탁금지법의 전망과 과제

제1부

청탁문화의 관행과
신뢰의 위기

제1장 한국인의 '문화문법'과 사회관계 : 정의와 의리 사이

정 수 복*

Ⅰ. 문화문법과 일상의 변화

정치체제의 변동은 법률과 정책의 변화를 가져오고 그것은 사회구성원들의 의식과 행위를 변화시킨다. 크게 보면 87년 민주화 이후 한국인들의 사고방식과 행위양식은 점차 민주적으로 바뀌어 가고 있다. 그러나 정치체제의 변동이나 정권교체에도 불구하고 견고하게 자리를 잡고 굳건하게 지속되는 오래된 마음의 습관이 있다. 말을 할 때 문법을 생각하지 않아도 문법에 맞게 말을 하듯이 사회생활을 할 때 의식하지 않아도 자연스럽게 나오는 행동이 있다. 그 행동의 방식을 지시하는 마음의 습관을 '문화문법'이라고 부를 수 있을 것이다.1) 한 사회의 종교전통과 오랜 역사적 경험이 교차되고 결합되어 형성된 문화문법은 그 사회의 구성원들의 사고방식과 행위양식의 기저에 자리 잡고 거의 무의식적으로 작동한다. 문화문법은 '당연의 세계'를 구성하기 때문에 거기에 대해서 사람들은 문제를 제기하지 않는다. 그것은 '물론의 세계'이다. "사

---

* 사회학자, 작가
1) 정수복, "문화적 문법이란 무엇인가?", 『한국인의 문화적 문법』(생각의나무, 2007), 46-51쪽.

회생활의 측면에서 볼 때 문화적 문법은 사람들이 타인을 어떻게 보고 어떻게 대할 것이며 어떤 사회적 관계를 만들어나갈 것인가를 규정하는 규칙이다."[2] 당연의 세계인 일상의 변화는 사람들 사이에 형성된 사회관계의 변화 없이는 불가능한데 사회관계의 근본적 변화는 문화문법의 변화 없이는 일어나기 힘들다. 남녀평등이라는 가치가 등장하고 양성평등을 위한 여러 법과 제도가 마련되어 가부장제가 해체되고 남녀차별이 많이 완화되었지만 아직도 남녀불평등은 생활현장 곳곳에서 지속되고 있다. 남녀 간의 관계를 규제하던 문화문법이 아직 완전히 해체되지 않았고 옛 문법을 대체할 새로운 문화문법이 자리잡지 못했기 때문이다. 오랜 기간에 형성된 문화문법은 하루 아침에 바뀌지 않는다.

일상의 삶에서 당연하게 여기는 문화문법 수준의 변화가 없는 한 일상의 사회관계는 크게 달라지지 않을 것이다. 촛불혁명이 보여준 광장 민주주의의 힘으로 대통령이 탄핵되고 정권 교체가 이루어졌지만 그것이 곧 일상의 민주주의로 나타나는 것은 아니다. 문화문법이 작동하는 일상세계의 변화는 정권교체나 정책변화보다 훨씬 더 실현하기 어려운 심층영역이다. 촛불시위 과정에서 널리 알려진 진주에 사는 한 젊은 여성의 다음과 같은 발언은 그런 의미에서 함께 되새겨 볼만하다.

> "분노한 국민들이 박근혜 하야를 외치는 지금 저는 궁금한 점이 있습니다.
> 첫째, 저에게는 가부장적이고 폭력적인 아버지가 있습니다.
> 그리고 절대 명령적인 어머니가 있습니다.
> 둘째, 제가 다닌 초·중·고등학교에서는 반 학생 전체의 의견을 묻지

---

2) 정수복, 위의 책, 48쪽.

않고

　친한 친구의 의견만 듣는 반장들이 있었습니다.

　반장의 뒤에서 자신들의 입맛대로 학급의 일을 결정하는

　반장의 친구들이 있었습니다.

　개인의 자유를 보장하는 국가에서

　두발로 교복으로 시간표로 학생을 통제하는 선생님들이 있었습니다.

　셋째, 제가 아르바이트했던 직장에서는

　노동자와 노동법보다 돈과 상품을 우선시하는 사장이 있었습니다.

　여러분 박근혜 대통령이 하야하면

　제가 직면한 가정과 학교와 노동의 문제가 해결됩니까?

　저는 행복한 가정에서 살 수 있고

　치열한 경쟁이 아닌 배움의 즐거움을 느끼며 공부하고

　기계가 아닌 사람답게 노동을 할 수 있습니까?

　저는 박근혜 대통령이 모든 문제의 책임이라고 이야기하는 것이 싫습니다.

　박근혜 대통령이 하야하면 모든 문제가 해결될 것이라 이야기하는 것이 싫습니다.

　박근혜 대통령 하야 뒤가 더 중요하다고 이야기하는 것이 싫습니다.

　제 삶의 문제가 박근혜 대통령 한 명의 책임입니까?

　최순실 한 명의 잘못입니까?

　저에게 직접적인 영향을 미친것은 박근혜, 최순실 같은 모습을 하고 있는 부모님, 반장, 친구들, 선생님, 회사 사장 그리고 매일 마주하는 사람들이었습니다.

　그들은 박근혜, 최순실이 시키지도 않았는데,

　사람답게 행동할 수 있었는데도 그러지 않았습니다.

　내 안의 박근혜를 발견하고 내 옆의 최순실에 분노했으면 좋겠습니다.

　사람을 돈이나 자신의 소유물로 보지 않고

사람을 돈과 이익으로 환산하지 않고
독립적인 존재로 보는 세상이 되면 좋겠습니다.
어쩔 수 없는 경쟁 속에서 남을 밟고 올라서야만
내가 살아남을 수 있는 것이 아니라고,
우리는 함께 살아가는 존재라고
사람답게 살 세상을 함께 만들어가자고
이야기하는 사람들이 많아졌으면 좋겠습니다."[3]

위의 발언은 '우리 안의 파시즘'을 유지시키는 '한국인의 문화
문법'을 해체하고 성별, 연령, 계층에 관계없이 누구라도 독립적이
고 자율적인 개인으로 서로 존중하고 협력하며 살아가는 공동체를
만들어 나갈 것을 요구하고 있다.

우원식 민주당 원내대표는 2017년 8월 26일 청와대 영빈관에서
열린 당정청 오찬모임에서 "요즘 뉴스 볼만하다. 이게 나라다운
나라구나. 대통령 한 사람 바뀌었는데 이렇게 세상이 바뀔 수 있구
나"하는 이야기를 들을 때마다 뿌듯하다며 지난 109일간의 국정
운영을 높이 평가했다고 한다.[4] 그러나 위에 나온 진주 여성은 물
을 것이다. 대통령이 바뀌었다고 우리들의 일상이 바뀌었느냐고.
진주 여성의 문제 제기를 인식한 듯 문 대통령은 8월 28일에 열린
국민권익위원회의 활동보고 자리에서 "과거에는 부패문제를 주로
공공영역에서 다뤘는데 앞으로는 민간영역에서도 범국가적인 부
패방지대책이 마련되어야 한다고 생각한다"면서 "공공, 민간을 가
리지 말고 국민들 눈높이에서 국민이 체감할 수 있을 정도로 부패
구조를 근절하는 노력을 당부"했다. 그러나 진주 여성이 말하는

---

3) YouTube, "진주촛불집회: 19세 청년의 뭉클 자유발언"(게시일, 2016년 12월
   1일) 동영상에서 녹취했음.
4) 연합뉴스, 2017년 8월 26일, 오후 4시 41분.

억압적인 가정과 학교 교실과 알바 현장의 삶은 법률이나 정책만
으로 수정될 수 없는 관습과 관행의 영역, 다시 말해서 문화문법이
작용하는 삶의 영역이다. 이 글에서 필자는 법과 제도 수준의 변화
와 문화문법 수준에서의 변화를 구별하고 법과 제도의 변화가 장
기적으로는 문화문법 차원의 변화로 이어져야 우리의 삶이 바뀐다
는 주장을 해보려고 한다. 김영란법과 관련하여 먼저 오래된 청탁
문화의 역사와 전통을 간략하게 스케치하고 이어서 청탁문화와 관
련된 가족주의와 연고주의라는 문화문법을 논의한 다음 그것을 해
체하고 재구성하기 위한 일반적인 방향을 논의해 본다.

Ⅱ. 한국사회의 청탁 문화

우리 사회에서는 오랜 세월 동안 인·허가, 취직, 승진, 전보 등
인사 개입, 정부의 지원금 배정, 프로젝트 선정, 법원의 판결, 은행
의 대부, 언론사의 기사작성, 각종 수상 및 포상, 학교 입학과 내신
성적 처리 등의 영역에서 부당한 특혜를 받기 위해 금품을 주고
받는 행위는 도덕적으로 크게 문제가 되지 않았다. 이른바 '연줄'
이라고 부를만한 것이 있는 사람은 그것을 활용하여 여러 부당 이
득을 취하는 것을 당연하게 생각했다. 이런 관습적 행위는 시간을
거슬러 올라가보면 이미 조선 시대 지배층인 양반관료사회에서 상
당히 일반화되어 있었다. "고위 관직자들에게 관직은 그 자체가
광범위하게 재산을 축적할 토대가 되었으며, 개인이 형성하고 있
는 친족망과 교유관계는 자신의 경제활동과 직결되어 있었다."[5]

---

5) 이성임, "은밀한 거래는 어떻게 양반사회를 지탱했나—선물경제가 양반가에
　가져다 준 빛과 어둠" 규장각한국학연구원(엮음), 『조선양반의 일생』(글항아
　리, 2009), 153쪽.

중앙관이나 지방관을 막론하고 조선의 양반관료층은 자신들끼리
의 인적 연결망을 구성하여 "필요시 관력官力을 동원해 주는 일종
의 호혜 경제권"을 구축하고 있었다. 지체 높은 중앙의 관료들이
인맥을 이용하여 군수 등의 지방관들에게 사적인 문제 처리를 위
해 여러 가지 청탁을 하는 일은 조선시대 전 기간에 걸쳐 상당히
일반화되어 있었다. 거기에는 "정실과 사적 이익의 추구라는 부패
가 끼어들 여지가 컸고, 나아가 부패와 그렇지 않은 것 사이의 경
계를 정하기가 사실상 쉽지 않은 경우도 많았다."6) 다음과 같은
인사 청탁은 그 수많은 보기의 하나다. 최혜길(1591-1662)이 종2품
경기감사 자리를 얻기 위해 이조의 고위 관료에게 보낸 편지의 내
용이다.

> "... 제가 외임(지방의 벼슬자리)을 얻으려는 것은 선산에 석물을 세
> 울 일과 이장을 할 일이 있기 때문에 관력의 도움을 조금이라도 받기
> 위해서입니다. 대감께서도 이미 그 뜻을 아실 것입니다. 지금 들으니
> 기백(경기도 관찰사) 자리가 비었다고 하는데, 그 자리가 바로 제 숙원
> 을 이룰 수 있는 곳입니다. 그 절박함을 어찌 다 말할 수가 있겠습니까.
> 판상判相 앞으로 이 뜻을 알렸으니, 반드시 협조하는 말을 해주어 제 소
> 원이 이루어질 것입니다. 대감께서도 특별히 힘을 쓰시어 제 일이 이루
> 어지도록 열성을 다해 주시기 바랍니다. 복인 혜길 올림"7)

양반층은 청탁을 하고 선물을 주고받음으로써 서로 이득을 보
고 그런 과정에서 연결망을 더욱 돈독하게 함으로써 집단적인 특

---

6) 백광렬, "조선시대 인사행정의 문화-유교적 공공성과 부패의 위험 사이에
   서" 김영수 등 공저, 『경남대학교 데라우치문고 간찰 속의 조선시대』(국외소
   재문화재단, 사회평론아카데미, 2014), 67쪽, 58쪽, 75쪽.
7) 백광렬, 위의 글, 66쪽에서 재인용.

권을 유지할 수 있었다. 이런 현상은 조선후기로 갈수록 심해졌다. 정약용의 『목민심서』, 율기육조律己六條의 제 2조 청심淸心에 나오는 다음과 같은 내용은 그런 상황을 방증한다.

> "뇌물을 주고받되 뉘라서 비밀히 아니하려마는 한밤중의 거래는 아침이면 벌써 드러나는 법이다. 보내어온 물건이 비록 작은 것이라도 은혜가 맺힌 곳에 사적인 정은 이미 오고간 셈이다. (...) 수령의 생일날 부하들이 성찬을 바치더라도 수령은 그것을 받아서는 안 된다. (...) 청렴한 사람은 은혜를 베푸는 일이 적으니, 사람들은 이를 병통으로 여긴다. 책임은 자기가 많이 지고, 다른 사람에게는 덜 지우는 것이 좋다. 청탁받은 일을 행하지 않으면 청렴하다고 할 수 있다. 청백한 명성이 사방에 퍼지고 선정하는 풍문이 날로 드러난다면 인생의 지극한 영광이 될 것이다."[8]

일제 식민지 시기에 조선의 지주들은 식민지 통치세력과 결탁하여 경제적 부를 확대하고 사회적 지위를 높였다. 근현대 경제사를 전공하는 홍성찬에 따르면 "지주들은 혈연, 지연, 학연, 혼맥 등을 총동원하여 수성守成을 위한 정치 사회 활동, 이른바 정치사회적 연결망 구축에 나섰다. (...) 국내외 각 관청의 관리나 금융기관 임직원과는 각별한 관계를 유지했다. 연말연시에는 이들에게 무수한 연하장과 선물을 보냈고, 인사철이 되면 연회를 베풀어 이들을 송별 환영하거나 전보, 전화로 축하했으며, 총독부, 도, 군 차원에서 개최한 각종 파티에도 참석하여 교제의 폭을 넓혔다. (...) 그 지역 출신 가운데 서울에 진출하여 성공한 전국적 지명도를 가진 정

---

8) 정약용(지음) 이을호(옮김), 『목민심서』(한국학술정보, 2015), 111-112쪽과 정약용(지음), 윤동환(옮김), 『전환기에 다시 보는 해살 목민심서』(다산기념사업회, 2007), 58-66쪽을 대조하여 다소 수정했음.

재계 인사가 나온 경우는 그와의 지연, 학연을 매개로 연결망 확대
가 더욱 용이했다. 일제하 지주들은 이처럼 혈연, 지연, 학연, 혼맥
등을 총동원하여 금융기관, 권력기관에 '로비'함으로써 대출이나
개발정보 입수 같은 특혜를 제공받았다."9)

　시대를 뛰어 넘어 해방 정국으로 가보자. 1946년 경기도 사릉
부근의 별장에 머무르고 있던 이광수는 서울로 올라와서 막내딸을
데리고 이화여중 입학 시험장에 가서 겪었던 일을 기록했다. 그 당
시에 이미 교육열이 오르기 시작했는지 280명을 뽑는데 900여명이
응시했다. 이광수는 이런 상황을 두고 다음과 같이 적었다.

　　"천명에 가까운 이 딸들은 대개는 한 가지씩 자신을 가진 딸들이다.
　　게다가 이 학교에 대하여서 무슨 끄나불-비록 거미줄만한 끄나불이라
　　도 가진 아이들이다. 혹은 직원과 무슨 관계가 있거나, 혹은 유력자의
　　소개나 청이 있다든가, 부형 자신이 명사라거나, 혹은 돈으로 우겨댈
　　만한 재산이 있다거나, 또는 이 학교 출신의 딸이라거나, 이 모양으로
　　대개는 시험 성적 이외에도 무엇 한 가지 믿을 것이 있는 아이들일 것
　　이다. 제 성적에 자신을 가진 아이들은 이 학교가 공정한 채점을 하기
　　를 비는 반면에, 성적보다 다른 힘을 믿는 아이들과 그의 부모들은 학교가
　　고집불통이 아니요, 좀 변통성이 있기를 바랄 것이다."10)

　이광수는 시험장 주변에 마련된 학부형석에서 여동생을 데리고
온 한 소년을 만나 이야기를 나누는데 그 소년의 다음과 같은 말은
당시 보통사람들의 입학시험의 공정성에 대한 불신을 보여준다.

---

9) 홍성찬, "일제하 지주층의 존재형태", 김용섭교수 정년기념 한국사학논총
　　간행위원회(편), 『한국 근현대의 민족문제와 신국가 건설』(지식산업사, 1997),
　　359-361쪽.
10) 이광수, "서울 열흘", 『돌베개』(우신사, 1985)〔1948〕, 91쪽.

"모두들 유력한 청이 있거나 돈을 많이 내어야 들어가죠, 제 동생같이 시골서 혼자 올라와 가지고 어떻게 들어가요? 오만원만 내면 누구나 들어간답디다.(...) 요새에 공도公道로 되는 것이 하나나 있어요? 모두 협잡이지요, 야미구요."11)

이광수는 소년의 말을 듣고 나서 "'부자의 자식 낙제하는 법 있나?'하는 것이 근년에 자주 들리는 말이 된 것은 불행한 일이어니와 딴은 꼽아보면 그런 것도 같았다. 부자의 저능아 하나를 넣기 때문에 우량아 하나가 울어야 하는 것이다. 이런 일이 많으리라고 생각지 아니하거니와 더러 있더라도 슬픈 일이었다"라면서 "나는 이 소년에게 이러한 선입견을 넣어준 어른들과 우리의 사회 상태를 원망하지 않을 수 없었다. 만일 소년들이 이런 생각을 많이 가지게 되면 이 민족이 어떻게 될까. 어찌하면 이 소년의 마음에서 이런 무서운 편견을 빼어낼 수가 있을까. 실로 무시무시한 큰 문제다."12)

6.25전쟁을 겪으면서 그런 관행은 더욱 강력해졌다. 생사가 교차하는 전쟁 상황에서 믿을 데라고는 일가친척과 연고가 있는 사람들뿐이었다. 문학평론가 이어령은 1962년 「경향신문」에 연재한 "끼리끼리 사는 것"이란 글에서 한국인들이 가족이나 친족, 친구 등 연고가 있는 사람들에게는 너그럽지만 그 밖에 있는 사람들에게는 그와 대조적으로 무관심하고 냉정하다는 것을 다음과 같이 지적했다.

---

11) 이광수 윗글, 92-93쪽. 1931년 5월 《별건곤》이란 잡지 40호에는 "경성 모학교에 사무실에서 생긴 입학시험 부정행위"라는 기사가 실려 있는데 "학부모들이 공부 못하는 아이들을 입학시키기 위해 시험성적을 조작하면서 '선생님을 모시고 조용한 요릿집에 가서 한잔 대접을 한다든지 또는 절간으로 기생과 한 가지로 모시고 나간다든가' 하는 일이 문제가 되기도 했다." 김진송, 「화중선을 찾아서-기생과 룸펜의 사회사」(푸른역사, 2017), 205쪽.
12) 이광수, 위의 글, 91쪽과 93쪽.

"그런데 친구끼리는 그렇게 다정한 한국인이지만, 낯선 사람들에게
는 의외로 무뚝뚝하고 배타적이다. 낯모르는 사람에게는 절대로 인사
를 하지 않는다. 뿐만 아니라 면식이 없는 사람들끼리는 사소한 일을
가지고서도 양보를 하지 않는다. 곧잘 싸움을 한다. 염치가 없다. 호의
를 받고서도 답례조차 없다. 아는 사람끼리는 그렇게 예의가 바르고 그
렇게 정답고 그렇게 온화한 사람들이지만 공중적인 면에서는 한없이
냉랭하고 무례하기만 하다."[13]

이어령은 이런 모습의 한국사회를 "공공도덕의 제로 지대"라고
부르면서 연고가 있거나 관련이 있는 소속집단의 구성원들끼리는
유대감과 결속력이 강하지만 소속집단 밖의 사람들에게는 배타적
이고 무관심하고 때로 무자비한 한국인의 집단주의를 두고 이렇게
말한다.

"우리가 동방예의지국이란 것은 의심할 수 없다. 그러나 그 예의는
울타리 안의 것이요, 아는 사람 끼리만의 예의다. 일단 '거리'에 나서
면, 낯선 사람끼리 만나면 야만에 가깝고 거의 냉혈족으로 표변한다.
친지의 '모럴'은 그럴 수 없이 발달해 있지만 공중의 모럴은, 사회 전
체를 상대로 한 그 인정은 메말라 있기만 하다."[14]

이어령이 말하는 '끼리끼리 의식'은 이해관계가 분명하게 갈라
지는 상황이 되면 "우리가 남이가?"라는 연대의식을 바탕으로 패
거리주의로 바뀐다. 거기서 공정한 판단이 실종되고 배타적이고

---

13) 이어령, 「흙속에 저 바람 속에: 증보 그 후 40년」(문학사상, 2002), 137쪽.
1963년에 초판이 나와 베스트셀러가 된 이 책은 스테디셀러가 되었고 2002
년 증보된 결정판이 나왔다.
14) 이어령, 윗글, 139쪽.

집단적인 이기주의가 발동한다.

5.16쿠데타 이후 경제개발5개년계획이 실시되면서 급속한 경제 성장 과정에서 정부가 기업에게 특혜를 주고 기업은 청와대와 정부의 고위층에 뇌물을 상납하는 '정경유착'의 관행이 생겼다. 이것은 조선시대 이래 실권 있는 정치인이나 고위직 공무원을 통해 특혜를 얻기 위해 연줄을 최대한으로 활용하는 오래된 마음의 습관이 새로운 모습으로 변형되어 나타난 것이다. 1960년대와 1970년대를 거치면서 이런 관행은 널리 일반화되고 점점 심화되었다. "안 되도 되게 하라"는 말이 있듯이 객관적 근거와 규정에 따라 일이 처리되지 않으면 인맥을 동원해서 일이 되게 하는 편법이 널리 사용되었다. 1980년대 중반에 쓴 편지 형식의 글에서 사회학자 한완상은 이런 현상을 다음과 같이 비판했다.

　"기회 있을 때마다 나는 편법주의 가치관의 독소를 지적해 왔소. 이 가치관이 결국 70년대의 비극을 가져왔다고 해도 크게 지나치지 않을 것이오. 강 선생, 편법주의는 설정된 목표를 달성하기 위해서는 수단과 방법을 가리지 않겠다는 의지와 태도가 아니오. 한 마디로 목표 달성을 위해서는 반도덕적인 편법이나 비윤리적인 수단을 서슴지 않고 사용하겠다는 태도가 바로 편법주의 가치관 아니겠소. 이 같은 가치관은 이 땅의 구석구석까지 스며들었소. 잘 사는 사람은 잘 사는 사람 나름대로 편법주의를 갖고 있고, 못사는 사람은 못사는 사람대로 그것을 활용하고 있소. 높은 양반이나 낮은 서민이나 간에 생존하기 위해서는 그것을 즐겨 사용하고 있소."15)

---

15) 한완상, 『역사에 부치는 편지』(삼민사, 1985), 133쪽. 한완상은 양심을 지키며 가난하게 사는 '청빈'淸貧 윤리를 버리고 떳떳한 방법을 사용하여 부를 축적하는 '청부'淸富의 윤리를 제시했다.

오늘날에도 이런 관행은 크게 바뀌지 않았다. 1990년대 중반 사회학자 박영신은 정경유착의 관행에 대해서 다음과 같이 진단했다.

> "우리나라의 경제 영역에는 정치 지도자나 행정 관료의 관여도가 높고, 이들과의 관계가 합리적이거나 공개적인 근대적 체제로 제도화되지 않고 있기 때문에, 경제와 정치·행정의 관계는 계속 '사사롭고' 비공식적인 수준에 크게 머물러 있을 것이다. 곧 경제 영역에 귀속적 유대는 좀처럼 허물어지지 않을 것만 같다."[16]

사사롭고 비공식인 수준에서 이루어지는 정경유착은 인맥관리를 통해 이루어진다. 인맥 관리는 개인적 차원에서만이 아니라 기업 경영의 차원에서도 매우 중요한 사안이다. 한 때 공개되어 파문을 일으켰던 '삼성파일'은 거대 재벌이 사회 각 영역의 중요한 인물들을 대상으로 촘촘한 거미줄 인맥 관리를 하고 있음을 여실하게 보여주었다. 한국사회에서 인맥의 중요성에 대한 인식은 2000년대에 들어서 더욱 강화되었다. 1964년 12월 동아일보사는 전국 성인 남녀 1020명을 대상으로 한 설문조사에서 "취직이나 출세를 하려면 연줄, 돈, 실력 중 어느 것이 중요한가"라는 질문을 던졌는데 이에 대해 응답자의 46%가 실력이라고 답했다.[17] 그 시기에는 먹고 살기 힘들어도 땀 흘려 실력을 갖추면 성공할 수 있다는 자신감과 공정한 기회에 대한 확신이 있었다. 그로부터 50여년이 지난 2016년 12월 동아일보사는 한국개발연구원(KDI)과 함께 실시한 조사에서 성인 1000명에게 과거와 똑같은 질문을 던졌다. 그 결과 실력이 가장 중요하다고 답한 비율은 33.8%로 떨어진 반면에 혈연, 지연, 학연 등 인맥을 꼽은 응답은 36.%로 증가했다. 점점 더

---

16) 박영신, 「우리 사회의 성찰적 인식」(현상과인식, 1995), 23쪽.
17) 「동아일보」, 2017년 1월 5일, "성공 조건 1순위 무엇일까요... 같은 설문 해보니"

많은 사람들이 실력보다 인맥이 있어야 성공한다고 생각하는 것이다.

인맥을 활용한 청탁문화는 오늘날에도 지속되고 있는 아주 오래된 관행이다. 삼성 이재용 회장의 뇌물 상납, 정유라의 이화여대 부정입학은 그런 오래된 관행의 보기일 뿐이다. 그런 관행을 근절시키기 위해서는 법과 제도가 필요하다. 김영란법도 부당청탁 방지를 위한 법의 하나이다. 많은 사람들이 김영란법이 제대로 시행되어 부당한 청탁문화가 근절되기를 바란다. 그러나 김영란법의 시행이 '법대로' 순조롭게 시행되지 못할 수도 있다. 일단 언론지상에서 떠들어대면 법의 대상이 되는 사람들이 고발과 처벌이 두려워 조심하지만 시간이 지나가면 다른 우회적인 방법을 마련해 이전의 관습이 암암리에 작동하게 될 수도 있다. 청파교회 김기석 목사는 설교 중에 김영란 법 시행에 대해 다음과 같이 언급했다.

"김영란 법이 시행된 후 정계, 관계, 언론계가 술렁거리고 있습니다. 이해관계가 걸려있는 이들일수록 이 법을 불편하게 여깁니다. 대접받는 일에 익숙한 이들은 이 법에 코웃음을 칠지도 모르겠습니다. 관행화된 접대를 통해 이익을 확보하곤 했던 이들이 또 다른 방법을 찾아내고야 말 테니 말입니다. 감리교회가 세습방지법을 만들자 법의 틈새를 교묘하게 파고들어 변칙적인 세습을 완료하는 이들을 본 경험이 있기에 하는 말입니다."[18]

---

18) 김기석, 『끙끙 앓는 하나님』(꽃자리: 2017), 94쪽. 법조계의 전 현직 판검사들은 "사건과 관련하여 돈을 받는 게 아닌 이상, 실비, 휴가비, 전별금, 술대접 등을 부패의 범주에 넣지 않는다. (...) 실비란 판검사의 식비와 직원 회식비 등의 명목으로 변호사에게 조달받는 돈"을 말한다. 실비도 준다고 다 받는 게 아니고 액수가 크면 안 받고, 모르는 사람 이 주는 돈은 안 받고, 준 사람이 그거 가지고 사기 칠 것 같으면 안 받는다. 김두식, 『불멸의 신성가족: 대한민국 사법 패밀리가 사는 법』(창비, 2009), 87-89쪽.

그러므로 법을 제정하여 부정 청탁이 위법행위라는 사실을 널리 알리는 일과 더불어 아는 사람들끼리 금품을 수수하며 이루어지는 청탁행위가 도덕적으로 부당한 것이라는 윤리의식이 널리 확산되어야 한다. 그것은 법의 문제 이전에 가정과 학교와 종교기관에서 이루어지는 교육의 문제이다. 인맥을 활용한 청탁문화를 당연하게 여기는 문화문법의 변화가 없으면 그런 일은 언제든지 다시 일어날 수 있다. 다만 눈에 뜨이지 않게 더욱 은밀한 형태로 일어날 것이다. 아래에서는 윤리의식의 변화를 위한 교육의 문제를 논의하기에 앞서 한국인의 사회관계 형성에 작용하는 문화문법 에 대해 살펴본다.

Ⅲ. 한국인의 문화문법

종교는 한 사회의 구성원들이 세상을 해석하고 살아가는 방식, 다시 말해서 세계관과 인생관이 형성에 근본적인 영향을 미친다. 한국사회의 종교 전통은 무교-도교-불교-유교-기독교(가톨릭/개신교)로 이어지면서 여러 종교 전통이 서로 영향을 미치며 혼합되는 양상을 보인다. 그 가운데 오랜 세월동안 무교와 유교가 상호작용하며 '무교-유교 결합체'가 형성되어 한국인의 근본적 문화문법을 구성했다는 가설을 설정할 수 있다.[19] 현세적 물질주의, 감정우선

---

19) 무교-유교 결합체의 영향력에 대해서는 정수복, 『한국인의 문화적 문법』(생각의나무, 2007), 329-332쪽을 볼 것. 무교-유교 결합체는 불교의 현세 부정의 정신과 기독교 전통에 내장된 초월의 정신을 약화시키고 현실을 긍정하는 '현세적 물질주의로 변질시켰다. 현세적 물질주의에 대해서는 정수복, 윗글, 110-115쪽을 볼 것. 일찍이 법과 종교의 관계를 연구한 함병춘은 샤머니즘을 한국인의 세계관의 기초로 보면서 한국인은 '근본적으로 현세적인 인생관' fundamentally this-worldly life-view를 가지고 있다고 보았다. Pyong-

주의, 가족주의, 연고주의, 권위주의, 갈등회피주의가 한국인의 근
본적 문화 문법을 구성한다. 거기에 조선 후기와 개화기의 혼란,
식민지 체험, 6.25전쟁 체험, 권위주의적 경제성장 과정을 거치면
서 감상적 민족주의, 국가중심주의, 속도지상주의, 근거 없는 낙관
주의, 수단방법중심주의, 이중규범주의라는 파생적 문화문법이 형
성되었다. 위에 제시한 12개의 문화문법 요소들은 20세기를 지나
21세기를 살아가는 한국인의 추구하는 삶의 가치와 행위 양식의
구성에도 일정한 영향을 미치고 있다.[20]

현세적 물질주의는 한국인의 인생관의 기저를 형성하고 있다.
대다수의 한국인들은 "잘 먹고 오래 살다 죽으면 그뿐이지 다른
뭐가 있냐"는 식의 천박하고 척박한 삶의 철학을 내면화하고 있다.
백낙청은 그런 삶의 철학을 '걸인의 철학'이라고 불렀는데 그런 삶
의 철학은 정신적인 가치 추구를 무의미한 것으로 만든다. 지금 여
기에서의 만족과 행복을 넘어서는 다른 가치 추구를 무의미한 것
으로 만드는 극단적 세속주의는 윤리와 도덕, 가치와 의미 차원의
문제를 제기하지 않는다. 돈이나 권력 사회적 지위로 표현되는 세
속적 성공 이외에 다른 가치는 무의미하다. 1960년대 이후 "우리
도 한 번 잘 살아 보세"라는 구호 아래 세속적 성공을 위한 경쟁과
투쟁이 격화되면서 수단과 방법을 가리지 않고 성공하려는 태도가
형성되고 불법과 편법이 만연하게 되었다. 경제성장이 지속되면서
현세적 물질주의와 가족주의, 연고주의 등의 근본적 문화문법 위
에 속도지상주의, 수단방법중심주의, 이중규범주의라는 파생적 문
화문법이 작동하여 각자 더 많은 희소가치를 얻기 위한 경쟁이 격
화된 것이 오늘날 한국사회의 현실이다. 아래에서는 이익 추구를

Choon Hahm, *Korean Jurisprudence, Politics and Culture*(Seoul: Yonsei
University Press, 1986), 79쪽.
20) 각각의 문법요소에 대한 설명은 정수복, 위의 책, 105-191쪽을 볼 것.

위한 청탁문화를 당연한 것으로 여기도록 만드는 한국인의 문화
문법 가운데 가족주의와 연고주의라는 두 개의 문법 요소에 대해
서 논의해 본다.

1. 가족주의와 공공의식의 결여

1인 가족이 증가하고 가족이 해체되고 있다는 위험 신호가 여
기저기 들리고 있지만 한국인의 문화문법 가운데 중요한 위치를
차지하는 '가족주의'와 그로부터 파생된 '연고주의'는 쉽사리 해체
되지 않고 여전히 한국인의 사회적 행위에 영향을 미치고 있다. 가
족주의는 가족 구성원 사이의 내부적 유대와 결속을 바탕으로 가
족의 이익을 배타적으로 추구하는 가치의식이다. 연고주의는 혈연,
지연, 학연에 따라 형성된 집단의 구성원들이 상부상조하면서 자
기 집단의 이익을 배타적으로 추구하는 가치의식을 말한다. 가족
주의와 연고주의는 "이기적이며, 사회 전체를 집합적으로 파악하
기를 거부하려는 지향성을 안고 있다."21) '우리'만 잘 살면 그만이
라는 생각은 집단들 사이의 경쟁심을 고조시키고 질투와 비난의
문화를 일반화시킨다. 그에 따라 더 큰 사회의 구성원들이 함께 참
여해서 풀어가야 할 공적 문제에 대한 관심을 축소시킨다. 민주화
이후 시민참여를 보장하는 민주적 제도가 만들어져도 공적인 의식
이 없기 때문에 제대로 된 시민사회가 형성되지 못하고 간사들이
주도하는 시민 없는 시민운동이 일어났다가 사그라지곤 한다.22)
가족주의와 연고주의는 자신을 포함하여 여러 사람이 겪는 공동의
문제를 공적으로 해결하려고 하지 않고 사적으로 풀어가려는 의식

---

21) 박영신, 『우리 사회의 성찰적 인식』(현상과인식, 1995), 35쪽.
22) 정수복, 『시민의식과 시민참여』(아르케, 2002)

이다. 유치원에서 부터 시작되는 입시지옥이라는 교육문제를 교육
정책의 변화로 해결할 생각을 하지 않고 어머니가 가사 도우미를
해서라도 사교육비를 마련하는 방법을 쓴다. 어린아이나 노인이나
환자를 돌보는 돌봄 노동의 문제도 공적으로 해결하기 보다는 가
족의 범위 내에서 해결하는 방법을 선호한다. 아이는 어머니가 돌
보아야 하고 노인은 며느리나 딸이 돌보는 것을 이상적으로 생각
한다. 그렇게 사적으로 문제를 해결하면서 정부를 비판하고 정치
인을 욕한다. 한국인의 정치에 대한 과도한 비판의식은 공적인 책
임감의 표현이라기보다는 근거 없는 자기 정당성의 확보이며 자기
집단의 특수주의적 관점을 벗어나지 못하는 미성숙한 시민의식의
표현일 경우가 많다.

　한국인들은 사회관계 형성에서 추상적인 정의나 형평성보다는
혈연, 지연, 학연과 같은 구체적인 '인간관계'를 중시해 왔다. 그
뿌리에 가족주의가 자리하고 있다. 가족 구성원끼리 맺는 관계는
다른 사회적 관계의 원형이 된다. 문화를 자신의 행위를 구성하고
정당화하는데 사용하는 의미의 '도구상자'라고 한다면 대부분의
한국인들은 유교문화에 터한 가족주의를 활용하여 행위의 방향을
설정하고 그 행위를 정당화한다. 자기 가족의 이익을 극대화하려
는 동기에 의해 움직이는 가족주의와 유사가족주의적 발상은 부정
부패, 불의, 비리, 불공정, 부당행위 등으로 이어지기 쉽다.[23] 사회
학자 박영신은 가족주의와 연고주의라는 유사가족주의가 사라지
거나 약화되지 않고 재생산되고 지속되는 과정을 다음과 같이 설
명한다.

　　　"내가 몇몇 글을 통하여 펼쳐 보이려 한 바, '가족주의'에 뿌리를

---

23) 유사가족주의의 보기로 법조계 전체를 이익을 공유하는 하나의 '가족'으로
　　보고 있는 김두식, 위의 책을 볼 것.

두고 이로부터 의식과 행동 지향성의 모형을 끌어내고 있는 '유사가족
주의'의 개념이 우리 사회를 분석하고 이해하는 데 편리한 탐색적 도
구가 될 수 있다. 그것은 (유사) 가족 집단을 행동 단위로 삼아 행동
규칙에서 획일·위계적인 권위 관계와 사사로운 친분 관계를 강화·재생
산 한다. 그러므로 민주주의라는 틀을 끌어 쓴다 하더라도, 그것은 가
족주의적인 테두리를 넘어 사회 구성원 일반이 공평하고도 자율적으로
행동하고 판단할 수 있는 공공의 영역으로 제도화되지 못하고 오히려
그 테두리 안에 갇혀 사사로운 친분적 기준에 따라 행동하고 판단하는
사적 영역의 확장을 불러오고 있을 따름이다."[24]

　　가족주의와 연고주의 또는 유사가족주의는 1960년대 이후 경제
성장 과정에서 자본주의와 결합하여 한국의 자본주의를 '친분적
자본주의'로 만들었다. 대기업 총수나 대학 총장, 대형교회의 목사
직을 부자세습하는 관행이 자연스럽게 수용되고 혈연, 지연, 학연
으로 연결되어 친분관계를 형성한 사람들이 종횡으로 연결되어 상
부상조하며 집단이익을 추구하는 관행이 일반화되어 있다. 그런
의식과 행위는 너무 자연스러운 일이어서 크게 문제시되지 않았
다. 만약에 박근혜를 배후에서 조종한 비선 실세가 박근령이나 박
지만이었다면 국민들의 분노는 훨씬 덜 심했을 것이라는 해석도
가능하다. 국민들이 전경환, 김현철, 김홍일, 이상득 등 대통령의
아들이나 형제들의 부당한 개입에 상대적으로 너그러웠던 이유는
개입의 범위가 제한되어 있었다는 점과 더불어 가족주의라는 문법
이 작동했기 때문이다.

---

24) 박영신, 「우리사회의 성찰적 인식」(현상과인식, 1995), 378쪽.

2. 동창회라는 연고주의의 온상

우리들의 일상생활은 어떤 가치와 원칙에 따라 이루어지기보다
는 '마음의 습관'habits of the heart'에 의해 이루어지는 경우가 더
많다. 마음의 습관은 한 사회가 오랜 세월을 두고 지속시켜온 인간
행위의 문법과 같은 것이다. 한국인들의 의식 속에 깊이 뿌리 박혀
변치 않는 마음의 습관 가운데 "끼리끼리 의식"이라는 것이 있다.
한 집단의 구성원들 사이에는 강한 결속감과 유대관계가 이루어지
고 서로 돕고 협력하는 집단의식이 형성되지만 집단 밖의 구성원
들은 무관심이나 경쟁의 대상일 뿐 아무런 고려나 배려의 대상이
되지 않는 것이다. 물론 그러한 집단을 구성하는 데 작용하는 기준
은 개인의 이익을 넘어선 높은 뜻과 초월적 이상이라기보다는 혈
연, 지연, 학연 등 인생을 살아오면서 우연히 형성된 '인연의 사슬'
일 경우가 많다.

일제시대와 1950년대까지만 하더라도 지연이 중요하게 작용했
다. 1920년대 말 방응모 조선일보 사장이 동아일보에서 일하고 있
던 이광수를 조선일보로 오라고 할 때 한 말은 "아니 평안도 사람
이 왜 전라도 사람이 하는 신문사에서 일하고 있나?"였다. 지금도
어느 지역 출신이냐가 여러 영역에서 인맥 형성에 중요하게 작용
하고 있다. 그러나 오늘날 연고주의의 작동에서 가장 큰 힘을 발휘
하는 것은 학연이다. 연말이 되면 신문의 모임을 알리는 소식난은
초등학교 동창회, 중학교 동창회, 고등학교 동창회, 대학동창회, 사
관학교 동창회 등의 모임 광고로 가득 찬다. 미국의 유수한 대학에
서 공부했던 유학생 동창회는 특별히 사진과 함께 크게 실리기도
한다. 혈연을 제외한다면 그래도 믿을만한 것은 같은 학교를 다닌
동창생들이라는 생각에서 동창회는 서로 돕는 상부상조의 역할을

톡톡히 하고 있다. 동창회 가운데서도 가장 큰 힘을 발휘하는 것이 고교 동창회이다.25) 학창 시절을 함께 보낸 친구들이 인생을 살아 가면서 서로를 격려하고 지지하는 '중요한 타자'가 되는 것은 누구도 말릴 수 없는 아름다운 전통이다. 그러나 동창회가 인맥으로 작동하여 부정한 청탁을 주고받는 연고주의의 온상이 되고 있다면 그건 문제가 아닐 수 없다.

한국사회에는 정치권과 공직사회, 기업과 대학, 그리고 사회운동권과 종교계에 이르기까지 특정 고교의 인맥이 튼튼하게 작동하고 있다. 서울과 부산, 광주 등 지방 대도시의 명문고 출신들이 정계, 관계, 재계, 법조계, 언론계, 학계 등 사회 요로에 대거 고위직을 차지하고 있다. "경'기'고 동창들은 '기'고 있고, 서'울'고 동창들은 '울'고 있으며, 경'복'고 동창들은 '복'고 있다"는 우스갯소리를 들은 적이 있다. 우스개 소리를 들은 적이 있다. 서울의 명문고 출신들이 자기들이 한국 사회를 지배하는 게 당연한데 경북고, 경남고, 광주일고, 전주고 등 영호남의 명문고 출신들이 강력한 인맥을 형성하여 한국 사회를 지배하고 있다는 말을 자조적으로 표현하는 말이다. 이와 같은 농담의 밑바닥에는 특정 명문고 출신의 동문들이 뭉쳐 한국 사회를 좌지우지할 수 있다는 기본 전제가 깔려 있다. 명문고를 나온 다음 소위 SKY대학을 나온 사람들이 한국사회를 좌지우지하는 일은 너무나 당연한 사실이어서 누구도 거기에 대해 문제를 제기하지 않는다. 사회의 공기인 언론사들이 앞 다투

---

25) 한국인들의 변치 않는 '마음의 습관' 가운데 가장 강력하게 작동하는 것 중의 하나가 연고주의이고 동창회는 연고주의의 가장 강력한 온상이다. 한국 최고의 대학이라는 서울대학교 총장 선거에서도 후보가 경기고 출신이냐 서울고 출신이냐를 놓고 고교 동창생들끼리의 경쟁이 벌어졌다는 사실을 알 만한 사람은 다 안다. 지방 대학의 총장 선거도 마찬가지로 지방 명문고 동창생들끼리의 한 바탕 자존심 싸움으로 끝나는 경우가 많다. 정수복, "한국사회와 고교동창회" 『기독교세계』, 1999년 4월호.

어 그런 의식을 조장하고 강화시키기도 한다. 어느 신문 기사는 "황교안 총리가 국회 본회의에 출석하는 사진"을 제시하면서 그가 "경기고 동창인 노회찬에게 인사를 하고 있다"고 두 사람 사이의 동창관계를 밝히고 있다. 대선 기간에 작가 유시민은 텔레비전 생방송에 출연하여 유승민 후보와 이야기를 나누면서 유승민이 자신의 경북고교 3년 선배이고 서울대 경제학과 선배이기도 하다는 사실을 공공연하게 이야기했다. 한 일간지의 워싱턴특파원은 최근 미국대사로 내정된 빅터 차를 소개하는 기사에서 그의 선친이 경기고 49회 출신으로 이회창, 이홍구 전 총리들과 동기라는 사실을 밝혔다.26)

혈연은 그 범위가 좁기 때문에 활동 범위가 넓어질수록 학연의 중요성이 커진다. 고교 동창이나 대학 동창이라는 학연으로 연결된 인맥 안에 들어있는 사람들에 한해서 신뢰관계를 형성하고 정보를 교환하고 비밀을 유지하며 중요한 일 처리를 위해 아는 사람을 소개한다.27) 그렇기 때문에 명문고와 명문대 출신들끼리 자연스럽게 형성되는 학맥이 없는 사람은 정치를 할 수가 없고 사업을 하기도 어렵다. 한 재벌 그룹 간부의 다음과 같은 증언은 학맥의 중요성을 보여준다.

"가령 세금이나 수출문제로 재무부 상공부 등에 출입하며 과정, 국장들과 안면을 닦고 로비를 한다고 칩시다. 명문대를 나온 사원들은 동창이니 선배니 하며 연줄로 찾아가 '저 무슨 과 몇 횝니다' 하면 '아,

---

26) 김현기, "주한대사 내정 빅터 차의 등장은 어떤 변화 몰고 올까" 「중앙일보」, 2017년 8월 30일.

27) 한국의 계약문화를 보면 혈연, 학연 등 인맥이 연결되는 한에서만 상대방을 신뢰하고 인맥으로 연결되지 않는 사람에게는 엄격한 안전장치를 요구한다. 인맥 안에서는 소송을 기피하고 양보와 타협으로 분쟁을 종결한다. 이은영, "한국의 계약문화" 「법과 사회」 16/17합본호(1999), 293쪽.

그래'하며 얘기의 물꼬가 트입니다."28)

그러나 그런 연고가 없이 자수성가한 사람들이 간혹 나온다. 그런 사람들은 뛰어난 사교력과 돈으로 유사 연고관계를 형성한 사람들이다. '성완종 리스트'를 남기고 자살한 성완종 같은 사람이 그 보기이다. 그는 초등학교 졸업의 학력에 맨 주먹으로 거대한 기업체를 형성하고 운영하는 과정에서 한국의 정관계 인사들과 수많은 인맥을 형성했다.29) 그러나 그런 예외적인 경우 말고도 연고가 없는 사람이 크고 작은 일을 처리하면서 살아가려면 청탁에 의지해야 하고 그러기 위해서는 사전에 선물과 뇌물을 통해 친밀한 관계를 만들어야 한다. 혈연과 학연은 아니더라도 그에 근접하는 우호적 관계가 형성되어야 때로 부적절한 청탁이 가능하고 서로 이익을 공유하는 호혜적 관계가 형성되기 때문이다. 강준만은 이런 상황을 두고 이렇게 썼다.

"우리 있는 현실을 그대로 이야기 해보자. 어떤 일을 하려는데 정상적인 절차를 밟아서는 하기 어렵다. 그럴 때 당신은 학연과 지연 혈연을 찾아 누구에겐가 전화를 건다. 그러면 금방 해결된다. 당신에겐 죄의식이 전혀 없다. 그건 세상을 살아가는 융통성이요 지혜의 기본일 뿐이니까. 그러나 당신처럼 그렇게 전화 한 통으로 해결할 수 있는 학연과 지연과 혈연을 갖지 못한 사람이 누구에겐가 돈을 주고 어떤 일을 해결했을 때에 당신은 그건 부정부패라고 분노한다. 연고에 의한 청탁

---

28) 강준만, 『서울대의 나라』(개마고원, 1996), 96쪽에서 재인용.
29) "공직자에게 뇌물을 주려고 해도 무턱대고 주지는 않으며, 그 이전에 학연과 지연을 통래 사전 작업이 이루어지기 마련이다. 이는 뇌물을 받는 쪽의 입장도 마찬가지이다. 학연과 지연이 없이 뇌물을 줄 때는 그 단위가 훨씬 더 높아진다." 연고가 없는 사람의 뇌물은 위험부담이 높기 때문이다. 강준만, 『서울대의 나라』(개마고원, 1996), 87쪽.

은 괜찮고 금품을 이용한 청탁은 범죄라면 그건 정말이지 너무 불공평하지 않는가. (...) 사실 우리 국민의 대다수는 학연과 지연에 위한 '봐주기'에 대해 죄의식은커녕 아무런 도덕적 거리낌도 없다. 그러면서 모두들 부정부패에 대해 단호하게 대응해야 한다고 목청을 높인다. 즉 실정법을 어긴 부정행위에 대해서는 엄격하게 대응해야 한다고 주장하면서 법으로는 좀 따지기 어려운 부정행위에 대새선 완전히 무감각하다는 것이다."30)

Ⅳ. 의보다 앞서는 의리

혈연으로 이루어진 가족주의와 지연과 학연으로 이루어진 연고주의는 그 안에 부패할 수 있는 잠재적 가능성을 안고 있다. 혈연과 학연으로 맺어진 '의리'가 '정의감'보다 힘이 세기 때문이다. 한국인들은 개인적으로 잘 아는 사람을 모르는 사람과 똑같이 대할수는 없다고 생각한다. 가까운 사람들 사이의 사사로운 '의리'가 공적인 '정의'라는 추상적인 원칙보다 중요하게 작용한다. 박근혜 대통령 탄핵 인용 이후 소위 '친박'으로 불렸던 정치인들의 발언 가운데 '의리'라는 말이 나오는데 그 말을 잘 들여다보면 일상적으로 한국인이 의리라는 말이 어떻게 쓰이는가를 알 수 있다. 친박계의 핵심으로 꼽히던 최경환 의원은 "박근혜 전 대통령의 재직시절 직접 모시거나 남다른 인연을 맺은 의원들이 인간적인 도리를 다하고자 마중나간 일에 대해 이렇게 매도 당하고 비난 당해 세상 민심이 야박할 따름"이라면서 "대통령이 탄핵되었다고 해서 인간적인 의리를 끊으라고 하는 것은 저에게 어떤 비난이 쏟아지더라

---

30) 강준만, 위의 책, 84쪽과 85쪽.

도 받아들일 수 없다"고 밝혔다.[31] 친박계 윤상현 의원도 연합뉴스에 "각자 입장에서 박 전 대통령에게 자발적으로 도리와 의리를 지키겠다는 것일 뿐 박대통령이 무슨 지시를 내린 것은 전혀 없"다고 말했다.[32] 오랜 세월 인연을 맺고 공동의 이익을 추구해온 집단의 구성원들이 어느 날 자신에게 닥친 불이익에도 불구하고 그 집단의 우두머리를 끝까지 섬기겠다는 것이다. 두 사람은 모두 국정농단에 따른 대통령 파면이라는 사태 앞에서 스스로의 과오를 반성한다든가 책임을 통감한다는 말은 하지 않고 '의리'라는 말로 자신들의 행위를 정당화 했다. 사회정의나 민주주의라는 가치보다는 박근혜 전 대통령을 개인적으로 배신하지 않고 의리를 지키는 것을 최고의 가치로 여기고 있는 것이다.

그런데 문제는 친박 정치인들 뿐만 아니라 대다수의 한국 사람들이 "배신이냐 의리냐"를 따지는 윤리적 프레임 속에서 자신들의 부당 행위를 정당화하고 있다는 점이다. 같은 연고집단 구성원들 사이에는 상부상조가 일반화되어 있어서 청탁에 응하지 않는 사람은 쉽게 '의리 없는 사람'으로 비난을 받는다. 실제로 많은 사람들이 친척이나 동창 등 연고가 있는 사람들로부터 청탁을 받았을 경우 그 부탁을 들어주지 않으면 안 될 것 같은 부담감과 의무감을 느낀다. 들어주지 않을 경우 관계가 단절되고 의리없는 놈이라는 비난을 듣게 되기 때문이다.[33] 그래서 부당한 청탁을 막으려는 법이 만들어져도 '의리'라는 가치가 도덕적 구속력을 갖기 때문에 법이 제대로 실행되기가 어려운 측면이 있다. 현실에서는 추상적 정의보다 구체적 의리가 앞서기 때문이다. 그러므로 법을 통해 부당

---

31) 중앙일보 2017년 3월 14일 오전 10:48 최종 수정.
32) 연합뉴스, 2017년 3월 13일 오후 5:12 최종 수정.
33) 고위직에 있는 사람들은 적을 만들지 않으면서 부당 청탁을 적절한 방식으로 거부하는 능력을 갖추고 있어야 한다. 최대권, 『원만한 자 원칙을 꿈꾸라』(철학과현실사, 2003), 172쪽.

한 청탁을 금지시키는 일도 중요하지만 더욱 근본적으로는 의리보
다는 정의가 중요하다는 생각이 개개인의 마음속에 뿌리내려야 한
다. 그렇지 않으면 법적으로 처벌을 받은 사람들이 "재수 없이 나
만 걸렸다"라고 생각하고 주위 사람들도 내심 "그 사람 참 안되었
다"고 동정하는 사회적 분위기가 지속된다.

연망緣網, 연계망連繫網, 연결망network, 연줄망connection 등으
로 표현되는 서로 아는 사람들 사이의 호혜적 사회관계망은 우리
나라에만 존재하는 것은 아니다. 중국의 '관시'關系, 일본의 '기리'
義理, 러시아의 '블랏'blat, 아랍문화권의 '와시타'wasta, 브라질의
'제이티누'jeitinho, 쿠바의 '소시알리스모'socialismo, 영미권의 네포
티즘nepotism이나 크로니즘cronyism, 프랑스의 뽀드뱅pot-de- vin 또
는 삐스똥piston, 독일의 페턴비르트샤프트vetternwirtschaft, 터키의 '데
스텍'destek 등은 특수주의적 인간관계의 연결망이 공식적인 법제
도보다 더 중요하게 작용하는 경우의 보기들이다. 이런 사적 연결
망을 이용한 문제해결 방식은 법을 크게 고려하지 않고 자기 가족
이나 연결망 밖에 위치하는 사람들에 대해서는 전혀 개의치 않는
공통점을 지닌다. 문제는 이런 사적 수준의 호혜적 사회관계가 부
정부패의 원천이 된다는 것이다.[34]

호혜적 사회관계망을 통한 문제해결과 이익추구는 여러 문화권
에서 정도는 다르지만 공통적으로 나타나는 현상이다. 한국사회의
경우 그런 관행이 가족주의와 연고주의라는 문화문법을 통해 '의
무감'sense of obligation을 불러일으키면서 도덕적으로 정당화된다
는 점과 다른 나라들에 비해 훨씬 더 널리 퍼져있다는 점에서 차
이가 있다.[35] 흔히 정서적으로 일체감을 느끼는 가족구성원이나

---

34) Chulwoo Lee, "The rule of law and forms of power: theorizing the social
foundations of the rule of law in South Korea and East Asia" in Hyunah
Yang(ed.), *Law and Society in Korea*(Cheltenham, UK: 2013), 36쪽과 41쪽.

연고가 있는 사람들끼리는 어떤 상황에서든 상부상조하는 것이 의리를 지키는 것이고 의리를 지키지 않으면 도덕적으로 지탄을 받고 이후 호혜적 관계를 유지하기가 어렵다. 많은 경우 연고에 의한 청탁은 거부할 수 없는 힘으로 작동하기 때문에 그런 상황을 극복할 수 있는 대안적 도덕성을 갖지 못하는 한 '연줄망'의 압력을 벗어나기는 어려운 문화적 상황이다.36)

한자어 교우이신交友以信과 붕우유신朋友有信이라는 말에 나오는 믿을 신信trust은 아는 사람들 사이에서만 작동하는 호혜성 reciprocity을 뜻하지 모르는 사람들에게는 통하지 않는 도덕적 규범이다.37) 그런데 일상에서는 믿을 신信에서 나온 신의信義이란 말보다는 의리義理라는 말이 더 널리 쓰인다. 여기서 말하는 의리는 공정성이나 합법성보다는 상호간의 호혜성을 뜻한다. 이미 친근한 관계를 형성하고 있는 사람들끼리 부탁이나 청탁을 들어주지 않으면 "의리 없다"는 말이 나온다. 정재식은 의리를 영어로 'a sense of obligation and honor'라고 정의했다. 이런 정의에 따르면 의리는 반드시 지켜야 하는 것이며 그것을 지키지 않으면 명예를 상실하고 수치심을 느끼게 하는 도덕적 의무이다. 유교 문화에서 다른 사람과의 관계에서 의리를 지키는 것은 "초월적 신과의 관계나, 자신

---

35) Chulwoo Lee, 윗글, 37쪽. 정재식은 이를 두고 "Old boy network obliges one to look after one's own, if they are from same hometown and the same school, with special favor."라고 표현했다. Chai-sik Chung, *The Korean Tradition of Religion, Society and Ethics: A Comparative and historical self-understanding and looking beyond*(London and New York: Routledge, 2017), 54쪽.

36) 그래서 이철우는 연고주의적 영향력을 '관계적 권력'relational power으로 개념화했다. Chulwoo Lee, 위의 글, 26-30쪽. '관계적 권력'은 온정주의와 당파적 영향력 행사를 설명하는데 유용하다. Chulwoo Lee, "Talking about Korean Legal Culture" Korea Journal, Vol.38, No. 3(1998), 72쪽.

37) 정재식은 이러한 관계를 "mutual concern in reciprocal human relationship and cooperative attitude"라고 표현했다. Chai-sik Chung, 위의 책, 54쪽.

의 양심과의 관계, 객관적 진리나 선과의 관계, 공식적인 규칙이나
규범과의 관계보다 더 필수적이다. 이러한 윤리적 관점은 하늘과
자연과 인간사회의 조화가 중요하고 그것은 개개인이 자신의 사회
적 역할을 받아들이고 적절한 행동으로 사회질서에 기여함으로써
이루어진다는 유교적 신념에 근거한다."38) 이런 유교 문화 전통에
서 청탁을 하기 위해서는 미리 선물을 하고 청탁이 받아들여져서
'신세'를 지면 신세를 갚기 위해 다시 선물을 하는 것이 일반적이
었다.39) 그것은 의리를 지키는 일이었다. 공사公私의 미분화 상태
에서 지방관들은 관물官物을 사물私物과 다름없이 사용하였으며
선물 수수를 당연하게 여겨 도덕적인 문제의식을 느끼지 않았
다.40) 오늘날에도 연줄망 안에 들어가는 사람들 사이에 오가는 금
품은 흔히 당연한 선물로 여겨지지 뇌물로 인식되지 않는다. "유
대관계에 따라 다니는 선물행위와 뇌물의 구별이 어려운 것이 우
리의 현실이다."41) 그것이 너무 당연하게 여겨지기 때문에 뇌물
수수행위에 대한 '죄의식'이나 '양심의 가책'은 커녕 아무런 '도덕
적 거리낌'도 느끼지 않는 것이 한국사회의 윤리적 풍토이다.

V. 한국사회의 윤리적 상황

우리사회의 규범체계는 가정과 사회생활을 통해 습득한 한국인
의 문화문법이라는 비공식 규범체계와 학교 교육을 통해 배운 형

---

38) Chai-sik Chung, 위의 책, 53쪽.
39) 대통령이든 국회의원이든 일단 선거에서 당선되면 당선될 때까지 신세진
   사람들에게 신세를 갚아야 한다. 최근에 이혜훈 바른정당 대표의 뇌물수수
   폭로사건은 신세를 갚지 않았을 때 어떤 일이 일어나는지를 보여준다.
40) 이성임, 위의 글, 167쪽과 168쪽.
41) 최대권, 위의 책, 151쪽.

식적이고 공식적인 규범체계가 공존하면서 이중구조를 형성하고
있다. 교과서에서는 정의와 준법정신을 강조하지만 현실은 의리를
강조하는 관습에 따라 움직인다. 우리사회에서 학교에서 배운 대
로 원리원칙을 지키려는 사람은 고지식한 사람, 융통성 없는 사람,
잘난척 하는 사람, 모난 사람, 까칠한 사람 등으로 '낙인'을 찍히는
반면. 원리원칙보다는 인간관계와 구체적 상황에 따라 때로는 이
익을 보고 때로는 손해를 감수하면서 사람들 사이의 인간관계를
적절하게 유지해 나가는 사람은 원만한 사람, 무던한 사람, 융통성
있는 사람, 호인, 사람좋은 사람, 법없이 살 사람 등으로 불린다.42)
학교 교육을 통해 배우는 공식 규범과 현실에서 적용되는 비공식
규범 사이에 커다란 괴리가 존재하는 것이다.

　한국인들이 공식규범과 현실 규범 사이의 거리를 해소하는 방
법을 네 가지로 구별해볼 수 있다. 첫째, 공식 규범을 무시하고 비
공식 규범에 따라 살아가는 방법이다. 그것이 관성의 법칙에 따른
가장 쉬운 해결방법이다. 둘째, 비공식 규범을 비판하면서 최대한
공식 규범을 따르며 살아가는 방법이다. 그렇게 살아가기는 매우
힘들다. 셋째, 겉으로는 공식 규범을 따르지만 속으로는 비공식 규
범을 따르면서 자기 이익을 극대화하는 방향으로 살아가는 방식이
다. 이런 방식의 삶을 이중규범주의라고 부를 수 있다. 넷째, 위험
은 줄이고 이익은 극대화하기 위해서 공식 규범과 비공식 규범을
상황에 따라 적절하게 배합하며 살아가는 방법이다. 첫 번째와 두
번째 방법은 두 개의 규범 가운데 하나의 규범을 선택하고 그에
따라 살아가면 되기 때문에 도덕적이고 윤리적 판단에서 딜레머

---

42) 최대권은 "원칙을 지키면서도 모가 나지 않는 사람"을 이상형으로 제시했고
함병춘은 '따뜻한 인간미'와 '현대적 합리성'의 융합을 과제로 제시했다. 최대
권, 위의 책과 함병춘, 『한국의 문화전통과 법』(한국학술연구원, 1993), 625-
627쪽.

상황을 경험하지 않는다. 그러나 셋째와 넷째 방법을 사용하는 사람들은 서로 다른 두 규범을 상황에 따라 적절하게 적용해야 하기 때문에 윤리적 심리적 긴장감을 느끼며 살아가게 된다. 문제는 현실 사회생활에서 네 가지 방법 가운데 어느 하나의 방법을 일관되게 따르며 살아갈 수 없다는 점이다. 사회생활을 하다보면 사회관계를 맺게 되는 상대방이 네 가지 방법 중 어느 방법을 따르며 살아가는 사람인지를 파악하고 그에 맞추어 적절하게 상호작용을 해야 지속적인 관계가 유지될 수 있기 때문이다. 그것은 매우 힘들고 피곤하고 어려운 일이다.43) 서로 다른 방식으로 살아가는 사람들 사이에 안정적인 사회관계를 형성하기는 어렵다. 일시적으로 거래를 한다하더라도 분쟁이나 갈등이 일어나면 타협을 통해 해결하기가 어렵다. 서로 다른 "두 규범의 상이한 가치와 행위의 요구는 사회구성원들에게 이중의 짐을 지우는 결과를 가져오며, 사회구성원들에게 삶의 쾌적함보다는 삶의 중압감을 느끼는 원천이 되기도 한다."44) 바로 그렇기 때문에 가족주의와 연고주의 등이 작용하여 이미 안정된 관계를 형성한 사람들끼리 상부상조하며 살아가게 된다. 거기에서는 주로 첫 번째 방법이 무리 없이 통용되기 때문에 큰 위험 부담 없이 서로의 이익을 극대화할 수 있다.

이런 상황에서 언제 어디서나 공적으로 인정된 원칙을 따르며 살라는 말은 지당하지만 실현될 수 없는 도덕적 설교로만 들린다.

---

43) 두 개의 규범이 공존하면서 네 가지 선택이 가능한 이런 규범적 상황을 '아노미'라고 부를 수 있을 것이다. 한 사회가 일반적으로 추구하는 삶의 '목표'와 그것을 달성하는 제도화된 '수단'을 수용하는 여부로 네 가지 적응 방식을 구분한 머튼의 분류에 따르면 한국사회의 구성원들은 '사회적 성공'이라는 목표에는 동의하지만 그것에 도달하는 '정당한 수단'의 사용에 대해서는 동의에 이르지 못하고 있는 상황이다. Robert Merton, "Social Structure and Anomie", Social Theory and Social Structure(New Delhi: Amerind, 1975), 185-214쪽.

44) 김정오, 『한국의 법문화-인식, 구조, 변화』(나남출판, 2006), 130쪽.

공식적 원칙을 따르는 사람은 정의의 사람이 아니라 모난 사람이
거나 꽉 막힌 사람 취급을 받고 착한 사람이라기보다는 모자란 사
람 취급을 받는다. 그래서 부정부패를 금지하는 법이 만들어져도
잘 지켜지지 않는다. 그것을 피해가는 편법이 만들어지고 불법이
근절되지 않는다. 그래서 늘 처벌을 강화하자는 방안이 등장한다.
두 개의 규범 사이에서 자기 이익의 극대화를 추구하는 대다수의
한국인들은 법에 걸리지 않는 범위 내에서나, 법에 저촉되더라도
자신의 신변이 안전한 경우에는 비공식 규범을 따르고 위험 부담
이 클 경우에는 공식적 법규범을 따르는 이중 전략을 구사하며 살
아간다. 그런 과정에서 느끼는 양심의 가책이나, 완전히 사라지지
않고 남아있는 정의감을 "남들도 다 그렇게 살아간다"는 말로 덮
어버리며 자신의 행위를 정당화하며 살아간다. 그러다 보면 양심
의 가책이나 정의감은 점점 사라지고 고갈되어 버린다. 혹시 불법
행위가 발각되어 법적인 처벌을 받는다 해도 "재수가 없어서 걸렸
다"고 생각하며 스스로를 위로한다. 이것이 현재 한국의 윤리적
상황이다.

VI. 의리보다 정의를 앞세우는 사회를 향하여

여러 차례에 걸친 법의식 조사에서 가장 시급히 퇴치되어야할
범죄 유형으로 '부정부패'가 부동의 1위 자리를 지키고 있다.[45) 국
민들은 다른 무엇보다도 공직자들의 불법행위가 근절될 것을 바라

---

45) 사회학자 신용하에 따르면 "한국사회의 악질 범죄인 부정부패를 원칙대로
   그야말로 철저히 그리고 공정하게 척결하지 아니하면 21세기의 무한 경쟁
   세계에서 우리 대한민국은 '공멸'한다. 그러므로 부정부패의 철저하고 공정
   한 척결이 대한민국을 살리고 21세기에 대도약을 이루는 첫번째 조건이다."
   신용하, 『21세기 한국사회와 공동체문화』(지식산업사, 2004), 150쪽.

고 있다. 그래서 이미 있는 '공직자윤리법'이나 '부패방지법' 등에
이어 김영란법이라고 불리는 청탁금지법이 제정되어 실시되고 있
다. 그 대상자는 공무원 및 공직 유관단체 임직원160만, 사립학교
교직원 70만, 언론사 임직원 20만 총 250만 배우자 포함 400만 명
에게 금품수수와 부정 청탁을 금지시키고 외부 강의 수수료를 제
한하는 내용을 담고 있다.46) 원활한 직무수행, 위례, 사교, 부조 등
의 목적으로 공직자에게 제공되는 금품의 액수를 식사 3만원, 선
물 5만원, 경조사비 10만원으로 한도를 정하고 어길 경우 형사처
벌 또는 과태료 처분을 하게 되어 있다. 직무관련성이나 대가성에
관계없이 1회 100만원, 연간 300만원을 초과하는 금품을 수수했을
경우 3년 이하의 징역이나 3000만원 이하의 벌금을 물게 되어있다.

　최근 문재인 대통령은 국민권익위원회 보고회 자리에서 "특권
과 반칙 없는 사회", "공정하고 청렴한 사회" "부정부패 없고 깨끗
하고 투명한 대한민국을 만드는 사령탑"의 역할을 담당해달라고
주문했다. 국민권익위원회는 "현장 중심의 적극적인 권익 구제 활
동을 통해 사회적 약자의 권익보호와 증진을 도모할 것"이며 "범
국가 차원의 부패방지 시스템을 구축하기 위해 반부패·청렴 정책
의 콘트롤타워를 만들겠다고 밝혔다."47)

　그런데 한국인들이 척결해야 할 범죄의 유형의 1순위로 부정부
패를 들고 있다고 하지만 스스로의 이익이 관련되면 편법과 불법
을 쓰더라도 자기 이익을 추구하는 자신에 대해서는 너그러운 것
이 한국인의 법의식이다. 그래서 김영란법도 그 시행이 그렇게 쉽
지 않을 것으로 예상할 수 있다. 앞에서 누누이 말했지만 추상적인

---

46) 부정청탁이란 "법령을 위반하게 하거나 지위 또는 권한을 남용하게 하는 등
　　공정한 직무 수행을 저해하는 청탁 또는 알선행위"를 말한다. 김영란·김두
　　식, 『이제는 누군가 해야 할 이야기』(쌤앤파커스, 2013), 254쪽.
47) 경향신문, 2017년 8월 28일.

원칙에 따라 보편적 정의나 형평성을 추구하기 보다는 구체적인
상황 속에서 상부상조하는 특수주의적 인간관계가 지배적인 인간
관계의 패턴이기 때문이다. 김영란법을 기초한 김영란도 '정'情을
내세우는 연고주의가 부정한 청탁의 문화적 뿌리임을 인식하고 김
영란법을 통해 그것을 변화시키려는 의도를 다음과 같이 밝혔다.

> "한국은 인정의 문화, 정의 문화를 내세우잖아요. 심지어 초코파이
> 광고도 그렇게 하지요. 그것을 깨지 않고는 한국사회에서 이루어지는
> 이런 불공정을 시정할 수 없다고 생각했지요."[48]

> "그렇게 고민을 해보니 우리나라에서 제일 무서운 것이 연고관계더
> 라고요. 연고관계에 반드시 돈이 따라오지는 않지만, 그 고리를 끊지
> 않는 한 공정한 룰도 제대로 작동할 수 없을뿐더러 부수적인 관계들이
> 고착되어 변화하지 않을 것 같더라고요. 이런 상황에서 더 좋은 사회로
> 한 발짝 나아간다는 건 생각조차 할 수 없었어요."[49]

> "연줄의 가장 큰 문제가 바로 계층상승이나 계층이동이 불가능한
> 카르텔의 고착화예요. 자기들만의 폐쇄적 순환구조에 갇혀버리고 그것
> 이 굳어버린 사회에서는 새로운 생각, 진보적이고 개혁적인 아이디어
> 가 나올 수 없죠."[50]

> "연줄사회는 넓은 의미에서 계층을 고착시키고, 좁은 의미에서 부
> 정부패를 만들어요. 아는 사람끼리 서로 도와주고 도움 받는 것. 한 건
> 봐주었으면 다음에 다른 한 건을 돌려주는 식이죠. 돈이 오가느냐만 따

---

48) 김영란·이범준, 『김영란법, 김영란에게 묻는다』(풀빛, 2017), 146쪽과 147쪽.
49) 김영란·김두식, 위의 책, 248쪽
50) 김영란·김두식, 위의 책, 248-249쪽.

져서는 부패를 막을 수 없어요. 돈이 오가지 않는 청탁도 많으니까요. 이런 부패는 대가관계나 직무관련성만 따져서는 막을 수 없어요. 그래서 권익위에서는 뇌물을 받지 않거나 돈과 무관한 청탁도 과태료, 과징금, 또는 징계처분 등으로 처벌할 수 있는 법을 만들면 어떻겠냐고 의견을 모았고, 담당부서에서 이를 바탕으로 초안을 작성하기 시작한 겁니다."[51]

김영란은 아는 사람들 사이에 정을 나누고 서로 돕고 은혜를 갚으며 상부상조하는 문화는 소규모 농촌공동체에서나 적합한 문화이지 오늘날과 같이 규모가 커지고 복잡해진 사회에서는 거래의 공정성을 해치는 요인이 된다고 지적했다. 그래서 인정이나 연고를 내세워 청탁을 하는 일이 정당하지 않은 행위라는 것을 널리 알리고 부당한 청탁을 받는 사람들이 "안 되는 일은 안된다"고 떳떳하게 말할 수 있게 하기 위해 김영란법을 제정했다고 밝혔다.[52] 김영란법은 현재 당연하게 통용되고 있는 부당청탁이라는 관습을 바꾸어보려는 의도에서 만들어진 법이다. 그러나 오랜 세월 동안 흔들림 없이 지속된 관습적 행위가 과연 법을 통해 바뀔 수 있는 것일까?[53] 법으로 관습적 행위 양식을 변화시킬 수 있을까?

앞에서 말했듯이 '현세적 물질주의'라는 한국인의 근본 문화문법은 입시경쟁, 취직경쟁, 소득과 재산 경쟁, 지위 경쟁, 명예 경쟁을 격화시키고 그 과정에서 가족주의와 연고주의가 작동하며 수단방법중심주의와 이중규범주의가 작동하여 공적 원리 원칙이 제대로 작동하지 않고 있다. 그래서 보편적 원칙이 작동해야 할 공적

---

51) 김영란·김두식, 위의 책, 252쪽.
52) 김영란·이범준, 위의 책, 147쪽.
53) 김영란법이 통과 이후 외국의 한 언론은 "한국은 은혜를 갚아야 하는 문화가 있다. (김영란법은) 그런 한국의 특수한 문화에 대해 질문을 던지는 법이다"라고 썼다. 김영란·이범준, 위의 책, 147쪽.

영역에 사적인 이해관계가 개입하는 사례가 많이 발견되는 것이
다. 문화문법은 사적영역만이 아니라 공적영역의 사회관계에도 작
용하여 자기 이익을 극대화하는 부당행위를 정당화시켜준다. 그런
행위를 차단하고 금지시킬 수 있는 일차적 방법은 외부로부터 가
해지는 처벌과 불이익이다. 말하자면 현세적 이익을 추구하는 행
위자들의 의도에 반대되는 물질적 불이익을 감수하게 하는 것이
다. 청탁과 관련된 물질적 금전적 수혜관계를 금지시키기 위해 마
련된 김영란법도 그 가운데 하나라고 할 수 있다. 그런데 한국인의
의식 저변에 자리 잡고 있는 문화문법의 지속은 법의 정당성을 받
아들이지 않게 한다. 말하자면 자신의 청탁행위가 그릇된 것이기
때문에 법을 따르는 것이 아니라 처벌이 두려워서 할 수 없이 그
법을 지키는 것이다.[54] 그래서 법망을 피해가는 편법을 만들어내
고 꼭 필요한 경우에는 위험을 감수하고라도 탈법이나 위법을 하
기도 한다. 그런데 "어떠한 법이든 그 법이 효율적으로 집행되려
면 그 법과 가장 밀접한 관계를 갖게 되는 사람들, 특히 그 법의
적용대상이 되는 사람들의 동의가 있어야 한다.[55] 김영란 법의 경
우, 공직자, 교육자, 기자들이다. 그들이 과연 김영란법을 어떻게
받아들이고 있는지 모르지만 오래 전에 함병춘은 국민의 의식과
법의 실효성사이의 관계에 대해 다음과 같이 말한 바 있다.

---

54) 한국인의 문화문법은 한국인들이 로렌스 콜버그의 도덕성 발달의 여섯 단
  계에서 규약전 도덕pre-conventional morality단계와 '규약적 도덕'conventional
  morality의 단계의 사이에 머물러 있으면 그 이상의 단계로 나아가는 것을
  방해하는 걸림돌로 작용한다. 로렌스 콜버그(지음), 김민남·진미숙(함께 옮
  김), 『도덕 발달의 심리학』(교육과학사, 2001)와 그 이후의 토론을 담고 있는
  Sohan Modgil and Celia Modgil(ed.), *Lawrence Kohlberg: Consensus and
  Controversy*(Philadelphia: Falmer Press, 1986)을 볼 것.
55) 함병춘, 『한국의 문화전통과 법: 갈등과 조화』(한국학술연구원, 1993), 119쪽.

"법의 목적하는 바에는 찬성을 한다해도 그 목적을 달성하는데 있어서 법이라는 수단을 사용하는 것을 국민이 찬성하지 않을 경우도 있다. 국민이 이성적으로 생각하여 볼 때 법이 옳고 유익한 것이라고 납득을 한다해도 국민의 생활현실과 너무도 거리가 멀다면 그 법은 실효성을 가질 수 없다. 이상적이며 훌륭한 목적을 가진 법이 때때로 집행이 되지 않는 경우가 있는 것도 이러한 데 원인이 있다."56)

대다수의 국민이 그 취지에 공감하는 김영란법이 과연 '살아 움직이는 법'이 될 수 있을까? 김영란 법이 효과를 거두기 위해서는 어떤 후속 조치들이 필요할까? 현재 대다수의 국민들은 김영란법을 지지하고 꼭 필요한 법이라고 받아들인다. 그러나 그 법이 제대로 실현되어 효과를 거둘 것인가에 대해서는 많은 사람들이 의구심을 가지고 있다. 이 법이 효과를 거두기 위해서는 먼저 법집행이 제대로 이루어져야 한다. 제정된 법이 제대로 지켜지지 않으면 "그 법뿐만 아니라 다른 법까지도 위반하기를 다반사로 여기게 된다. 또 하도 많은 사람들이이 그 법을 어기기 때문에 그 법을 담당하고 있는 사람들도 그 법을 집행할 수 없다하여 포기해버리게 되면, 그 법은 국민에게 법을 어기는 습성을 길러주는 법이 되고 만다. 따라서 효율적으로 충실히 집행될 수 없는 법은 애초부터 제정되지 않는 것이 좋다. 법으로 제정되어 발효한 후, 잘 집행되지 않고 있는 법도 국민의 준법정신을 해칠 위험성을 가진 법이므로 보다 잘 집행될 수 있도록 개정되든지 그렇지 않으면 폐기되어야 한다."57) 김영란법 위반 사례가 많이 적발되고 그에 대한 판례가 많이 쌓이고 널리 알려져야 한다.

그러나 법이 제대로 작동하는 데는 법의 강제력과 제재력만으

---

56) 함병춘, 위의 책, 120쪽.
57) 함병춘, 위의 책, 121쪽.

로는 부족하다. 부정 청탁을 근절시키려는 김영란법이 효과적으로
실행되기 위한 장기적 보완책으로 한국인의 사회관계에 작용하는
가족주의와 연고주의라는 문화문법을 변화시키기 위한 방안을 모
색할 필요가 있다. 법 제정이라는 사회적·제도적 차원의 대안과 더
불어 문화문법의 변화를 위한 개인적·윤리적 차원의 방안을 모색
할 필요가 있다.[58] 그러기 위해서는 일단 한국인의 문화문법이 이
루어지는 사회화 과정에 대한 연구가 필요하다. 가정교육, 학교교
육, 사회교육을 통해 한국인의 문화문법이 어떻게 재생산되는가를
연구해야 한다.[59] 부모들이 초기 사회화 과정을 통해 아이들에게
현세적 물질주의, 가족주의, 연고주의 등의 문화문법을 자연스럽
게 각인하기 때문에 학교 교육을 통해 정의와 진리, 공공선과 형평
성에 대한 교육을 해도 내면화되기가 어려운 것이 현실이다. 그것
은 책 속의 진리일 뿐 생활 속에 뿌리내리지 못한다. 가정교육을
통해 전달된 문화문법은 또래집단을 통해 강화되며 사회생활을 통
해 현실화된다. 학교교육이 입시 준비 위주로 되어있기 때문에 인
성교육이나 시민교육은 형식적으로 진행된다. 학교 교육을 통해
문화문법을 약화시키고 시민의식을 강화시키지 못한다면 한국인
의 문화문법은 지속될 수밖에 없다. 혈연과 학연이라는 조건 이외
에 뜻과 가치와 마음이 맞아서 형성되는 개방적 사회관계가 폐쇄
적인 연고관계를 능가해야 한다. 가족모임, 향우회, 동창회 이외의
다양한 자발적 중간집단이 활성화되어야 한다.

---

58) 전병재에 따르면 인격보다 제도를 중시하는 법치와 제도보다 인격을 중시
하는 예치 사이의 접점을 모색해볼 필요가 있다. 그러기 위해서는 "무엇보
다도 제도 속에 함몰되어 버린 인격을 되살릴 필요"가 있으며 그것은 "결국
교육에서부터 시작될 수밖에 없는 것이다." 전병재, "한국의 법과 전통문화"
『전통과 현대』, 11호(2000년봄), 30쪽.
59) 정수복, 『한국인의 문화적 문법』, 185-187쪽과 Kwang-Kyu Lee, *Korean Family
and Kinship*(Seoul: Jipmoondang, 1997), 231-232쪽 볼 것.

정치인들과 법조인들이 주도하는 법과 제도의 개혁이 우리의 일상적인 삶을 변화시키기 위해서는 교육자와 더불어 종교인들의 역할이 중요하다.60) 교육이 지적 도덕적 훈련을 통하여 다가오는 미래에 자신을 넘어서 사회 전체에 기여하는 인재를 양성하는 과정이라면 종교는 지금 여기의 현실에 매몰되어 살아가는 사람들을 저 높고 먼 곳에 있는 초월적인 세계와 이어줌으로써 현세적 물질주의를 넘어설 수 있는 정신적 힘을 부여한다. 종교적 행위는 인간의 가장 심오한 내면적 성찰에 바탕을 두고 있다. 기독교와 불교를 비롯한 종교계 지도자들은 문화문법과 이해타산에 의해 이루어지는 개별적 행위가 사회 전체에 어떤 부정적 결과를 가져오는지를 헤아려볼 수 있는 '도덕적 상상력'을 키워주어야 한다. 신앙인의 삶은 이기심에 기초한 배타적 이익 추구를 억제하고 공정하고 공평하고 정의로운 기준에 입각해서 도덕적으로 떳떳한 인간으로 살아가는 것이다.

요즈음에는 주위에서 종교인들과 지식인들마저 지난 세월 정치인과 기업인들이 만들어놓는 세속의 기준에 의해 움직이는 사례들을 많이 볼 수 있다. 그러나 종교인과 지식인은 정치인과 기업인들이 주도하는 속세에 경종을 울리는 소금과 목탁과 등불의 역할을 해야 한다. 그렇지 않으며 존재이유가 없다. 종교지도자는 비세속적 지식인이고 지식인은 세속적 종교인이다. 한 사회의 영적·지적·도덕적 영역과 관련된 일에 종사하는 종교지도자와 지식인들은 사람들의 마음 속에 세속적 욕망과 초월적 기준 사이의 긴장을 만들어냄으로써 윤리적으로 성찰하는 삶을 살도록 인도하고 지지해야 한다. 비도덕적 사회에서 도덕적 인간으로 사는 일은 힘들고 어려운 일이다.61) 그러나 비도덕적 사회를 도덕적으로 만들기 위해서

60) 한국인의 문화적 문법을 변화시키기 위한 방법을 논의하고 있는 정수복, 위의 책, 501-545쪽을 참조할 것.

는 정의로운 법과 제도만이 아니라 도덕적 인간이 필요하다. 윤리
적 기준에서 모범이 될 만한 종교인, 교육자, 언론인, 정치인, 공무
원, 기업인, 의사, 노동자, 시민운동가, 법조인, 자영업자, 장인, 상
인들이 많이 나와야 한다. 정의로운 사회를 만들기 위해서 법을 지
키지 않으면 처벌하는 것도 중요하지만 정의롭게 살고 싶다는 마
음을 불러일으키는 일도 똑같이 중요하다. 의리가 없다는 주위 사
람들의 비난을 감수하면서도 정의, 형평성, 공공성 등의 추상적인
원칙을 실천하며 살아가는 인물들의 삶이 널리 알려져야 한다. 그
린 구체적 사례들이 사람들을 감동시키고 그들에게도 그렇게 살고
싶다는 마음을 불러일으킬 수 있기 때문이다. 그런 뜻에서 반체제
지식인으로 활동하다가 체코의 대통령이 된 바츨라브 하벨의 다음
과 같은 말을 되새겨볼 필요가 있다.

> "법률관계나 법질서는 도덕의 영역과 연결되거나 거기로부터 나온
> 질서를 전제하고 있어야 한다. 왜냐하면 오로지 도덕에 터한 약속이라
> 야 법질서에 의미를 불어넣고 실로 타당하게 만들기 때문이다. 도덕질서
> 는 '도덕 계약'으로만 좁혀질 수 없다. 거기에는 모든 계약관계의 밑바탕
> 이 되는 양심이나 책임이라고 하는 그 어떤 것이 있어야 한다."62)

61) 라이홀드 니버(지음), 남정우(옮김), 『도덕적 인간과 비도덕적 사회』(대한기
독교서회, 2003), 10장, 개인도덕과 사회도덕 사이의 갈등, 238-255쪽.
62) 박영신, 『실천도덕으로 정치: 바츨라브 하벨의 역사참여』(연세대학교출판부,
2000), 265쪽에서 다소 수정하여 재인용.

<참고문헌>

강준만, 『서울대의 나라』, 개마고원, 1996.

김기석, 『끙끙 앓는 하나님』, 꽃자리, 2017.

김두식, 『불멸의 신성가족: 대한민국 사법 패밀리가 사는 법』, 창비, 2009.

김영란·김두식, 『이제는 누군가 해야 할 이야기』, 쌤앤파커스, 2013.

김영란·이범준, 『김영란법, 김영란에게 묻는다』, 풀빛, 2017.

김정오, "함병춘 선생의 한국 법문화론", 『법학연구』(연세대학교 법학연구
　　　원), 24권 2호, 2014, 21-58쪽.

＿＿＿＿, 『한국의 법문화-인식, 구조, 변화』, 나남출판, 2006.

김진송, 『화중선을 찾아서-기생과 룸펜의 사회사』, 푸른역사, 2017.

니버, 라인홀드(지음), 남정우(옮김), 『도덕적 인간과 비도덕적 사회』, 대한
　　　기독교서회, 2003.

박영신, 『우리 사회의 성찰적 인식』, 현상과인식, 1995.

＿＿＿＿, 『실천도덕으로 정치: 바츨라브 하벨의 역사참여』, 연세대학교출판
　　　부, 2000.

신용하, 『21세기 한국사회와 공동체문화』, 지식산업사, 2004.

양건, "한국에서의 법과 사회연구" 『법과 사회』, 제1집, 1989, 66-83쪽.

이광수, 『돌베개』, 우신사, 1985〔1948〕.

이성임, "은밀한 거래는 어떻게 양반사회를 지탱했나-선물경제가 양반가
　　　에 가져다 준 빛과 어둠" 규장각한국학연구원(엮음), 『조선양반의
　　　일생』, 글항아리, 152-179쪽, 2009.

이어령, 『흙속에 저 바람 속에』. 문학사상사, 2002[1963].

이은영, "한국의 계약문화" 『법과 사회』 16/17 합본호, 273-295쪽, 1999.

전병재, "한국의 법과 전통문화" 『전통과 현대』, 11호, 17-32쪽, 2000.

정수복, 『한국인의 문화적 문법』, 생각의나무, 2007.

＿＿＿＿, 『시민의식과 시민참여』, 아르케, 2002.

＿＿＿＿, "한국사회와 고교동창회" 『기독교세계』, 1999년 4월호.

최대권, 『원만한 자 원칙을 꿈꾸라』, 철학과현실사, 2003.

콜버그, 로렌스(지음), 김민남·진미숙(옮김), 「도덕 발달의 심리학」, 교육과 학사, 2001.

한완상, 「역사에 부치는 편지」, 삼민사, 1985.

함병춘, 「한국의 문화전통과 법: 갈등과 조화」, 한국학술연구원, 1993.

홍성찬, "일제하 지주층의 존재형태", 김용섭교수정년기념 한국사학논총간 행위원회(편), 「한국 근현대의 민족문제와 신국가 건설」, 지식산업 사, 339-364쪽, 1997.

Chung, Chai-sik Chung, *The Korean Tradition of Religion, Society and Ethics: A Comparive and Historical Self-Understanding and Looking Beyond*, London and New York: Routledge, 2017.

Hahm, Pyong-Choon, *Korean Jurisprudence, Politics and Culture*, Seoul: Yonsei University Press, 1986.

Lee, Chulwoo, "The rule of law and forms of power: Theorizing the social foundations of the rule of law in South Korea and East Asia" in Hyunah Yang(ed.), *Law and Society in Korea*, Cheltenham, UK, 2013, Pp.20-44.

_____, "Talking about Korean Legal Culture" *Korea Journal*, Vol.38, No.3 (1998), Pp. 45-76.

Lee, Kwang-Kyu Lee, *Korean Family and Kinship*, Seoul: Jipmoondang, 1997.

Merton, Robert, "Social Structure and Anomie", *Social Theory and Social Structure: 1968 Enlarged Edition*, New Delhi: Amerind, 1974, Pp.185-214.

Modgil, Sohan and Celia Modgil(ed.), *Lawrence Kohlberg: Consensus and Controversy*, Philadelphia: Falmer Press, 1986.

제2장 반부패 규율의 두 얼굴: 강제성과 자율성

박 효 민*

Ⅰ. 서론

1998년 이스라엘의 어린이집에서 사회적 규범에 대한 흥미로운 실험이 실시되었다. 어린이집에 자녀를 맡긴 부모들이 종종 아이를 늦게 데리러 오는 경우가 있는데, 부모가 정해진 시간보다 늦는 경우 이들에게 벌금을 부과하기 시작한 것이다. 일반적으로 바람직하지 않은 행동을 하는 사람에게 어떤 불이익을 주면, 사람들 사이에 그 불이익을 받는 행동이 줄어들 것이라는 것이 기존의 범죄학에서의 억지(detergence)이론,[1] 혹은 처벌에 관해 행동심리학에서 제시하는 주장이다.[2] 이 이론이 맞다면 벌금으로 인해 정해진 시간보다 늦는 부모들의 수가 감소할 것이라고 예상할 수 있다. 그러나 예상과는 반대로 벌금제가 시행되자 부모들이 늦게 나타나는 경우가 오히려 늘어났다. 왜 이런 기존의 처벌에 대한 상식과 반대되는 일이 발생하는가? 이 연구를 수행한 그니지와 러스티니치는

---

* 건국대학교 이주사회통합연구소 연구교수

1) Zimring, F. E., & Hawkins, G. 1973. *Deterrence; The legal threat in crime control*. Chicago: University of Chicago Press.

2) Homans, G. C. (1974). *Social behavior: Its elementary forms*.

이러한 현상에 대해 기존에 없던 벌금을 물리게 되면서 부모와 교사간의 관계가 계약의 성격으로 바뀌었기 때문이라고 주장하였다.3) 다시 말해 즉 학부모의 입장에서는 예전에는 아이를 데리러 오는데 늦는 경우 자신을 위해 기다려 준 선생님에게 미안한 마음이 들어 되도록 늦지 않으려 했지만, 벌금제도가 있는 경우 아이를 늦게 데리러 와서 이에 상응하는 벌금을 냈다면, 부모들은 자신의 행동에 대한 대가를 충분히 치른 것으로 생각하게 된다는 것이다. 따라서 부모들은 자신 때문에 늦게까지 기다린 교사에 대한 윤리적 의무감에 내해 '성당한' 대가를 지불하였다고 생각하고 오히려 지각을 하게 되는 쪽을 택하는 경우가 늘어나게 되는 것이다. 이 연구에서 보다 흥미로운 것은 벌금을 물려도 오히려 늦는 부모가 오히려 이후, 이와 같은 벌금제도의 부작용을 없애고자 다시 예전처럼 벌금 제도를 없앴음에도 불구하고, 늦게 오는 부모들의 비율이 줄지 않았다는 점이다. 왜냐하면 부모들의 입장에서는 이제는 이미 부모와 교사간의 관계가 계약관계로 바뀌었는데, 거기에 벌금까지 없어졌으니 일찍 올 이유가 없어진 것이다.4)

이 연구 결과는 사회 구성원의 행동을 변화시키기 위해 새로운 법이나 제도를 시행할 때, 이를 통해 단순히 하나의 행위에 대한 제제 여부만 변화하는 것이 아니라, 그 법과 제도가 시행되는 사회적 맥락, 개인들의 동기 등이 종합적으로 변할 수 있다는 점을 보여준다. 한 사회에 새로운 법이나 제도를 시행할 때, 우리는 쉽게

---

3) Gneezy, U., & Rustichini, A. 2000. "A fine is a price." *The Journal of Legal Studies*, 29(1): 1-17.

4) 이 연구결과가 일반화되기 위해서는 물론 여러 가지 제약조건이 필요하다. 예를 들어 벌금이 아주 크다면 벌금을 내고서라도 늦게 오는 부모의 비율이 늘어나지 않았을 것이라 예상할 수 있다. 또한 처벌의 확실성이 매우 높다는 점도 일상생활에서 나타나는 조건과 거리가 있다. 이는 이 논문의 저자들도 인식하고 있는 점이다.

그 제도가 기존의 사회적 관계에 하나의 새로운 변수로 작용하며, 이 변수가 본래 의도한 바를 얼마나 잘 구현하는지에 주로 초점을 맞추게 된다. 그러나 실제로 법과 제도는 그것이 의도하지 않은 변화들을 일으키며 때로는 이런 잠재적인 효과들을 고려하지 않을 경우 상당한 부작용을 일으키기도 한다. 때문에 특정한 제도를 도입할 경우 모든 상황이나 개인적 동기가 그대로 유지된다는 가정 (ceteris paribus)하에 법의 효과를 고려해서는 안 된다. 이보다는 새로운 제도의 시행을 통해 새롭게 나타날 수 있는 의도하지 않은 효과에 대해 보다 신중하게 고려해야 하며 이에 대한 사회 구성원 사이에 충분한 논의와 고려가 필요하다.

그러나 현실에서는 새로운 법을 시행하는 것이 종종 '돌아올 수 없는 다리'를 건너는 과정이라는 속성을 충분한 고려하지 않은 채, 새로운 법이나 제도의 명시적 기능에만 초점을 맞추어 제도가 시행되는 경우도 종종 나타나고 있다. 최근 시행된 '부정청탁 및 금품 등 수수의 금지에 관한 법률(이하 김영란법)' 역시 전반적으로 이 법의 기본 취지와 효과에 대한 강한 사회적 지지를 바탕으로 시행되었지만, 그럼에도 불구하고 법의 잠재적 효과에 대한 고려가 부족하였다는 지적이 일었다.[5]

한국사회에 부패가 심각한 수준이며, 이로 인한 사회적, 경제적 손실이 막대하다는 것은 많은 사람들이 오랫동안 공감하여 왔던 부분이다. 그 동안 한국사회의 부패를 줄이기 위해 갖가지 법안들과 제도들이 도입되었고 어느 정도의 성과를 이루어 왔으나, 여전

---

5) 홍완식, "부정청탁금지 및 공직자의 이해충돌 방지법안"에 대한 입법평론", 「토지공법연구」 제67호, 2014, 269-288.
  이지원, "부정청탁 및 금품등 수수의 금지에 관한 법률 (소위 '김영란법')의 문제점과 개선방안에 관한 연구", 「강원법학」 통권 제51호, 2017, 489-523.
  김복동, "청탁금지법상 몇 가지 문제점과 대안", 「국가법연구」 제13권 1호, 2017, 49-73.

히 한국사회의 청렴도는 학술, 경제, 문화 등 다른 분야에서 보여
주고 있는 수준에 비해 상당히 낮은 편이며, 한국의 국민들의 기대
수준에도 미치지 못하고 있다. 때문에 2016년 9월에 시행된 김영
란법은 부정부패행위에 대한 엄격한 법 적용을 통해 한국사회에
만연한 부정부패를 줄이고자 하는 국민적 기대를 받아 왔고 실질
적인 효과도 나타나고 있다. 이는 김영란법을 시행하면서 애초에
의도하였던 부패행위에 대한 억제 기능이라고 볼 수 있다.

이러한 규제 방식은 인류가 오랫동안 질서를 유지해온 방법과
도 일맥상통한나. 구성원들이 자신이 속한 집단에 바람직하지 않
은 행위를 하지 못하도록 막는 방법으로 가장 널리 사용되고 있는
것은 그 행위를 하였을 경우 제재를 가하는 것이다. 인류의 역사에
서 거의 모든 공동체는 공공의 이익을 희생시키면서 사익을 추구
하려는 행위를 막기 위해 처벌을 사용하고 있으며, 이러한 처벌로
집단의 질서가 유지되고 있다.6) 그러나 다른 한편으로 이와 같은
질서유지 방식에 대한 연구들은 처벌, 특히 외부로부터 강제적으
로 집행되는 처벌은 집단 내 구성원들의 자율성을 해치거나, 이미
구성원들간 구축되어 있던 규범이나 신뢰를 붕괴시켜 외부적 감시
와 처벌이 없이는 지탱하기 힘든 수동적 공동체로 만들어 버린다
는 점을 경고하기도 한다.7)

사회질서 유지를 위해 시행되는 처벌의 효과에 대한 상반된 연
구 결과가 우리에게 어떤 관점이 옳고 어떤 관점이 그른가에 대한
판단을 요구하는 것이 아니다. 그 보다는 이러한 처벌의 두 가지
속성은 우리에게 어떠한 조건에서 처벌제도가 애초에 의도한 효과
가 잘 나타나게 되어 잠재적 역효과를 능가하는 순효과를 가지며,

---

6) Balliet, D., Lange, P.A., & Mulder, L.B. 2011. Reward, punishment, and
   cooperation: a meta-analysis. *Psychological bulletin*, 137(4): 594-615.

7) Ostrom, E. 1990. *Governing the commons*. Cambridge university press.

반대로 어떠한 조건에서 사회 구성원의 행동을 규제하는 제도를 입하는 과정에서 역효과가 나타나는가에 대해 고려할 필요가 있다는 숙제를 던지고 있다.

이 글에서는 부정부패를 막기 위한 사회적 장치로서 부정부패에 대한 광범위하고 예외 없는 처벌 규정 -예를 들어 김영란법과 같은-이 어떻게 부정부패를 막을 수 있는지 그 원리를 게임이론적 도식을 통해 살펴본다. 이를 통해 반부패 법안이 집단 내 행위자의 합리적 선택을 통해 부패를 줄일 수 있는 한 방편이 될 수 있으며, 이러한 처벌 장치가 도입될 경우 이것이 어떠한 효과를 보이는가에 대해 설명한 사회심리학적 연구들을 소개한다. 이를 위해 합리적 선택이론을 기반으로 한 협력에 관한 연구들을 통해 이론적 예측이 실제 경험적 자료로 어떻게 나타나고 있는지를 소개할 것이다. 이 과정에서 외부로 부터의 감시와 처벌이 집단의 협력에 순기능을 한다는 관점들과, 역기능을 유발한다는 관점들을 비교해 보고, 결론적으로 이들이 한국사회의 반부패 법안에 가지는 함의를 제시해 보고자 한다.

II. 부패방지법안과 게임이론[8]

지금까지 부패에 대한 논의는 주로 행정학, 정치학, 경영학, 법학 등을 중심으로 이루어져왔고, 이 연구 중 다수가 부패현상을 주인과 대리인 문제(principal-agent problem)로 설명하였다.[9] 주인과

---

8) 이 장은 박효민, 한상효, 김석호, "부정청탁 및 금품등 수수의 금지에 관한 법률의 사회심리학적 분석", 「사회와 이론」통권 제31호, 2017, 337-371의 II장을 보완하여 재구성하였다.

9) 김흥주, 이은국, 이강래, "정부규제가 조직의 부패에 미치는 영향에 관한 연구-중앙행정부처를 중심으로", 「한국정책학회보」제21권 4호, 2012, 343-376.

대리인 관점에 따르면 주인이 직접 다룰 수 없는 문제를 대리인에게 위탁하지만 대리인이 주인에 비해 더 높은 전문성과 정보접근성을 가지기 때문에 주인은 대리인의 행동을 효과적으로 규제 감독하기 어렵다. 예를 들어 민주주의 국가 체제에서 국가의 주인은 국민이고, 관료는 국민으로부터 권한을 위임받아 국가를 운영하는 대리인이라고 볼 경우 이 대리인들은 대리관계에서 오는 정보의 불균형성을 이용하여 공적 이익 보다는 사적 이익을 극대화 하려는 동기를 가질 수 있으며, 이런 동기는 부패로 이어지기 쉽다. 결국 주인과 대리인 집근법은 주로 대리인 집단 내에서의 사익 추구로서 부정부패를 설명하며, 부패 방지를 위해 대리인에 대한 감독과 처벌이 필요하다는 입장으로 귀결된다.

그러나 사회에 전반적으로 만연한 부패는 주인의 권한을 위임받은 대리인의 사익추구 행동만으로는 설명할 수 없다. 많은 경우 부패는 대리인이 주인을 배제하고 사익을 극대화하는 방식보다는 일부 주인들이 다른 주인들과의 경쟁관계에서 자신들의 이익을 극대화하기 위해 사회적 규범을 깨고 정보나 권력을 위임받은 대리인에게 부적절하게 접근하는 방식으로 이루어지기 때문이다. 예를 들어 입법과정에 부정한 청탁을 하여 타 기업보다 자신의 기업에게 유리한 방향으로 규제를 변화시키려 한다거나, 재판에서 전관 변호사를 선임하여 재판을 유리하게 이끌려기도 하고, 혹은 학부모가 교사에게 촌지를 주어 자신의 자녀를 학급 내 경쟁에서 유리하게 만들려하기도 한다.

이러한 경우 부패행위는 주인과 대리인 관계에서 대리인들의 사익을 추구하는 문제가 아니라 오히려 주인들 사이에서 각자의 이익을 극대화하기 위한 집합행동의 문제로 볼 수 있다.10) 따라서

---

10) Groenendijk, N. 1997. A principal-agent model of corruption. Crime, Law and Social Change, 27(3-4), 207-229.

사회구성원들 사이에 일반화된 부패행위를 막기 위해서는 대리인들에 대한 감시와 처벌만으로는 부족하며, 그 보다는 대리인과 부적절한 관계를 통해 다른 행위자에 비해 자신이 이익을 극대화 하려는 주인의 동기를 약화시킬 수 있는 장치가 필요하다.

1. 부패에 대한 게임이론적 분석

자신의 이익을 극대화 하려는 합리적인 인간의 동기가 전체적으로 어떻게 비합리적인 결과를 초래하는지 보여주는 실제 사례가 있다. 1979년 겨울 네델란드의 한 작은 마을 호이징어(Huizinge)에 이례적인 폭설이 내려 이 산골마을은 외부로부터 고립되었고 마을 전체에 전력이 차단되었다. 다행히 마을의 많은 가구가 작은 자가발전기를 가지고 있었는데, 가구당 하나의 전구를 사용하고, 온수를 사용하지 않으며, 실내온도를 18도 이하로 맞춰 놓는 등 각 가구가 전력의 소비를 일정수준 이하로 제한한다면 자가발전기만으로 동네의 모든 가정이 사용할 수 있는 충분한 전력을 생산할 수 있었다. 이에 마을 사람들이 모여 모든 가정에서 제한된 전력을 사용하기로 합의하고 자가 발전기를 모아 마을 전체에 전기를 제공하였다. 그러나 불행히도 마을의 전력망은 얼마 안가 고장이 나고 말았다. 그 이유는 많은 가정이 목욕을 하고, TV를 켜고, 난방 온도를 21도 이상으로 맞춰 놓는 등 합의한 이상의 전력을 사용했기 때문이다. 이러한 일이 일어난 이유는 무엇일까? 한 집의 입장에서 본다면 충분한 전력을 가지고 따뜻한 물로 목욕을 하고 TV를 시청하고 싶은데, 만일 다른 가정이 다 전력 소비를 제한하고 나의

---

10) Marquette, H., & Peiffer, C. 2015. Corruption and collective action. DLP *Research Paper.*

집만 따뜻한 물과 TV 시청을 즐긴다면 별 문제가 없을 것이라 생각하였기 때문이다. 더욱이 어차피 다른 가정에서 먼저 전기를 써서 곧 전력망이 망가질 것이 예상된다면, 그 전에 필요한 전기를 쓰는 것이 더 합리적인 것으로 생각할 수 있다. 그러나 문제는 모든 가정이 이와 똑같이 생각을 하며 목욕을 하고 TV를 시청하였다는 점이다. 결국 이러한 '합리적 판단'의 결과 다른 사람뿐만 아니라 자기 자신 조차도 전기를 사용하지 못하는 최악의 '비합리적인' 상황이 초래되었다.[11]

이와 같이 집단 내 구성원들의 개인 수준에서 합리적인 이윤을 추구하였을 때 그 결과가 집단 수준에서 비합리적 결과를 초래하는 경우, 혹은 개인수준의 합리성이 집단수준의 합리성과 상충되는 상황을 사회적 딜레마(Social Dilemmas)라고 한다.[12] 사실 일상생활에서 이러한 예는 무수히 많다. 많은 국가에서 도시의 교통체증과 공기오염을 완화하기 위해 시민들에게 대중교통을 이용하도록 권장하고 있다. 한 도시의 차원에서 본다면 모든 사람들이 대중교통을 이용한다면 도시의 교통상황은 개선될 것이다. 만일 이 때 한 사람이 다른 모든 시민들은 모두 대중교통을 이용한다고 기대하고, 자신만 대중교통 대신 자가용을 이용하려 한다면 그 사람이 누리는 편익은 최대가 될 것이다. 그러나 문제는 모든 시민들이 같은 방식으로 합리적 사고를 할 수 있다는 것이다. 그 결과 어느 누구도 대중교통을 이용하지 않게 되고 교통상황은 절대 개선되지 않는 것이다. 이러한 예는 환경오염 문제로부터, 팀 프로젝트, 투표, 세금납부, 어로자원의 보호 문제에 이르기까지 흔히 일어나며, 이러한 문제를 해결하기 위해 많은 사회적 자원들이 투입되고 있다.

---

11) Van Lange, P. A., Rockenbach, B., & Yamagishi, T. 2014. *Reward and Punishment in Social Dilemmas*. Oxford University Press.
12) Van Lange et al. 2014 앞의 책.

부패 역시 이와 같은 사회적 딜레마의 개념으로 분석해 볼 수 있다. 다른 사람과 경쟁관계에 놓인 개인은 다른 사람들이 모두 부패에 가담하지 않을 경우 자신만 부패행위에 가담하여 부당한 이익을 얻으려고 하는 동기를 가지게 되고 적절한 규제 장치가 없다면 부패행위를 하게 되는 것이다. 여기서 부패에 가담하지 않는 행위를 집단행동에서 협력에 관한 문제로 바라본다면, 다른 협력행동과 마찬가지로 사회적 딜레마 상황을 야기한다.13) 즉, 내가 부패를 통해 나의 이익을 최대화 하려는 '합리적'생각을 다른 모든 사람들도 똑같이 하게 됨으로써 부패가 만연하여, 모두가 부패로 인해 고통을 받는 상태가 되는 것이다.

기존의 연구들은 사회적 딜레마 현상을 설명하기 위해 주로 게임이론을 사용하였다. 따라서 부패행위가 사회적 딜레마의 문제의 일종이라면 게임이론을 이용해 설명될 수 있을 것이다. 물론 부패행위에 대한 게임이론적 접근은, 분석의 틀과 행위자에 대한 가정이 지나치게 단순하여 이를 곧바로 현실세계에 접목시키는 데는 여러 가지 제약이 따른다는 문제가 있다. 그럼에도 불구하고 이러한 접근법은 행위자들 모두가 부패에 연루되지 않고 정당하게 자신의 몫을 추구하는 '이상적' 협력 상태를 어떻게 달성할 수 있는가에 대한 단초를 제공한다는 점에서 이러한 모형을 살펴보는 것은 부패행위를 이해하는데 도움이 될 수 있다.

우선 현실에서 사회적 딜레마는 대부분의 경우 많은 사람이 참여하는 이른바 다자간 게임(N-person game)이지만, 이를 이론적으로 단순화하여 두 행위자간의 게임으로 분석해 보려 하는데, 적절한 규제가 작동하지 않아 부패가 만연한 상태를 잘 묘사할 수 있는 게임의 예가 바로 널리 알려진 죄수의 딜레마(prisoner's

---

13) Hardin, Garrett. 1968. *The Tragedy of the Commons*. Science, 162(3859): 1243-1248.

dilemmas)게임이다.

이 게임은 몇 가지 가정을 기반으로 진행되는데, 그 중 중요한 것은 게임에 임하는 행위자들은 각 선택에 대한 보상 구조를 잘 이해하고 있으며, 자신의 보상을 극대화하기 위해 합리적 선택을 한다는 점이다. 또한 상대방도 합리적 선택을 할 것으로 기대한다는 점도 중요한 가정이다. 이러한 가정 하에 죄수의 딜레마 상황에 있는 두 행위자는 다음의 표 1과 같은 보상행렬(payoff matrix) 구조에 놓이게 된다.

〈표 1〉 죄수의 딜레마 게임에서의 보상행렬의 예

행위자2 \ 행위자1	협력 (부패행위 불참)	배반 (부패행위 참여)
협력 (부패행위 불참)	10 10	12 1
배반 (부패행위 참여)	1 12	6 6

위의 보상행렬의 구성에서도 볼 수 있듯이 죄수의 딜레마 상황에서 두 행위자는 서로 협력하는 경우 전체적인 수준에서 가장 높은 보상(20)을 얻는다. 따라서 서로 협력하는 것이 가장 좋은 선택이 된다. 그러나 실제로 죄수의 딜레마 게임의 해(solution)를 구해보면, 두 행위자는 합리적 선택을 통해 필연적으로 모두 상호 배반을 하게 되어 전체적인 보상이 가장 낮은 수준(12)을 택할 수밖에 없게 된다. 이것이 바로 위에서 설명한 사회적 딜레마 상황이다. 즉 개인 수준에서 합리적인 선택을 하게 되면 집단 수준에서 보았을 때 가장 이득이 되는 보상(20)을 얻지 못하고 비최적 균형점(12)(deficient equilibrium)을 선택하게 된다는 것이다.[14)]

---

14) Nash, John. 1951. *Non-Cooperative Games. The Annals of Mathematics, 54(2)*:

 죄수의 딜레마 게임이 흥미로운 것은, 기본가정을 만족할 경우 행위자들은 반드시 이와 같은 결과를 선택할 수밖에 없다는 점이다. 어떻게 이런 결과가 나타나는지 좀 더 자세히 들여다보자. 게임에 임하는 행위자는 자신의 행위를 선택하기 전 다른 행위자의 선택을 예측하고 그 상황에 맞추어 자신의 이익을 극대화 하려 한다. 우선 '행위자1'의 입장에서 게임의 전략을 생각해보자. 이 경우 행위자1은 상대방이 어떤 선택을 할 경우에는 어떤 대응을 해야 한다는 계획을 세워야 한다.

 우선 상대방이 배반의 전략을 선택한다고 가정해 볼 경우, 행위자1은 협력을 하였을 경우(1) 보다 배반을 선택하였을 경우(6) 더 큰 이득을 얻게 된다. 따라서 상대방이 배반을 한다면 행위자 자신은 같이 배반을 하는 것이 좋다. 이 경우 행위자의 선택의 동기는 상대방의 배반에 이용당하지 않을까 하는 '두려움(fear component)'이다. 즉, 상대방은 배반을 통해 이익을 극대화 하려고 하는데 자신만 협력을 선택하여 최소한의 보상(1)을 얻게 될 가능성을 염두 하게 된다.

 다음으로 상대 행위자가 협력을 택한다고 가정해보자. 이 경우 행위자1은 협력을 선택(10) 하는 것 보다 배반(12)을 선택하는 것이 자신의 이익을 보다 더 극대화 시킬 수 있다. 따라서 행위자 1은 배반의 전략을 취하는 것이 유리하다. 이 경우 행위자가 전략을 선택하는 동기는 상대방의 협력을 이용하여 나의 이득을 극대화 하려는 '욕심(greed component)'에서 비롯된다. 결론적으로 두 경우 모두 '행위자1'의 입장에서 보았을 때, 상대방이 어떤 전략을 추구하는가에 상관없이 배반을 하는 것이 유리하다.

 그런데 여기서 문제는 이와 같은 합리적 추론에 의한 선택을

286-295.

상대 행위자도 동일하게 한다는 점이다. 결과적으로 두 행위자 모두 상대방이 어떤 선택을 하더라도 배반이 유리하다는 결론에 이르게 되며, 따라서 두 행위자는 필연적으로 상호 배반에 이르게 된다. 이 게임이 사회적 딜레마(social dilemmas)상황을 대변하는 이유 다음과 같다. 두 행위자가 함께 협력 한다면 둘 모두 각자 10이라는 더 큰 보상을 얻을 수 있으나, 실제로는 필연적으로 상호 배반 전략을 취함으로써 각자 6이라는 더 적은 보상을 얻게 된다. 결국 집단적 수준의 합리성과 개인적 수준의 합리성이 상호 양립하지 않게 되는 것이다. 즉 개인수준에서 합리적으로 도출된 상호 배반 전략이 집단수준에서는 최선의 전략이 아닌(sub-optimal) 상태로 이끌게 되는 것이다.

이를 부패행위에 대입하여 살펴보자. 나와 상대 행위자와 모두 부패행위에 참여하지 않으면, 두 행위자 모두 부패에 따른 거래비용을 줄이고, 각자 자신에게 주어지는 정당한 보상을 얻을 수 있다(상호협력). 그러나 상대방이 부정부패를 저지르지 않았을 때, 나 혼자 부정부패에 가담하면 더 큰 이익을 얻을 수 있다. 이와 더불어 상대방이 부정부패에 가담하였는데 나만 정직하게 행동한다면 내 피해가 더욱 커질 것이라는 두려움도 생겨난다. 때문에 이와 같은 상황에서 사람들은 어떠한 경우에도 부정부패에 참여 하게 된다. 또한 모든 행위자가 이와 같은 합리적 가정 위에서 행동하기 때문에 부패가 집단의 행위자들에게 일반화된다. 이와 같이 부패행위를 둘러싼 개인적 수준에서 합리적인 선택은 구성원 전체에 대해 자원의 거래비용 및 부패에 대한 감시비용을 증가시키고, 다른 한편으로 자원분배를 왜곡하여 집단적인 수준에서는 최적화되지 않은 재화의 분배로 나타나게 된다.

이와 같이 죄수의 딜레마 상황에서 합리적인 개인은 필연적으로 상호 배반전략을 쓸 수밖에 없으며, 많은 사회과학자들이 이런 딜레마를 해결하기 위해 다양한 방법들을 제시해 왔다. 그 중 대표적으로 행위자의 동기, 행위자의 전략, 게임의 구조 등을 바꾸는 해결책 등이 중요하게 고려되었다.[15] 동기적 해결책(motivational solution)은 게임에 참여하는 행위자가 합리적으로 자신의 이익을 극대화하려 한다는 가정을 수정하는 방식이다. 즉 참여자가 자신의 이익 뿐 아니라 다른 참여자의 이익, 혹은 공동체 전체의 이익에 관심을 가진다면 딜레마 상황에서 벗어날 수 있다는 것이다. 이와 같은 해결책에는 사회적가치지향성(Social Value Orientation)과 같은 개인의 기본적인 태도를 바꾸거나, 참여자간의 의사소통을 늘리고, 집단 정체성을 강화하는 방안 등이 있다.

이에 비해 전략적 해결책(strategy solution)은 참여자들은 여전히 이기적이며, 게임의 보상구조 자체가 바뀌지 않은 상태에서도 참여자들의 전략에 따라 딜레마 상황을 벗어날 수 있는 방식을 제시한다. 이 중 가장 잘 알려진 것은 상호 호혜성(reciprocity)을 기반으로 한 협력관계의 지속이다. 예를 들어 Axelrod는 동일한 사람들이 상대를 식별할 수 있는 죄수의 딜레마 게임을 반복하는 경우, 이들은 미래에 대한 기대를 통해 죄수의 딜레마 상황을 벗어나 서로 협조할 수 있다고 주장하였다.[16] 이 밖에도 게임의 과정에서 행위자들이 여러 참여자들 가운데 보다 이타적인 상대를 선택할 수 있는 경우, 집단적 호혜성, 사회적 학습 등을 통해 참여자가 선택을 달리하여 딜레마 상황을 벗어나는 해결책도 있다.

마지막 구조적 해결책(structural solution)은 게임의 보상구조 자체를 바꿈으로써 행동의 변화를 이끌어내는 해결책이다. 여기에

---

15) Dawes, R. M. 1980. "Social Dilemmas". *Annual Review of Psychology*, 31(1): 169-193.
   Kollock, Peter, 1998. "Social Dilemmas: The Anatomy of Cooperation." *Annual Review of Sociology*, 24: 183-214.
16) Axelrod, Robert. 1984. *The Evolution of Cooperation*. Basic books.

영향을 미치는 요소로는 집단의 크기와 그에 따른 개인의 효능감의 변화 등이 제시되고 있으며, 추가적인 보상이나 처벌을 통한 게임의 보상구조의 변화도 이에 포함된다.

위의 세 가지 해결책은 모두 게임의 양상을 변화시키고 사회적 딜레마 상황을 해결하는데 나름대로 효과적이라고 알려져 있다. 이 연구에서는 이 세 가지 방법 중 반부패 법안이 전체 게임의 보상구조를 바꿈으로써 죄수의 딜레마 게임을 상호 협력이 가능한 구조로 전환시키는 구조적 해결책을 제시하고 있다는 점에 주목하여, 구조적 해결책이 어떻게 부패를 줄이는지 분석해 보았다. 여기서 특별히 구조적 해결책에 집중하는 것은 김영란법과 같은 반부패법안이 개인적인 동기나 전략을 바꾸기 보다는 거시적 구조를 변화시킴으로서 게임의 양상 자체를 바꾼다고 보기 때문이다. 이를 통해 우리는 설령 개인들의 동기나 전략이 변화하지 않더라도 김영란법을 통해 효과적으로 부패를 감소시키는 효과를 예측할 수 있다.

2. 게임의 전환을 통한 부패방지

모든 행위자가 서로 배반을 하는, 즉 이 글에서 보자면 부패행위에 참가하게 될 수밖에 없는 비극적인 죄수의 딜레마 상황이 벌어지는 것은 두 가지 요인 때문이다. 우선 죄수의 딜레마의 시작점에는 행위자가 자신의 이익을 극대화 하려는 개인적인 동기가 있다. 그러나 이 딜레마의 끝에는 상대의 선택에 관계없이 배반의 전략을 취했을 경우 이익의 극대화를 이룰 수 있는 사회적 보상체계도 큰 역할을 한다.

그런데 집합행동을 설명하는 논리가 죄수의 딜레마 게임만 있

는 것은 아니다. 보상체계에 따라 몇 가지 다른 게임이 있는데, 그
중 하나가 확신게임(assurance game)이다. 확신게임의 보상행렬은
죄수의 딜레마 게임과 약간 다른 형태로 제시된다. 이 게임에서는
상대방이 협력하였으나 내가 배반을 하게 되면 얻게 되는 이익이
줄어드는 반면, 상호 협력을 했을 경우 얻어지는 이익은 그대로이
거나 더 늘어나기도 한다. 이를 죄수의 딜레마상황과 마찬가지로
표로 나타내면 다음과 같이 표현된다(표 2).

〈표 2〉 확신게임에서 보상행렬의 예

행위자2 ＼ 행위자1	협력 (부패행위 불참)	배반 (부패행위 참여)
협력 (부패행위 불참)	10 / 10	8 / 1
배반 (부패행위 참여)	1 / 8	2 / 2

이제 어떠한 요인으로 인해 한 사회 내에서 보상행렬이 <표 1>
에서 <표 2>로 바뀌었다고 가정하자. 여기서 <표 2>가 <표 1>에
비해 달라진 것은 <표 2>의 보상행렬, 즉 확신게임의 상황에서는
한 사람이 협력하고 다른 사람은 배반할 경우 배반자에게 돌아가
는 이익이 줄어드는 구조라는 점이다. 이와 같은 보상행렬의 변화
는 대체로 사회 제도의 변화로 발생한다. 예를 들어 게임을 주관하
는 사람이 나타나 <표 1>에서 배반을 택한 행위자가 얻은 이익에
서 4만큼을 강제로 회수한다고 가정하자. 그러면 상대방의 협력을
배반한 행위자는 12에서 4만큼의 이득을 강제로 회수하여 결과적
으로 8의 이득만을 취하게끔 게임의 규칙을 바꾸는 상황을 생각해
보면 된다.

이와 같이 변화된 상황에서 개인이 취할 전략을 앞에서 살펴본

죄수의 딜레마와 같은 과정을 통해 분석해보자. 우선 내가 행위자 1이라 가정하고, 나의 게임파트너인 행위자 2가 협력을 택하였을 경우를 살펴보면, 이때 내가 협력하면 얻을 수 있는 보상은 10이다. 반면 내가 배반하면 나의 보상은 8로 2만큼 감소한다. 여기서 다른 사람의 보상이 10에서 1로 줄어드는 것은 합리적이고 이기적인 나에게는 고려의 대상이 되지 않는다. 따라서 다른 사람이 협력을 택하였을 경우 나는 배반보다 협력이 더 이익이다(10>8). 다음으로 다른 사람이 배반을 하였을 경우를 살펴보자. 이 경우 나는 협력한다면 나의 보상은 1이다. 반면 나 역시 배반한다면 나의 보상은 2가 된다. 따라서 이 경우에는 행위자2에게는 협력 보다는 배반이 더 큰 보상이 생긴다(2>1).

이와 같은 확신게임의 특징은 상대방이 어떤 전략을 취하던지 상관없이 자신이 선택을 결정할 수 있는 강한우월전략(dominant strategy)이 존재하지 않고, 둘 다 협력을 하거나 둘 다 배반을 하는 두 개의 균형점이 존재한다는 것이다. 이와 같은 상황에서 합리적인 행위자라면 상호협력 혹은 상호배반을 택할 수 있으며, 이 둘 간의 선택은 상대방의 선택에 대한 예측에 기반을 둔다. 즉, 상대방이 배반한다면 나도 배반 하는 것이 더 이득이라는 측면에서는 죄수의 딜레마게임과 동일하지만, 상대방이 협력할 경우 나도 협력을 하는 것이 더 이득이라는 점에서는 죄수의 딜레마 게임과 다르다. 이러한 방식의 게임은 두 사람이 서로 같은 선택을 하게 될 경우(coordinated) 최상의 결과를 나타낸다는 의미로 조정게임(coordination game)으로 불린다.

이와 같은 방식은 사회적 딜레마를 해결하는 여러 해결책 중 구조적 해결책이다. 그 이유는 이 게임에서 두 개의 균형점이 만들어진 것이 개인수준에서 행위자들이 갑자기 협력하려는 의지가 생겨나거나, 새로운 전략을 사용하게 되었기 때문이 아니기 때문이다. 그보다는 개인 수준의 동기나 전략이 동일하게 유지되는데도 불구하고 사람들의 행위가 변화하는 것은 전체 게임의 구조인 보상행렬이 변했기 때문이다. 즉, 구조적 변화가 개인의 동기 변화를 이끌어 낸 셈이다. 그 동기를 보다 깊게 살펴보면, 이 게임에서는 죄수의 딜레마게임에서 영향을 미쳤던 욕심과 두려움의 두 개의 요인 중 상대방의 배반에 대한 두려움은 그대로 존재하지만, 상대방의 협력을 배반해서 이득을 얻으려는 욕심이 사라지면서 조건부로 상호 협력에 임하게 된다.[17]

이러한 게임의 구조를 부패행위와 연관하여 보면, 상대방이 부패행위를 할 경우 행위자도 같이 부패행위에 참가하지 않는다면, 그로부터 불이익을 받을 것이다. 따라서 상대방이 부패행위에 확실히 참가한다면, 행위자 역시 부패행위에 동참해야지 피해를 최소화할 수 있다. 그러나 상대방이 부패행위에 참가하지 않는다는 보장이 있다면, 즉 상대방의 선택을 신뢰한다면 행위자 역시 부패행위에 참가하지 않는 것이 상대방뿐만 아니라 행위자 본인의 보상을 최대화 한다. 따라서 확신게임의 행위자는 두 행위자 모두 부패에 참여하거나, 두 행위자 모두 부패에 참여하지 않는 두 개의 경우에서 게임의 균형점에 이르게 된다. 다시 말해 죄수의 딜레마 게임 상황에서는 모든 사람이 '반드시' 부패행위를 저지르게 되지만, 확신게임의 상황에서는 부패에 '참여할 수도'있고 '참여하지 않을 수도'있다는 차이가 있다.

그렇다면 죄수의 딜레마 게임을 어떻게 확신게임으로 변화시킬 수 있는가? 앞서 밝힌 바와 같이 보상체계의 변화는 제도적인 수준에서 이루어진다. 대표적인 것이 배반전략을 취했을 경우 제도적으로 처벌할 수 있는 장치를 마련하는 것이다. 집합행동에 대한

---

17) Simpson, Brent. 2006. "Social Identity and Cooperation in Social Dilemmas." Rationality and Society, 18(4): 443-470.

기존의 연구들은 집합행동에서 배반 전략에 대해 처벌을 하면 집
단의 협력의 비율이 효과적으로 높아진다는 점을 발견하였다.[18]
반부패 법안이 부패와 같은 배반행위에 대한 보상을 바꿀 것이라
고 기대 할 수 있는 이유가 여기에 있다. 부패행위에 대한 적발과
처벌이 가해지면 부패행위에 따른 이득이 벌금 등의 기타 법적 제
제로 인해 감소하게 된다(12→8). 이로 인해 게임의 양상이 확신게
임으로 변하게 된다면 게임에 참여하는 사람들은 타인들이 부패행
위에 참여하지 않는다는 보장만 있다면 자신의 이익을 극대화하기
위해서 부패행위에 참여하지 않을 것이다.

따라서 반부패법은 부패와 관련된 상황을 죄수의 딜레마 게임
에서 확신 게임으로 전환할 수 있다. 죄수의 딜레마 상황과는 달리
확신 게임에서 두 행위자는 상호 협력하거나 상호 배반을 할 가능
성이 있다. 이때 상호 배반과 상호 협력을 결정하는 대표적인 전략
결정 요인은 상대방에 대한 정보 및 신뢰다.[19] 예를 들어 상대방이
협력할 확률이 매우 높다는 정보를 가지고 있다면, 행위자 역시 이
익 최대화를 위해 협력할 것이다. 반대로 상대방이 어떤 이유에서
건 배반 전략을 취할 가능성이 높다는 정보를 갖고 있다면, 행위자
역시 피해를 최소화하기 위해 배반 전략을 택할 가능성이 커질 것
이다. 정보와 더불어 전략 결정 요인의 다른 한 측면은 바로 신뢰
다. 만일 상대방에 대한 신뢰, 혹은 상대방을 협력으로 이끄는 강
제력이 잘 작동할 것이라는 제도에 대한 신뢰가 있다면 상호 배반
보다는 상호 협력을 통한 이익의 극대화를 꾀할 수 있을 것이다.

이러한 이론적 과정을 최근 시행된 김영란법에 적용하여 보자.
김영란법이 기존 부패방지법에 비해 두드러지게 다른 점은 법의

---

18) Fehr, E., & Schmidt, K. M. 1999. "A Theory of Fairness, Competition, and
    Cooperation." *The Quarterly Journal of Economics*, 114(3): 817-868.
19) Simpson 2006 앞의 글

적용 범위가 매우 광범위하고 처벌 대상 행위의 기준이 매우 엄격하다는 점이다. 김영란법은 지금까지 부정부패 관련 수사 및 재판 과정에서 논쟁의 핵심이자 처벌을 하는데 있어 난제였던 대가성 여부에 관계 없이 100만원 이상 금품수수에 대해서는 무조건 처벌하도록 되어 있다. 식사, 선물, 경조사비의 경우 각각 3만원, 5만원, 10만원 이하로 제한하는 등 유례없이 강한 기준을 적용하였다.[20] 또한 헌법소원의 쟁점이 되었던 적용범위에서 공직자 뿐 아니라 사립학교 교원, 언론인 등과 그 가족 모두를 법 적용 대상에 포함시킴으로써, 최대 2,000만 명이 적용범위 안에 들 것으로 예상 된다.[21] 이와 같이 부패 행위에 대해 강하고 광범위한 규범을 적용하여 행위자들에게 김영란 법이 자신뿐만 아니라 다른 행위자들에게도 일괄적으로 적용된다는 인식을 심어주고 있다.

이러한 이론적 배경 하에 김영란법이 시행되면 실제로 어떤 일이 일어날지 유추해 볼 수 있다. 이론적 가정과 다르게 실제 사회에서 행위자가 부패행위 참여 여부를 선택할 때 문제가 되는 것은 각 개인별로 인지하는 게임의 구조가 다를 수 있다는 점이다. 예를 들어 행위자 A, B가 게임에 임하는데, A는 게임의 구조를 확신게임, 즉 배반행위에 대한 처벌이 상당정도 큰 것으로 인식하고 있는 반면, B는 게임의 구조를 죄수의 딜레마 게임, 즉 배반 행위에 대한 처벌이 그리 크지 않을 것이라고 다르게 인식하는 상황을 생각해 볼 수 있다. 이 경우 각 행위자들은 두 균형점-상호협력과 상호배반-중 하나를 무작위로 선택 할 수 있다. 이 경우 주어진 상황이 확신게임이라고 생각하는 행위자 A는 50%의 확률로 협력 할 가능

---

20) 최초 시행에서는 이른바 3, 5, 10규정이 적용되었으며, 2018년 1월 17일부터 화환과 조화, 농수산물 선물은 한도가 10만원으로 상향조정되고, 경조사비는 5만원으로 하향 조정되었다.
21) 조재현, "부정청탁금지법의 위헌상에 관한 논의", 「한국부패학회보」제20권 4호, 2015, 1-22.

성이 있지만, 주어진 상황이 죄수의 딜레마 게임이라고 생각하는 행위자 B의 경우에는 논리적으로 100%의 확률로 배반하게 된다. 이 경우 상호 협력은 절대 이루어 질 수 없으며, 게임을 반복 수행한다면 B에 비하여 A의 손해가 누적될 것이다. 이와 같은 상황에서 A의 협력빈도 역시 점차 낮아질 것이라는 점은 쉽게 예측 가능하다.[22]

그러나 A와 B 모두 자신들이 확신게임하고 있다고 인식한다면 두 행위자는 확률적으로 각각 50%의 확률로 협력이 가능하며, 25%의 확률로 상호협력의 조합을 만들 수 있다. 이러한 선택은 행위자들의 이익을 극대화 할 것이다. 더불어 상호협력을 통한 이익 극대화의 경험을 한 행위자들은 차후의 게임에서도 협력할 가능성이 높으며, 나아가 이와 같은 소수의 협력행위가 집단의 호혜성의 규범을 확인시킴으로서 다른 행위자들의 협력을 이끌어 내어 집단 전체의 협력 가능성을 높이게 된다.[23]

따라서 2자간 게임에서는 게임에 대한 자신의 인식만큼이나 상대방의 인식을 추론하는 것 역시 상호 협력전략을 달성하기 위해 중요하다. 행위자가 게임의 구조를 확신게임으로 이해하고 다른 행위자 역시 마찬가지일 것이라고 추론한다면 상호 협력의 가능성은 높아지게 된다. 반대로 행위자가 게임의 구조를 확신게임으로 이해를 하더라도, 다른 사람이 게임을 죄수의 딜레마 구조로 이해하고 있다고 추론한다면 상대방이 배반의 전략을 취할 것이 분명

---

22) Fehr, E. and Gachter, S. 2000. "Cooperation and Punishment in Public Goods Experiments." *The American Economic Review*, 90(4): 980-994.
23) Brief, A. P., and Motowidlo, S. J. 1986. "Prosocial organizational behaviors." *Academy of management Review*, 11(4): 710-725.
   Weber, J. M., & Murnighan, J. K. 2008. "Suckers or saviors? Consistent contributors in social dilemmas." *Journal of personality and social psychology*, 95(6): 1340-1353.

하므로, 행위자 역시 확신게임의 두 균형 중 상호배반 쪽을 선택할 가능성이 매우 높아진다.

다시 말해 어떤 행위자가 사회의 부패 수준이 매우 낮고, 부패가 적발될 가능성이 높다고 인식한다면, 그렇지 않은 경우보다 부패에 참여할 가능성은 물론 낮아진다. 하지만 타인들이 부패에 대한 처벌이 강하지 않고 부패가 적발될 가능성 역시 낮아 다른 많은 사람들이 틀림없이 부패에 참여할 것이라고 예상한다면, 행위자 역시 부패에 참여(배반)할 가능성이 높아진다. 반대로 상대방이 부패가 적발될 가능성이 높고 처벌의 수위도 높다고 인식하여 부패에 참여하지 않을 가능성이 높다고 추정한다면, 행위자 역시 부패행위에 참여하지 않고(협력) 이익을 극대화 하는 전략을 취하게 될 것이다.

기존의 부패방지법은 법적용의 모호성으로 인해 행위자에게 자신이 처한 상황이 무조건적 배반이 이익이 되는 죄수의 딜레마 게임인지, 확신게임과 같은 조정게임인지를 판단할 확실한 정보를 제공하지 못하였다는 한계가 있었다. 예를 들어 대가성 여부가 모호하거나, 가족을 매개로 하여 간접적으로 이루어지는 부정부패의 경우 법에 의한 처벌가능성이 낮다고 인식할 수 있다.[24] 이런 경우 행위자는 보상행렬이 확신게임이 아닌 죄수의 딜레마 상황이라고 이해할 가능성이 높다. 따라서 이 경우 행위자들은 이익 극대화를 위해 부패행위에 가담한다. 이에 비해 김영란 법의 강력한 규제는 행위자에게 부정부패에 관련될 경우 적발될 가능성이 크다는 인식을 줄 수 있다.

이 법의 더 중요한 효과는 부패를 방지하는데 있어 단지 제도적 규제에 그치는 것이 아니라 상호 협력의 기제를 끌어낼 수 있

---

24) 예를 들어 이른바 "벤츠 여검사" 사건이 무죄가 선고되기도 하였다. (대법원 2015. 3. 12. 선고 2013도363 판결 참조)

는 구조를 제시한다는 점이다. 게임이론에서는 나의 전략과 다른 행위자의 전략이 어떤 식으로 조합되어 결과를 이끌어 내는지가 중요하다. 다시 말해 행위자 뿐 아니라 행위자와 함께 게임에 임하는 타인들의 행위를 예측하는 것 역시 전략선택에 결정적이다. 각 행위자가 게임을 어떻게 인식하는가 하는 상황에 대한 주관적 정의와 논리적 협력 가능성은 <표 3>과 같이 예측할 수 있다. 김영란법은 대가성 여부를 따지지 않는다는 점과 적용범위가 광범위하다는 점으로 인해 한 행위자에게 상대방 역시 이 게임을 죄수의 딜레마 게임이 아닌 확신게임으로 인식할 것이라고 추론할 근거를 제공해 준다. 이 경우 두 행위자 모두 확신게임으로 생각하기 때문에 상호 협력의 가능성은 더욱 높아질 것이다.[25]

<표 3> 각 행위자의 게임에 대한 상황정의와 협력 가능성

행위자2 \ 행위자1	죄수의 딜레마 게임	확신 게임
죄수의 딜레마 게임	0% / 0%	50% / 0%
확신 게임	0% / 50%	50% / 50%

　　지금까지의 부정부패에 가담한 사람들에 대한 처벌제도의 도입이 개인들의 행동을 어떠한 식으로 바꿀 수 있는지를 논리적인 과정을 통해 설명하였다. 처벌을 통해 인간의 행동을 규제한다는 것은 일견 매우 단순하고 자명한 듯 보이지만, 이와 같은 게임이론적 설명은 법의 위반에 대한 처벌이 어떤 조건하에서 인간의 행동을 규제하는데 효과를 보이는가에 대한 보다 면밀한 연구를 할 수 있

---

25) Yamagishi, Toshio. 1986. "The provision of a sanctioning system as a public good." *Journal of Personality and social Psychology*, 51(1): 110-116.

는 틀을 제공한다는 점에서 의미가 있다. 그러나 이와 같은 논리적 설명은 인간행동에 대해 너무나도 단순하게 도식화한 측면이 있다는 점을 부인 할 수 없으며, 이론적 논의에서 얻어진 결론이 반드시 현실에서도 동일하게 타나날 것이라고 보장하기는 힘들다. 따라서 처벌의 효과에 대한 보다 현실적인 연구의 결과들을 살펴 볼 필요가 있다.

Ⅲ. 처벌과 협력에 대한 연구들

처벌의 효과에 대해서는 많은 이론적 연구 뿐 아니라 실증적 연구가 진행되어 왔다. 이에 대한 실증적 연구 결과는 긍정적인 측면과 부정적인 측면이 공존하는데, 긍정적인 측면은 지금까지 상당히 많은 경험적 연구들이 규범의 위반에 대한 처벌이 인간행동에 미치는 다양한 효과를 보여주었으며, 공통적으로 처벌이 인간의 행동을 변화시킨다는 결과를 보이고 있다. 그러나 동시에 부정적인 측면에 대한 적지 않은 연구들이 처벌제도의 도입으로 인해 발생하는 다양한 문제점들을 지적하고 있다.

1. 처벌을 통한 협력의 증진

규범을 지키지 않은 구성원을 처벌하는 것은 집단을 유지하는 가장 중요한 사회적 행위 중 하나일 것이다. 그 동안 사회과학 영역 뿐 아니라 생물학 분야의 많은 연구들은 처벌이 협력을 이끌어 내는 현상에 대해 연구해 왔다. 이 중 공유재(common goods)에 대한 Hardin의 연구와, 집단행동의 문제를 지적한 Olson의 연구는 규제가 없는 사회에서 자율적인 방식으로 공공선(public good)이 유지될 수 없다는 점을 본격적으로 논의하기 시작였다.[26]

Hardin은 공공재를 누구나 양을 마음껏 칠 수 있는 공유지(commons)에 비유하여 공유지에 대한 감시와 사익추구에 대한 제제가 없다면 공유지는 황폐해질 것이라는 점을 주장하였다. 예를 들어 한 공유지에서 자유롭게 양을 치는 몇 명의 양치기들이 있다고 가정해 보자. 한 특정 양치기의 입장에서 보았을 때는 다른 양치기의 양의 수가 일정 수준을 유지하고, 자신의 양을 최대한으로 늘림으로써 자신의 이익을 극내화 할 수 있다. 하지만 모든 양치기가 자신의 이익을 최대화하기 위해서 각자의 양의 숫자를 늘려 방목한다면 공유지는 금세 양을 기를 수 없는 황폐한 상태가 될 것이고, 결과적으로 아무도 양을 칠 수 없어 모두가 피해를 보게 된다. Hardin은 이러한 상황에서는 기술적 발전을 통한 해결책은 한계가 있을 수밖에 없으며, 공유지에 대한 감시와 제제를 통해 지나친 사익을 추구하는 행위를 막아야만 공유지를 온전하게 보전할 수 있다고 주장하였다.

집단행동에 대한 Olson의 연구 역시 개인들이 집단을 이루어 공동의 목표를 추구할 경우 개인적인 노력보다 훨씬 많은 것을 얻을 수 있다는 집단의 효용성에 대한 전통적 견해에 의문을 던진다. 그는 집단적으로 공유된 목표, 혹은 공공재를 위한 집단의 노력은 언제나 합리적으로 자신의 이익을 최대화 하려는 구성원들의 무임승차(free-riding) 문제에 봉착한다고 주장하였다.[27] 이러한 경향은 집단의 규모가 커질수록 더 뚜렷해지게 된다. Olson 역시 이와 같

---

26) Hardin, Garrett. 1968 앞의 글
   Olson, M. 1965. *Logic of collective action public goods and the theory of groups.* Rev. ed..
27) Olson, M. 1965. 앞의 글

은 무임승차를 통한 사익의 추구 행위를 없애기 위해서는 규칙을 지키는 행위자에 대한 개별적 유인과 더불어 집단적 행동에 참여하지 않고 규칙을 따르지 않는 사람들에 대해서는 제재를 통해 불이익을 주어야 한다는 점을 주장하였다.

이와 같은 초기 집단행위에서의 무임승차 문제에 대한 연구 이후 특히 사회심리학과 생물학기반의 많은 연구들은 실험 등의 경험적 자료를 통해 처벌이 집단의 규범을 유지하는데 얼마나 효과적인가를 보여주었다. Fehr와 Gächter의 연구는 생산적 교환관계(productive exchange)를 이용하여 무임승차와 처벌의 관계를 검증하였다.[28] 생산적 교환관계에서는 구성원들 사이에서 공공선을 위해 얼마간 자신이 가지고 있는 자원을 투자하면, 각자 투자한 자원이 모여 공공자산(public account)이 생기는데, 이때 공공자산은 각 개인의 투자의 합보다 크다. 예를 들어 세 명의 참여자가 각각 10단위 만큼의 자신의 자원을 투자한다면, 그 합은 산술적으로 30이 되지만, 공공자산은 그 이상으로 40 혹은 50단위의 가치를 가진다.

일단 공공자산이 발생하면 이는 각 참여자의 투자한 자원의 양에 관계없이 동일하게 분배된다. 이 때 한 개인의 입장에서는 자신이 얼마를 투자하던 공공자산은 동일하게 분배됨으로 자신의 자원은 하나도 투자하지 않고 공공자산을 분배받는 것이 가장 좋은 선택이 된다. 그러나 이와 같이 공공재 사용에 대한 제약이 없는 경우 모든 사람이 똑같이 무임승차하려는 동기를 가게 된다. 때문에 아무도 공공자산에 투자를 하지 않아, 결국 공공자산은 유지될 수 없다. Fehr와 Gächter의 실험에서는 이와 같은 무임승차를 막기 위해 공공자산을 똑같이 나누는 과정에서 집단의 규범을 지키지 않는 사람들에 대해 자발적으로 처벌 할 수 있는 기회를 주는 실험

---

28) Fehr, E. and Gachter, S. 2000. 앞의 글.

을 수행하였다. 실험은 동일한 게임의 규칙으로 반복적으로 실시 되었는데, 그 결과 처벌 제도를 도입하면 집단의 협력이 눈에 띄게 증가하는 경향을 보여주었으며, 처벌제도를 도입하였다가 없애는 경우와, 처벌제도가 없었는데 새롭게 도입하는 경우 모두 동일하 게 나타났다(그림 1).

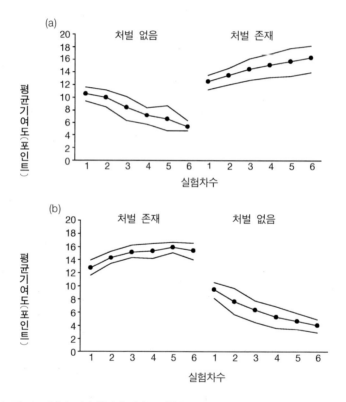

〈그림 1〉 처벌이 집단 협력에 미치는 영향을 보여주는 Fehr와 Gächter(2000)의 연 구결과. 실험에서는 4명의 참여자들이 공공재 게임(public good game)을 하여 이들이 집단에 기여하는 정도를 측정하였다. 실험 결과 (a) 처벌이 없는 조건이 먼저 제시되거나, (b) 처벌이 있는 먼저 제시되거나 상관없이 처벌의 출현은 협 력 정도를 높이게 됨.

Gurerk과 Irlenbusch, Rockenbach의 연구는 개인적인 수준에서 처벌의 효과를 연구한 다른 연구와는 달리, 집단 수준에서 처벌이 가지는 효과를 보여주었다.[29] 이들의 실험은 두 집단으로 구성되었는데, 한 집단은 자신의 자원을 이용하여 집단의 규범을 어긴 행위자를 처벌을 할 수 있는 집단이고, 한 집단은 이와 같은 규범의 위반이 일어나더라도 처벌을 받지 않는 집단이다. 실험의 참가자들은 모두 위와 같이 두 집단 내에서 다른 참여자들과 함께 집단의 공공자산을 위해 투자하고 그 이익을 나누어 가지게 된다. 이 실험 역시 구조는 누구나 무임승차를 할 수 있다는 가능성에 노출되어 있으나, 한편으로 처벌이 가능한 집단에서는 처벌을 통해 무임승차를 막을 수 있다는 점과 더불어 자신도 처벌을 받을 수도 있다는 위험성이 동시에 존재한다. 이 실험도 협력행위는 여러 차례 반복되는데, 특이한 점은 참가자들이 반복되는 협력행위 과정에서 처벌이 있는 집단과 처벌이 없는 집단을 자유롭게 선택할 수 있다는 것이다.

이 실험의 결과를 보면 초기에는 많은 참가자들이 처벌이 없이 자유롭게 공공자산을 형성하는 집단을 선택하였으나, 시간이 지날수록 이 집단에서 무임승차자가 늘어나고 개인에게 돌아오는 이익이 줄어들면서 점차로 처벌이 가능한 집단을 선호하는 것으로 나타났다. 또한 참여자들은 처벌이 가능한 상황에서 집단의 공동의 목표나 다른 위반자들을 처벌하는데 기꺼이 자신의 자원을 투자하여 결과적으로 개인에게 돌아오는 이익을 극대화 하려는 것으로 나타났다. 이 연구결과는 처벌이 개인적인 수준에서 행위를 바꾸는데도 기여하는 동시에, 집단적인 수준에서도 처벌이 있는 집단이 처벌이 없는 집단에 비해 진화론적 과정에서 우월성을 가진다

---

29) Gürerk, Ö., Irlenbusch, B., & Rockenbach, B. 2006. "The competitive advantage of sanctioning institutions." Science, 312(5770): 108-111.

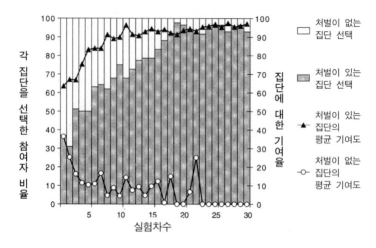

〈그림 2〉 처벌이 가능한 사회와 가능하지 않은 집단간의 선호도와 평균적인 기여도를 비교한 Gurerk, O., Irlenbusch, B. & Rockenbach, B.의 연구 결과(Gurerk et, al 2006). 초기에는 처벌이 없는 집단을 선호하는 경향이 더 강하나, 시간이 지날수록 사람들은 점차로 처벌이 있는 집단으로 옮겨가고 있다. 각 집단에 대한 평균 기여도도 차이를 보이는데, 처벌이 있는 집단의 경우 평균 기여도가 계속 증가하여 거의 100%에 육박하지만 처벌이 없는 집단의 경우 평균 기여도는 계속 감소하여 23회 이후에는 0%로 유지된다.

는 것을 보여준다. 또한 행위자들은 자신이 처벌당할 가능성이 있는데도 불구하고, 처벌제도를 통해 다른 사람을 통제할 수 있는 사회를 더 선호하는 것으로 나타났다(그림 2). 이러한 연구 결과는 개인적인 수준에서 뿐 만 아니라 집단적으로도 있는 집단이 처벌 제도가 없는 집단에 비해 사회 진화적인 측면에서 안정적임을 보여준다.[30]

이 밖에도 많은 연구들이 처벌이 규범을 어기는 행위에 대해 어떠한 효과를 나타내는가를 밝혔는데, 예를 들어 Shinada와 Yanagushi(2007)의 연구에서는 처벌의 효과를 직, 간접적으로 측정 하였다. 이들의 연구에 따르면, 처벌제도는 행위자에게 규범을 위

---

30) Axelrod, R 1984 앞의 책

반할 경우 처벌 받을 것이라는 두려움을 제공하는 동시에, 그 처벌
제도가 다른 사람에게도 두려움을 주어 규범을 위반하지 못하게
할 것을 예측하게 한다. 따라서 처벌제도는 집단 내 행위자에게 안
도감을 부여하여 규범을 위반하려는 동기를 약화시키는 것으로 나
타났다. 이는 게임이론에서 논의하였던 규범 위반에서의 두려움과
욕심의 두 측면이 실제로 존재한다는 것을 경험적으로 보여준 사
례이다.

2. 처벌제도 도입의 문제점

처벌이 공동체의 규범을 어기는 행동을 줄이고, 공동체의 구성
원 역시 이와 같은 처벌제도에 긍정적인 태도를 가진다는 연구결
과에도 불구하고, 다른 한편으로 처벌제도의 부작용과 한계에 대
해서도 지적한 연구들도 진행되었다. 제도의 부작용을 지적한 연
구들은 연구는 기본적으로 처벌을 통해 개인이 규범을 어기고 자
신의 이익을 추구하려는 동기는 줄일 수 있으나, 새로운 규칙을 도
입하는 것은 상황의 성격 및 개인의 동기 등을 변화시킨다고 주장
한다. 따라서 새로운 규범을 도입할 때는 그 규범의 순효과만을 고
려해서는 안 된다. 지금까지의 논의가 처벌을 통해 교환관계에서
개인의 이익을 극대화하려는 동기를 어떻게 줄이는가를 이론적으
로 살펴보고, 이에 대한 경험적 연구들을 살펴보았다면, 지금부터
의 논의는 처벌 제도가 도입됨에 따라 생겨나는 문제점을 지적한
연구들을 살펴보고 이것이 한국의 반부패 법안의 도입과 관련해
어떠한 함의를 가지는지를 살펴볼 것이다.

처벌이 집단에서 가장 우선적으로 문제가 되는 것은 처벌제도
의 비용이다. 집단의 규범을 지키지 않는 행위자를 처벌하기 위해

서는 우선 감시 제도가 필요하고, 감시의 결과 규범을 위반하는 행동을 하게 되면 이에 대한 처벌을 집행해야 한다. 그러나 이러한 감시나 집행은 무료가 아니며, 사회적 자원을 이용해야 한다. 따라서 처벌제도를 도입할 때에는 우선적으로 해당 처벌제도의 도입으로 인한 사회적 이익이 감시와 처벌에 소요되는 사회적 자원에 비해 커야한다는 조건이 있다. 예를 들어 Horne와 Cutlip의 연구에서는 실제로 처벌의 직, 간접적 비용이 증가할수록 참여자들에 대한 부담이 늘어나고 이에 따라 실제로 제재가 가해지는 경우가 줄어들었다.[31]

이 문제는 반부패법 특히 최근 시행된 김영란법에 대해 자주 가해지고 있는 비판 중 하나이다. 앞서 살펴본 김영란법은 사회의 아주 세밀한 부분까지 규제를 하는 법안이다. 그러나 규제라는 것은 법조문으로 결정되었다고 해서 그 실효성이 보장되는 것이 아니며, 이에 맞는 실질적인 감시 체계가 갖추어져야만 법이 최초에 의도했던 것을 이룰 수 있을 것이다. 따라서 김영란법이 실질적으로 효과를 거두기 위해서는 김영란법의 조문이 규제하는 행위에 대한 공식적, 비공식적 감시 체계가 마련되어야 한다. 그러나 이 감시체계를 어떠한 식으로 조직할 것이며, 이에 들어가는 사회적, 경제적 비용이 어느 정도가 되는지에 대한 논의가 충분히 이루어졌는가에 대해서는 여전히 의문이다. 실제로 각 기업을 비롯한 사회조직에서는 김영란법으로 인해 조직차원의 불이익을 예방하기 위해 자율적으로 많은 교육과 규범, 감시체계, 처벌 제도 등을 마련하고 있으나, 이에 대한 비용에 대해서는 상당히 과소평가된 측면이 있다.

두 번째 문제는 처벌제도 자체에서 발생하는 2차적 사회적 딜

---

31) Horne, C., & Cutlip, A. 2002. "Sanctioning costs and norm enforcement an experimental test." *Rationality and Society*, 14(3): 285-307.

레마(2nd-order social dilemma), 혹은 고차적 사회적 딜레마(higher-order social dilemma)의 문제이다.[32] 앞서 살펴본 바와 같이, 공유자원의 이용에는 항상 사회적 딜레마가 발생하게 된다. 즉 개인의 입장에서는 공유자원에 투자를 하지 않고 남들이 만들어 놓은 공유자원에서 그 열매만 자신이 얻을 수 있다면 가장 바람직한 상태가 되지만, 모든 사람이 똑같은 생각하기 때문에 아무도 공유자원에 투자를 하지 않고, 결과적으로 아무도 공유자원을 이용할 수 없게 된다. 하지만 문제는 이러한 과정을 막기 위해 감시와 처벌 제도를 마련하더라도, 이 제도 역시 일종의 공유자원이라는 점이다. 즉 집단의 규범을 위반하는 행위자를 통제하기 위한 감시와 처벌제도 역시 집단 구원들의 자원을 사용해야하고, 이 제도에 투자를 하여 질서를 유지하려는 사람과, 처벌제도에 투자를 하지 않고 그 결과만 향유하려는 사람들이 생기게 마련이다. 그 때문에 처벌제도에 대한 감시와 처벌제도가 생겨야하고, 이에 대해 또 무임승차자의 문제가 발생하게 된다. 이와 같은 논리로 사회적 딜레마는 무한히 반복될 수 있다는 문제가 있다.

이 문제는 예를 들어 최근 이슈가 되고 있는 반부패기구인 고위공직자비리수사처(이하 공수처) 등의 논의에 시사하는 바가 있다. 공수처는 이른바 화이트컬러 범죄, 고위공직자 비리, 권력형 비리 등의 문제가 계속해서 불거지자 이를 감시하고 처벌할 수 있는 별도의 독립수사기관을 설치하려는 계획이다. 그러나 이러한 별도의 감시와 수사기능을 갖춘 공수처는 또 어떠한 방식으로 감시하고 통제할 수 있을 것인가 하는 문제가 발생한다. 즉 공수처에 대해 옥상옥(屋上屋)에 불과하게 될 것이라는 비판에 대해 진지하

---

32) Van Lange, P. A., Joireman, J., Parks, C., and Van Dijk. 2013. "The psychology of social dilemmas: A review." *Organizational Behavior and Human Decision Processes*. 120: 125-141.

게 고민해 볼 필요가 있으며, 이렇게 되지 않기 위한 조건들을 마련할 필요가 있다. 반부패 법안 역시 마찬가지 문제가 발생할 수 있다. 부패 방지 법안이 있다 하더라도, 그 부패 방지 법안이 잘 시행되는가를 감시하고, 또 다시 그것 제도가 잘 돌아가는 가를 다시 감시하는 법안이나, 기관, 제도를 만드는 식으로 계속해서 부패를 막으려 한다면, 이는 사회적 비용만 추가적으로 소요 될 뿐 논리적으로는 끝이 없는 과정이 될 것이다.

세 번째 문제는 사회적 처벌로 인한 집단의 신뢰의 붕괴 문제이다. 이 글의 도입부에 소개된 사례에서 나타난 바와 같이 법을 비롯한 제도가 시행되면, 그 법은 개인들의 의사결정 과정에서 하나의 요소로서만 작용하는 것이 아니라 경우에 따라 전체 의사결정의 맥락을 바꾸게 된다. 학부모가 어린이집의 아이를 데려가는 시간이 늦었을 경우, 처벌제도가 없었을 경우에는 어린이집 선생님이 추가시간을 들여 아이를 봐주는 것이 일종의 선행, 혹은 배려의 행동으로 받아들여지지만, 이에 대한 벌금을 물게 되면 아이를 추가로 돌보아 주는 행위는 금전적 거래의 대상으로 변화되는 것과 같은 이치이다.

기존의 많은 사회심리학이나 정치학의 연구들은 강력한 처벌제도가 개인간의 관계의 속성을 변화시킨다는 주장을 해 왔다. 예를 들어 Mulder의 연구팀은 협력관계에서 처벌이 강화되면 행위자들은 자신이 속한 협력관계를 시장에서의 거래관계로 규정하게 되며, 따라서 규범이나 윤리적인 측면에 대해 덜 주의를 기울이게 된다는 점을 보여주었다.[33] 즉, 처벌이 강한 상황에서 행위자들은 집단의 질서가 유지되는 이유가 강한 처벌 때문이라는 인식을 가지

---

33) Mulder, L. B., Van Dijk, E., De Cremer, D., & Wilke, H. A. 2006. "Undermining trust and cooperation: The paradox of sanctioning systems in social dilemmas." *Journal of Experimental social psychology*, 42(2): 147-162.

게 되며, 이에 따라 상대방의 의도나 선한 동기를 신뢰하지 않는 결과가 발생한다. 이러한 인식이 중요한 이유는, 앞서 살펴 본 바와 같이 사람들이 자발적으로 규범을 지키는 것은 단지 내가 규범을 지키지 않으면 처벌받는다는 이유뿐 만 아니라 다른 사람도 기꺼이 규범을 지킬 것이라는 믿음이 기반이 되어야하기 때문이다. 그러나 상대방이 처벌제도로 인해 마지못해 규범을 지키고 있다고 생각하는 동기의 외재화가 일어난다면 신뢰는 무너질 것이다.[34] 이는 Yamagishi의 연구에서도 나타나고 있는데,[35] 처벌제도가 없는 경우에는 상대에 대한 신뢰도가 높은 사람들이 더 협력을 잘 하지만, 처벌제도가 있는 경우에는 역설적이게도 상대를 신뢰하지 않는 사람들이 더 협력을 많이 하였다. 즉 사회적 신뢰가 낮은 상황에서는 사람들은 규범을 깨뜨리는 행위에 대해 처벌하는 장치에 더 많이 의지한다.

이와 같은 처벌과 신뢰의 역설적인 관계에 주목해야 하는 이유는, 일단 집단에 처벌제도가 도입이 되면, 이 제도가 집단의 신뢰를 대체하여 집단의 질서를 유지하기 때문이다. 즉 처벌제도가 사회적 신뢰를 대체하게 된다. 그러나 만일 어느 순간 이런 처벌제도가 없어지거나, 혹은 유명무실하게 되면 그 집단에는 규범을 지탱해나갈 공식적 처벌 기제는 물론이고 비공식적인 신뢰관계도 존재하지 않게 되어, 최초 처벌제도가 도입되기 전 보다도 오히려 더 상황이 악화될 우려가 있다는 점이다.

Ostrom은 강력한 규제의 이와 같은 이면에 대해 지적하였는데, 그는 전세계적으로 공유자원(common resource pool)을 효과적으로 관리하고 있는 사례들을 살펴보고, 공유자원을 효과적으로 관리하

---

34) Bénabou, R., & Tirole, J. 2003. Intrinsic and Extrinsic Motivation. *The Review of Economic Studies*, 70(3), 489-520.

35) Yamagishi, T. 1986. 앞의 글

기 위해서는 중앙집권적 제도가 외부로부터 규범을 강제하기 보다
는 공유자원과 직접적으로 이해관계가 있는 당사자들이 스스로 상
호 감시 체계와 처벌규정을 만들어 시행하는 것이 더 효과적임을
주장하였다. 이 연구에서는 특히 공유자원이 장기간 효율적으로
관리되기 위해서는 자원 관리자들이 자신들의 규칙을 세울 때, 외
부의 정부기구 등으로부터 과도한 간섭을 받지 않도록 해야 한다
는 점을 분명히 하고 있다.[36]

　　이와 같은 처벌의 이중적인 속성 때문에 처벌제도의 도입은 제
도의 직접적 효과 뿐 아니라 산섭석 효과를 송합적으로 고려하여
신중하게 이루어 져야 한다. 특히 김영란법의 시행과 관련해 이 법
이 미풍양속이나 사회상규, 사회의 신뢰관계에 부정적 영향을 미
칠 것이라는 주장들이 있었으며, 이에 대해 김영란법을 반대하는
입장에서 억지로 만들어낸 주장으로 치부한다던가, 혹은 이와 같
은 부작용이 있더라도 그 정도가 미미하여 무시할 수 있을 것이라
는 반론들이 있어 왔다. 물론 직관적으로 보았을 때, 한국사회가
부정부패로 인해 지출하는 사회적 비용을 감안한다면, 이와 같은
부작용을 감수하고서라도 보다 강력한 감시와 처벌제도가 도입되
어야 한다는 주장은 매우 설득력이 있다. 그럼에도 불구하고 이와
같은 부작용, 혹은 잠재적 효과에 대해 파악하고 이를 최소화 하려
는 학문적 연구나 사회적 합의 없이 법이 시행된다면, 최초에 법의
시행으로 의도하였던 바를 달성하지 못하거나 오히려 상황을 더
악화 시키는 결과를 초래할 수 있다.다.

---

36) Ostrom, E. 1990 앞의 글

Ⅳ. 결론

한국사회에서 부정부패는 오랜 기간 동안 상당히 뿌리 깊으면서도 심각한 문제로 인식되어 왔다. 그 동안 많은 부정부패 방지 법안과 제도들이 생겨났고, 많은 부분 개선되기도 하였지만 여전히 부정부패의 문제는 한국사회가 앞으로 나아가는데 큰 장애물로 작용하고 있다. 따라서 이 문제는 한국 사회에서 시급해 해결해야 할 문제 중 하나라는 데는 이미 사회적 공감대가 형성된 지 오래이다.

이 글에서는 부정부패를 줄이기 위해 도입되는 반부패 법안이 한국사회에서 실제로 어떠한 효과를 나타내고 있는지를 살펴보기에 앞서, 이론적 측면에서 반부패법안의 효과를 고찰해 보았다. 이를 위해 부패행위와 관련된 상황을 게임이론적으로 고찰해 보고 이를 통해 반부패법안이 게임의 구조를 바꾸어서 개인들이 부패행위에 참여하고자 하는 동기를 변화시킬 수 있다는 점을 보였다. 이러한 이론적 논의들이 주장하는 바는 실제로 많은 경험적 연구를 통해 실증이 되었다. 이들 연구는 감시와 처벌제도가 실제로 개인이 사회적 규범을 위반하는 빈도를 줄이고, 집단적으로도 처벌제도가 있는 집단이 그렇지 않은 집단에 비해서 우월하다는 점을 보여주고 있다.

이와 같은 처벌의 효과성에도 불구하고 한편으로 많은 연구들은 처벌제도의 문제점을 지적하고 있는 것도 사실이다. 이러한 연구들은 처벌제도의 도입을 통해 행위자가 규범을 위반하려는 의지는 줄일 수 있지만, 처벌제도를 유지하는데 사용되는 사회적 비용, 감시와 처벌제도를 효율적으로 운용하기 위한 또 다른 감시와 처벌제도의 필요성, 처벌제도를 도입함으로써 우려되는 사회적 신뢰의 붕괴 등의 부작용들에 대해 고려해야 한다는 점을 보여주고 있다.

사회적 제도는 안정적으로 유지될 필요가 있으며, 그렇지 못할 경우 이는 사회 구성원들에게 부정적인 감정을 일으키거나 혹은 집단에 대한 협력 의지를 떨어뜨린다.[37] 따라서 반부패 법안이나 제도가 도입되더라도 그것이 상황에 따라 계속해서 변화하기보다는 안정성을 가지고 꾸준히 시행되어야 할 필요가 있다. 그렇지 않고 사회적 제도가 계속해서 수정되거나 혹은 그 효과성이 다른 사회적 맥락에 의해 심하게 변화한다면, 그 제도가 최초에 의도했던 소기의 목적을 달성하기 어려울 것이다. 따라서 반부패법안을 제정, 시행하기에 앞서 이 법이 어떤 효과를 가지고 올 것이며, 얼마나 지속가능한 법안인지 등에 대해 충분히 숙고해야 할 필요가 있다. 또한 한번 시행될 경우에는 최대한 안정적으로 법을 집행할 필요가 있다. 특히 김영란법의 경우에는 이 법이 포함하고 있는 사회적 범위가 상당히 넓은데도 불구하고 사회적인 파장에 대한 충분한 숙고가 이루어 졌는가에 대해서는 지금이라도 되돌아보아야 할 것이다.

또 한 가지 중요한 것은 한국사회의 부패를 없애기 위한 제도적 장치인 반부패 법안은 하나의 부패를 줄여나가기 위해 선택 할 수 있는 여러 도구 중 하나일 뿐이며, 결코 유일한 해결책도, 궁극적인 해결책이 아니라는 점을 인식하여야 한다는 것이다. 게임이론의 유추를 통해 살펴 본 바와 같이, 한 제도를 시행하는 것은 게임의 장에 단순히 하나의 변수를 추가한다는 의미를 넘어서, 게임의 틀 자체를 변화시키는 경우도 있다. 이 경우 새로운 제도는 개인이 사회 전체에 대해 느끼는 인식의 틀과 행위의 동기를 바꾸어 놓을 수 있다. 따라서 하나의 제도를 시행하는 데는 그 제도가 적용되는 구체적이고 제한적인 상황에서의 효과 뿐 아니라 그 제도

---

37) Park, H., & Melamed, D. 2015. "Reward Stability Promotes Group Commitment." *Social Psychology Quarterly*, 78(4): 283-300.

가 사회 전체에 미치는 영향을 고려해야 한다. 특히 사적 관계에 대한 규제를 지나치게 외부의 강제력에만 의존하게 될 경우, 자치적이고 자발적으로 규범을 수립하고 유지해 나아가는데 필수적인 시민사회의 자율성을 저하 시킬 수 있다.[38] 따라서 부패의 감소를 지나치게 법제도나 부패행위에 대한 처벌에만 의존하는 법 만능주의에 빠져서는 안되며, 개인간의 부패를 자율적으로 규제할 수 있는 비공식적인 체계를 꾸준히 강화할 수 있는 방안들을 고민해 보아야 한다. 이를 위해서는 김영란법의 시행이 한국사회의 부패를 줄이기 위해 고안된 최종적인 제도라는 인식보다는, 부패를 줄이기 위한 출발점으로 인식하여야 한다. 즉, 법안이 시행되기까지 기울인 관심과 노력보다 더 많은 관심과 노력을 기울여, 앞으로 이 법안을 유지, 보완 해 나아가야 할 것이다.

　최근 전에 없이 획기적인 반부패법안인 김영란법이 시행되었지만 다른 사회의 경험에 비추어 부패문제는 일거에 해소될 수 없는 문제이며, 따라서 한국사회에도 이후에도 많은 반부패 법안이 수정 보완되거나 새로 만들어져야 할 것이다. 그러나 법이 사회를 어느 정도 변화시킬 수 있는지, 그리고 그 효과성에 영향을 미치는 요소들이 무엇인지에 대한 진지한 고민이 없다면 아무리 좋은 취지로 법을 만들더라도 그 효과는 제한적일 것이다. 이 글에서는 반부패 법안이나 제도의 수립 과정에서 제도가 가져올 역기능, 혹은 잠재적 기능에 대해 개괄적인 논의의 틀을 살펴보았으나, 실제 법안을 설계하고 집행하는 단계에서는 이에 대한 보다 심도 있는 논의가 필요할 것이다.

---

38) Ostrom,. E. 1990 앞의 글

<참고문헌>

김복동, "청탁금지법상 몇 가지 문제점과 대안", 「국가법연구」 제13권 1호, 2017, 49-73.

김흥주, 이은국, 이강래, "정부규제가 조직의 부패에 미치는 영향에 관한 연구-중앙행정부처를 중심으로", 「한국정책학회보」 제21권 4호, 2012, 343-376.

박효민, 한상효, 김석호, "부정청탁 및 금품등 수수의 금지에 관한 법률의 사회심리학적 분석", 「사회와 이론」통권 제31호, 2017, 337-371.

이지원, "부정청탁 및 금품등 수수의 금지에 관한 법률 (소위'김영란법')의 문제점과 개선방안에 관한 연구", 「강원법학」통권 제51호, 2017, 489-523.

조재현, "부정청탁금지법의 위헌성에 관한 논의", 「한국부패학회보」제20권 4호, 2015, 1-22.

홍완식, "부정청탁금지 및 공직자의 이해충돌 방지법안"에 대한 입법평론", 「토지공법연구」 제67호, 2014, 269-288.

Axelrod, Robert. 1984. *The Evolution of Cooperation*. Basic books.

Balliet, D., Lange, P.A., & Mulder, L.B. 2011. Reward, punishment, and cooperation: a meta-analysis. *Psychological bulletin*, 137(4): 594-615.

Bénabou, R., & Tirole, J. 2003. Intrinsic and Extrinsic Motivation. *The Review of Economic Studies*, 70(3), 489-520.

Brief, A. P., and Motowidlo, S. J. 1986. "Prosocial organizational behaviors." *Academy of management Review*, 11(4): 710-725.

Dawes, R. M. 1980. "Social Dilemmas". *Annual Review of Psychology*, 31(1): 169-193.

Fehr, E. and Gachter, S. 2000. "Cooperation and Punishment in Public Goods Experiments." *The American Economic Review*, 90(4): 980-994.

Fehr, E., & Schmidt, K. M. 1999. "A Theory of Fairness, Competition, and

Cooperation." *The Quarterly Journal of Economics*, 114(3): 817-868.

Gneezy, U., & Rustichini, A. 2000. "A fine is a price." *The Journal of Legal Studies*, 29(1): 1-17.

Gürerk, Ö., Irlenbusch, B., & Rockenbach, B. 2006. "The competitive advantage of sanctioning institutions." *Science*, 312(5770): 108-111.

Hardin, Garrett. 1968. *The Tragedy of the Commons*. Science, 162(3859): 1243-1248.

Homans, G. C. 1974. *Social behavior: Its elementary forms*.

Horne, C., & Cutlip, A. 2002. "Sanctioning costs and norm enforcement an experimental test." *Rationality and Society*, 14(3): 285-307.

Kollock, Peter, 1998. "Social Dilemmas: The Anatomy of Cooperation." *Annual Review of Sociology*, 24: 183-214.

Marquette, H., & Peiffer, C. 2015. "Corruption and collective action." DLP *Research Paper*.

Mulder, L. B., Van Dijk, E., De Cremer, D., & Wilke, H. A. 2006. "Undermining trust and cooperation: The paradox of sanctioning systems in social dilemmas." *Journal of Experimental social psychology*, 42(2): 147-162.

Nash, John. 1951. *Non-Cooperative Games. The Annals of Mathematics, 54(2): 286-295.*

Groenendijk, N. 1997. "A principal-agent model of corruption." *Crime, Law and Social Change*, 27(3-4), 207-229.

Olson, M. 1965. *Logic of collective action public goods and the theory of groups*. Rev. ed..

Ostrom, E. 1990. *Governing the commons*. Cambridge university press.

Park, H., & Melamed, D. 2015. "Reward Stability Promotes Group Commitment." *Social Psychology Quarterly*, 78(4): 283-300.

Simpson, Brent. 2006. "Social Identity and Cooperation in Social Dilemmas." *Rationality and Society*, 18(4): 443-470.

Van Lange, P. A., Rockenbach, B., & Yamagishi, T. 2014. *Reward and Punishment in Social Dilemmas*. Oxford University Press.

Van Lange, P. A., Joireman, J., Parks, C., and Van Dijk. 2013. "The psychology of social dilemmas: A review." *Organizational Behavior and Human Decision Processes*. 120: 125-141.

Weber, J. M., & Murnighan, J. K. 2008. "Suckers or saviors? Consistent contributors in social dilemmas." *Journal of personality and social psychology*, 95(6): 1340-1353.

Yamagishi, T. 1986. "The provision of a sanctioning system as a public good." *Journal of Personality and social Psychology*, 51(1): 110-116.

Zimring, F. E., & Hawkins, G. 1973. *Deterrence; The legal threat in crime control*. Chicago: University of Chicago Press.

제3장 '청탁금지법의 법과 문화, 그리고 문제점

양 현 아*

1. 여는 말

'부정청탁 및 금품 등 수수의 금지에 관한 법률'(이하 '청탁금지법')은 여러 면에서 한국사회의 성격을 짙게 반영하고 있는 법이다. 이 법을 제정하는데 중심이 되었던 김영란 전 국민권익위원회 위원장에 따르면, 이 법은 "권력형 부패를 막고", "누군가 부정한 청탁을 하면 이런 식으로 거절하라고 행동강령"을 만들 필요성에서 출발하였다고 한다.[1] 정당한 프로세스를 밟지 않은 불공정한 거래나 청탁이 만연하다는 사회현상에 주목하여 이러한 행위들을 통제하고 예방하고자 하는 의도를 가졌다는 점에서 부정적 사회관행을 토대로 하는 법률이다. 그리고 이 법의 적용에서 '사회상규'에 따라 그 예외를 정할 수 있다는 점에서 사회적 규범을 일응의 판단기준으로 삼고 있다고 할 수 있다.[2] 뿐만 아니라 이 법은

---

* 서울대학교 법학전문대학원 교수

1) 김영란·김두식, <이제는 누군가 해야 할 이야기>, 쌤 앤 파커스, 2013, 59 & 57면.

2) 제8조 (금품 등의 수수 금지) ① 공직자등은 직무 관련 여부 및 기부·후원·증여 등 그 명목에 관계없이 동일인으로부터 1회에 100만원 또는 매 회계연도에 300만원을 초과하는 금품등을 받거나 요구 또는 약속해서는 아니 된다. ② 공직자등은 직무와 관련하여 대가성 여부를 불문하고 제1항에서 정한

제정되기 이전부터 많은 논란을 불러일으켰고 여러 조문들이 헌법재판소에서 위헌여부의 심사를 받았다는 사실 만으로도 이 법이 한국인의 삶에 실질적인 규범적 통제력을 가지고 있다는 것을 방증한다.[3)]

주지하다시피, '부패'는 한국사회의 고질적인 폐습으로 말해져 왔다. 예컨대, '홍콩 정치 경제리스트 컨설턴시(PERC)'에서 발표한 2013년 조사보고서에서 보면, 한국은 아시아 선진국 중 최악의 부패국가로 선정되었다. 이에 따르면, 한국은 6.98점을 받아 싱가포르(0.74), 일본(2.35), 호주(2.35), 홍콩 (3.77)과 비교할 때, 월등히 부패에 대한 높은 점수를 받고 있다. 이 보고서에서는 "부패에 둔감한 한국의 도덕관이 '국경을 넘어선 부패'에 기여하고, 한국의 부패의 뿌리는 정치경제 피라미드의 최상층부까지 뻗어있다"고 한다.[4)] 사회학적 연구에서도 한국사회는 학연, 지연, 혈연 등의 네트웍이 정치·경제·문화·사회적 제반 사안에서 전방위적으로 작동하는 연고사회라는 분석이 차고 넘친다.[5)] 이는 한국인들이 공정한 경쟁이 아니라 '비빌 언덕'이 되어 줄 각종 인맥을 동원하면서 살아왔다는 것은 말하고 있다. 인맥을 통한 청탁과 보답의 관계망은 공직자들의 인가, 허가, 특허, 입찰, 경매 등 결정 뿐 아니라 지인

금액 이하의 금품등을 받거나 요구 또는 약속해서는 아니 된다.

③ 제10조의 외부 강의 등에 관한 사례금 또는 다음 각 호의 어느 하나에 해당하는 금품등의 경우에는 제1항 또는 제2항에서 수수를 금지하는 금품등에 해당하지 아니한다.

[생략]

8. 그 밖에 다른 법령·기준 또는 사회상규에 따라 허용되는 금품 등

3) 헌법재판소 2015.10.6. 2015헌마 884; 헌법재판소 2016.7.28. 선고, 2015헌마 236·412·662·673; 헌법재판소 2016.11.1. 2016헌마 879

4) 장은주, "대한민국은 어떻게 '부패공화국'이 되었나? -'김영란법' 시행에 부쳐," <철학과 현실>, 통권 111호, 2016, 겨울, 173면.

5) 대표적으로 유석춘, 최대권을 참고할 것.

의 송사(訟事)에서 자식의 군대배치, 아파트 공사 등에서 주민대표
들의 업체 선정의 이권, 병원의 진료 및 입원, 하다못해 식당의 예
약까지 우리사회의 크고 작은 일들의 구석구석에서 작동하고 있는
것처럼 보인다. 말할 나위도 없이, 이런 관행은 한국사회의 공공성,
공정성, 신뢰성, 투명성 등의 측면에서 수많은 문제점들을 내장하
고 있다.

다른 한편, 중국사회에 대한 인류학적 연구로 널리 알려진 양
(M. Yang)에 따르면,[6] 중국에서 '관계술'은 사회인으로서 생존하
기 위한 필수적 전략이자 행동코드라고 한다. 공산당 간부층에게
독점되어 있는 권력을 가지지 못한 대다수 인민들은 상대방(주로
힘 있는 사람)의 부탁을 들어주고, 이를 통해 상대방에서 부채의식
을 갖게 해서 자신이 필요할 때 그 부채의식(채권)을 활용하는 교
환의 사슬이 중국의 전체인구를 포괄할 정도로 광범위하고 정교하
고 복잡한 것이라고 진단하고 있다. 양은 이러한 '선물의 교환'에
대해서 정부의 공적 통치로는 다 해소되지도 통제될 수도 없는 민
중들의 그때그때의 삶의 필요를 해소하는 전략으로 해석하고 있는
듯하다. 이것은 우리가 다루고자 하는 '청탁금지법'의 청탁과는 사
뭇 다른 그림의 청탁문화에 대한 인류학적 진단이라고 할 것이다.
이런 진단에서 부정한 청탁과 보답, 인맥관리와 좋은 인간관계, 뇌
물과 선물 사이에는 광범위한 모호성과 중첩적인 공간이 존재한다
는 것을 감지하게 된다.

한국의 시민들은 '청탁금지법'과 같은 법에 대해 어떤 인식을
가지고 있는가. 자신의 삶에 저해가 된다고 보는가, 도움이 된다고
보는가. 나아가, 현재 시행 2년을 맞이하고 있는 청탁금지법은 사
회적으로 만연하고 부당한 청탁과 금품수수의 관행을 해소하고 예

---

6) Mayfair Mei-hui Yang, *Gifts, Favors, and Banquets - the Art of Social Relationships in China*, Ithaca: Cornell University Press, 1994.

방하는데 효과적으로 작동하는 것으로 보고 있는가. 법이 실효성을 내기 위해서는 무엇이 더 필요한가. 이런 모든 것들을 진단하기에 우리가 가진 자료가 아직 많지 않다는 것을 전제로 하면서 이글은 서설적으로나마 이런 질문들을 가지고 출발하기로 한다.

II. '청탁금지'의 법과 문화

1. 법에 대한 문화적 이해

법문화란 일반적으로 한 사회에 있어서 법 또는 법체계에 대한 생각, 태도, 가치관, 의견을 나타낸다.[7] 법문화는 의식의 차원 뿐 아니라 행위의 패턴을 가리키고 한 국가 또는 한 집단 내에서 관습(custom)의 덩어리가 유기적으로 연관되어 있는 것이라고 할 수 있다.[8] 예컨대 법 앞의 평등, 과실(過失), 명예훼손 등과 같은 법적 개념은 실정법에 대한 법률가의 해석에 그치지 않고, 한 사회에 통용되는 문화에 상당히 구속되어 있는 개념임을 알 수 있다. 물론, 같은 국가 안에서도 지역, 계층, 직업집단 등에 따라 때로는 상이한 문화들이 존재하므로 이를 판단하는 사람이 속한 집단의 문화적 영향으로부터 자유로울 수도 없다.[9] 이렇게 법문화에는 국가적, 지역적 경계가 있고, 나아가 다수자와 소수자의 법문화 등으로도 나누어 볼 수 있다.[10] 법문화와 유사한 개념으로서 독일을 비롯한

---

7) 양건, <법사회학>, 아르케, 2000, 250면
8) Lawrence Friedman, *A Legal System: A Social Science Perspective*, New York: Rusell Sage Foundation, 1975, pp. 193 & 194.
9) Lawrence Friedman, *A History of American Law*, Simon & Schuster, 1985.
10) 졸고, "법문화와 법의식," <법과 사회의 대화, 법사회학>, 양현아 외, 다산출판사, 2014, 290-320면.

유럽에서는 '법의식(Rechtbewußtsein)' 개념이 있는데, 이는 법문화
보다는 법현상의 심리적 측면에 한정된다. 또, 유사한 개념으로는
법감정(Rechtgefühl)이 있는데 법의식 개념에는 인지적 요소가 강
하다면, 법감정에는 정서적 요소가 강하다고 할 수 있다.[11] 법문화
론에서 말해지는 문화는 인류학, 문화연구, 사회과학 연구에서 다
루어져 온 그 문화로서, 인간이 그들의 경험을 해석하고 행위를 방
향 지우게 하는 의미의 직조물이라는 기어츠(Clifford Geertz)의 정
의처럼 문화란 인간의 모든 행위에 부착된 의미의 코드라고 할 것
이다.[12]

청탁금지법과 관련한 법문화를 말하기 전에 법사회학적으로
'법이란 무엇인가'에 대한 간략한 논의가 필요할 것 같다.[13] 법현
실주의자, 비판법학자, 법사회학자 등에 의해서도 법은 다양하게
정의되어 왔다. 법현실주의자 도날드 블랙은 법이란 "정부의 사회
통제이다. 그것은 국가와 시민의 규범적 삶이다"라고 정의하였
다.[14] 블랙은 이 정의에서 법에 대해 정부의 통제에서 그 핵심을
잡아내고 있다. 그런가 하면, 말리노브스키와 같은 인류학자에게
법이란 '국가의 작용'에 그치지 않는다. 그것은 한 집단에게는 권
리로, 상대방 집단에게는 의무로 간주되는 구속적인 의무들의 전
체이며, 그것은 사회구조 속에 내재한 상호성과 공공성의 특정한
메카니즘에 의해 실행되는 것이라고 한다.[15] 이런 설명에 따르면

---

11) 양건, 앞의 책, 250-251면.
12) Clifford Geertz, 문옥표 역, 『문화의 해석』, 서울: 까치, 1998.
13) 이하 법에 대한 다양한 정의는 Robert Kidder, *Connecting Law and Society*,
    New Jersey: Temple University Press, 1983 참조함.
14) "Law is a governmental control... the normative life of a state and its citizen."
    Donald Black, "Boundaries of Legal Sociology," *Yale Law Journal*, 81, 1972,
    p. 1086.
15) Bronislaw Malinowsky, *Crime and Custom in Savage Society*, London: Routledge.
    1966, pp. 55-59.

법이란 국가, 입법부, 관료제나 법원에서가 아니라 오히려 순응을
통해서 사람들이 자신들의 삶을 조직하게 만드는 확인 가능한 규
칙 속에서 존재한다. 상대방이 그 규칙을 깬다면 그것은 다른 상대
방에 의해서 교정한다. 이러한 법 이해는 1차적으로 비교적 작고
폐쇄적인 공동체에서 상호적으로 서로를 통제하고 질서를 지키게
하는 규칙에 대한 설명이 될 수 있다. 동시에, 이런 견해에 따르면
현대사회를 살아가는 사람들에 있어서도 법을 준수하는 이유가 단
지 교도소나 벌금이 두려워서가 아니라 모두가 참여하는 균형(경
제, 사회, 정치, 삼성석 상호작용에서)을 훼손하지 않기 위해서라는
설명이 가능해질 것이다. 나아가, 법에 대한 사회문화적 논의에서
막스 베버를 빼놓기는 어려울 것 같다. 베버는 질서에 대한 순응을
가져오게 만드는 강제(물리적이거나 심리적인)의 개연성 내지 그
질서의 훼손에 대한 보복을 할 것에 대한 개연성이 바로 이런 목
적을 위해 준비되어 있는 스태프들(staffs)에 대해 행사될 때 그 질
서를 법이라고 부를 수 있다고 하였다.16) 이런 베버의 정의에 대해
법사회학자 키더(R.Kidder)는 베버가 말했던 법의 '심리적인 강제'
의 측면 그리고 '이런 목적을 위해 준비되어 있는 스태프들' - 법
관, 경찰, 중재자들, 교회와 학교의 위원회까지를 포함하는 - 라는
요소에 주목하고 있다. 예컨대, 대학에서 어떤 학생이 시험에 부정
행위를 했다고 해서 퇴교를 시킨다든지 하는 경우에 그것은 물리
적인 강제를 동반하지 않는 법적 제재가 될 것이다. 그리고 국가에
의한 것이 아니라 단체들도 법을 만들 수 있음을 나타낸다. 국가와
법원 역시 단지 물리적인 강제에 의존하는 것이 아니라 애국, 경제
적 동기, 배제되고 싶지 않음 등과 같은 많은 사회적·심리적 동기
에 의해 법이 지탱된다.17) 그런가 하면, 또 다른 인류학자인 보하

---

16) Max Weber, *On Law in Economy and Society*, Max Rheinstein (ed.), New
    York: Simon & Shuster, 1954.

난(P.Bohannan)은 국가법을 관습의 재제도화 (re-institutionalized custom)라고 이해하였다. 말리노브스키와 달리 법이 단지 관습이 아니라 정부나 공적 기관에 의해 승인되고 사후적으로 발달된 관습의 세트라는 견해를 제시하였다.[18]

이외에도 법에 대한 다양한 정의가 존재하지만, 국가법과 공동체법 모두에서 법은 언제나 문화적 토대를 가지고 있다는 인식을 찾아볼 수 있다. 법은 그 출발(입법)에서부터 사회적 관습이나 공통된 신념 위에 토대를 둘 뿐 아니라, 법의 해석과 집행에서 그 안정성을 유지해 주는 것도 시민들과 법률가(스태프들)의 규범의식 내지 이익 추구 때문이라는 것이다. 이는 법의 지속과 안정적 효력 발생에 법률 전문가들 뿐 아니라 일반인들의 동의 내지 순응과 같은 심리적 강제가 중요하다는 것을 말해준다. 이렇게 시민의 동의와 권력을 위임받은 법 전문가들이 집행하는 강제의 다이내믹스 속에서 현대법이 제정, 집행, 운용되고 또 변화되고 있다. 이러한 법사회학자들의 법의 이해에서 볼 때, 법에 대한 인식, 태도, 행위 양식이라고 하는 앞서의 법문화에 대한 정의가 다소 피상적임을 알 수 있다. 국가법이나 국가법이 아닌 규칙(예컨대 종교법, 학교법 등)마저도 그 법의 존재 자체에 이미 여러 차원의 문화적 힘이 스며들어 있다. 국가법에 대한 승인이나 태도를 넘어서서 법과 규칙이 배태되고 그것을 지탱해 주고 때로는 그것을 불안정하게 만들고 전복시킬 수 있는 힘이 문화라고 할 수 있다.

하지만, 법문화는 문화 개념과 마찬가지의 정도로 그 엄밀성과 이론적 일관성마저 떨어진다는 비판을 받기도 한다. 분석적 정확성을 가지고 법사회학의 경험적 연구의 설명변수가 되기에는 한계를 가진다는 지적이 있다.[19] 하지만, 법문화는 민사소송률, 법제도

17) Kidder. 앞의 책, pp. 24-25
18) Paul Bohannan, *Law and Warfare*, New York: Natural History Press, 1967.

에 대한 태도, 범죄율, 기소행위, 청소년비행, 법률가의 이미지, 법
이데올로기, 권리담론 등의 측면으로 표출되고 또 측정할 수 있다
는 입장도 있다.[20) 법문화 개념의 광범위성이나 미완결성은 법문
화만이 아니라 다른 많은 사회과학적 개념이 가진 특성이라고도
한다. 이러한 법과 법문화에 대한 이해에 비추어 볼 때, 이 글의 주
제인 '청탁금지법'은 그 출발에서부터 아주 '두텁게' 문화적 토양
에 뿌리내리고 있다고 진단한다. 그것은 무엇보다도 부정한 청탁
과 금품수수가 만연한 현재 한국사회의 문화적 토양에 대한 지지
라기보나는 통제라는 방향에서 출발했다는 점에서 그러하다. 이
점에서 기존의 법문화에서처럼 존재하는 법에 대한 태도나 행위라
는 이해를 넘어서서 국가법이 여하히 사회문화적 토양을 효과적으
로 개입하여 시민들의 동의를 끌어내고 기존의 토양을 변화시킬
것인가를 문제로 설정하고 '청탁금지법'의 법문화를 논해야 한다.

2. 한국의 법의식 연구에서 본 '청탁금지법'

한국의 법사회학 연구에서 법문화의 연구는 주로 '법의식 조사'
를 통해서 진전되어 왔다.[21) 이미 1963년과 1964년에 걸쳐 함병춘,
양승두 교수에 의해서 한국 최초의 법의식 조사가 실시되었고,[22)
이 조사에 입각하여 함병춘 교수의 한국인의 법문화론이 구성되었

---

19) Roger Cotterell, "The Concept of Legal Culture," in David Nelken(ed.), Comparing Legal Cultures, Dartmouth, Aldershot, England, 1997.
20) David Nelken, *ibid*, p.2; 김정오, <한국의 법문화 -인식, 구조, 변화>, 나남, 2006 참고할 것.
21) 이하의 한국의 법인식 조사결과는 졸고, "법의식과 법문화," 2014, 304-320 면 참고함.
22) Pyong-choon Hahm, *The Korean Political Tradition and Law*, Seoul: Hollym, 1967; 양승두, "우리나라 전통적 법의식과 그 변화에 관한 연구", <법학연구>, 제2권, 연세대학교 법학연구소, 1982.

다고 할 수 있다.[23] 1972년에는 사회학자 임희섭 교수가 본격적인 사회학적 법의식 조사를 수행한 바 있다.[24] 1989년에는 법학자들인 차용성, 최종인, 장대주의 법의식 조사가 진행되었고 이 연구는 '서구에서 계수된 법이 한국사회에 어떻게 기능하고 있으며 법으로서 해석, 적용되고 있는가'의 질문을 중심으로 하였다.[25] 이후 1994년과 1996년에 한국법제연구원이 각각 일반국민들과 법전문가들이 가진 법의식을 조사하였고,[26] 이어 2000년에 한국형사정책연구원이 법의식조사를 한 바 있다. 이런 국책연구원에서는 공통적으로 법치주의의 구현이라는 목적 아래 한국인의 준법의식에 대한 조사 및 이를 위한 제고방안을 찾는데 법의식 조사의 목표를 두었던 것으로 보인다. 한국법제연구원은 이어 2008년에도 법의식 조사를 지속하여 장기적 비교를 가능하게 하였다.[27] 한편, 2004년에는 한국정신문화연구원에서도 법의식 조사를 수행한 바 있다.[28] 이상과 같은 법의식조사는 크게 볼 때, 한국인의 '전통적' 법의식 대(對) 서구적 근대법이라는 구도 속에 놓여 있는 것처럼 보인다. "한국인의 전통적 법의식"의 극복에 연구의 중심 프레임이 있다고 할 수 있다.[29] 국책연구원들이 수행했던 법의식 조사연구에서 정부의 입장에 서서 국민을 계도하고자 하는 목적의식이 앞서지 않

23) Pyong-choon Hahm, *Korean Jurisprudence, Politics and Culture* (Yonsei University Press, 1986).
24) 임희섭, "한국인의 법의식에 관한 사회학적 연구", <법학>, 서울대학교 법학연구소, 제15권 제1호, 1974.
25) 차용석·최종일·장대주, "한국인의 법의식에 관한 조사연구 및 준법의식의 제고방안", <법학논총>, 제6집, 한양대학교 법학연구소, 1989.
26) 한국법제연구원, <'94 국민법의식조사연구>, 한국법제연구원, 1994.
27) 한국형사정책연구원, <준법의식의 실태 및 준법운동의 전개방향에 관한 연구>, 한국형사정책연구원, 2000.
28) 전택수 외 6인, <선진경제 진입과 법치원리 확립_이상과 현실>, 백산서당, 2005.
29) 황승흠, "한구 법의식 조사 연구사의 검토," <법학 논총> 제22권 2호, 2010.

았나 생각한다. 또한 질문 문항들이 사회과학적으로 조작되거나
잘 정의되지 않은 점도 발견된다.[30] 사회학자들에 의해 수행된 법
의식 조사에서는 근대화론이나 국가중심주의가 보이지는 않지만,
사회학자들이 법의식에 대해 체계적이고 지속적인 연구를 했다고
보이지는 않는다. 여전히 아래와 같은 문제기리들, '한국적 법문화'
를 극복의 대상이 아닌 발굴과 지지의 대상으로서 어떻게 포착할
것인가, 그리고 서구법과의 만남에서 한국의 현재의 법문화를 어
떤 프레임에서 개념화할 것인가, 나아가 식민지 시기라는 '근대의
출발'이 만들어 낸 한국의 법문화와 법 실천의 질곡과 복잡성을
여하히 법사회학적 연구에 자리매김할 것인가 등이 남겨진 상태라
고 진단한다.[31]

이상의 법의식 조사에서 나타난 특징들을 본 연구 주제와 관련
하여 몇 가지 측면에서 논의해 본다. 먼저, 한국인의 법의식에서
법에 대한 불신과 법행위에 '이중성'이 두르러지게 나타나고 있다.
법에 대한 이중성은 여러 방면으로 나타나는데, 준법정신은 낮은
데 권리의식은 높은 것으로 나타난다. 예컨대 한국법제연구원은
"'법과 질서는 잘 안 지키면서 자기 이익과 권리를 챙기는 데는 급
급한 사회'라는 최악의 반법치 상태를 보여주는 듯하다"고 한국인
의 법문화를 평가한 바 있다.[32] 이러한 태도는 준법의식을 기초로
한 시민적 의식의 부족 그리고 다른 시민을 배려하는 의식의 결여
로서 '이기적' 권리의식이라고 특징지을 수 있다. 그런가 하면, 나

---

30) 이에 관해서는 염유식, "한국 법의식조사에 대한 연구 방법론 검토", <법과
사회>, 제37권, 2009 참고할 수 있다.
31) 한국의 법문화에 있어서 식민지 영향의 중요성에 대해서는 Kun Yang(양건),
"Law and Society in Korea," *Law and Society Review*, 21, 1989; 졸고, "호주제
도 헌법불합치 결정에 나타난 성차별 판단의 논증: '전통'과 식민지성의 관
련성 속에서, <경제와 사회>, 통권 88호, 2010" 등 참고할 수 있다.
32) 한국법제연구원, 앞의 책, 1994, 105면.

와 나의 가족 등 가까운 사람들의 준법의식은 높은데, 제3자들의 준법의식은 낮다는 의식도 여러 조사연구에서 나타난다. 또한, 법에 대한 불신정도는 높은데도 분쟁이나 어려움에 있어서 법에 의존하고자 하는 경향이 매우 짙은 것도 법에 대한 이중적 태도라고 보고된다. 우리가 살펴보는 청탁금지법은 정확하게 이러한 이중성의 표출로서 나만 잘되고 보자라는 식, 그리고 다른 이도 이렇게 하고 있을 것이므로 내가 안 하면 손해라는 믿음에 기초해 있다고 할 수 있다. 하지만 필자는 이상과 같은 법의식을 그저 우리나라 사람들이 가지고 있는 법문화의 이중성이라고는 해석하지 않는다. 오히려, 법을 불신하게끔 만드는 한국의 법률처리 시스템, 사법부와 행정부의 법의 집행과 전달에 관한 제도적이고 사회사적인 접근이 필요하다고 생각한다.

둘째, 기존의 법의식 조사 결과에 따르면, 한국인의 법의식의 상태는 시민의 준법의식 교육의 문제라기보다는 입법, 사법, 행정과 같은 국가기능의 정상화라는 과제가 보다 중요하다는 점을 말하고 있다. 많은 조사들에서 한국인의 법에 대한 불신이란 권력기관의 법의 집행의 공정성에 관한 것으로 보고되기 때문이다. 이는 한국에서 법을 둘러싼 갈등의 주요무대가 시민사회 영역이 아니라 시민과 국가 간의 관계 영역임을 나타내는 것이 아닌가 한다. 아래 <표 1>가 보여주듯이, 한국법제연구원이 수행한 여러 차례의 조사들에서 '가장 시급히 퇴치되어야 할 범죄유형'에 대한 시민들의 의견은 '부정부패'가 부동의 1위를 차지하고 있다. 한국인의 법의식에서 가장 우려하는 바는 공직자들의 범죄와 불법행위라는 것이다. 국가기관과 공직자들의 부정과 부패 행위에 대해, 그리고 이에 대한 법의 무력함에 대해 국민들은 우려하고 있다.

〈표 1〉 퇴치되어야 할 범죄유형 (%)

구분	2008년 조사	1994년 조사	1991년 조사
가장 시급히 퇴치해야 할 범죄 (1순위)	**부정부패 42.7 (1순위)** 성폭력 20.9 (1순위) 아동대상범죄16.9 (1순위) 탈세 13.7 (2순위) 강.절도사범 8.4(2순위)	**부정부패 61.7 (1순위)** 환경사범 13.2 (1순위) 부동산투기사범 11.3 (1순위) 성폭행 36.0 (2순위) 조직폭력배 26.1(2순위) 강.절도사범 25.0 (2순위)	**부정부패 56.0(1순위)** 부동산투기사범 24.1 (1순위) 공해사범 16.0 (1순위) 가정파괴범 50.0(2순위) 조직폭력배 21.3(2순위) 성폭행 18.9 (2순위)

자료: 한국법제연구원, 「國民法 意識調査 硏究 : 法治主義의 定着可能性 診斷」, 한국법제연구원, 1991, 87면; 한국법제연구원, 「'94 국민법의식조사연구」, 한국법제연구원, 1994, 115면; 한국법제연구원, 「2008 국민법의식조사연구」, 한국법제연구원, 2008, 206면.

한국인들이 가지고 있는 정부와 공무원의 부정부패에 대한 우려를 앞에서 다룬 이중성 문제와 연관시켜서 해석한다면, 좀더 심층적인 법문화의 문법이 드러날 수 있지 않을까 한다. 즉, 시민들은 국가 권력자들의 투명하고 공정한 법의 준수와 집행에 대해서는 불신하면서도 이렇다 할 연줄이 없는 대다수 시민들의 경우, 법에 기댈 수밖에 없다는 것은 이중성 아닌 이중성을 나타낸다고 추정한다. 나아가, 각종 로비, 정치자금 등에서 나타나는 바와 같이 국가 권력자들은 국민을 향해서는 법치를 말하되 정작 스스로는 법적 규율로부터 상당히 자유로운 것처럼 착각하는 이중성이야말로 한국의 법문화 연구에서 문제시해야 할 이중성이 아닌가 한다.

셋째, 여러 법의식 연구들에서 한국인의 권리의식이 신장되었다고 보고한다. 그러면서, 개인의 권리의식은 신장했으되 자신의 권리 주장으로 인해 침해되는 타인의 권리에 대해서는 고려하지 않는다는 해석도 있다.[33] 예컨대, 2008년 한국법제연구원의 조사에서는 '준법정신'과 '권리의식'을 측정하기 위해서 '뺑소니를 당

---

[33] 염유식, 위의 글.

했을 때의 고발정신,' '불량품 구입 시 대처방법,' '횡단보도 교통
사고 발생 시 대처방법,' '집단따돌림' 등의 상황에 대한 설문을 하
고 있다. 뺑소니 사고에 대한 고발정신은 '당연히 고발한다'가 79.8%
로 높게 나타나서 '국민들의 고발정신이 상당히 높은 것'으로 보고
된다. 마찬가지로, 불량품 구매 시의 대처에서 '소비자 고발센터에
신고한다'에 응답자의 30.5%(94년 조사 33.8%), '끝까지 따져 바꿔
온다'에 응답자의 32.9%(94년 조사, 48.9%), '한번 산 것이니 어쩔
수 없다'에 응답자의 31.5%(94년 조사 16.4%)가 응답하여 소비자
이슈에 대해 적극적인 대처자세를 보여준다. 하지만, 이러한 질문
문항으로 진정 '권리의식'을 적절하게 측정할 수 있는지에 대한 타
당도(validity의 문제가 제기될 수 있다. 위 설문들이 문제의 발생
시에, 포기하지 않고 공식적인 방법을 통해 문제를 해소하는 것을
선호한다는 것인지 권리의식을 측정한 것인지 애매함이 있다. 보
다 중요한 문제는 이 권리의식이 뺑소니차, 불량품 등과 같은 사적
영역에서의 사안이 아니라 공직자(공무원, 교수, 교사 등) 등의 비
리에 대해서도 마찬가지일지에 관해서도 살펴보아야 할 것이다.
위 설문에서 권리의식은 청탁금지법이 관심을 가지고 있는 공적 영
역에서의 부당한 관행 -예컨대, 특정인이나 특정지역에 대한 특혜,
배제, 뇌물 수수, 뒷거래 등- 에 대해서는 침묵하고 있다고 보이기
때문이다.

공직자 등의 부정청탁과 금품수수를 금지하는 청탁금지법은 국
민의 법의식에 있어 가장 심각하다고 생각하는 부정부패라는 문제
에 대해 정조준한 법률이라고 할 수 있다. 오랫동안 해결되지 않아
온 비리에 조준하여 법률이 제정하였다는 점만으로도 커다란 의의
를 가진다고 평가한다. 문제는 이러한 부정부패가 이미 형법의 여
러 규정들(뇌물수수죄 등)에 의해, 그리고 각종의 관련 법률들(형
법, 선거법, 공직자윤리법, 사립학교법 등)에 의해 제재되었고 제재

되었어야 할 행위였다는 점이다. 청탁금지법의 제정은 이제까지의 형법과 다른 법률들이 효과적으로 수행되지 못했다는 것을 반증한다. 왜 기존의 법률이나 조문으로 효과적으로 청탁을 금지하고 방지하고 못했을까. 그렇다면 현재의 청탁금지법은 효과적으로 한국의 청탁문화를 바꾸어 낼 것으로 전망하는가. 아래에서 볼 것처럼, 청탁금지법은 광범위한 제재대상을 '공직자 등'에 포괄하고 있고, 상당히 구체적인 제재행위를 열거하여 공직자 뿐 아니라 사실상 국민 전체를 그 대상으로 삼고 있는 것처럼 보인다. 이것은 법사회학석으로 긍정적이고도 부정적인 함의를 동시에 가진다고 평가한다.

III. '청탁금지법'에 대한 인식조사

청탁금지법의 발효 이후, 시민들의 법에 관한 인식을 측정하기 위한 조사가 한국사회학회에 의해서 두 차례 실시되었다.[34] 2016년 11월과 2017년 8월에 걸쳐서 각 1,566사례, 1,202사례에 대한 조사가 진행되었다. 조사결과에 대한 자세한 분석은 다른 논문에서 다룰 것이므로 본 논문과 관련하여 간략하게 그 경향을 살펴보면 다음과 같다.

첫째, 청탁금지법의 인지와 관심 정도는 본 법의 적용대상자(공직자 등), 남성, 고학력, 고소득, 정치에 관심이 많은 사람 등의 집단에서 높게 나타났다. 1차 조사에 비해 2차 조사에서 오히려 법을 "잘 모른다"는 응답이 조금 증가했다.

둘째, 청탁금지법 시행에 대한 찬성과 공감도는 공직자 금품 수

---

34) 보다 상세한 내용은 아 책의 4장 임동균 교수의 논문을 참고할 것.

수가 많다고 생각하는 사람, 정치에 관심이 많은 사람, 높은 연령대 집단에서 높게 나타났고 본 법의 대상자인 것과는 관계가 없는 것으로 나타났다. 그런데, 법의 부정부패 근절 효과 및 사회적 파급효과에 대해서는 1차에 비해 2차 조사에서 다소 회의적이 되었다는 점도 주목된다.

셋째, 청탁금지법의 강도와 범위에 대해서는 "더 강화되어야 한다"와 "현재가 적절하다"는 데에 전체 응답자의 60%(법적용 대상자) 내지 70%(법적용 비대상자) 이상이 응답하였다. 이는 청탁금지법의 금지의 강도와 범위에 대해 상당한 정도의 동의가 있는 것으로 해석된다.

넷째, 청탁금지법이 부정부패 근절에 미칠 영향에 대해서도 "약간 있을 것이다"와 "어느 정도 클 것이다"에 75% 이상의 응답자가 답변했다는 것도 이 법에 거는 기대가 상당히 크다는 해석을 가능하게 한다. 또한 2차 조사의 신규문항으로 "지난 10개월간 청탁금지법의 전반적 효과"에 대해서 "약간 있었다"와 "어느 정도 컸다"에 응답자의 84% 정도가 응답했다는 점에서 이 법에 의한 실질적인 변화를 체감한다는 것을 나타낸다.

다섯째, 청탁금지법이 자신의 삶에 미치는 영향 그리고 소상공인 및 자영업자에 미칠 영향에 대해서도 실질적인 영향이 있을 것으로 응답한 경우가 다수로 나타난다. 또한, 1차 조사에 비하여 2차 조사에서 법의 효과가 자신에 미칠 영형에 대해 '염려된다(조심스럽다)'는 응답이 더 증가하였다. 이에 비해, 자영업자 등에 대한 영향은 2차 조사에서 덜 심각한 것으로 응답하였다.

여섯째, 이 법과 관련하여 일상생활에서 조심한다는 응답이 상당히 나타났고, '더치페이'의 증가를 보고하고 있으며, 단체식사나 선물교환의 빈도가 감소하고 있다는 응답이 절반 가까운 응답자들에게서 나타났다. 최근으로 올수록 더치페이 증가추세, 선물 감소

추세가 나타난다.

일곱째, 2차 조사에서 새롭게 포함된 문항으로 (학령 아동을 둔 학부모의 경우) 학부모로서 청탁금지법에 대하여 "찬성한다"와 "매우 찬성한다"에 70% 정도의 높은 지지를 나타내고 있다. 하지만, "청탁금지법의 도입으로 인한 사회와 문화와 관습의 변화-귀하의 태도는 어디에 가장 가깝습니까"라는 질문에 대해서는 "어느 정도 변화가 일어났지만 아직 기존의 관습/문화가 크게 바뀌지 않음"에 61.99%의 응답자가 응답하고 있음을 주목된다. 이런 경향은 법시행이 1년을 넘지 못한 시점에서 법의 실질적인 영향력을 제삼하고 있지만, 그 결과가 관습, 문화의 변화를 말할 상태에 이르지는 않았다는 것을 시사한다.

IV. 법사회학적으로 본 '청탁금지법'의 문제점

이상에서 살펴본 한국사회의 연고주의, 그리고 시민들의 법의식에 터하여 이제 '청탁금지법'이라는 실정법으로 돌아와서 논의해 보기로 한다. 청탁금지법은 한국의 시민들이 바라는 바대로 부정부패를 척결하고 완화시키는데 효과적인 수단이 될 수 있을까. 혹은 이 법이 시민들이 가진 사회상규라는 도덕관념이나 관습적 행동들에 대해 지나친 규제를 하고 있는 것일까. 이 법은 그 제재와 금지의 대상을 명확하고 적정한가 등의 질문에 대해 법사회학적인 견지에서 살펴보고 그 문제점을 논의해 보고자 한다.

1. 광범위한 제재대상과 무차별적 제재

　이 법의 제재대상이 광범위하다는 점은 이미 헌법소원에서도 다루어진 바 있다. 사립학교 교직원과 임직원, 언론사의 대표자와 그 임직원 등이 '공직자 등'에 포함되어 있어 제재대상이 매우 광범위하다. 또한, 공직자 등의 배우자에 대한 금품수수 금지를 고려할 때, 대상자의 수는 '공직자 등'의 거의 두 배에 이를 것이다. 헌법재판소가 밝히고 있듯이, '누구든지 공직자 등에게 그 공직자 등의 배우자에게 수수 금지 금품 등을 제공하거나 그 제공의 약속 또는 의사표시를 하여서는 아니 되고, 이를 위반하여 형사처벌 또는 과태료의 제재를 받게 된다' (법 제8조 제5항, 제22조 제1항 제3호, 제23조 제5항 제3호). 더 나아가, 공직자 등과 그 배우자에게 선물, 접대 등을 제공할 수 있는 모든 사람들을 고려하면, 이 법의 제재대상은 더욱 넓어진다는 것을 알 수 있다. 거기에다 선물, 접대 등과 관련한 재화와 용역을 제공할 수 있는 모든 사람들을 고려하면 법 관계자는 가히 한국국민 전체라고 할 수 있지 않을까 한다. 물론 많은 법률들(예컨대, 민법, 형법 등)이 국민 전체를 대상으로 한다는 점은 말할 나위도 없지만, 청탁금지법의 구체적 제재대상이 공직자에 국한하지 않고 이렇게 확대된 것은 주목할 만한 일이다. 현대경제연구원은 본 법의 대상 기관을 40,008개, 적용대상 공직자 등은 약 224만 명으로 추정한 바 있다.35)

　이러한 광범위한 제재 대상은 입법의 주창자라고 할 수 있는 김영란 전대법관이 가진 인식과도 관련성이 있을 것이다. 즉 "소

---

35) 현대경제연구원, '청탁금지법의 적정 가액기준 판단 및 경제효과 분석' 2015. 9.25.면 참조, 헌법재판소, "부정청탁 및 금품 등 수수의 금지에 관한 법률 제2조 제1호 마목 등 위헌확인 등. 2016.7.28.선고, 2015헌마236, 412, 662, 673, 결정문 8면 재인용.

수의 악당이 아니라 다수의 선한 사람이 부정행위를 저지르는 것"
이라는 인식에서 다수의 착한 사람을 보호하고 그들에게 변명의
근거 내지 가이드라인을 제공하고자 한다는 의도를 읽을 수 있다.
그래서 이 법은 실제 처벌이라기보다는 '예방적 차원의' 법률이라
는 인식으로 나아가고 있다.36) 하지만, 필자가 생각하기에 모든 법
률은 예방과 억제의 기능을 동시에 가지고 있고 본 청탁금지법은
실제로 무거운 형사처벌을 규정을 두고 있다.

　법의 제재효과를 말하기에는 아직 이르다고 생각하지만 그 전
제 위에서 평가해 보자면, 이러한 법의 디자인은 양면성을 가질 것
으로 사료된다. 한편으로는 부정부패와 부정청탁에 대해 '아래로
부터의 개혁'이 필요하고 전사회적인 구조개혁이 필요하다는 점에
서 광범위한 국민의 참여와 그들에 대한 제재가 정당화된다고 생
각한다. 즉, 모든 국민이 크고 작게 청탁에 발을 담그고 있는 현실
을 반영하여 모든 곳에서 자정(自淨)의 노력을 하라는 입법의 의도
를 읽을 수 있다. 다른 한편, 푸코(Foucault)가 간파했듯이, 이러한
광범위한 규제는 이 법의 대상이 되는 각종 기관들이 감시체제를
구축하고 국가가 전국민을 대상으로 한 정보수집과 감시망을 가지
게 되는 부작용도 배제할 수는 없다. 그만큼 이 법은 시민들의 일
상에 모세혈관처럼 깊숙이 뻗혀 있다는 점에서 경계심을 가져야
할 것이다. 아울러, 본 법에 따라 외부 강의 등에 대한 신고를 통하
여 정부기관과 대학 등은 본 법의 대상자들에 대한 광범위한 정보
수집이 가능해졌다.

---

36) 김영란, 김두식, 앞의 책, 57면 등.

2. '민간영역', '작은 청탁'이라는 초점

앞에서 보았듯이, 이 법은 언론인, 사립학교 교원 뿐 아니라 그 학부형, 시민들에게도 엄격한 잣대를 가지고 있다. 이에 대해 '깨진 유리창 이론'을 적용해 본다면, 사람들의 사소한 무질서를 방치해 두면 언제가 그 유리창이 다 사라질 정도로 구멍이 커져 버릴 수 있으니 그것을 미연에 방지한다는 의미를 가지고 있을 것이다.37) 본 법의 시행 이후 문제가 되었던 사례들은 주로 민간 영역의 일반인들의 행위(예컨대, 스승의 날 카네이션 선물, 수능시험 때 떡선물 등)였다는 점도 주목된다. 그것은 공직자들에 대한 부정청탁이나 금품수수가 비교적 명확하게 그 행위양태를 분별할 수 있지만 일반인들의 선물과 접대와 부정청탁 간에 구분이 쉽지 않았다는 것을 반증한다고 할 수 있다. 다른 한편, 공직자들의 부정청탁에 대해서 말하고 문제 삼는 것이 불편하고 민감한 사안이어서 주로 민간영역의 청탁에 관해 논하는 것은 아닌지 의문이 든다. 또한, 법 적용에 있어 광범위한 예외분야 내지 예외 행위를 두고 있다는 점도 주목된다. 선출직 공직자, 정당, 시민단체 등이 공익적인 목적으로 고충 민원을 전달하는 등의 행위를 예외로 두고 있다(법 제5조 재2항 3호). 이에 따라 국회의원 등 다수의 정치인들의 행위가 이 법의 제재대상에서 제외될 근거를 마련하였다. 게다가, '공익적인 목적'에 대해 판단할 수 있는 정보 역시 공직자, 정당, 시민단체 등이 일반인들에 비해서 더 많이 가질 가능성이 높다.

이상의 장치들에 대해 한국사회의 부패의 책임을 민간부문에 전가하는 법률이라는 비판론도 있다.38) 그간 한국의 부패의 문제

---

37) 김영란, 김두식, 앞의 책, 113-114면.
38) 전삼현, "부정청탁 및 금품등 수수의 금지에 관한 법률 제2조 제1호 마목 등 위헌확인" <2015헌마236>, 헌법재판자료집 21집, 2016, 263면 이하 참고.

는 주로 정치권과 경제계 등이 중심이었음에도 불구하고 본 법은
그 초점을 민간부분으로 분산 내지 회피했다는 것이다. 이에 대해
필자는 엘리트층의 '큰 부패'과 일상의 '작은 부패'간의 구분이 필
요하다고 생각한다. 이 법을 디자인할 때 그러한 구분없이 그 제재
대상과 행위, 제재의 방법을 지나치게 평면화한 것은 아닌지 우려
된다.39) 스승의 날 꽃 선물이나 음식선물의 문제가 대규모의 인가
및 허가에서 공공성의 이름으로 정부부처나 공기업에서 재량으로
행해지는 것이 과연 마찬가지로 중요한 문제일지 의문이다. 오히
려 후자의 결정에 대해 부정한 입력이나 새량이 없었는지에 대해
정보를 공개하고 국민들의 알 권리를 보장하는 것이 공공성의 제
고에 훨씬 더 중요한 일일 것이다. 그럼에도, 이 법의 발효 이후의
국민과 언론의 관심이 주로 민간영역의 일상적인 선물 관행에 있
다는 것이 다소 우려스러운 일이다. 이는 2004년 제정된 '성매매
특별법'40)의 핵심이 성매매의 업주, 포주, 매개자 등에 대한 형사
처벌과 경제적 제재(몰수, 추징 등)이었음에도 불구하고 법의 발효
후 처벌과 언론의 초점이 성판매 여성과 성구매 남성들에만 머물
렀다는 사실을 연상시킨다. 한국의 성매매가 산업시스템처럼 성장
해 있고 그 관련자 인맥이 지역유지와 정치엘리트에게까지 깊숙이
뻗어있다는 그간의 연구에서 볼 때, 성매매의 실질적 축소를 위해
서는 경제적 제재를 중심으로 해서 성매매 산업을 해체하는 데 있
었다. 그럼에도 단속과 처벌이 용이하다는 이유로 경찰과 검찰은

---

39) 모든 공직자 등은 이 법의 위반시 징계처분을 받게 되고(법 제21조), 공직자
   등과 배우자의 금품 수수에 관해서는 "3년 이하의 징역 또는 3천만원이하의
   벌금"이라는 중형에 처하며(법 제22조 1항), 부정청탁을 받고 직무를 수행한
   자는 "2년 이하의 징역 또는 2천만원 이하의 벌금(법 제 22조 2항)" 등 중형이
   규정되어 있다.
40) '성매매알선 등 행위의 처벌에 관한 법률' 및 '성매매방지 및 피해자보호 등
   에 관한 법률'을 통칭함(2004.3.22. 제정).

성구매자와 성판매자들의 처벌에 초점을 맞추었고, 언론은 그들의 '성 윤리의식' 부족에서 이유를 찾았던 경향이 있다. 비슷한 논리로 부정청탁 등의 부정부패가 미치는 사회적, 국가적 파급효과는 엘리트 권력의 카르텔에 있다고 할 때, 공적 업무에 있어서 공공성과 투명성의 증진을 위해서는 역시 '큰 권력'들이 본 법에 순응하게 만드는 감시와 처벌의 장치에 있다고 보인다. 본 법은 '고양이 목에 방울 달기'를 국민에 전가한 점이 없지 않다고 생각한다.

3. 제재 행위 등의 모호성과 불분명성이 해소되었나

기호와 상징에 대한 연구에 따를 때, 모든 텍스트는 열려 있고 이는 법률에 있어서도 예외일 수 없다. 모든 법률언어도 어느 정도의 모호성과 불분명성을 가질 수밖에 없을 것이다.[41] 이런 모호성에 대해 법 전문가들은 해석과 판례를 통해 그 의미를 분명하게 만들어 나가야 할 것이다.[42] 특히 청탁금지법이 일상사회관계를 규율한다고 할 때, 다양한 행위 양태들에 대한 사례를 집적함으로써 그 기준을 정립해 가야 할 것이라고 보인다. 무엇보다, 법의 중심 제재대상인 '부정한' 청탁이라는 것이 언제나 그리 분명한 것은 아니기 때문이다. 특히 공직자에 대한 청탁이 아니라 언론사나 학

---

41) 김혁기, "법의 불확정성 연구," 박사학위 청구논문, 서울대학교 법과대학 대학원, 2009 참고.
42) 예컨대, 성희롱 규정에서 성희롱이란 해당 기관의 "종사자, 사용자 또는 근로자가 그 직위를 이용하여 또는 업무 등과 관련하여 성적 언동 등으로 성적 굴욕감 또는 혐오감을 느끼게 하거나 성적 언동 또는 그 밖의 요구 등에 따르지 아니한다는 이유로 고용상의 불이익을 주는 것을 말한다"(국가인권위원회법 제2조 제1항 3호)고 정의할 때, 법 관계들에 의해 인정되는 불법행위와 피해자의 감정이 무엇인지를 분명히 하기 위해서 '남녀고용평등과 일가정 양립지원에 관한 법률 시행규칙'(제2조, 별표) 등에서 성희롱에 해당하는 성적 언동을 예시하고 있다.

교에 대한 청탁이 부정인지 아닌지는 조사와 연구, 공동체 속에서의 토론을 거쳐야 확인되는 경우가 많을 것이다.[43] 예컨대, 자녀가 학교에서 부당한(부당하다고 생각되는) 처분을 받았을 때, 학부모는 선생님에게 선처를 요청하거나 이의를 제기하고자 한다면 이 행위가 부정청탁이 아닐지 고민하게 될 것이다. 혹은 억울한 일을 당했다고 생각할 때, 언론사가 부당하다고 생각되는 기사를 게재했을 때 이에 대한 시정을 요구하거나 억울함을 호소하고자 할 때, 마찬가지의 딜레마에 설 것이다. 왜냐하면 이러한 선처요청 등을 교사나 인론인이 부정청탁으로 신고하면 조사기관의 조사절차가 시작될 것이기 때문이다.[44] 이 때 조사가 끝나기 전에는 본인의 '선처요구'나 '이의제기'가 부정한 청탁인지 여부를 알기 어려울 것이다. 문제는 이러한 갈등과 분쟁 소지가 있는 상황에서, 공식적인 절차 자체가 불분명하고, 공개적 문제 제기 자체가 또 다른 문제를 가져올 수 있는 소지가 없지 않다는 점이다. 특히, 한국의 사회문화에서 학생이 학교를 상대로, 시민들이 공무원이나 언론사를 상대로 문제제기하고 공개적 토론을 하는 것이 그다지 쉽지는 않은 일인데, 본 법의 영향으로 그러한 문화 내지 절차가 하루아침에 만들어지기는 어려운 일이다. 공적기관에 의해 수사를 받는 것만으로도 외면상으로는 높은 수준의 도덕적 청렴을 요구하는 한국사회의 법문화에서는 낙인효과를 가질 수도 있을 것이다.

---

43) 부정청탁 행위의 '유형'에 있어서도 공직자들의 그것에 대해서는 인가, 허가, 면허, 입찰, 경매 관련 등 업무(법 제5조 1항 1호, 2호, 4호, 5호, 11호, 12호, 13호, 14 호 등)와 관련하여 비교적 분명한 데 비해서, 민간영역의 행위자들의 유형에 대해서는 채용, 승진, 시험, 선발, 입학, 성적 등(법 제5조 1항 3호, 7호, 10호 등)과 관련하여 애매성이 있다고 지적된다.

44) 전삼현의 견해, "부정청탁 및 금품등 수수의 금지에 관한 법률 제2조 제1호 마목 등 위헌확인" <2015헌마236>, 헌법재판자료집 21집, 2016, 263면 이하 참고.

4. 신고자에 대한 두터운 보호와 피신고자에 대한 비보호

이외에도 본 법은 국민 모두에게 감시자로서의 권한을 부여하여 부정청탁과 금품수수를 신고하면 보호도 받고 포상금도 받도록 규정하고 있다는 점도 주목된다(법 제13조 제1항, 제15조).[45] 그리고 설령 신고의 내용이 거짓이라는 사실을 알았거나 알 수 있었음에도 신고한 경우, 신고와 관련하여 금품 등이나 근무관계상의 특혜를 요구한 경우 그 밖에 부정한 목적으로 신고한 경우에도 보호나 포상금을 못 받을 뿐이지 아무런 제재를 받지 않는다(법 제13조 제2항). 이에 대한 제재규정이 전혀 없기 때문이다. 이런 규정들은 아마도 부정청탁 등에 대한 '내부고발자'를 보호하기 위한 조치로 이해된다. 이는 김영란 전대법관이 말했던 "소수가 다수를 감시하는 게 아니라 다수가 소수의 잠재적 부패 행위자를 감시하는 전략"에도 부합한다.[46] 하지만, 앞서 지적한대로 권력 상층부를 겨냥할 사법부와 국가의 강한 의지가 없다면, 법을 위반하는 일반시민 내지 하위 공무원 등을 겨냥하는 방향으로만 본 법의 효과가 흐를 수 있다고 우려한다."

5. 비공직자들에 대해서는 제재의 수위와 방식 등 메뉴얼 개발의 필요성

이상과 같이 볼 때, 공직자와 비공직자 특히 민간인들에 대해서는 다른 제재방식이 개발되어 '제재의 이분화'가 이루어져야 하는 것이 아닌가 생각한다. 민간인들에 대해서는 급속한 신고와 조사

---

45) 전삼현의 견해, 앞의 논문 참고.
46) 김영란, 김두식, 앞의 책, 57면.

기관에서의 조사절차로 들어가기 이전에 공동체내에서 신뢰와 인내를 가지고 대화와 설득과정을 가짐으로써 부정청탁이 불필요하게 되는 상황으로 나아가게 하는 노력이 필요하다고 본다. 또한, 청탁인지 정당한 문제제기인지 혹은 뇌물인지 선물인지 불분명한 많은 경우들이 있을 것이고, 이에 대해 공공기관들은 관련 기록을 철저히 남길 것을 '행동강령'으로 만들 필요가 있다.[47] 청탁금지법과 함께 기록의 정리와 보존, 그리고 공동체 내의 대화 활성화가 '문화'로 자리잡아야 하는 이유이다. '청탁금지법'으로 모든 부정청탁과 사회부패가 일소된다기보다 이 법이 견인함으로써 부정청탁 등에 대한 사회적 메뉴얼을 만들어지고 감각이 자리 잡을 수 있다면 가장 바람직한 일일 것이다.

V. 맺음말

이제 시행 1년밖에 되지 않은 청탁금지법을 제대로 평가한다는 것은 너무 이른 일이다. 필자 역시 본 법과 본 법이 지향하는 아래로부터의 개혁, 전사회적인 개혁이 성공하기를 바란다. 하지만, 앞서 주장한 것처럼, 민간부문의 일상적인 청탁과 공무원내부의 부정적 청탁을 평면적으로 다루는 것에 대해서는 경계한다. 권력층과 엘리트들의 부정한 청탁과 금품수수를 철저히 단속해야 하고, 폐쇄된 의사결정구조와 정보를 국민들에게 보다 투명하게 개방하여 스스로 공공성을 높여 나가야 한다. 이와 함께 시민들의 일상의 청탁에 대한 억제 의식의 형성, 무엇이 부정한 청탁인지에 대한 '상식 감각'을 만들어갈 때, 이 법은 커다란 효과를 거둘 수 있을

---

47) 보다 상세한내용은 이 책의 8장 최계영 교수의 논문을 참조할 것.

것이라고 생각한다. 이를 위해서는 법 관계자들이 그저 법의 기계적 해석을 통해서 무엇이 금지의 대상이고 아니며, 무엇이 사회상규인지를 독단적으로 판단할 것이 아니라 시민과 소통하고 사회맥락에 맞게 그 기준과 방법 등을 논의하고 만들어가야 할 것이다. 이를 위해서는 단기간의 성과가 아니라 좀더 시간을 가지고 지속적이고 일관된 노력을 기울여야 한다. 청탁이 아니라 공정하고 투명한 절차를 통해서 문제를 제기하고 해소할 수 있는 대안적 통로들을 마련해야 한다고, 이를 위해 정부와 각종 공공 기관들, 그리고 시민들이 다양한 층위에서 노력을 기울여야 한다고 이 법은 한국사회에 촉구하고 있다.

<참고문헌>

김영란·김두식, 『이제는 누군가 해야 할 이야기』, 쌤 앤 파커스, 2013.

김정오, 『한국의 법문화 -인식, 구조, 변화』, 나남, 2006.

김혁기, "법의 불확정성 연구," 박사학위 청구논문, 서울대학교 법과대학 대학원 박사학위논문, 2009.

장은주, "대한민국은 어떻게 '부패공화국'이 되었나? -'김영란법' 시행에 부쳐," 『철학과 현실』 통권 111호, 2016.

양건, 『법사회학』, 아르케, 2000.

양승두, "우리나라 전통적 법의식과 그 변화에 관한 연구", 『법학연구』 제2 권, 연세대학교 법학연구소, 1982.

양현아, "법문화와 법의식," 양현아 외, 『법사회학, 법과 사회의 대화』, 다 산출판사, 2014.

_____, "호주제도 헌법불합치 결정에 나타난 성차별 판단의 논증: '전통' 과 식민지성의 관련성 속에서, 『경제와 사회』 통권 88호, 2010.

염유식, "한국 법의식조사에 대한 연구 방법론 검토", 『법과 사회』 제37권, 2009.

유석춘, "한국의 사회자본 : 연고집단", 한국사회학회 워크숍 미간행 발표 문, 2001.

유석춘·장미혜·김태운 "동아시아의 연고주의와 세계화", <아시아문화>, 제 15호, 2000.

임동균, "부패, 신뢰, 청탁금지에 대한 사회적 인식," 2017.6.8. <청탁금지법 과 한국사회-공공성과 신뢰성을 중심으로> 콜로키움 미간행 발표 문, 2017.

임희섭, "한국인의 법의식에 관한 사회학적 연구", 『서울대학교 법학』 제15 권 제1호, 1974.

전삼현, "부정청탁 및 금품등 수수의 금지에 관한 법률 제2조 제1호 마목 등 위헌확인" <2015헌마236>, 헌법재판자료집 21집, 2016.

전택수 외, 『선진경제 진입과 법치원리 확립: 이상과 현실』, 백산서당, 2005.

차용석·최종일·장대주, "한국인의 법의식에 관한 조사연구 및 준법의식의
　　제고방안", 「법학논총」 제6집, 한양대학교 법학연구소, 1989.

최대권, "농촌의 사회구조와 법", 「법학」, 서울대학교 법학연구소, 제18권
　　제1호, 1977.

최대권, "도시의 사회구조와 법", 「법학」, 서울대학교 법학연구소, 제18권
　　제2호, 1978.

최계영, "청탁금지법 제정의 의의 - 향후 전망과 과제", 2017.6.8. <청탁금
　　지법과 한국사회-공공성과 신뢰성을 중심으로> 콜로키움 미간행
　　발표문, 2017.

클리퍼드 기어츠(문옥표 옮김), 「문화의 해석」, 서울: 까치, 1998.

한국법제연구원, 「國民法 意識調査 硏究 : 法治主義의 定着可能性 診斷」,
　　한국법제연구원, 1991.

＿＿＿＿＿＿, 「94 국민법의식조사연구」, 한국법제연구원, 1994.

＿＿＿＿＿＿, 「2008 국민법의식조사연구」, 한국법제연구원, 2008.

한국형사정책연구원, 「준법의식의 실태 및 준법운동의 전개방향에 관한
　　연구」, 한국형사정책연구원, 2000.

황승흠, "한국 법의식 조사 연구사의 검토," 「법학 논총」 제22권 제2호,
　　2010.

Black Donald, "Boundaries of Legal Sociology," *Yale Law Journal* 81, 1972.

Bohannan Paul, *Law and Warfare*, New York: Natural History Press, 1967.

Cotterell Roger, "The Concept of Legal Culture," in David Nelken (eds.),
　　Comparing Legal Cultures, Dartmouth, Aldershot, England, 1997.

Friedman Lawrence, *A History of American Law*, Simon & Schuster, 1985.

＿＿＿＿＿＿＿, *A Legal System: A Social Science Perspective*, New York:
　　Rusell Sage Foundation, 1975.

Hahm Pyong-choon, *Korean Jurisprudence, Politics and Culture*, Yonsei University
　　Press, 1986.

Hahm Pyong-choon, *The Korean Political Tradition and Law*, Seoul: Hollym,
　　1967.

Kidder Robert, *Connecting Law and Society*, New Jersey: Temple University

Press, 1983.

Malinowsky Bronislaw, *Crime and Custom in Savage* Society, London: Routledge. 1926, 1962.

Weber Max, *On Law in Economy and Society*, Max Rheinstein (eds.), Max Rheinstein & Edward Shils (trans.), New York: Simon & Shuster, 1954

Yang Kun, "Law and Society in Korea," *Law and Society Review* 21, 1989

Yang Mayfair Mei-hui, *Gifts, Favors, and Banquets - the Art of Social Relationships in China*, Ithaca: Cornell University Press, 1994.

결정례

헌법재판소 2015.10.6. 선고 2015헌마884 결정

헌법재판소 2016.7.28. 선고, 2015헌마236·412·662·673 결정

헌법재판소 2016.11.1. 2016헌마879 결정

제2부

청탁금지법 시행의
사회적 효과

제4장 청탁금지법에 대한 인식조사 결과 분석

임 동 균*

1. 머리말

이 글에서는 청탁금지법에 대한 국민들의 인식조사 자료를 바탕으로, 청탁금지법에 대한 태도 그리고 사회적 신뢰와 부정부패에 대한 인식과 관련된 문항들에 초점을 맞추어 분석결과를 소개하도록 한다. 이 설문조사는 일반국민을 대상으로 한 온라인조사로 두 차례에 걸쳐 실시되었는데, 1차 조사는 청탁금지법이 시행된 지 약 한 달 반가량 지난 시점인 2016년 11월 중순에서 12월 초까지, 성, 연령, 권역을 고려한 비례할당으로 추출된 1,566명을 대상으로 실시되었고, 2차 조사는 1차 조사 인원을 추적 조사한 패널조사로서 약 76.8%의 응답률을 보여 최종적으로 1,202명의 샘플을 대상으로 조사가 이루어졌다. 아래에서는 이 패널샘플을 대상으로 한 분석결과를 소개하도록 한다.

* 任東均: 서울시립대학교 도시사회학과 조교수

11. 청탁금지법에 대한 인지 정도와 관심 정도

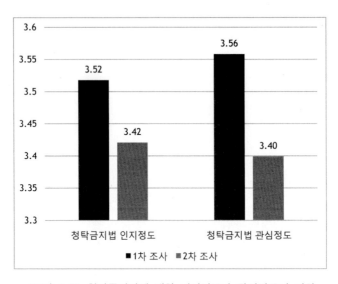

〈그림 1-1〉 청탁금지법에 대한 인지정도과 관심정도의 변화

청탁금지법은 2016년 9월 28일에 본격적으로 시행되기 이전부터 '김영란법'이라는 속칭으로 불리며 매우 큰 사회적 주목을 받았다. 이 법에 대한 여러 가지 추측과 다양한 해석들 그리고 오해들이 뒤엉키면서 미디어에서 집중적으로 다루어지기도 하였다. <그림 1>에서는 사람들이 청탁금지법에 대하여 가지고 있는 인지 정도('얼마나 잘 알고 있는가')와 관심 정도를 물어본 문항에 대한 응답 결과이다(5점 척도, 1: 전혀 모른다/관심없다-5: 매우 잘 알고 있다).

시행되고 나서 한 달 이내에 설문한 결과와 10개월 뒤 같은 질문을 같은 사람들에게 물어본 결과는 유의미한 차이를 보이고 있다. 그림에서 나타나듯이, 10개월 뒤에 청탁금지법에 대한 인지정도와 관심정도를 물어본 결과 초기에 비해 통계적으로 유의미한 수준에서 낮아진 것을 볼 수 있다. 이는 청탁금지법이 시행된 지 10개월이 지났기 때문이기도 하겠지만, 그 10개월 사이에 대통령 탄핵과 여러 가지 굵직한 정치적 스캔들, 새 정부 출범 등의 사건들이 사람들의 주의를 크게 분산시킨 이유도 작용했다고 볼 수 있을 것이다.

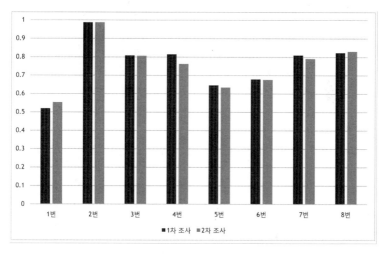

〈그림 1-2〉 청탁금지법 관련 사례들 퀴즈 정답률

한편 <그림 1-2>는 설문응답자들이 청탁금지법에 대해 얼마나 실질적으로 잘 알고 있는지를 물어본 결과이다. 대체적으로는 정답률이 높다고 할 수 있으나, 혼란을 주기 위해 만든 일부 문제들은 정답률이 50%를 약간 넘는 수준에서 그치고 있다. 정답률에 있어 1,2차 차이는 유의미한 차이는 나지 않는다. 이는 10개월이 지나는 동안, 사람들이 구체적으로 청탁금지법에 대한 새로운 지식이나 정보를 획득했다고 보기는 힘들다는 것을 시사한다고 할 수 있다.

III. 청탁금지법의 효과에 대한 평가

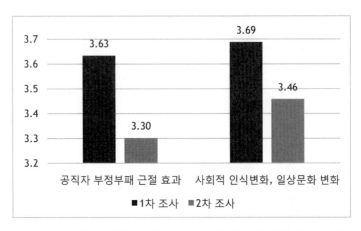

〈그림 2-1〉 청탁금지법의 효과에 대한 예상(1차 조사)과 평가(2차 조사)

<그림 2-1>은 청탁금지법이 공직자 부정부패 근절효과와 사회적 인식변화 및 일상문화를 변화시키는데 얼마만큼의 효과를 가지는지에 관한 문항 응답 결과이다. 1차 조사에서는 각 항목에 대해 예상하는 기대 효과를 물어보았고, 2차 조사에서는 지난 10개월간 얼마 정도의 효과가 있었는지를 평가하도록 물어보았다. 그래프가 보여주듯이 1차 조사에서 보였던 기대치는 2차 조사의 평가에서 통계적으로 유의미하게 내려갔다. 이는 법 시행 초기에 사람들이 가졌던 기대에 비해, 실제로 일어난 효과는 작았다고 생각하는 것을 보여준다. 하지만 결과값을 지나치게 부정적으로 해석할 이유는 없다. 2차 조사의 응답결과 역시 어느 정도는 효과가 있었음을 나타내기 때문이다.

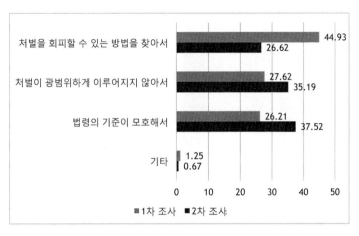

〈그림 2-2〉 청탁금지법이 잘 지켜지지 않을 이유(1차)와
지켜지지 않았던 이유(2차)에 대한 평가

　그렇다면 사람들은 어떠한 부분에서 청탁금지법이 효과에 한계
가 있다고 생각할까? 그림 〈2-2〉의 결과를 보면, 1차 조사에서는
45%에 가까운 사람들이 '처벌을 회피할 수 있는 방법을 찾아서'라
고 응답하였다. 즉, 법 시행이 되면서 이루어질 수 있는 처벌에 대
해 사람들이 여러 가지 편법적 혹은 불법적 방법으로 피할 방법을
찾을 것이 주 이유라고 예상한 것이다. 하지만 2차 조사에서는 그
러한 45%의 응답비율이 약 27%로 하락하였고, 상대적으로 낮은
수치였던 '처벌이 광범위하게 이루어지지 않아서'와 '법령의 기준
이 모호해서'의 응답비율이 상당히 높아졌음을 볼 수 있다. 즉, 10
개월간의 경험에 비추어 볼 때, 청탁금지법이 비효율적이었던 이
유는 시행대상자들의 적극적인 처벌 회피 노력보다는, 처벌이 이
루어지는 것이 실제로 잘 보이지 않거나, 어디까지가 처벌을 받는
행위이고 어디까지가 그렇지 않은지 등에 대한 모호성이 큰 이유
였다고 볼 수 있다.

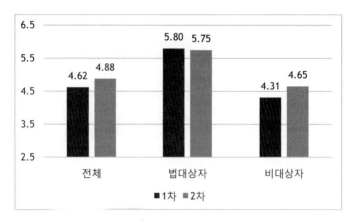

〈그림 2-3〉 청탁금지법이 삶에 영향을 미칠 영향
(1:전혀 신경쓰이지 않는다 – 10: 심히 염려가 된다)
에 대한 예측(1차)과 회고적 평가(2차)

　<그림 2-3>은 청탁금지법 시행에 대해 응답자가 얼만큼 신경을 쓰는지(1차), 그리고 지난 10월 동안 얼마나 신경을 썼는지(2차)에 대해 물어본 결과이다. 이 결과는 앞서의 그래프들과는 약간 다른 패턴을 보인다. 앞의 그래프들은 사람들이 그동안 청탁금지법에 대한 관심도 식었고, 효과가 생각보다는 덜 했다고 생각하고, 법이 모호하면서 처벌도 실제로 잘 안 이루어진다는 인식을 나타냈다고 하면, 위의 그래프는 응답자 전체적으로는, 사람들이 생각보다 청탁금지법에 대해 염려를 더 하면서 살았던 것으로 응답한다. 하지만 청탁금지법 적용자 여부에 따라 나누어 살펴보면, 염려의 증가는 오히려 비대상자들 사이에서 나타났다. 법대상자들의 경우에는 염려 정도가 비대상자들에 비하면 유의미하게 높지만, 10개월에 걸쳐 그 염려 정도가 상승하지는 않았다. 이는 비대상자들의 경우 청탁금지법의 적용범위와 직무에 있어 잠재적 위반 가능성의 불확실성/모호성 때문에, 오히려 직무와 관련하여 분명한 교육을 받은 법적용 대상자들보다 오히려 더 신경이나 염려를 했다고도 볼 수 있을 것이다.

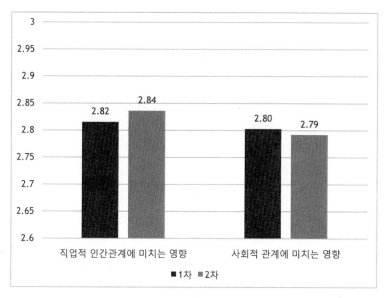

〈그림 2-4〉 청탁금지법이 직업적 인간관계와 사회적 관계에 미칠 영향
(1:매우 부정적-5:매우 긍정적)에 대한 예상(1차)와 평가(2차)

<그림 2-4>은 청탁금지법이 자신의 직업적 인간관계나 직무 외
일반적 사회적 관계에 얼마나 긍정적(5: 매우 긍정적) 혹은 부정적
(1: 매우 부정적) 영향을 미칠 것인가(1차) 혹은 미쳤는가(2차)에
대한 설문 결과이다. 양차에 걸쳐 약간의 변화는 있으나 통계적으
로 유의미한 수준의 차이는 아니라서 실질적인 변화가 없었다고
할 수 있다. 이러한 패턴은 법적용자와 비적용자 양 집단 모두에
똑같이 나타나고 있다. 전반적으로는 긍정보다는 부정 쪽에 더 가
까운 수치를 보이고 있다고 할 수 있다.

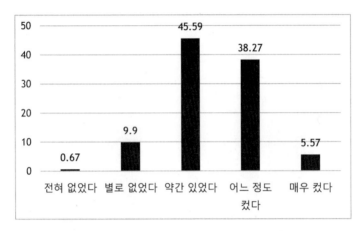

〈그림 2-5〉 지난 10개월간 청탁금지법의 효과에 대한 의견

　　<그림 2-5>는, 2차 조사 설문에만 포함된 질문으로, 지난 10개월간 청탁금지법의 효과는 어떠하였는지를 묻는 설문 문항이다. 이에 대해 효과가 별로 없었거나 거의 없었다고 응답한 사람들은 약 10%에 불과하다. 나머지 90%는 약간이라도 효과가 있었던 것으로 인식하고 있다. 그렇다면 구체적으로 어떤 집단이 청탁금지법 효과를 큰 것으로 평가하는가?

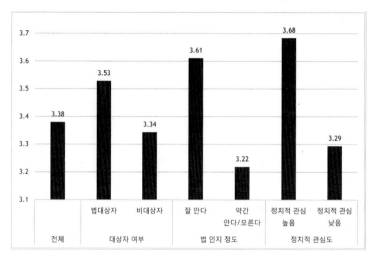

〈그림 2-6〉 집단별 10개월간 청탁금지법의 효과에 대한 의견

<그림 2-6>은 몇 가지 집단 별로 청탁금지법의 효과에 대한 의견 차이를 나타낸다. 그래프에 따르면, 청탁금지법 대상자의 경우, 비대상자에 비해, 그리고 청탁금지법에 대해 잘 아는 사람들의 경우 그렇지 않은 사람들이 비해, 그리고 정치적 관심도가 높은 사람들의 경우 그렇지 않은 사람들에 비해 청탁금지법의 효과에 대해 크게 인식하고 있다.

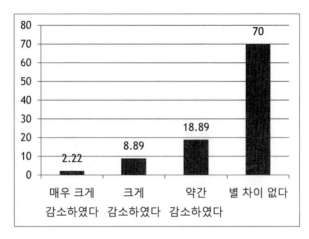

〈그림 2-7〉 청탁금지법이 수입에 미친 영향
(자영업자 대상, N=90)

　　한편, 청탁금지법의 문제 중 매우 중요한 것으로 거론되었던 경제적 타격 문제의 경우, 자영업자인 응답자의 경우에 약 11%는 수입이 크게 감소하거나 매우 크게 감소한 것으로 나타났다. 청탁금지법 때문에 경제적 영향을 받은 집단과 받지 않은 집단을 비교 분석하면, 전자의 경우 청탁금지법에 대한 다양한 태도들에 있어 훨씬 부정적인 모습을 보인다.

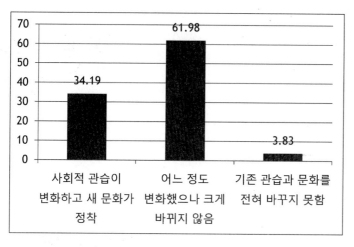

〈그림 2-8〉 법의 시행이 우리 사회의 관행을
얼만큼 바꾸었는가에 대한 의견

그렇다면 청탁금지법이 우리 사회에 영향을 미쳤다고 하면, 구체적으로 어떤 의미에서 그러한가? 본 연구가 목표로 하는 주제, 즉, 과연 법을 통해 사회의 관습과 문화가 바뀔 수 있는가와 관련하여 청탁금지법의 효과를 살펴본다면 어떠한 응답 패턴이 나타날 것인가?

<그림 2-8>은 그와 관련하여 응답자들이 어떠한 생각을 가지고 있는지를 보여준다. 설문에서 이 문항은 '청탁금지법은 선물이나 식사대접과 같이 우리 사회의 자연스러운 관행으로 여겨지는 많은 것들을 법의 적용 대상으로 삼으면서 사회적으로 다양한 반응을 낳았습니다. 법이 시행된 지 10개월이 되는 현재 이에 대한 귀하의 태도는 다음 중 어디에 가깝습니까?'를 물어본다. 응답 분포를 보면 약 1/3에 해당하는 응답자들이 '법의 도입으로 사회적 관습이 변화하고, 새로운 문화가 자연스럽게 정착'되고 있는 것으로 평가

하고 있다. 반면 가장 다수인 62% 가량의 응답자는 변화는 있으나 아직 크게 바뀌지 않은 것으로 평가하였다. 그리고 기존 사회적 관습과 문화를 전혀 바꾸지 못했다고 응답한 사람들의 비율은 3.8%에 불과하였다.

IV. 청탁금지법에 대한 태도

지금까시 응답자들이 일만큼 청덕금지법에 대해 알고 있고 관심을 가지고 있으며, 또 그 효과에 대해 어떻게 인식하는지에 대해서 살펴보았다. 이번에는 청탁금지법 자체에 대한 태도를 살펴보도록 하겠다.

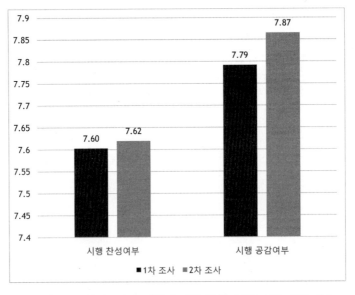

〈그림 3-1〉 청탁금지법 시행에 대한 찬성여부와 시행 공감여부

<그림 3-1>은 청탁금지법에 대한 사람들의 태도에 있어 가장 핵심적인 질문이라 할 수 있는, 법 시행에 대한 찬반에 대한 문항 (1:매우 크게 반대-10:매우 크게 찬성)과 시행의 공감 여부(1:전혀 공감 못함-10:매우 크게 공감)에 대한 문항에 대한 설문 결과이다. 전반적으로 매우 높은 찬성비율과 공감비율을 나타내고 있는 것이 주목할 만한 점이다. 만약 10점 척도 중에서 6점 이상으로 응답한 사람들을 각각 '찬성'과 '공감'으로 분류한다면, 전체적인 찬성/공감 비율은 <표 3-1>과 같이 나타난다.

〈표3-1〉 청탁금지법 시행에 대한 찬성 비율과 공감 비율

	찬성 비율	공감 비율
1차	83.6%	86.8%
2차	85.4%	88.7%

이와 같은 수치는 실질적으로 국민들의 절대적 대다수가, 적어도 원칙적으로는, 청탁금지법 시행에 대해 큰 지지를 보이고 있음을 나타내는 것이다. 즉, 구체적인 규제의 범위와 강도 등에 대해서는 여러 가지 이견이 있을 수 있지만, 부정청탁이나 부정청탁이 발생할 수 있는 소지가 있는 종류의 사회적 관계에 대하여 법으로 규율을 한다는 것에 대해 절대 대다수의 시민들이 지지를 보내고 있는 것이다. 이는 청탁금지법이 적어도 그 취지와 목적에 있어 매우 큰 정당성을 확보하고 있음을 의미하고, 이는 향후 법의 운용과 실천에 있어 큰 영향을 줄 것으로 판단된다. 양차 조사간의 변화를 살펴보면 2차 조사에서 1차 조사보다 더 큰 찬성과 공감도를 보이고 있으나, 통계적으로 유의미한 수준의 차이는 아니다.

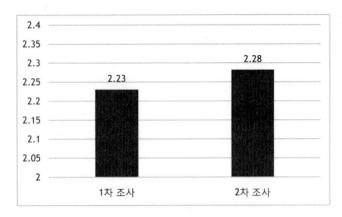

〈그림 3-2〉 지금보다 규제의 범위와 강도가 어떠해야 하는가에
대한 의견

　　<그림 3-2>는 현행 청탁금지법의 범위와 강도의 적절성(1: 현재
수준보다 약화되어야 한다, 2: 지금이 적절하다, 3: 더 강화되어야
한다)에 대하여 물어보는 설문의 결과이다. 이 설문결과의 놀라운
점은, 보통 언론 등 매체에서 식사/선물/경조사비 제한과 관련하여
약간 과도한 것으로 묘사하는 것과 달리 절대 다수가 규제의 범위
와 강도가 지금 보다 더 강해져야 한다고 응답하거나(1차: 43%, 2
차: 48%), 현재가 적절하다(1차: 38%, 2차: 32%)고 응답했다는 점
이다. 그리고 2차 조사에서는 강화시켜야 한다고 생각하는 사람들
의 비율이 통계적으로 유의미한 수준에서 상승한 것으로 나타났
다. 일부 여론이나 매체를 통해 전달되는 의견들과는 달리, 시민들
은 대체로 규제 수준이 더 강화되어도 되거나 적절한 것으로 보고
있다.

〈표3-2〉 법대상자 여부에 따른 청탁금지법의 강도/범위에 대한 의견 차이 (%)

		더 약화되어야 한다	현재가 적절하다	더 강화되어야 한다
1차 조사	법대상자	36.6	29.1	34.3
	비대상자	15.2	39.8	45.0
2차 조사	법대상자	27.8	35.5	36.6
	비대상자	17.6	31.6	50.8

이 문항과 관련하여 한 가지 재미있는 점은, 2차 조사 결과의 경우 1차 조사에 비해 청탁금지법 대상자들의 경우에도 '더 약화되어야 한다'고 응답한 응답자의 비율이 크게 줄어들은 것이다. 즉, 1차 조사에서는 법대상자들의 경우 '더 약화되어야 한다'고 응답한 사람들의 비율이 37%에 육박했는데, 2차 조사의 경우 그 비율이 약 28%로, 10% 가까이 줄어든 것이다. 그리고 그렇게 줄어들은 상당수의 응답자는 '현재가 적절하다'로 의견이 바뀐 것으로 나타난다. 즉, 처음에는 규제의 강도와 범위에 대해 불만을 가졌던 사람들의 상당수가 10개월을 지나면서 그에 적응하거나 수용할 만 하다고 생각이 바뀌게 된 것이다. 비대상자들 중에서도 '더 강화되어야 한다'고 생각하는 사람들의 비율이 1차 조사에서는 45% 였던 반면, 2차 조사에서는 51%로 상승하여, 마찬가지 추세가 발견되었다.

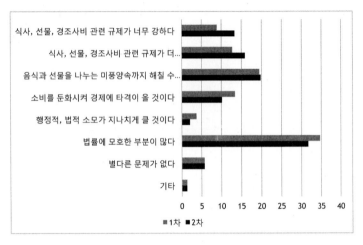

〈그림 3-3〉 청탁금지법의 가장 큰 문제라고 생각되는 부분

<그림 3-3>는 청탁금지법에서 가장 큰 문제가 되는 부분에 대한 설문 결과이다. 양차 조사 모두에서 사람들이 생각하는 청탁금지법의 가장 큰 문제는 '모호성'이라고 할 수 있다. 즉, 개인들 간의 사회적 관계와 상호작용이라고 하는 매우 폭넓고, 다양하며, 맥락 의존적 성격이 강한 영역을 법적 규제대상으로 포함시키는데서 오는 필연적인 모호성에 대해 사람들이 가장 크게 문제로 인식하고 있는 것이다. 두 번째로 높은 응답비율을 보이는 '미풍양속까지 해칠 우려'라는 지점도 그와 깊게 맞닿아 있다고 할 수 있다.

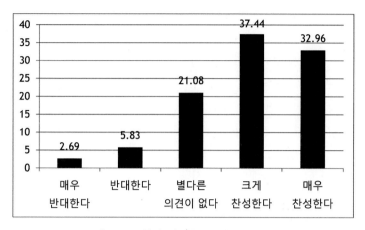

〈그림 3-4〉 (학령 아동을 둔 학부모인 경우)
학부모로서 청탁금지법에 대한 태도 (N=446)

　　<그림 3-4>는 학령 아동을 둔 학부모들의 청탁금지법에 대한 태도 분포이다. 전반적으로는 높은 수준의 찬성도를 보이고 있는 것으로 나타난다. 하지만 추가 분석 결과에 따르면, 학부모 집단이 그렇지 않은 집단에 비해 청탁금지법에 대한 태도가 더욱 더 긍정적으로 나타나지는 않는다. 즉, 이미 전체 응답자들의 청탁금지법에 대한 태도가 매우 긍정적이기 때문에, 위와 같은 패턴 또한 그와 같은 긍정적 태도의 분포와 유사한 분포라고 할 수 있다. 학부모들의 경우 청탁금지법이 선물이나 촌지 같은 관행으로부터 자유롭게 해줄 수 있는 장치인데도 유의미한 차이가 나지 않는 것에 대해서는 다양한 이유를 생각할 수 있을 것이다. 예를 들어, 그러한 관행이 상당부분 없어졌거나, 혹은 부분적으로 남아 있더라도 학부모들에게 지나치게 부담을 주지는 않을 가능성 등이다.

V. 신뢰와 부정부패에 대한 인식

본 연구는 청탁금지법 자체에 초점이 맞추어져 있기도 하지만, 보다 근본적으로는 우리 사회의 신뢰성, 공정성, 투명성에 맞추어져 있고, 그와 관련해서 법적 제도적 개선이 어떠한 영향을 미칠 수 있는지가 주요 연구질문으로 설정되어 있다. 이를 위해 양차 설문조사 간, 응답자들이 가지고 있는 우리 사회에 대한 신뢰 수준, 그리고 각종 부정부패와 공정성에 대한 인식이 어떠한지, 그리고 이렇게 변화하였는지를 살펴보기로 한다.

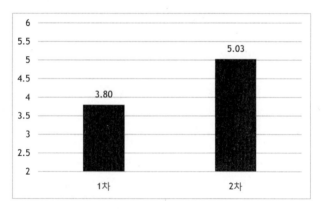

〈그림 4-1〉 사회적 신뢰 정도의 변화

먼저 사람들이 우리 사회가 얼마만큼 신뢰할 수 있는 사회인지에 대해 응답한 결과를 살펴보면, <그림 4-1>에서 1차 조사의 경우 평균 3.8을 나타낸 것을 볼 수 있다. 이는 11점 척도(0: 매우 믿을 수 없다 - 10: 매우 믿을 수 있다)를 기준으로 했을 때 매우 낮은 수치로서, 국민 전반이 우리 사회에 대해 불신하고 있음을 나타내는 것이다. 그런데 이러한 수치는 불과 10개월이 지난 2차 조사에서는 평균 5점으로 상당히 유의미하게 상승한 것을 볼 수 있다.

즉 전반적으로 '불신' 쪽에 가깝던 의견이, 비교적 신뢰와 불신의 중간 지점으로 움직인 것이다.

시간이 10개월이라는 짧은 간격이었음을 고려하면, 이러한 변화는 상당히 놀라운 것으로 여겨질 수 있는데, 이와 같은 패턴은 다른 문항들에서도 고르게 나타난다.

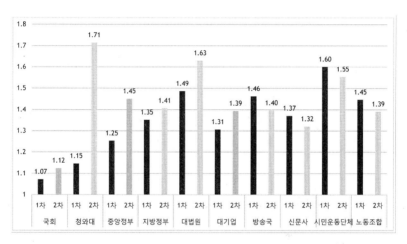

〈그림 4-2〉 각 사회 기관들을 이끄는 사람들에 대한 신뢰

<그림 4-2>는 우리 사회의 주요 기관들을 '이끄는 사람들'에 대한 신뢰수준과 그 변화를 나타낸 그래프이다. 측정은 3점 척도(1: 거의 신뢰하지 않음-3:매우 신뢰)로 이루어졌다. 전반적으로 평균이 2점(다소 신뢰)에 미치지 못하는 것으로 나타나 전신뢰 사회, 특히 낮은 제도적 신뢰수준을 가진 사회의 특징이 나타난다고 할 수 있다. 하지만 양차 조사간 눈에 띄는 변화들이 나타났다. 참고로 이 그래프에 나타난 1,2차 조사 간 차이는 모두 통계적으로 유의미한 차이이다. 먼저 국회, 청와대, 중앙정부, 지방정부, 대법원, 대기업에 대해서는 신뢰수준이 다소 상승한 것을 볼 수 있다. 대기

업을 제외하면 모두 우리 사회의 주요 정치적/행정적 공공기관들
이다. 특히 청와대, 중앙정부, 그리고 대법원에 대한 신뢰 상승이
눈에 띄는데, 이는 1, 2차 조사 사이에 벌어졌던 대통령 탄핵과 정
권 교체의 영향으로 짐작할 수 있다. 또한 1차 조사 시점에 뜨거운
이슈로 부각되었던 최순실 게이트와 대통령 비리와 관련된 뉴스들
이 당시의 신뢰수준을 낮추었을 것이라 생각할 수 있다.

흥미로운 점은 방송국, 신문사, 시민운동단체, 노동조합 등, 언
론사와 시민사회에 해당되는 영역에서 신뢰수준이 낮아진 것이다.
언론사들에 대한 신뢰의 경우, 주요 정치적 이슈들에 대한 보도의
공정성에 대해 비판적인 태도가 반영되었다고 할 수 있을 것인 반
면, 시민단체와 노조에 대한 신뢰가 낮아진 것은 추가적인 분석이
필요한 부분이다. 헌법재판소의 대통령 탄핵 인용 판결 이전에 오
랫동안 벌어졌던 촛불시위 등 시민에 의한 광장정치가 활발하게
진행되는 와중에, 원래 통상적으로 진보적 성향의 사회적 집단으
로 여겨졌던 시민단체와 노동조합에 대해 이전보다 신뢰가 낮아지
는 과정이 있었던 것으로 짐작해볼 수도 있을 것이다.

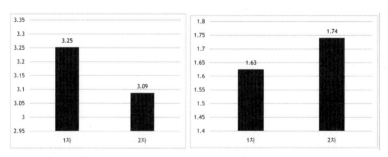

〈그림 4-3〉 공직에서 금품/향응/편의 제공이 얼마나 보편화되어 있는가(좌)와
뇌물수수 공직자에 대한 처벌수준이 어느 정도라고 인식하는가(우)

<그림 4-3>는 공직사회에서 금품/향응/편의 제공이 얼마나 보편화되어 있는가(4점 척도, 값이 높을수록 보편화 되었다고 생각)와 뇌물수수 공직자에 대한 처벌이 어느 정도라고 생각하는가(4점 척도, 값이 높을수록 매우 높다고 생각)라는 설문에 대한 응답 결과이다. 조사 결과를 보면, 전반적으로 사람들은 공직사회의 부정부패가 보편적이라고 생각하고 처벌강도는 그리 강하지 않다고 보는 경향이 있다. 부정부패의 심각성에 대해 비판적인 태도를 가지고 있는 것이다. 하지만 2차 조사에서는 통계적으로 유의미한 수준에서 그러한 태도가 살짝 약화된 것으로 보인다. 즉 이전보다 부정부패의 심각성을 덜 느끼고, 처벌수준도 좀 더 강하다고 생각하는 것이다. 이를 투명성과 공정성으로 표현한다면, 양자 모두에서 사람들이 이전보다 좀 더 긍정적 태도를 보인다고 할 수 있다.

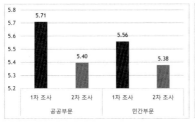

〈그림 4-4〉 공공부문과 민간부문별 부정부패의 심각성에 대한 인식

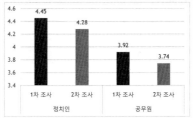

〈그림 4-5〉 얼마나 많은 정치인과 공무원이 부패에 연관되어 있는가에 대한 인식

이와 같은 여론의 추세는 위 그래프들에서도 발견된다. <그림 4-4>은 7점 척도를 기반으로, 공공부문과 민간부문에서의 부정부패의 심각성 인식을 나타낸 그래프인데(1: 전혀 심각하지 않다 – 7: 매우 심각하다), 응답의 전반적인 평균값은 심각하다는 쪽에 가깝지만, 2차 조사로 오면서 그러한 태도가 (통계적으로 유의미한 수

준에서) 약화된 것을 볼 수 있다. 특히 주목할 만한 점은, 1차 조사
에서는 공공부문의 부정부패 심각성을 민간부문에 비해 어느 정도
더 높게 인식했다면, 2차 조사에서는 공공부문과 민간부분의 부정
부패 정도 인식 차이가 실질적으로 사라졌다는 점이다. 즉 공공부
문의 변화를 더 큰 것으로 파악하고 있다.

<그림 4-5>에서도 또한 정치인과 공무원이 부정부패에 연관되
어 있는 정도가 5점 척도기준에서(1:거의 없다 - 5: 거의 대부분이
다) 2차로 오면서 1차에서 나타난 매우 비판적인 태도가 약간 약
화된 것을 볼 수 있다.

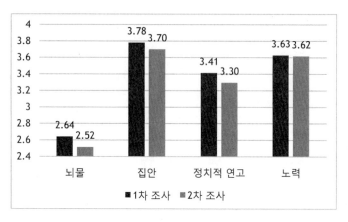

〈그림 4-6〉 인생에서 성공하기 위해
각 요소들이 얼마나 중요한가에 대한 태도

마지막으로 공정성과 관련하여, <그림 4-6>은 인생에서 성공하
기 위해 각 요소들이 얼마큼 중요한가를 설문한 결과를 나타낸다
(5점 척도. 1: 전혀 중요하지 않다 - 5: 매우 중요하다). 여기서 나
타나는 중요한 패턴은, 양차 조사 간 비록 매우 큰 차이는 아니지
만 ('노력'을 제외하고) 통계적으로는 유의미한 차이로, 2차 조사에

서 좀 더 개선된 형태의 공정성 인식이 보인다는 점이다. 즉 1차 조사 때보다 2차 조사 때, 응답자들은 뇌물, 집단, 정치적 연고 등의 영향력이 성공에 덜 중요하다는 태도를 보인다. 노력은 1,2차 조사 때 응답 패턴이 비슷하다. 즉, 성공에 영향을 주는 요인들 가운데, 불공정한 요인들의 중요성에 대한 인식이 약간 약화되었음을 볼 수 있다.

지금까지 신뢰와 부정부패, 공정성 인식을 분석한 결과를 종합해보면, 사회적 신뢰와 제도적 신뢰, 그리고 부정부패와 관련된 투명성/공정성 인식, 그리고 성공에 있어서의 공정성 인식이 전반적으로 상승한 것으로 나타난다. 그렇다면 이러한 인식의 변화에 영향을 준 것은 무엇일까? 앞서 언급했듯이 1,2차 조사 사이에 벌어졌던 대통령 탄핵, 정권교체, 정치적 스캔들 등이 큰 영향을 미쳤을 것이다. 그 외에 설문조사를 통해 파악될 수 있는 요인들, 특히 청탁금지법과 관련된 요인이 있을까? 이어지는 부분에서는 그 질문에 답하고자 한다.

VI. 청탁금지법 태도에 영향을 미치는 요인들과 청탁금지법 태도가 신뢰 및 공정성 태도에 미치는 영향

먼저, 청탁금지법에 대한 인식과 태도에 영향을 미치는 요인들을 살펴보겠다. 이 분석을 위해 일련의 다변량 회귀분석이 실시되었는데, 결과 요약의 편의성을 위해 핵심적인 결과들만을 추려 도식들을 통해 살펴보고자 한다. 아래 그래프들에 나오는 화살표들은 통계적으로 유의미한 효과가 있다는 것을 의미하며, 여러 인구사회학적 변수들과 태도 변수들의 효과가 통제되고 남은 효과다.

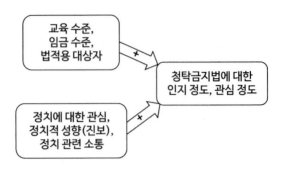

〈그림 5-1〉 청탁금지법에 대한 인지 정도와 관심
정도에 미치는 변인들

<그림 5-1>은 청탁금지법에 대한 인지 정도와 관심 정도 각각
에 유의미한 영향을 미치는 변수들을 나타낸 것이다. 이 변수들은
양차 조사에 모두 일관되게 유의미한 영향을 나타내었다. 객관적
변수들에 해당하는 요인들로는 교육수준, 임금 수준, 법적용대상
자 변수들이 법 인지/관심에 양(+)적인 효과를 나타냈다. 다른 한
편, 정치와 관련된 변수들, 즉 정치에 대한 관심과 정치적 성향(진
보), 정치와 관련된 의견을 주변 사람들과 나누는 횟수들 또한 마
찬가지로 유의미한 양적 효과를 가지는 것으로 나타났다. 정치와 관
련된 변수들의 중요성은 다른 분석에서도 뚜렷한 것으로 나타났다.

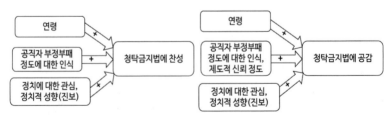

〈그림 5-2〉 청탁금지법에 대한 찬성도와 공감도에 영향을 미치는 변수들

청탁금지법에 대한 찬성도와 공감도에는 각각 유사한 종류의 변수들이 영향을 미치는 것으로 나타났다. <그림 5-2>에서 보이듯, 청탁금지법에 대한 찬성도와 공감도는 연령이 높을수록 높고, 공직자 부정부패가 만연해 있다고 생각할 수록 높고, 정치적 관심이 높고 진보적 성향이 강할수록 높게 나타나는 것으로 드러났다.

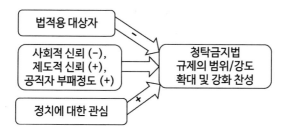

〈그림 5-3〉 규제의 범위와 강도를 확대/강화시켜야 한다는 의견에 영향을 미치는 요인

다음 그림은 청탁금지법 규제의 범위와 강도에 대한 의견에 영향을 미치는 요인들을 나타낸 것이다. 법적용대상자는 약화되어야 한다는 의견을 보이고, 사회적 신뢰가 높은 사람들은 규제를 강화하는 것에 대해 반대하는 의견이 상대적으로 더 강했다. 반면 각종 사회 기관들에 대한 제도적 신뢰가 높은 응답자들과 공직자 부패정도가 심각하다고 생각하는 사람, 그리고 정치에 대한 관심사가 높은 사람들은 규제강화를 찬성하는 경향이 높은 것으로 나타났다.

〈그림 5-4〉 청탁금지법의 효과 인식에 영향을 미치는 요인들

　마지막으로, <그림 5-4>에서는 지난 10개월간 청탁금지법이 실제로 한국 사회를 변화시켰는지, 법을 통해 관습과 문화에 변화가 발생했는지에 대한 의견에 영향을 미친 요인들을 분석해본 것이다. 청탁금지법 대상자와 청탁금지법 때문에 일생생활에서 신경을 많이 쓴 사람들일수록 효과가 컸던 것으로 생각하고, 정치에 대한 관심이 높을수록 역시 그 효과가 컸던 것으로 평가하는 경향성이 발견되었다.

　그렇다면 청탁금지법이 사회적 신뢰나 부정부패, 공정성 등에 대한 인식에 유의미하게 영향을 미쳤을까? 아쉽게도, 일련의 변화점수 분석(change score analysis)을 실시한 결과, 청탁금지법과 관련된 각종 변수들 중에서 사회적 신뢰/제도적 신뢰 수준의 변화나, 부정부패와 관련된 태도/인식 변화를 유의미하게 설명해내는 변수는 없었다.

　1차 조사와 2차 조사간 개인들의 사회적 신뢰와 제도적 신뢰 수준 변화에 가장 유의미한 영향을 미쳤던 것은 연령, 정치적 성향, 그리고 정치적 관심도인 것으로 나타났다. 보다 구체적으로는, 연령이 낮을수록, 정치적 성향이 진보적 성향일수록, 그리고 정치에 관심이 높을수록, 사회적 신뢰 수준과 제도적 신뢰 수준이 높아진 것으로 나타났다. 이는, 앞서 언급했듯이, 양차 조사 시점 사이에 벌어진 여러 정치적 사건들의 여파인 것으로 해석할 수 있을 것이다.

부정부패와 관련된 인식/태도 변화와 관련해서는, 그러한 변화들을 일관성 있고 유의미하게 설명해주는 변수들이 뚜렷하게 나타나지 않았다. 다만, 청탁금지법에 대한 관심이 높을수록, 2차 조사에서 1차 조사보다 공직자 부정부패에 대한 인식이 더 높게 나타나는 경향이 부분적으로 발견되었다. 다시 말해, 청탁금지법에 대한 관심이 높은 사람들은 2차 조사에서 1차 조사보다 공직자들 사이에 부정부패가 더 만연해있다고 응답하는 경향이 보인 것이다. 그러나 청탁금지법에 대한 높은 관심이 그러한 인식 변화를 만들어낸 것인지, 아니면 부정부패에 대한 인식이 더 높은 사람이 청탁금지법에 대해 더 많은 관심을 가지고 있는 것인지를 확증하기는 힘들다.

VII. 요약 및 결론

본 연구를 통해서 드러난 청탁금지법 인식조사의 주요 결론을 살펴보면 다음과 같다.

- 청탁금지법은 시행 초기와 약 1년이 지난 시점에서 85% 이상에 이르는 모두 매우 높은 수준의 찬성과 공감을 얻고 있음
- 청탁금지법의 규제 범위와 강도에 대해서도 약 80%의 응답자가 지금보다 더 확대/강화되어야 하거나 현재 수준이 적절하다고 응답
- 청탁금지법의 효과에 대해서는 기대했던 것에 비하면 약하지만, 전체적으로 효과가 있었던 것으로 응답. 약 44%의 사람들이 효과가 컸다고 생각하고, 34%가량의 사람들이 한국사회의 관습과 문화에 영향을 끼쳤다고 응답함.

- 청탁금지법의 효과가 제한적일 수 있는 이유는 법의 모호함과 실제 처벌의 희소성 때문
- 자영업자 응답자들 중 법으로 인해 소득이 실질적으로 감소한 비율 은 약 10%
- 정치에 대한 관심도가 높은 응답자들일수록 청탁금지법에 대한 인 지도, 관심도, 찬성도, 공감도, 확대강화에 대한 찬성도, 지난 1년간 효과에 대한 인식 등이 높은 것으로 나타남
- 설문상으로는 청탁금지법 자체가 사람들의 일반적인 신뢰수준이나 부정부패에 대한 인식과 태도를 유의미하게 바꾸지는 못한 것으로 나타남
- 1차 조사에 비해 2차 조사에서 청탁금지법에 대한 관심이나 인지는 약간 하락한 것으로 나타남

설문조사 결과의 전반적인 패턴을 살펴보면, 청탁금지법은 높은 국민적 지지를 받고 있고, 많은 사람들이 이 법이 실질적으로 사회적 관습과 문화적 측면에서 변화를 낳았고 생각하는 것으로 볼 수 있다. 비록 설문 상으로는 청탁금지법이 신뢰나 공정성 인식에 유의미한 영향을 준 것으로 나타나지는 않지만, 청탁금지법 도입과 시행은 그러한 신뢰, 투명성, 공정성 인식/태도의 변화라는 큰 흐름 속에 있다고 볼 수 있을 것이다. 따라서 어쩌면 청탁금지법은 인식과 태도 변화의 원인일 수도 있지만, 동시에 결과일 수도 있다.

청탁금지법의 도입이 즉각적인 사회문화와 관습의 변화를 낳지는 않을 것이다. 하지만, 앞서 분석결과에서 나타난 것처럼 청탁금지법의 규제 범위와 강도에 대한 태도가 10개월 사이에 더 확대/강화하는 쪽으로 상당히 변화했듯이, 무엇이 익숙하고 무엇이 당연한지에 대한 관념과 태도, 그리고 사회적 상호작용의 문화-경제적

문법이, 사람들이 자신들이 인식하지 못하는 사이에 조금씩 하지
만 실질적으로 변화할 수 있을 가능성이 이 연구를 통해 드러난다
고 할 수 있다.

제5장 청탁금지법이 우리의 일상 사회관계를 바꾸었는가?

염 유 식*

I. 들어가는 말

부정청탁 및 금품 등 수수의 금지에 관한 법률 (이하 청탁금지법)은 아마 대한민국에서 가장 많은 논란과 관심을 가져온 법률 중의 하나일 것이다. 2017년 9월 14일 현재 Google 검색 사이트에서는 '청탁금지법'이라는 검색어에 약 45만개의 결과가 보이며 '김영란법'이라는 검색어에는 50만개가 넘는 웹사이트가 검색된다. 당시 국민권익위원장이었던 김영란이 2012년에 제안한 후 2015년 1월 8일 국회 정무위원회를 통과하였으며 같은 해 3월 3일에 국회 본회의를 통과하여 1년 6개월의 유예기간을 거친 후 2016년 9월 28일부터 시행되고 있다.

이 법률과 관련된 대부분의 관심과 논란은 '법률의 적용을 받는 대상자들의 범위' 또는 '법률이 산업에 미치는 (부정적인) 효과'의 두 가지에 집중되어 있다. 예를 들어 2015년 3월 10일 국민일보와의 인터뷰에서 김영란은 본인의 원안과 달리 현재의 법률은 상당 부분 약화되었다고 아쉬움을 표한다. 금품수수가 없는 반부패 행

* 廉裕植: 연세대학교 사회학과 교수.

위에 대한 제재가 사라졌고, 100만 원 이하의 금품수수의 경우 직무관련성이 있어야만 과태료 처분이 가능하게 바뀌었고, 가족의 범위가 축소되어 배우자만 포함되었고, 부정청탁의 개념이 15가지 유형으로 한정되었으며, 선출직 공문원이 다른 사람의 고충민원을 공무원에게 전달하는 것은 부정청탁의 유형에서 빠지게 되어 국회의원의 브로커화를 막지 못했다는 것이 그 골자이다 (국민일보 2015). 두 번째 유형의 논란은 이 법률로 인하여 농축산업이나 백화점등의 내수가 줄어들게 되었다는 주장과 관련된 것으로, 주로 언론을 통하여 그 의견이 표출되었다. 예를 들어, 더불어민주당은 2016년 8월 1일 원내대책회의에서 식사 상한을 5만 원, 선물 상한을 10만 원으로 인상할 것을 당시 박근혜 대통령에게 제안하기도 하였다.

하지만, 이전에는 대부분의 경우에 사회 관습 등에 의해 지배되던 식사행위 등의 시민의 일상생활의 막대한 부분을 법률이 판단하고 간섭하게 된 이 법률이 대한민국에서의 일상 사회관계에 어떻게 영향을 미쳤는가에 대한 연구나 논의는 상대적으로 미약하다. 아마도 이러한 연구가 부족했던 가장 큰 이유는 그 중요성의 미약함이 아니라 실증 자료의 부족일 텐데, 이 연구에서는 동일한 응답자를 대상으로 법률시행 직후 (2개월 이후)와 시행 이후 11개월 이후를 비교할 수 있는 패널 자료를 사용하여 과연 이 법률이 일상 사회관계를 바꾸었는지, 바꾸었다면 어느 부분을 얼마나 바꾸어 놓았는지를 검토하고자 한다. 이 연구에서 사회관계라 함은 구체적으로 점심 식사, 저녁 식사, 회식의 형태로 측정하게 된다. 이러한 식사나 회식의 횟수는 변화하였는지 (예를 들어, 회식의 횟수는 줄었는지), 함께하는 분들의 구성이 바뀌었는지 (예를 들어, 저녁 식사를 회사직원들이 아닌 가족과 더 하게 되었는지), 비용은 변화하였는지 (예를 들어, 회식의 비용이 줄었는지)등을 검토하게 된다. 이러한 변화를 동일한 응답자들을 대상으로 두 번에 걸친 설문으로 검토하는 점이 이 연구의 장점이라 하겠다.

Ⅱ. 자료

자료에 사용된 설문 문항은 한국사회학회가 개발하였고 조사는 ㈜ 칸타퍼블릭에서 웹상의 패널들을 대상으로 온라인으로 시행하였다. 대상자는 전국에 거주하는 만 19세 이상의 성인 남녀이며, 1차 조사는 2016년 11월 11일부터 12월 10일까지 한 달 동안 이루어졌으며 표본 크기는 1,566명이었다. 1차 조사에서의 표본 추출방법은 2016년 10월 행정자치부 주민등록 인구를 기준으로 하여 성/연령/권역을 고려한 비례할당을 사용하였다. 2차 조사는 2017년 8월 11일부터 8월30일까지 이루어졌으며 기존 1,566명에 대한 패널조사의 형태로 이루어졌다.

본격적인 분석 결과를 소개하기 전에 자료에 관하여 두 가지만 논의하고자 한다. 응답률은 76.8%로서 1차와 2차 모두 응답한 인원은 1,202명이다. 9개월을 사이에 둔 응답률로서는 매우 높은 수치의 응답률은 아니지만, 1차와 2차 모두 응답한 응답자들만으로 분석한 결과로 일반화된 논의를 이끌어내기에는 큰 무리가 없는 응답률로 판단된다. 또한 연구진이 원래 의도한대로 1차 조사가 법률 시행 전에 이루어졌다면 의사실험(semi-experiment)상황에 바탕을 둔, 순수하게 법률만의 효과만을 측정하는 것이 좀 더 이상적으로 이루어졌겠지만, 여러 사정상 1차 조사가 법률 시행 후 2개월이 지난 후에야 시작되었다. 이 점은 아쉽기도 하고 이 연구의 한계이기도 하지만 1차 조사가 법률 시행 후 2개월밖에 지나지 않은 점을 고려한다면, 이 자료가 청탁금지법이 시행되기 전과 후의 변화를 엄격하게 측정하는 데는 어려움이 있을 수도 있지만, 우리의 일상 사회관계에 미치는 효과가 시간이 흐름에 따라 어떻게 변하게 되는 지를 검토하기에는 큰 무리가 없다고 판단된다.

둘째, 아래와 같은 이유로 이 분석은 1,202명 모두를 대상으로 하지 않았다. 우선, 청탁금지법의 영향을 적절하게 측정하기 위하여 무직자, 학생, 가정주부의 경우에는 분석에서 제외하였다. 특히 이 분석이 점심 식사나 저녁 식사 또는 회식의 횟수나 금액의 변화에 초점을 맞춘다는 것을 고려하면 이러한 제외는 타당한 것으로 믿는다. 또한 1차 조사 때 응답이 정확하게 이루어졌다고 믿기에 어려운 응답들도 제외되었다. 이 점을 설명하기 위해서 실제 설문 문항을 <표 1>에 첨부하였다.

제외된 응답의 첫 번째 유형은 식사나 회식의 횟수가 너무 많이 응답된 경우이다. 즉, 일 관계자나 가족, 친지, 친구 또는 혼자서 한 점심식사 횟수를 모두 합한 것이 일주일에 7보다 큰 경우는 제외하였다. 점심식사를 두 번 이상 하는 경우가 없지는 않지만 평소의 경우에 꾸준히 두 번 이상을 한다고 가정하기 보다는 응답자의 응답이 정확하지 않았다고 가정하는 것이 합리적이라 판단하였다. 이러한 고려는 점심식사 뿐만 아니라 저녁식사나 회식의 경우에도 적용되었다. 이러한 부정확한 응답은 1차 조사 이후에 인지되어서 2차 조사 때는 아예 웹기반 설문에서 최댓값이 7이 넘으면 다시 응답을 하도록 수정된 프로그램이 사용되었다. 따라서 이 연구에서는 1차 조사의 응답에서 일주일 간 횟수가 7보다 큰 경우는 제외하였다. 또한 이 연구에서는 횟수가 너무 적게 나온 경우도 제외하였다. 즉, 점심식사와 저녁식사를 합쳐, 적어도 하루에 한 끼는 먹는 것으로 가정하여 점심식사 횟수와 저녁식사 횟수를 합쳤는데도 일주일에 7번이 안 되는 경우도 제외하였다. 물론 다이어트 등의 이유로 점심과 저녁을 모두 일주일 내내 굶을 수도 있지만, 우리 대상자들이 모두 직업이 있는 점을 고려해볼 때 이 경우에도 응

〈표 1〉 사회관계에 대한 설문 문항

D11. 아래 문항들은 귀하께서 평소 누구와 함께 식사를 하시는지에 대한 조사입니다. 아침 식사를 제외하고 '점심 식사', '저녁 식사', 그리고 '저녁 식사 이후의 (술 혹은 커피 등의) 회식 자리'를 각각 누구와 함께 하는지에 대해서 응답해주시면 됩니다. 1.일관계로 맺어진 사람들 (친구, 친지가 아닌)과 함께 하시는 경우, 2.가족이나 친지들과 함께 하시는 경우, 3.일과 관련 없는 사적인 친구들과 함께 하시는 경우, 혹은 4.혼자 하시는 경우가 어떻게 되시는지 각각 응답해 주시기 바랍니다. (*한 번도 없는 경우에도 응답란을 비워두지 마시고 꼭 0이라고 작정해 주시기 바랍니다.*)

	점심 식사	저녁 식사	저녁 식사 이후 (술, 커피 등의) 회식
1. 일관계로 맺어진 분들 (가족이나 친구, 친지가 아닌)과 함께 하는 횟수	일주일 중 총＿＿＿회	일주일 중 총＿＿＿회	일주일 중 총＿＿＿회
↳ '0회'가 아닌 경우 1) 보통 몇 분과 함께 하십니까?	평균＿＿명	평균＿＿명	평균＿＿명
2) 한 번의 식사자리에서 모두가 지출한 총비용은 평균적으로 얼마입니까?	평균＿＿＿원	평균＿＿＿원	평균＿＿＿원
3) 그 중 본인의 지출은 평균적으로 얼마입니까?	평균＿＿＿원	평균＿＿＿원	평균＿＿＿원
2. 가족이나 친지와 함께하는 횟수	일주일 중 총＿＿＿회	일주일 중 총＿＿＿회	일주일 중 총＿＿＿회
3. 일과 관련 없는 사적인 친구들과 함께하는 횟수	일주일 중 총＿＿＿회	일주일 중 총＿＿＿회	일주일 중 총＿＿＿회
4. 혼자 하시는 횟수	일주일 중 총＿＿＿회	일주일 중 총＿＿＿회	일주일 중 총＿＿＿회

답이 정확하게 이루어지지 않았다고 보는 것이 더 합리적이라고 판단하였다. 이러한 절차를 거쳐 최종적으로 이 연구에 포함된 인원은 425명이다. 아래에서는 우선 청탁금지법이 변화시킨 식사나 회식의 횟수를 검토하는 것으로 분석결과 소개를 시작한다.

Ⅲ. 횟수의 변화

우선 회식의 횟수의 변화를 검토해보면 아래 그림은 예상 밖의 결과를 요약하고 있다.

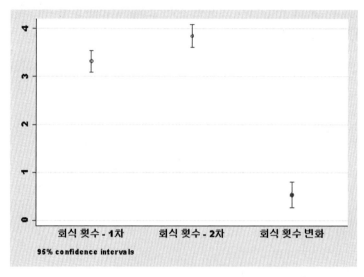

〈그림 1〉 회식 횟수의 변화

우선 1차 조사 시점에서 평균 회식 횟수는 일주일에 3.3회였는데 2차 조사 때는 3.8회로 근소하나마 도리어 늘어났음을 보여주고 있다. 게다가 이렇게 늘어난 0.5회 정도는 통계적으로는 유의미하다. 일주일에 0.5회 정도이면 한 달에 2.5회 정도이고 2차 조사가 1차 조사 이후 9개월 뒤에 이루어진 점을 고려한다면 그리 작은 변화는 아니라고 판단된다. 청탁금지법 이후 이렇게 회식의 횟수가 늘어난 점을 사실로 받아들인다면 다음의 질문은 '그렇다면 이러한 회식 상대가 누구인가'가 된다. 회식의 횟수가 늘어났다 하더라도 직장동료와의 회식이 늘어난 경우 하고 친구나 가족과의 회식이 늘어난 경우는 상반되는 변화이기 때문이다.

Ⅳ. 식사나 회식 상대의 변화

우선 아래의 그림은 위에서 살펴본 저녁 식사 이후의 커피나 술 등의 회식 상대가 1차 조사와 비교하여 2차 조사가 얼마나 변했는가를 그 상대가 일과 관계된 사람인지, 가족이나 친척인지, 아니면 친구나 혼자인지를 나누어서 요약하고 있다.

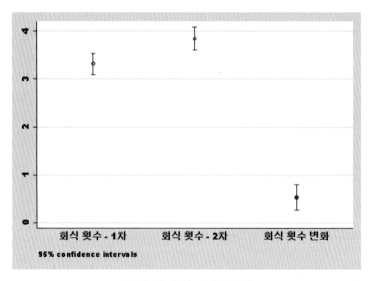

〈그림 2〉 회식 상대의 변화

우선 앞에서 검토하였듯이 전반적으로 회식의 횟수는 늘어났으나 친구나 일과 관련된 사람들과의 횟수는 줄어들었거나 약간 늘었다고 하더라도 통계적으로 유의미하지 않았다. 늘어난 회식의 횟수는 가족과의 회식이나 혼자 하는 혼술 또는 혼커피가 기인하고 있음을 확인할 수 있다. 두 경우다 일주일에 약 0.3회씩 늘어났으니 한 달이면 약 1회 조금 넘게 늘어났다. 이러한 변화가 청탁금지법의 직접적인 영향이라고 결론지을 수는 없으나 어찌되었든 청탁금지법 이후 시간이 지나면서 저녁 식사 이후 회식은 늘어났으며 그 증가는 가족이나 혼밥에 기인했음은 확인할 수 있다. 회식 상대가 아예 없이 혼자 혼술 또는 혼커피를 하거나 가족과 회식을 하는 경우에 청탁이 일어날 수는 없다는 점을 고려하면, 청탁금지법 이후 적어도 저녁 식사 이후의 회식에서는 청탁의 기회가 줄어들었다고 추론할 수 있다. 회식이 아닌 다른 식사들의 대상들은 어떻게 바뀌었을까? 우선 아래 그림은 점심 식사의 경우를 요약하였다.

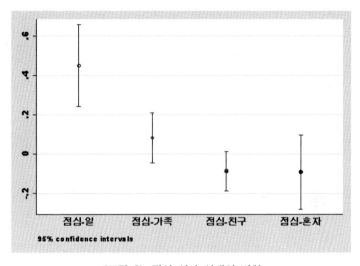

〈그림 3〉 점심 식사 상대의 변화

　대부분의 상대에서는 큰 변화가 보이지 않고 일과 관계된 상대방과의 점심 식사가 늘어난 점이 두드러진다. 일주일에 0.45번 정도 더 식사를 했으니 한 달이면 약 2회 가까이 늘어났다. 이 결과를 앞의 회식의 결과와 함께 고려해보면, 청탁금지법 이후 시간이 흐름에 따라 우리는 저녁 이후 회식은 가족과 함께 하거나 아예 혼자 즐기는 대신, 점심식사는 도리어 일과 관계된 사람들(아마 대

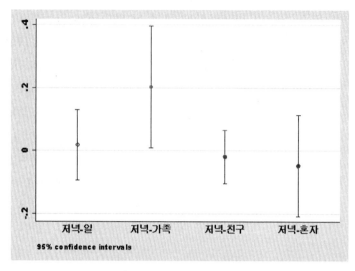

〈그림 4〉 저녁 식사 상대의 변화

부분은 직장동료들)과 더 하게 되었다. 아래 그림은 저녁 식사의 경우를 요약하였다.

저녁 식사의 경우 그 상대가 가족인 경우만 일주일에 약 0.2회 정도 늘었고 나머지 경우는 차이를 보이지 않고 있다. 식사나 회식의 상대와 관련된 변화는 요약하자면, 상대가 직장 동료 등 일과 관 관련된 인물일 경우는 점심식사만 늘어났고, 그 상대가 가족인 경우에는 저녁이나 저녁 후 회식의 빈도가 증가하였다. 아마도 가족과 저녁 식사 이후 커피 등의 디저트를 즐겼거나 야식을 함께 했을 것으로 해석된다. 또한 저녁 식사 후에 혼자 술을 하거나 차를 마시는 경우도 늘어났다. 다음으로는 그럼 과연 빈도와는 별개로 비용은 어떻게 변했는지를 검토한다.

V. 식사나 회식비용의 변화

다음의 그림은 점심, 저녁, 회식의 상대방이 (직장 동료 등의) 일과 관련된 사람일 경우, 총 비용이 어떻게 변했는지를 요약한다.

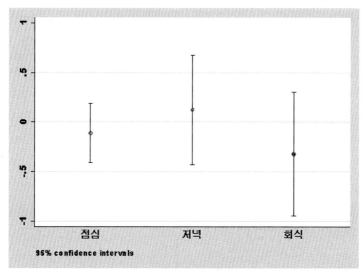

〈그림 5〉 일과 관련된 상대방과의 총 비용의 변화 (단위: 만원)

총 비용은 전체적으로 점심, 저녁, 회식 모두 통계적으로는 유의미한 변화를 보이지 않고 있으며 점심이나 회식의 경우 금액이 줄어드는 경향이 드러나기는 하였다. 위의 논의와 연결시켜보면 청탁금지법 이후 시간이 지남에 따라 저녁이나 회식은 가족과 함께하거나 홀로 하는 경향이 늘었으며 일과 관련된 상대방과 함께하는 점심은 그 횟수는 늘었으나 비용은 변화를 보이지 않았다. 직장동료 등과 같은 일관 관련된 사람들과 함께하는 저녁이나 회식의 빈도수는 변화가 없었고 회식의 총 비용도 변화를 보이지 않았다. 하지만 총비용 외에도 참석자의 숫자를 고려해야 실제 비용의 변화를 논의할 수 있다. 따라서 다음은 식사나 회식에서의 참석자 인원수의 변화를 살펴본다.

VI. 식사나 회식 참석자 수의 변화

아래 그림은 1차 조사 때와 2차 조사 때 식사나 회식에 참석한 인원수에 변화를 요약한 것이다.

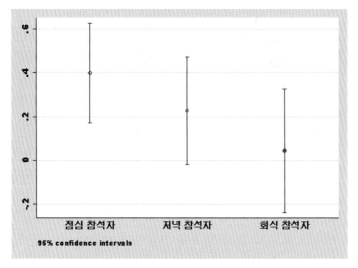

〈그림 6〉 일과 관련된 참석자 수의 변화

점심을 제외하고는 저녁과 회식 모두 통계적으로 유의미한 결과를 보여주고 있지는 않으며 점심의 경우 약 0.4명의 증가를 보이고 있다. 따라서 위에서 살펴본 것처럼 점심식사 총 비용은 변화하지 않았으나 점심식사를 함께하는 인원수는 평균 0.4명 늘었으며, 이는 일인당 점심 비용은 줄었을 것이라는 추론을 가능하게 한다.

Ⅶ. 나오는 말

아래의 표는 이 연구에서 살펴본 점심식사, 저녁식사, 저녁식사 이후의 회식에서 드러난 사회관계의 변화를 요약하였다. 상대방이 친구인 경우에는 모든 면에서 의미가 있는 변화가 감지되지 않았으므로 표에 포함되지 않았다.

<표 2> 식사와 회식의 변화 요약

	상대방			직장과 관련된 경우 1회 총비용
	직장 관련	가족 (친척)	혼자	
점심	한 달에 2회 증가	변화 없음	변화 없음	변화 없음
저녁	변화 없음	한 달에 2회 증가	변화 없음	변화 없음
회식	변화 없음	한 달에 1회 증가	한 달에 1회 증가	변화 없음

* 유의 수준 10%

점심식사의 경우 (주로 직장동료로 추정되는) 일과 관련된 상대방과의 횟수는 한 달에 2회 가까이 증가하였지만 한번 식사에 드는 총비용은 변화를 보이지 않았다. 저녁 식사의 경우 가족과 함께 하는 경우가 한 달에 2회 가까이 늘었다. 직장과 관련된 저녁식사나 회식의 경우 횟수나 금액, 모두에 있어서 변화가 드러나지 않았다. 대신, 가족이나 혼자서 즐기는 회식의 횟수는 한 달에 1번꼴로 더 늘어나게 되었다.

이러한 모든 변화가 청탁금지법의 직접적인 변화라고 결론을 내리기는 쉽지 않다. 우선, 앞에서 지적했듯이 1차 조사가 법률이 시행된 지 2개월 후에나 시행되었다. 또한 두 개의 조사가 이루어진 9개월 동안의 경제 상황이나 혼밥 등이 점차 늘어나는 등의 사회적 상황의 변화 등도 영향을 미쳤을 것이다. 하지만 2차 조사 시의 응답들을 살펴보면 응답자들은 (1) 이러한 변화들을 인지하고 있으며, (2) 청탁금지법이 그러한 변화의 원인이라고 믿고 있음을 알 수 있다. 이 연구의 대상자인 425명 직장인들 중, 단체로 모여서 식사를 하는 횟수가 '늘어났다'고 답한 비율은 3%에 불과한 반면 '줄어들었다'고 응답한 비율은 39%나 되었다. 또한 청탁금지법이 사회적 인식 변화와 일상적 문화의 변화에 미친 파급효과가 '약간 있었다'고 답한 응답자는 43%, '어느 정도 컸다'는 41%, '매우 컸다'도 9%나 되었다. 청탁금지법이 자신의 직무와는 직접적으로 관련되지 않은 사회적 인간관계에 미치는 영향에 대해서도 부정적인 영향을 미쳤다고 답한 비율은 12%에 머무른 반면 긍정적이라고 답한 비율은 27%로 두 배를 넘었다. 또한 청탁금지법 도입으로 '사회적 관습과 문화가 전혀 바뀌지 않았다'고 답한 비율은 4%에 불과한 반면 '어느 정도 변화가 있었다'고 답한 비율은 62%, '변화가 있었고 새로운 문화가 정착되고 있다'고 답한 비율도 34%에 달했다. 이러한 응답을 바탕으로 판단하건대 위 표2에서 드러난 변화들은 상당부분 청탁금지법의 직접적인 영향이라고 믿어진다. 게다가 (자세한 수치는 생략하였지만) 이 문단에서 소개한 대부분의 응답은 연령과는 상관없이 동일하게 관찰되었다. 즉, 이러한 변화가 단기간에 거의 모든 연령층에서 전 사회적으로 동일한 방향으로 일어났다.

결론적으로 청탁금지법은 우리사회 직장인들의 식사나 회식에 있어서 어느 정도 실질적인 변화를 가져왔으며 그 방향은, (1) 가족과의 저녁이나 회식의 횟수가 늘었으며 저녁이 한 달에 약 2회, 저녁 후 회식은 약 1회 늘어나게 되었고, (2) 직장동료들과는 저녁이나 회식의 빈도나 비용을 바꾸지는 않았으나, 점심 횟수를 늘리게 되었다. 정상적인 일과시간 이후의 저녁이나 회식 등에 있어서는 가족과의 관계가 상대적으로 강화되었으며, 대신 직장동료와는 점심식사 횟수를 늘리는 것으로 보인다. 하지만 여전히 직무와 관련된 저녁이나 회식의 빈도수나 금액이 줄어드는 증거는 보이지 않는다. 이러한 인간관계의 변화에 대해서도 대체적으로 긍정적으로 인식하고 있었다(직무와는 직접적으로 관련이 없는 사회적 인간관계에 미친 영향에 대하여 긍정적이라고 답한 비율이 27%로, 부정적이라고 답한 비율보다 두 배 넘게 많았다). 이 연구는 웹에서 이루어진 설문에 바탕을 둔 것이라, 청탁금지법의 원래 취지였던 청탁이 얼마나 줄었는지에 대한 직접적인 증거를 가지고 있지는 않지만 ('청탁금지법이 얼마나 효과가 있었는가'를 묻는 항목에 40%가 있었다고 응답을 하고 10%만 '없었다'고 답을 하기는 하였다), 청탁금지법의 부수적인 효과로 논의와 염려의 대상이었던 일상의 사회관계에 대해서는 위와 같은 결론이 가능하였다.

이 논문의 처음에 밝혔듯이, 좀 더 이상적인 연구라면, 1차 조사가 법 시행이전에 이루어졌어야 하였다. 여러 현실적인 어려움 때문에 1차 조사가 법 시행 이후 2개월 뒤에 이루어진 건, 이제는 법 시행 이전의 설문은 영원히 불가능하다는 점에서 더욱 더, 아쉬울 뿐이다. 또한, 설문 문항도 그 가짓수나 종류가 확대된다면, 연구의 폭이나 깊이가 더 나아졌을 것이다. 돌이켜보면 법률이나 정책이 전 사회적인 관심과 논쟁을 불러일으키는 것은 현대 사회에서 그리 희귀한 일은 아니다. 하지만 우리나라는 대부부의 경우, 사회적 관심이나 자원이 법이나 정책 시행 이전에 그 법이나 정책이 옳은 건지 아니면 그른 건지에 대한 규범적인 논쟁에 대부분 쓰이고는, 정작 법이나 정책이 시행되고 나면, 과연 그러한 법이나 정책의 결과가 어떻게 되는 지를 차분하게 검토하기 위해 자료와 증거를 모으고 평가하는 실증연구에는 관심이나 지원이 매우 인색하다. 청탁금지법의 경우에도 시행 이전에는 우리나라 전체를 뜨겁게 달구며 논쟁이 이루어지다가 일단 시행이 되고 나서는 사회적 관심이 급격하게 줄어들었다. 앞으로는 정부를 선두로 하여, 많은 연구(지지)조직들이 법이나 정책의 효과를 측정하고 평가할 수 있는 연구들을 지원하여야 할 것이며, 이러한 연구들은 법이나 정책의 시행 이전부터 체계적으로 설계되어야 하며, 이상적으로는 사회적 관심이 큰 법이나 정책의 경우, 이러한 사전/사후 평가를 수행하는 연구가 법이나 정책 결정 과정의 핵심적인 한 부분으로 자리매김해야 할 것이다.

제6장 '촌지' 관행과 법의 교섭: 교육영역에서의 부패에 대한 인식변화

1. 문제제기

2016년 부정청탁금지법 시행이후 각 대상 영역 중 체감적으로 효과가 높은 것으로 보이는 영역은 교육영역이다. 청탁금지법을 가장 반기는 집단이 학부모들이라는 말이 있을 정도이다. 본 연구는 교육영역에서의 부정청탁금지법의 사회적 효과와 의미를 분석하기 위해 교육영역에서 부패를 제거하기 위한 일련의 과정을 탐구한다. 특히 한국사회에서 80년대 후반이후 지속되어온 교육영역에서의 부패방지 노력의 맥락 속에서, 촌지와 선물관행과 그에 대한 법의식과 관행의 변화를 분석하고자 한다.

80년대 말까지만 해도, 전교조 교사를 색출하는 첫 번째 항목이 "촌지를 받지 않는 교사"라고 일컬어질도록, 촌지는 일상적으로 용인되던 행위였다. 하지만 현재는 촌지는 사회적으로 엄격히 금지되고 일종의 뇌물로 인식되는 수준이 이르렀다. 이는 단순히 시민들의 법준수 의식이 높아지고 있기 때문이라고 단정할 수 없다.

---

* 周鈗涏 서울대학교 사회발전연구소 선임연구원
본 장은 『법과 사회』 56호(2017)에 수록된 동명의 논문을 수정 보완해 출간한 것이다.

부패는 단순히 부정한 불법적인 행위가 아니라, 일종의 사회적 관행인 측면이 있다. 호혜성과 증여의 불분명한 영역에 존재했던 관행들이 사회제도가 정비되어가면서 부패로 범죄화 되어가며 뇌물로 정의되곤 한다. 이런 변화는 법규범과 사회적 관행의 교섭의 과정을 통해 발생한다.

본 연구가 청탁금지법 연구에서 강조하고 싶은 점은 청탁금지법을 하나의 돌출적인 단일 입법이 아니라, 한국 사회에서 부정부패를 제거하기 위한 여러 사회 영역에서의 노력과 교섭의 과정으로 인식할 필요가 있다는 점이다. 이는 교육영역에서는 관련 각종 조사, 판례, 규범형성, 감독기능 등을 통해 드러나고 있다. 그래서 청탁금지법의 효과와 사회적 영향을 분석함에 있어서, 부패방지를 위한 각종 공공영역의 노력 속에서 청탁금지법을 검토할 필요가 있다. 교육영역에서는 기존의 여러 공직자윤리규정, 공무원 강령, 교육청 징계 조치 등을 통해 부정부패/뇌물을 줄이기 위한 다양한 노력을 해왔다. 이런 일련의 과정 속에서 청탁금지법의 의의가 무엇인지에 대한 이해가 필요하다.

그래서 본 연구에서는 부정청탁금지법 단일법의 효과를 보다 맥락적으로 이해하기 위해 부정청탁금지법의 하위영역인 교육영역에서 부정부패를 위한 노력이 어떻게 전개되어왔으며, 이 영역에서 부정청탁금지법이 어떤 효과를 갖는지에 대해 검토하고자 한다. 한국 사회에서 부패를 제거하기 위한 노력은 전국적 차원이나, 개별적 영역에서 광범위하게 전개되었었다. 특히 김영삼 대통령 당시에는 부정부패방지위원회(1993)이 감사원의 자문기구로 설치되어서 한국에서 관행적으로 이루어지던 다양한 관행이 조사되었다. 이후 형사정책연구원이 교육영역에서의 촌지 관행 등을 조사했다. 약 10년을 주기로 교육영역에서의 부패와 관련된 조사가 존재했으며, 시행된 여론조사를 통해 법의식의 변화를 일부 살펴볼 수 있다.

또한 법의식과 관행이 변화하고 있는 데에는 법제정이라는 요인뿐만 아니라, 사회관계의 변화에 대해서도 주목할 필요가 있다. 교사-학생-학부모의 관계에 대한 사회적 규범이 변화하고 있는 측면이 있다. 우선 교사의 처우개선이 이루어지기에 열악한 교사의 생활을 돕는다는 명분이 사라졌기 때문이기도 하며, 또한 사제관계에 대한 전통적인 관념이 다소 퇴색되어가고 있기 때문이다. 한편 사교육의 급격한 팽창으로 인해 공교육 영역의 교사에 대한 의존도가 높아지지 않은 것 역시 사회관계의 변화의 요인이 될 것이다.

교육영역에서 청탁금지법의 정착이 비교적 성공적이라고 한다면, 한편에서는 이는 교육영역의 행위자들의 부정청탁금지법에 대한 욕구가 강했다고 볼 수도 있고, 다른 한편에서는 교육영역에서는 부정청탁, 부패방지를 위한 다양한 기제들이 이미 작동하고 있었기에 규범이 보다 용이하게 자리 잡았다고 볼 수있다. 법은 한 번의 제정으로 법의 실질적 효력이 발휘되는 것이 아니라, 장구한 사회적인 교섭의 과정을 통해 기존 사회의 관행을 문제시하고 새로운 규범이 실질적으로 효력을 획득하기 때문이다. 이런 측면에서 교육영역의 부정부패를 근절하기 위한 여러 노력이 과정 속에서, 부정청탁금지법 자체가 어떤 의미를 갖고 있는지에 대한 분석이 필요할 것이다. 본연구의 연구자료로는 교육영역의 부패관련 문헌을 활용했다. 학부모 운동단체, 교육부, 감사원, 형사정책연구원 등에서 작성한 공식보고서, 언론보도 등을 검토했다. 또한 최근의 변화를 추적하기 위해서는 학부모와의 인터뷰[1]를 실시했고, 인터의 학부모 커뮤니티의 의견을 수집했다.

---

1) 2017년 5월에 초등학생 자녀를 둔 부모 5인을 대상으로 인터뷰를 실시했다.

II. 법의식 연구와 부패의 법사회학

법사회학에서 법은 "단지 규칙이나 제정된 규칙 체계가 아니라, 다양한 수준에서, 항상 발생하는 다양한 목소리와 가치이자 차이의 교섭"[2]이다. 에를리히(Erlich)와 페트라즈키(Petrazychi)는 법의 타당한 근거를 자연이나 신성한 이성에서 찾으려 하는 자연법적 경향을 비판하며 법실증주의의 주장들을 비판했다. 법사회학의 주요 연구 분야중의 하나는 법과 입법 의도의 "간극", 조직의 사회적 규범과 법적 규제의 결과의 간극 등이라고 볼 수있다. 이런 "간극"이 최소한 세가지 요소에 의해 결정된다고 했다. 첫째 법의 개념, 법을 국가법으로 인식하는지, 사회조직의 규범을 포괄하지는지, 둘째 사회가 구성되고 재생산 되는 방식에 대한 이해 즉 사회의 동력을 갈등 혹은 합의로 보는지, 셋째 법과 사회와의 관계에 대한 검토를 통해 법과 사회가 독립변수인지 혹은 종속변수, 혹은 상호 의존적 관계인지[3]에 대한 연구가 가능하다고 한다. 국가에서 제정한 법과, 사회의 규범과의 간극에 대한 인식을 바탕으로 에를리히 라는 법사회학자는 사회-문화적 구성과 관련이 있는 법의 형식에 대한 연구를 지속했다. 파운드(Pound)는 역시 이런 "간극"에 대한 관심을 두었는데, 이는 "문자화된 법"과 "행위중인 법"으로 개념화 되었다. 법사회학에서는 결국 국가에 의해 제정된 법과 사회적 규범간에 발생하는 간극에 대한 끊임없는 교섭을 살펴보는 것[4]이라 할 수 있다. 이런 문제의식 속에서, 법과 사회적 실천의 관계와 행위의 관계에 대한 논의가 필요하다. 법의식 연구에 대한 인류학,

---

2) Menski W, *Beyond Europe*. Örücü E, Nelken D (eds.) *Comparative Law: A handbook*. Oxford: Hart, 2007, 195.
3) Banakar, Reza, "The Sociology of Law: From Industrialization to Globalisation", Sociopedia.isa, U. of Westminster School of Law Research Paper No. 11-03, 2011.
4) Banakar, 위의 글.

사회학의 관심이 증가하고 있는데, 법과 합법성(legality)의 영역을
일종의 사회적 실천과 헤게모니적 과정으로 분석하는 시각이 증가
하고 있다. 법을 단일한 장이 아니라, 지속적인 중재와 협상이 이
루어지는 헤게모니적 과정으로 인식[5]하고 있다. 본연구에서 법규
범이 정착되어 가는 과정을 중재와 협상의 과정으로 인식하고자
한다.

또한 부패를 사회학적으로 연구하는 경우, 부패에 대한 명확한
정의가 내려져 있지 않은 상황이다. 법사회학자인 드프렘(Deflem)[6]
은 부패는 일종의 사회행위이자, 일종의 전략적인 상호작용이라고
볼 수 있다고 한다. 또한 그는 고강도의 부패와 저강도의 부패에
대해 구별하는 것이 필요하다고 주장한다. 또한 부패행위를 단선
적으로 정의하는 것이 다소 문제적일 수 있다는 주장도 있다. 사회
적 관행이 범죄화되어가는 일련의 과정이 있었고, 부패를 일종의
단일한 개념으로 정의하기 어렵다고 한다. 부패는 사회에서 다양
한 사회적 실천이 중첩되어 발생하는 것이며, 사회자본과 밀접한
관계가 있다. 특히 반부패관련 산업(anti-corruption industry)이등장
하는 것은 특히 탈냉전 이후, 자유주의 시장경제의 확산 속에서 확
산 속에서[7]이다.

중국이나 탈사회주의 국가에서의 부패 관행을 호혜와 '살아있
는 법'(living law)의 측면에서 주목하는 다양한 연구들이 있다. 이
런 연구들은 '살아있는 법' 논의에 의거해서 포스트 사회주의 국가
에서의 부패관행을 분석한다. 중국에서도 반부패 입법을 일종의

---

5) Susan S. Silbe, "AFTER LEGAL CONSCIOUSNESS", Annual Review of Law
   and Social Science Vol. 1. 2005, 323-368.
6) Deflem, Mathieu."Corruption, Law and Justice: A Conceptual Clarification."
   Journal of Criminal Justice 23(3), 1995, 243-258.
7) Wedel, Janine, "Rethinking Corruption in an Age of Ambiguity", Annual
   Review of Law and Social Science, Vol. 8, 2012, pp. 453-498.

증여관계, 호혜관계의 일환으로 살펴보려는 논의들이 존재한다. 특히 포스트 사회주의하의 이행기 사회에서는 뇌물의 문제를 사회적 관계가 작동하는 한 양상8)으로 해석한다.

본 연구에서는 법에 대한 의식을 실정법과 사회의 규범간에 지속적으로 발생하는 교섭의 과정으로 이해하고자 한다. 또한 부패를 일종의 사회주체들 간의 전략적 상호작용으로 규정하고 그것이 문제화/범죄화 되어가는 사회과정에 대해 분석을 실시하고자 한다. 결국 법규범이 사회적 관계를 재규정하는지, 혹은 사회적 관계가 법규범의 엄격한 석용을 용이하게 하고 있는지, 양자간의 간극이 어떤 방식으로 변화하고 있는지를 청탁금지법의 적용을 통해 분석하고자 한다. 이런 측면에서 사회적으로 통용되던 행위가 범죄로 인식이 변화해가며 그것과 관련된 제도가 형성되어가는 과정에 대한 면밀한 고찰이 필요하다.

III. 80년대~90년대 촌지(寸志)의 범죄화

1. 촌지의 사회문제화

한국 사회에서는 1980년대 후반 이후 교육부패에 대한 다양한 논의들이 시작되었다. 여러 부패의 유형중 촌지9)가 문제화되기 시작했는데, 이는 참교육 학부모 및 전교조의 활동이 본격화되고 촌

---

8) Szto, Mary, *Chinese Gift-Giving, Anti-Corruption Law, and the Rule of Law and Virtue,* 2016). 39 Fordham Int'l. L.J. 591. Yang, Mayfair. *Gifts, Favors, and Banquets: The Art of Social Relationships in China,* Cornell University Press, 1994.

9) 촌지는 일본어 단어로 '마음의 마디'뜻하는데 점차로 '마음을 표시하는 행위'를 의미한다.

지와 관련된 여러 사회문제가 발생하면서 부터이다. 참교육 부모 회는 1989년 마산지역 학부모회를 시작으로 결성되었다. 1990년 3월부터 돈봉투 없애기 운동을 실시했다. 학부모회는 "돈봉투를 학부모들의 이기심과 일부 교사들의 부도덕성에서 기인된 문제로만 보지 않고, 돈봉투가 성행할 수밖에 없는 입시경쟁교육, 과밀학급, 교사들 처우문제, 교육계 내부의 상습사슬고리 등 우리 교육계와 사회구조가 필연적으로 파생시키는 문제[10]"를 해결하고자 했다. 하지만 1989년 문교부가 일선 교육청에 하달했다는 전교조 교사 식별법 관련 공문에는 "촌지를 받지 않는 교사"[11]가 들어있었다. 이런 공문의 내용은 당시 촌지가 일상적이고 광범위한 것으로 인식되었다는 것을 반증하는 사례라고 볼 수 있다. 촌지를 문제 삼는 것은 일부 "전교조" 교사였을 뿐이며 촌지는 관행적으로 허용되었다는 것으로 추측된다.

민주화의 열기와 더불어 교육현장에서도 다양한 민주화운동이 활성화되었던 이 시기 전세계적으로 반부패 관련 담론과 여러 국제적 조직의 활동 등이 활발해지기 시작했다. 이런 부패척결운동은 냉전 이후, 특히 사회주의권의 몰락이후 서방세계의 자유주의적 헤게모니 강화를 위한 노력의 일환이었다는 시각역시 존재한

---

10) 참교육을위한전국학부모회, 「교육분야 부패방지를 위한 학부모 실천방안 연구」, 부패방지위원회 홍보협력국, 2004.

11) 전교조 교사 식별법: 촌지를 받지 않는 교사/ 학급문집이나 학급신문을 내는 교사/ 형편이 어려운 학생들과 상담을 많이 하는 교사/ 신문반, 민속반 등의 특활반을 이끄는 교사/ 지나치게 열심히 가르치려는 교사/ 반 학생들에게 자율성, 창의성을 높이려 하는 교사 탈춤, 민요, 노래, 연극을 가르치는 교사/ 생활한복을 입고 풍물패를 조직하는 교사/ 직원회의에서 원리 원칙을 따지며 발언하는 교사/ 아이들한테 인기 많은 교사/ 자기 자리 청소 잘하는 교사/ 학부모 상담을 자주하는 교사/ 사고친 학생을 정학이나 퇴학 등 징계를 반대하는 교사/ 한겨레신문이나 경향신문을 보는 교사 「신동아」 1989년 7월호, http://news.khan.co.kr/kh_news/khan_art_view.html?artid=201311011901401&code=940301 재인용. 2017.9.1. 검색.

다.[12) 이후 전세계적으로 부패관련 조직(anti-corruption industry)이
등장하기 시작했다. 이는 탈냉전 이후, 자유주의적 시장경제로의
재편 속에서 등장하는 새로운 규범의 확산을 위한 것이다. 이런 상
황에서 한국 사회에서도 90년대에는 사회 전반적으로 부패를 문제
시 하고 다양한 규범과 감시체계를 마련하기 위한 노력을 활발히
펼치게 된다. 김영삼 정부는 부패척결을 중요한 정치적 과제로 설
정했고, 부정방지대책위원회를 구성하여 사회 전영역의 부패 관행
에 대해 광범위한 조사를 실시했다. 1993년 정식 발족한 부정방지
대책위인회는 감사위원장의 자문기구로, 성부가 강력히 추진 중인
부정부패 척결을 위한 구체적인 방안을 연구, 심의하는 기구[13)였
다. 당시 사회의 다양한 부정부패에 대한 조사[14)를 실시했다. 교육
과 관련한 대표적인 조사로는 학교 내의 다양한 부정부패를 조사
하는 한편 초등교육 내의 부패 관행을 조사했다. 당시 부정방지대
책위원회에서는 교육부조리가 중점척결대상으로 선정되었다. 대학
입시 관련 부조리, 사학운영 관련 부조리, 찬조금품, 잡부금포 등
징수관련 부조리, 학원 설립 및 운영 관련 부조리 등을 위시한 교
육 부조리를 척결[15)하고자 했다. 한편 1998년 형사정책연구원에서
도 촌지관행 조사를 실시했다. 사회적으로도 교육관련 부패에 대
한 관심이 높아지면서, 교육영역에서의 부패문제에 대한 보도가

---

12) Wedel, 위의 글.
13) 「不正(부정)방지對策委員會(대책위원회) 정식발족」『동아일보』, 1993.04.16
14) 「公務員의 不條理에 관한 意識調査」,「環境 不條理 實態 및 防止對策, 公職
者財産登錄制度의 實態와 改善方案」,「부조리 제거를 위한 생활문화개선 :
제도적 접근의 모색」,「유사의약품 등 허위 광고 실태 및 방지대책」,「建築
不條理 實態 및 防止對策, 農政 不條理 實態 및 防止對策」,「公職者非理의
處罰實態 및 防止對策, 行刑不條理 實態 및 防止對策」,「觀光 不條理 實態
및 防止對策, 金融不條理 實態 및 防止對策」,「災難管理不條理 實態 및 防止
對策」,「醫療不條理 實態 및 防止對策」
15) 不正防止對策委員會,「敎育 不條理 實態 및 防止對策」, 1994.

다양하게 이루어졌다. 이중에서도 특히 촌지관련 보도가 대다수였다. 아마도 사회구성원들이 바로 체감하는 교육부패의 내용이 촌지와 관련된 것이기 때문이었을 것이다. 90년대 사회에서 거론되었던 촌지의 유형[16]은 다음과 같다.

〈표 1〉 90년대의 대표적인 교육부패(박정준, 1996) 재구성

- 의류업자와 학교 사이의 거래, 뇌물과 떡값의 문제/ 교사들에게 뇌물 형식으로 제공된 커미션은 교복과 체육복 값을 상승시키거나 품질의 저하를 야기함.
- 각종 계약 또는 구매관련 금품수수/ 교육기자재 구입이나 시설공사 관련 금품수수. 단체활동시 발생하는 리베이트 형식의 금품수수
- 교사와 학부모 사이의 거래, 촌지. 촌지를 받고 학급비품을 구입하거나 학급회식, 장학금 등으로 쓰이는 경우도 있었음.
- 학년초 새담임 인사차 촌지제공
- 스승의 날 촌지수수
- 학생진학 및 생활지도 상담시 촌지제공
- 담임이 학부모를 불러내어 공공연히 각종행사에 필요한 경비를 빙자한 촌지유도
- 촌지를 내지 않은 학생에 대한 차별대우 암시. 학부모로부터 심리적 부담을 주어 촌지를 유도
- 명절, 연말연시의 촌지수수

이런 촌지는 '행사촌지', '회식촌지', '당선촌지', '수상촌지', '상담촌지', '집단촌지', '내신촌지' 등으로 불리우기도 했다[17]. 당시 부패에 관련된 조사에서, 교원과 관련한 비리의 발생은 교원의 사회경제적 지위가 낮기 때문에 발생한 것이라는 의식들이 있었다. "최저생계비에 준하는 봉급으로 생활하는 교사들에게 촌지는 달콤

---

16) 박정준, 「촌지는 가장 심각한 학교부조리」, 『중등우리교육』, 1996, 127.
17) 김달효, 「학교교육의 촌지문제에 관한 학부모의 인식」, 『수산해양교육연구』, 21(2), 2009, 249.

한 유혹. 인간관계에 얽매여 원칙을 지키지 않는다면 교사 스스로 자기 입지를 포기"[18]하는 것이라는 비판이 제기되었다.

2. 촌지의 범죄화

이렇게 사회 전체적으로 촌지 및 부패에 대한 문제의식이 높아지는 한편, 촌지와 관련한 사건이 발생하여서 촌지를 범죄화해야 한다는 의견들이 증가하게 되었다. 서울 초등학교의 여교사가 작성한 촌지기록부가 우연히 발견되었다. 남편의 교육관련 비위사실로 인해 자택 수사를 하던 중 부인의 촌지기록부가 발견되었다. 여교사는 서울의 한 초등학교에서 3학년 담임을 맡고 있는 교사경력 32년째인 한 교사인데, 학부모들로부터 받은 다양한 선물을 장부에 기록해두었다. 여교사의 핸드백에서 발견된 '촌지기록부'에는 학급 출석부를 복사해 자신의 반 학생 이름을 A4 용지 1장에 오려 붙인 뒤 3월부터 이듬해 2월까지 칸에는 만원 단위의 금품액수와 선물이름이 빽빽하게 적혀 있었다.

〈표 2〉 여교사의 촌지기록부(신문기사 재구성)

'김** 10, 박** 상품권 10, 최** 향수, 장** 20, 이**립스틱'

핸드백 속에는 위와 같은 형식의 장부가 4장이 있었다고 한다. 문제의 여교사가 담임을 맡았던 학급 학생들에 대한 똑같은 기록이 있었다. 현장에 갔던 수사관은 "이 기록을 훑어보니 1년 동안 빈칸인 학생은 한명도 없었다" "어떤 학부모는 매달, 대부분의 학

---

18) 박정준, 위의 글.

부모는 3/4개월에 한번 꼴로 돈이나 선물을 갖다준 것으로 기록" 되었다고 한다.[19] 하지만 이 사건은 법적 처벌은 받지 않고 교육청의 징계로 그쳤다. 이 당시 검찰의 수사가 이루어지지 않은 점에 대해 당시 수사 담당이었던 안대희 특수 2부장은 "교사의 촌지수수는 워낙 광범위하게 퍼진 비리사실인데 남편이 구속된 점을 감안, 사법처리는 하지 않을 방침"이라면서 "대신 관할 교육청에 통고, 징계를 요청하겠다[20]"고 말했다고 한다. 이 부분에 대해 수사가 이루어지지 않는 것은 1) 너무나도 광범위한 비리라 누구는 하고 누구는 안할 수 없기 때문 2) 돈을 주고받은 사실에 대한 진술을 받기 위해서는 학부모나 학생을 불러 조사해야 되는데, 이것은 바꿔 말하면 학생이 선생을 고발하는 것이라며 결과가 아무리 좋다 해도 이런 패륜적인 방법까지 동원해 수사할 수 없다라는 이유로 검찰의 본격적 조사가 이루어지지 않았고 문제의 교사는 5개월만에 복직[21]했다. 이후 부정적인 여론으로 교육청에는 촌지수수고발센터가 만들어졌다.

위의 사실은 촌지가 통상적인 수준을 넘어 뇌물 수수에 준하는 행위였지만, 이것을 검찰이 고발해서 수사할 만한 사안이 아니라고 판단한 것이다. 그 근거는 관행적인 행위였기에 용인가능하며 또한 사제간의 관계를 파괴하는 '패륜적인' 수사를 진행할 수 없다는 것이다. 이런 설명은 당시 관행과 사제관계에 대한 사회적 인식과 법의식의 단초를 보여준다고 할 수 있다. 교사와 사제의 관계는 호혜적 관계가 존재하기에 여기에서 선물과 금품이 오고가는 것은 어느 정도 인정되는 것이었고, 이 관계에 대해 법적인 처벌을 실시

---

19) 「서울 초등교 여교사 촌지기록부 충격 스승의 날 '5월 수금' 500만원」 『경향신문』, 1997.06.20. 23면
20) 1997.06.20. 위의 기사.
21) 1997.06.20. 위의 기사.

하는 것은 자연스러운 인간관계를 파괴하는 패륜이라는 인식이 존재했다고 볼 수있다.

이후 이 사건은 교육청과 교육부 등에서 촌지관련 고발센터 등이 만들어지는 계기가 되었다. 하지만 기존의 사회관계 속에서 사제관계에 대한 고발이 이루어지기 쉽지는 않았기에, 관행의 변화는 다소 요원했다고 볼 수 있다. 교사 촌지 문제에 대해 근본적인 해결책으로 교원의 처우를 개선하는 것, 처벌을 강화하는 것 등 구조적 개혁에 대한 다양한 논의가 전개되었다. 한편 이런 촌지문제의 근본적인 원인을 학부모의 이기심으로 보는 시각도 강하게 존재했다. "학부모들은 교육을 사적인 차원에서만 보고 있기 때문에 교육정책이나 제도가 바뀌어도 이를 개인적으로 모든 수단과 방법을 동원해서 적응해야 할 대상으로 생각한다. 그러므로 새로운 제도나 정책에 대해 학부모들의 사회적인 합의를 이루어 내는 것이 매우 어렵다."22) 촌지 문제의 심각성에 대한 인식은 존재했지만 그것이 처벌되어야 하는 범죄라는 인식으로까지는 발전하지 못했다고 할 수 있다.

이 사건에서 알 수있듯이 촌지는 이전에는 교육청의 징계 대상일 뿐 범죄로 인식되지 않았다. 이후 1년여 이후 촌지수수가 뇌물죄로 법적인 처벌을 받는 최초의 사건이 발생했다. 1999년 대구지방법원에서 100,000원 정도의 촌지를 받은 교사를 뇌물죄로 처벌했다. 이후 관련한 유사한 판례는 없었지만, 촌지를 뇌물로 처벌한 첫번째 판례였다. 1995년 발생한 사건이었는데 1999년 판결이 이루어졌다. 학교 생활에 잘 적응하지 못하는 학생에 대해 교사가 "암묵적으로 금품을 요구"했기에 부모가 "그의 학교생활을 잘 보살펴 달라는 취지로 100,000원"을 주었고 이를 교사가 수수한 사

---

22) 不正防止對策委員會, 「初·中等學校 不條理 實態 및 防止對策」, 1998, 14.

건이었다. 이 사건에 대해 재판부는 다음과 같은 판결을 내렸다.

> 실 기재와 같이 학부모인 공소외 엄◆련, 엄▼숙으로부터 동녀들의
> 자식으로서 피고인의 담임 학생인 공소외 심×두, 장@선을 잘 돌보아
> 달라는 취지의 암묵적인 부탁을 알고서 돈을 수수하였으므로 동녀들로
> 부터 수수한 돈은 피고인의 직무와 관련하여 제공된 뇌물에 해당함이
> 명백하고, 피고인이 수수한 금액이 정치인, 다른 공무원 등의 예에서
> 인정된 뇌물액수에 비하여 규모가 그리 크지 아니하였다 하더라도 뇌
> 물죄의 보호법익에 비추어 그 이익의 규모가 사회통념상 수령이 허용
> 되는 범위 안에서 순수하게 사적인 거래관계로 얻는 이익이라고 볼 수
> 없음은 물론 수수한 금액이 적다는 이유만으로 이를 단순한 사교적 의
> 례의 범위에 속하는 것이라고 할 수도 없다.23)

특히 이 사건에 대해 처벌이 필요한 이유에 대해 "이 사건 범행
으로 말미암아, 교사직을 성직으로 알고 낮은 보수에도 불구하고
묵묵히 그 직분을 다하는 거의 대부분의 훌륭한 교사들까지도 교
직을 치부의 수단으로 여기는 잘못된 교사로 매도될 여지가 있고,
학생들에게도 교사에게 촌지를 가져다 주지 아니하면 학교생활이
고달프다는 잘못된 인식을 심어 줄 수 있고, 학부모들에게도 자녀
들이 학교에서 야단이라도 맞게 되면 자녀들의 잘못이 무엇인지
알아보기 이전에 교사에게 촌지를 가져다 주어야 한다는 강박 관
념을 갖게 되는 점 등을 고려하면 거의 대다수의 선량한 교사들과
학생, 학부모들을 보호하기 위하여 피고인을 엄벌에 처하여야 할
것이나 뇌물 액수가 소액인 점, 피고인이 ○○초등학교 교사로 재
직한 점, 초범인 점 등의 정상을 특히 참작"24)한다고 적었다. 이

---

23) 대구지방법원 1999. 10. 29. 선고 99고합504 판결
24) 대구지방법원 1999. 10. 29. 선고 99고합504 판결

사건 이후 촌지는 사교적 의료관계의 범위를 넘어서는 것이며 일종의 뇌물의 영역에 속한다는 법적 인식이 등장하기 시작했다.

90년대 후반 한국사회에서 촌지에 대해 사회적 공론화와 범죄로의 인식이 발생하면서 이를 감독하기 위한 각종 제도가 형성되었다. 교육부와 교육청 산하에 촌지 등 학교 관련 부정부패 관련 감독 기관의 형성에 대한 논의가 되었다. 대표적으로 교육부조리센터(1997.6월 이후)가 설립되어 교육부조리 신고 접수 및 처리를 했다. 학부모들로부터의 제보를 받아 촌지사례가 접수되면 이에 대한 감사를 실시하여, 제보내용이 사실로 확인되면 해당교사에 대해 징계 실시했다. 또한 감사원의 188신고센터를 개소하여 1997년 6월 24일부터 촌지 등 학교내 금품수수행위 근절을 위해 학부모들로부터 금품수수행위 신고를 24시간 접수. 협의가 인정될 경우 기동감찰 실시25)를 했다. 이는 촌지를 뇌물죄의 일종으로 인식하고 처벌한 사례라고 볼 수 있다.

하지만 이런 감사제도와 고발제도를 넘어서, 촌지라는 관행을 철저히 방지하기 위한 예방법 즉 촌지 특별법을 제정하기 위한 시도도 있었다. 촌지에 대한 징계는 교육청의 징계 차원이었기 때문에 보다 엄격하게 법으로 금지하기 위한 노력이 있었다. 2006년과 2007년에는 한나라당 진수희 의원 등이 "학교촌지 수수의 예방 등에 관한 특별법안"을 발의('06. 9)했다. "교원·학부모 또는 교원·학생간에 주고받는 학교촌지를 근절하기 위하여 ①촌지의 수수를 포괄적 뇌물죄로 전제하고 ②교육감 소속의 위원회를 구성하며, ③학교 촌지 수수 신고의무를 부여하며, ④학교촌지를 주거나 받은 자에 대하여 촌지가액의 50배에 해당하는 과태료를 부과하는 것을 내용으로 하는 법률안"이었다. 하지만 당시 교육인적자원부에서는

---

25) 한국형사정책연구원, 『학원 부조리 실태에 관한 연구』, 1999, 21.

이 법률안은 교사를 잠재적 범죄자로 내몰 수 있기 때문에 촌지 문제를 의식과 문화의 문제로 해결하고 특별법 제정보다는 교사에 대한 관리·감독과 징계를 강화하는 방향으로 해결하는 것이 보다 바람직하다는 의견을 제시했다. 그리고 국회 교육위원회 전문위원도 촌지를 학부모와 교사들의 양심과 의식 차원의 윤리 문제로 대처할 것인지, 관련 특별법을 제정하여 포괄적 뇌물로 규정하여 주고 받는 행위를 처벌하는 것이 효과적인지 보다 신중한 검토가 필요하다는 의견을 제시('07. 6)하였다. 촌지수수를 강력한 범죄로 규정하려했던 이 법안은 통과26)되지 못했다. 이에서 알 수 있듯이 촌지를 일종의 뇌물로 규정하고 처벌한 사례가 존재했지만, 촌지를 보다 엄격히 예방하기 위한 법률은 제정되지 못했다. 이는 촌지를 문화의 문제로 인식하는 시각이 강했으며 사회에서 허용가능한 관행이라는 의식이 잔존했다고도 볼 수있다.

3. 촌지관행의 변화

제도적 영역에서 촌지를 범죄화하고 처벌하는 법리가 등장하는 한편, 사회에서 촌지에 대한 인식은 지속적으로 변화했다. 1990년 참교육을 위한 전국학부모회의 조사(1900)명을 대상으로 한 설문조사에 의하면 "학교에 갔을 때 돈봉투를 준 경험 있는 학부모" 77.4%였으며 돈봉투를 준 이유: 선생님에 대한 감사의 마음 41.4%, 내 아이에게 보다 관심을 가져주기 위해서 31.3%, 돈 봉투 드리고 난 후 선생님께서 관심을 갖고 아이들을 보살펴 준다 56.3%라고 응답했다. 하지만 1998년의 조사에 의하면 : 98년에 서울시 소재

---

26) 손희권, 학교촌지 수수의 법적문제: 관련법안의 헌법적합성 문제를 중심으로, 「교육행정학연구」, Vol. 25, 2007, 165~183.

초·중·고등학생 학부모 750명을 대상으로 한 연구[27])에서그해 교사에게 촌지를 제공한 경험이 있는 학부모는 55.2%로 조사[28])되었다. 10여년이 지난 2009년 4월 국민권익위원회에서 조사에 의하면 촌지 제공이 서울 강남 36.4%, 서울 기타 26.2%인 것으로 나타나 98년에 비해 촌지 행위는 많이 줄어들었음[29])을 알 수 있다. 통계조사의 편차는 있겠지만 촌지 제공 경험이 77.4% (1990)-> 55.2% (1998)-> 36.4%(2009)로 약 10년을 주기로 약 20% 가량씩 감소해오고 있음을 알 수 있다. 부정청탁금지법 실시 이전에도 촌지 관행은 점차적으로 축소되어왔다. 이것은 교육청 등 관련 기관에서 지속적인 징계기준을 높여가면서 자체의 윤리규정과 징계권을 통해 촌지 문제에 대한 감독을 엄격히 실시했기 때문일 것이다. 한편 이는 사제간의 관계에 대한 인식 등이 변화하고 있는 것을 반영하는 것일 수도 있다.

IV. 선물관행에 대한 부정청탁금지법의 영향

위의 교육영역에서의 부패에 대한 일련의 과정을 거쳐, 교육영역에서는 부패 관련 관행들에 대한 제재기준과 관리감독제도 등이 충실히 마련되어왔었다. 단순히 운동과 캠페인 차원을 넘어서 촌지근절법이란 방식으로 입법운동 및 제도화가 이루어졌었다고 볼 수 있다. 이후 부정청탁금지법의 의의는 저강도 선물증여(low-level

---

27) 한국형사정책연구원, 위의 글.
28) 한국형사정책연구원, 위의 글.
29) 국민권익위원회, 「촌지근절과 개선방안 마련을 위한 공개토론회」, 2009. 이 조사에서는 "초·중·고 자녀를 둔 전국의 학부모 46.8%는 학교촌지를 '뇌물'로 인식하고 있으며, '뇌물은 아니지만 없애야 할 관행'이라는 응답 역시 46.8%"로 촌지에 대한 부정적인 인식이 상당히 증가하고 있음을 알 수 있다.

gift giving)의 행위가 전면적으로 금지된 것이라 볼 수 있다. 법사회학자인 Delfem은 부패에 대한 연구에서 저강도(low-level)과 고강도(high level) 선물 관행을 분리[30]하고 있다. 촌지금지가 고강도의 뇌물을 금지하는 것이라면, 선물 등을 금지하는 것은 저강도의 뇌물을 본격적으로 금지하는 것이라고 볼 수 있다.

80년대말 부터 시작된 촌지관행 폐지를 위한 교육영역(중앙정부, 교육청, 사회운동) 등의 광범위한 노력으로 인해 촌지관행은 점차 줄어들고 있었지만, 마음의 정을 표시하는 선물은 다양하게 이루어지고 있었다. 특히 SNS의 발달로 인해 상품권 등을 전달하는 것이 용이해지면서, 선물관행은 다양한 방식으로 확산되었다. 이런 상황에서 청탁금지법이 교육영역에서 갖는 대표적인 의미는 저강도의 선물행위에 대한 상세한 규제가 핵심이라고 할 수 있다. 기존의 촌지수수 등을 금지하는 규정과 여러 신고제에 더해 선물관행 등에 대한 정확한 근거와 관리 규제를 만든 것이 부정청탁금지법의 중요한 기능이다.

90년대 후반과 2000년대 초반의 노력들이 촌지근절 및 교육 영역내의 구조적 부패의 청산에 좀더 강조점을 두었다면, 부정청탁금지법 이후에서는 선물 관행이 주요 금지 활동이 되었다고 볼 수 있다. 부정청탁금지법의 경우에는 공여자에 대한 처벌근거가 있기 때문에, 공여자 역시 선물관행에 대해 보다 엄중히 고려하게 되었다. 또한 구체적으로 금지되는 것의 나열되고 있기에 선물관행 등에 대해 법적 기준에 의거해 행위자들은 숙고하게 되었다. 이전에는 교육청 내에서의 징계로 끝나고 공여자는 처벌을 받지 않았었는데, 공여자에 대한 처벌기준 신설로 인해서 보다 법의 적용이 엄격해졌으며 법의식의 변화가 있었다고 볼 수있다. 이런 저강도의

---

30) Deflem, 위의 글.

부패행위에 대한 엄격한 금지를 통해 고강도의 부패행위까지도 통제가 되고 있는지는 다소 불확실하다.

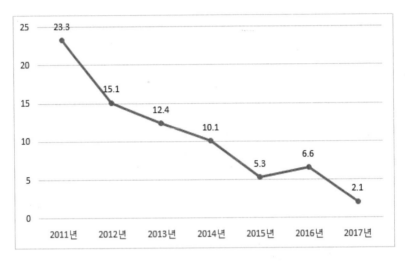

〈그림 1〉 2017년에 학부모들의 청렴인식조사(광주교육청)

관행과 법의식의 변화는 교육청에서 실시한 촌지 및 부패 관련 조사에서 발견된다. 청탁금지법 시행이전인, 2015년 전라북도 교육청에서 실시한 촌지관련 설문에서 '지난 1년간 촌지 및 향응 제공 경험이 있는가'에 대한 질문엔 학부모 98.3%가 '없음'으로, '찬조금 제공 경험이 있는가'에 대해선 97.9%가 '없음'으로 답했을 정도로, 촌지 및 향응 제공이 대폭 감소[31]하고 있다. 이는 90년대 실시했던 것과 확연히 대조된다. 물론 지역별 차이는 있을 것으로 보인다.

또한 광주교육청[32]에서는 부정청탁금지법 시행 이후 2017년에

---

31) http://blog.jbe.go.kr/220411834045, 2017. 9.1. 검색

32) http://enews.gen.go.kr/v4/?sid=25&wbb=md:view;uid:36046. 2017.9.1. 검색

학부모들의 청렴인식조사(그림1)를 실시했다. 학부모 학교부패인식 지수는 낮을수록 청렴성이 높음을 의미한다. 처음 시행된 2011년 23.3%였으나 2012년 15.1%, 2013년 12.4%, 2014년 10.1%, 2015년 5.3%, 2016년 6.6%에 이어 올해 2.1%로 낮아졌다.

또한 학습지 회사인 윤선생 영어에서 2017년 5월 초에 자녀를 둔 학부모 623명을 대상으로 한 조사[33])에 의하면, 부정청탁금지법 시행이후 75%가 스승의 날 선물계획이 없다고 응답했으며, 고민 중이라고 응답한 경우는 17%였다. 부정청탁금지법에 의해 선물이 금지된 것에 대해 74%는 만족한다는 의견을 표명했다. 같은 설문에서 이전에 선물을 한 적이 있냐는 질문에 대해 61.%가 있다고, 38.4%가 없다고 응답했다. 그렇다면 최소한 이전에는 선물한 적이 있지만, 김영란 법 시행 이후 선물을 하지 않기로 결정한 응답자가 36.6%인 것으로 파악된다.

또한 청탁금지법 전후로 하여, 선물구입비용도 약 4만 3천원에서 2만7천원으로 감소했다. 선물의 종류 역시 변화했는데, 이전에는 목욕·화장품류가 70% 정도 였으며 카드·손편지는 8.9%였다. 법 제정이후 카드·손편지로 응답한 이가 28.6%였으며, 꽃이 30.6%로 이전의 7.6%보다 증가했다. 선물관행이 지속되더라도 고가의 선물은 지양하고, 상대적으로 소액의 선물과 마음을 표시하는 방향으로 변화하고 있음을 알 수 있다.

청탁금지법 시행 1주년을 기념하여 서울시 교육청[34])에서도 청탁금지법 관련 설문을 실시했는데, 「촌지 등 금품수수 관행」에 대해 학부모의 83%(30,688명), 교직원의 85%(15,488명)가 <청탁금지법> 시행으로 촌지 등 금품수수 관행이 사라졌다고 응답하였다.

---

33) http://yoons-magazine.com/archives/9244, 2017.9.1. 검색
34) 서울시 교육청, 부정청탁금지법 관련 조사. 2017,

<표 3> 서울시 교육청 청탁금지법 영향조사(2017)

학부모	교직원

청탁금지법 실시 이후 촌지관행은 물론 광범위하게 이루어지던 선물관행 역시 축소되고 있다고 학부모와 교직원들이 인식하고 있음을 알 수 있다.

이런 변화는 학부모들이 활발히 활동하고 있는 인터넷 카페에서도 발견된다. 학부모들이 교육관련 정보를 활발하게 교환하고 있는 인터넷의 맘카페들을 살펴보면 부정청탁금지법의 적용에 대한 문답들이 많이 올라오고 있다. 어린이집에도 적용되는지, 반 아이들에게 선물을 주는 것도 해당이 되는지 등 선물의 적용범위와 허용가능 정도에 대한 내용들이다. 맘까페에서는 부정청탁금지법의 시행수칙에 대한 질문들이 종종 제기되고 한다. 대체적으로는 법시행에 대해 비교적 만족하는 입장이며, 부모들의 부담을 덜었다는 의견이 많다.

   "눈치 안보고 아무것도 안해서 좋던데요" "제 주위에서는 다들 지켜요."35) "중등 큰아이 상담 다녀왔는데 예전처럼 뭘 사가야되나 고민 없으니 좋으네요. 부정청탁금지법 생기기 전까진 그래도 학교에 찾아

---

35) http://cafe.naver.com/msbabys/2271963, 2017. 9.1. 검색

갈 때 괜시리 부담되던데. 물 한잔도 안된다 하니 빈손으로 갔다 상담 마치고 옵니다." "학교선 사오지 말라고 공지를 해도 너도나도 사가는 분위기에 어쩔 수 없이 큰애 1학년 때 딱한번 샀지만 사면서도 내가 꼭 이래야 하나 기분 더러웠는데, 통합으로 하면 안 된다로 바꾸니 너무 맘도 편하고 좋아요. 진작 했음 헷갈릴 일도 없었을 텐데"36)

맘카페에 의견과 의견에 달리는 댓글들은 대체적으로 부정청탁 금지법의 취지에 대해 공감하며, 이로 인해 학교에 갈 때 갖고 있었던 마음의 부담을 덜었다며 홀가분해하는 의견들이 대다수이다. 상당수는 학교 방문할 때, 교사에게 선물하는 것을 어쩔 수 없이 했는데 이를 하지 않아도 된다는 것에 대해 안도감을 표시한다. 이런 경우는 교사에 대한 진정한 감사로 인해 선물을 했다기 보다는 선물을 안할 경우 자신들의 아이에게 불이익이 따르지 않게 하기 위해 선물을 했었던 경우라고 추측된다. 교사에 대한 선물관행이 일종의 '죄수의 딜레마'적인 차원에서 이루어지기도 했었다고 볼 수있다. 선물관행에 대해 부정적으로 인식하고 있었지만 자신의 아이의 피해를 막기 위해 어쩔 수 없이 관행을 따르던 학부모들이 법에 의해 명확히 규정이 형성된 것에 대해 반기는 상황이라고 볼 수 있다.

하지만 소수의견에서는 부정청탁금지법이 진솔한 인간관계를 막고 있다는 불만이 제기되기도 한다. 사람들간의 감사의 표시까지도 법으로 인해 막는 상황에 대해 불만을 표시하며, 사실 고위 권력자들의 경우에는 이것과 상관없이 부정부패를 여전히 저지르고 있다는 의견을 제기하기도 한다.

"법이 갑자기 바뀌어서 정문화에 익숙한 우리입장에선 여행 갔

---

36) http://cafe.naver.cm/mom79/193611, 2017. 9.1. 검색

다 와서 커피 하나도 못 드리는게 적응이 안되긴 하네요"[37]라는 의견에서는 법이 지나치게 인간관계를 규제한다는 불만이 제기되고 있다. 해외여행을 다녀온 아동들이 담임선생님과 학급 친구들에게 간단한 선물을 하곤 했는데, 이 부분도 부정청탁금지법으로 인한 영향을 받고 있다. 담임선생에 따라 다르기는 하지만, 선생님에 대한 선물을 받지도 않고 때로는 학생들에게 주는 선물을 전체적으로 받지 않는 경우도 있다. 학교생활 전체적인 측면에서 법규범에 대한 인식과 준수가 강화되고 있다고 할 수 있는 상황이다.

반면 죄수의 딜레마적인 상황이 아니라 담임교사에 대한 진정한 감사로 선물을 제공하던 경우에는 인간의 호혜적 관계에 대해 법적용의 논리가 과도하다는 불만도 있다. "(전근 예정인) 담임 선생님이 너무 고생하셨기에 제가 직접 담근 오미자 원액 500미리 정도를 보내려 하니 선생님이 너무 민망해 하시더라고요. 혹시 몰라 국민권익위원회에 전화를 하니 선생님이 학교소속이 언제까인지 중요하답니다. 편지로 그 마음을 대신하는게 어떻겠냐고. 부정청탁금지법 때론 좋다 싶다가도. 이럴 땐 참..."[38] 일상적인 정의 표시조차 법의 규범과 원칙을 확인해야 하는 상황에 대한 불편함도 학부모 사이에는 존재한다.

또한 한편에서는 이런 저강도 부패 규제는 실질적으로 고강도 부패를 막지 못한다는 불만도 있다. "소위 권력자와 있는 놈들은 다 빠져나갈 곳 있습니다. 부정청탁금지법 이전에도 관련법들은 다 있었습니다. 기준만 명확히 한다 뿐이지. 최순실, 박근혜, 우병우, 김기춘 이런 것들은 지키지도 않는데. 국민들만 서럽네요."

이런 문의에 대해 댓글들은 작은 성의를 표하는 것까지 눈치를 보아야 한다는 것에 대한 불만, 없는 것보다 낫긴 한데 애매한 법

---

37) http://cafe.naver.com/msbabys/2271963, 2017. 9.1. 검색
38) http://cafe.naver.com/mathall/1294775, 2017. 9.1. 검색

이란 의견, 예외를 인정하면 법적용이 계속 애매해지기 때문에 어쩔 수 없다는 의견, 애먼 사람들만 피해보고 있다는 의견(정작 그 대상자 들은 쏙쏙 피해가고 화가난다. 한국 사람의 고마움도 정도 사제지간의 존경도 김영란 법 때문에 삭막하게 되고 있다)는 의견, 사실상 교묘한 범죄는 지속되고 있고 사제간의 정을 막는다는 의견이 제기되었다. 이런 청탁금지법에 대한 의견을 제시하는 경우는 교사-학생-학부모 간의 인간적인 정을 느끼고, 소박하게나마 감사의 표시를 하고 싶은 경우라고 볼 수 있다.

90년대~2000년대와의 촌지관행에 대한 학부모의 인식화 현재 청탁금지법에 관한 의견들을 비교해보면, 이전과 달리 교사와 학부모를 잠재적인 범죄자 집단으로 취급한다는 것에 대한 문제의식은 강하게 드러나고 있지 않다. 이런 법적용 자체에 대한 근본적 문제제기라기 보다는 이 법적용은 필요하지만 세세한 규정이 다소 지나치다는 것이 중론이라고 볼 수 있다. 또한 인간적인 정을 해친다는 의견도 제기되고 있지만, 90년대 촌지교사 사건 당시와 마찬가지로 이런 것을 범죄화할 경우 일종의 '패륜'적인 상황이라는 정도의 인식도 존재하지 않는다. 1997년의 사건이나 2007년 촌지 관련 법제정 노력시기와 비교해봤을 때, 공권력(교육부·교육청)이 이 문제를 단순히 징계나 의식개선의 수준으로 해결할 것이 아니라 법규범에 의해서 강력히 처벌해야 하는 엄중한 문제라는 것을 기본적으로 합의하고 있는 것으로 보인다. 다시 말해 과거에 존재했던 사제관계 등 인간관계의 성격 등에 대한 고려는 보이지 않는다. 촌지가 사회문제로 수면위에 떠오른 후 한국사회에서 법규범이 강화되면서, 촌지를 뇌물로 인식하고 처벌의 대상이 된다는 법의식은 확실시 증가했다. 하지만 법규범의 강화로 인하여 교사-학생(학부모)의 관계가 변화한 것인지 혹은 교사-학생(학부모)의 관계의 변화로 인해서 법규범의 수용이 보다 강력하게 발생한 것인지는 확증할 수 없다. 분명한 것은 법규범의 수용은 교사-학부모(학생)과의 사회적 관계에 대한 인식의 변화를 수반하고 있다는 점이다. 90년대 이전 촌지가 범죄화되기 어려웠던 근본적인 이유였던 교사-학생간의 사제간 인륜적 관계라는 인식이 상당히 변화했다는 점은 분명하다.

V. 결론

부정청탁금지법 시행이후 교육영역에서는 부패 관련 관행들이 비교적 성공적으로 사라지고 있는 것으로 평가되고 있다. 이는 지난 1년여간의 일시적인 변화가 아니라 90년대 이후 새로이 등장한 부패방지를 위한 법규범과 제도화가 성공적으로 정착된 것이라고 볼 수 있다. 교육영역에서 교사-학부모 간에 존재했던 촌지와 선물이란 관행은 90년대까지만 해도 사회상규에서 허용가능한 인간관계의 한 형식으로 인정이 되었고 이를 부패로 인식하고 뇌물로 처벌하는 것은 사제간의 인륜적 관계를 파괴하는 '패륜행위'라는 인식까지도 존재했다. 하지만 점차 이에 대한 다양한 사회적 담론이 형성되고 제도가 형성되면서 촌지관행은 지속적으로 축소되어간 것으로 보인다. 최근에는 다양한 선물관행이 존재하고 있었지만 부정청탁금지법은 선물관행에 대한 상세한 규정을 통해 이를 규제하기 시작해서 이 역시 축소되어가고 있다고 볼 수 있다. 부정청탁금지법은 개별 단위에서 징계 차원에서 처벌하던 촌지·선물 관행이 법에 의해서 금지하고 공여자까지도 처벌대상으로 설정하며, 이 법은 저강도의 선물증여행위/부패행위를 철저히 통제하고 있다. 법시행 이후 각종 조사에 의하면 학부모들은 확실히 선물관행을 축소하고 있다. 포괄적으로 촌지/선물 관행은 금지되었으며, 교육관련 행위자들이 이에 대해 높은 비율로 찬성하는 것으로 변화했다.

본연구는 교육영역에서의 부패관련 법규법의 교섭적 과정에 대한 분석을 통해 규범과 사회적 관행의 상호작용을 분석했다. 이런 변화는 비단 법규범의 성공적인 정착과 제도화 때문만이 아니라 사제간의 관계에 대한 사회적 인식 역시 변화했기 때문이라고 볼 수 있다. 현재에는 과거와는 달리 부정청탁금지법이 교사와 학생, 학부모 간의 인간적 정리를 다소 훼손하고 있다는 소극적인 불만은 있지만 그것이 패륜적 상황이라는 인식은 더 이상 존재하지 않는다. 이는 단순히 법제정으로 인해서만이 아니라 사회적 관계가 변화했기에 법의식에도 영향을 주었다고 볼 수 있을 것이다. 사교육의 강화, 공교육의 약화, 교사의 처우 변화 등 교육 영역내의 다양한 요인으로 인하여 사제관계에 대한 인식과 그에 상응하는 호혜적 관계의 관행과 법의식이 총체적으로 변화했다고 볼 수 있다. 법규범과 사회관행은 지속적으로 교섭이 이루어지고 변화하며 이로 인해 법의식이 변화가 발생하고 있다. 이는 법규범이 사회적 관계와 그에 상응하는 상호작용에 영향을 준 것이기도 하지만, 한편으로는 사회적 관계의 변화로 인해 법규범에 대한 준수가 보다 확산되었을 것이다. 본 연구는 부패방지입법 영역에서의 관행과 법규범의 교섭, 상호작용에 대한 분석을 통해 법은 사회와 지속적으로 교섭하고 있음을 밝혀냈다.

<참고문헌>

감사원 부정방지대책위원회, 「교육부조리 실태 및 방지대책」, 1994.

교육부, 「감사사례집」, 1997.

국민권익위원회, 「촌지근절과 개선방안 마련을 위한 공개토론회」, 2009.

김달효, 「학교교육의 촌지문제에 관한 학부모의 인식」, 「수산해양교육연구」, 21(2), 2009.

김영화, 「빗나간 교육열과 학부모의 촌지」, 「여의도정책논단」 8, 1996, 102-111.

박정준, 「촌지는 가장 심각한 학교부조리」, 「중등우리교육」, 1996.

不正防止對策委員會, 「初·中等學校 不條理 實態 및 防止對策」, 1998.

不正防止對策委員會, 「敎育 不條理 實態 및 防止對策」, 1994.

부패방지위원회, 「교육분야 부패방지가이드」, 2004.

손희권, 학교촌지 수수의 법적문제: 관련법안의 헌법적합성 문제를 중심으로, 「교육행정학연구」, Vol. 25, 2007, 165~183.

참교육을 위한 전국학부모회, 「학부모대상 설문조사자료」, 1990, 1994.

참교육을위한전국학부모회, 「교육분야 부패방지를 위한 학부모 실천방안 연구」, 부패방지위원회 홍보협력국, 2004.

한국형사정책연구원, 「학원 부조리 실태에 관한 연구」, 1999.

Wedel, Janine, "Rethinking Corruption in an Age of Ambiguity", Annual Review of Law and Social Science, Vol. 8, 2012, pp. 453-498.

Banakar, Reza, "The Sociology of Law: From Industrialization to Globalisation", Sociopedia.isa, U. of Westminster School of Law Research Paper No. 11-03, 2011.

Deflem, Mathieu. "Corruption, Law and Justice: A Conceptual Clarification." Journal of Criminal Justice 23(3), 1995, 243-258.

Menski W, Beyond Europe. Örücü E, Nelken D (eds.) *Comparative Law: A handbook*. Oxford: Hart, 2007.

Rustamjon; Svensson, Måns, "Rethinking Corruption in Post-Soviet Uzbekistan:

Ethnography of "Living Law"", Eugen Ehrlich's Sociology of Law, LIT Verlag, 2014.

Susan S. Silbe, "AFTER LEGAL CONSCIOUSNESS", Annual Review of Law and Social Science Vol. 1. 2005, 323-368

Szto, Mary, *Chinese Gift-Giving, Anti-Corruption Law, and the Rule of Law and Virtue*, Fordham Int'l. L.J. 39, 2016, 591.

Yang, Mayfair. *Gifts, Favors, and Banquets: The Art of Social Relationships in China*, Cornell University Press, 1994.

제7장 김영란법의 현시적 효과와 잠재적 기능: 변하는 것들과 변해야 할 것들*

김 석 호**

I. 서론

한국 사회는 전통적으로 친소 구분과 공동체 지향 의식이 강해 혼탁한 관행과 만성적 부패가 침투하기 쉬운 문화적 문법을 가지고 있다.[1] 특히 공직사회의 부패가 가장 심각한 것으로 알려져 있는데, 국제투명성기구가 2007년부터 지난 10년간 발표한 부패인식지수에 따르면 한국은 2015년까지 전체 180개 국가들 중 30위권을 유지하다가 2016년에 52위로 급격히 하락했다.[2] 민간부문의 부패도 심각한 편인데, 국민의 약 70% 이상은 대기업이 청렴하지 않다고 인식하며 시민단체의 청렴도에 대해서도 부정적이다.[3] 간단히 말해, 한국 사회의 부패 문제는 공공과 민간 부문을 가리지 않고

---

* 이 글은 사회와 이론 2017년 2호에 실린 논문 "부정청탁의 및 금품 등 수수의 금지에 관한 법률(김영란법)의 효과와 한계에 대한 사회심리학적 접근" Ⅲ장을 수정·보완한 것이다.

** 金碩鎬: 서울대학교 사회과학대학 사회학과 부교수

1) 최재석, 『한국인의 사회적 성격』,현음사, 1994, 5장; 정수복, 『한국인의 문화적 문법』,생각의 나무, 2007, 4장 참조
2) e-나라지표, 2017
3) 한국행정연구원, 2016

심각한 수준에 있다. 그런 의미에서 부정청탁금지법은 한국 사회의 부패방지 노력에 획기적인 전환점을 마련한 것으로 보였다.

2015년 3월 26일에 제정된 "부정청탁 및 금품 수수의 금지에 관한 법률(이하 김영란법)"이 오랜 논의의 끝에 2016년 9월부터 본격적으로 시행되었다. 김영란법은 이해당사자가 금품이나 향응을 제공하거나 제공받는 경우 대가성이 명백하게 입증되지 않더라도 처벌을 한다는 점과 그리고 기존 법안과 비교해 볼 때 적용 범위가 상당히 넓다는 점에서 규제 정도가 강하다고 할 수 있다. 부패에 대한 기존 논의와 방지 노력이 정경유착이나 고위공직자 비리 등 대중의 관심이 집중되는 '거악'을 중심으로 이루어졌다면 김영란법은 부패가 발생할 가능성이 있는 정부, 시장, 시민사회에서의 관행적 부패를 막고자 입안되었다는 점에서도 의의가 있다.

김영란법이 시행된 지 벌써 1년의 시간이 흘렀다. 확실한 사실은, 다양한 내용을 두고 여러 층위에서 벌어지는 논란에도 불구하고, 김영란법이 한국 사회의 문화적 문법을 일상생활에서부터 서서히 변화시키고 있다는 것이다. 사회적 관계, 직무 관행, 교사-부모-학생 관계, 여가활동, 사업 방식, 공무 처리 규칙 등에서의 변화는 굳이 통계적 수치를 끌어들이지 않더라도 구체적인 영역에서의 상당한 변화가 관찰된다. 개인적 수준에서도 공적인 일과 약간만 관계가 있어도 우선 떠올리는 것이 김영란법이다. 그 만큼 김영란법은 한국인의 일상을 변화시켰으며 규범적, 가치적, 행위적 차원에서 그 파급효과는 일일이 지적하기 어려울 정도로 크다.

물론 김영란법이 거악에 대해서는 침묵하면서 소시민들이 오랫동안 형성해 온 규범적 관행을 법을 앞세워 재단하고 있다는 비판도 존재한다. 뿐만 아니라 한국 사회의 전반적인 사회의 질이 높아지고 생활세계의 일상에서 시민적 교양 또는 시민성이 축적되고, 시민들이 가지고 있는 기득권, 정부, 사회 전반에 대한 불신이 해소되고, 공정성과 투명성 수준이 실질적으로 향상되기 전에는 김영란법의 파급효과가 제한적일 것이라는 전망 또한 설득력이 있다. 김영란법에 대해 비판적 입장을 견지하는 이들은 그 동안 한국사회가 엄격한 반부패 법안이 없어서 부패를 막지 못한 것은 아니므로 사회문화 전반의 변화 없이 김영란법의 효과성이 즉각적으로 나타나기는 어려울 것으로 전망한다.

이 글은 김영란법이 지난 1년간 시행되면서 나타난 변화를 간단히 살펴보고, 이 법이 한국사회에서 효과적으로 자리 잡는데 방해가 되는 부분을 동시에 조명해 보고자 하였다. 전자가 김영란법으로 인해 변하고 있는 현시적 효과라면, 후자는 궁극적으로 한국사회의 투명성과 공정성을 높이고, 사회의 질을 향상하기 위해 필요한 것들, 즉 김영란법이 효과적으로 뿌리내리기 위해 변해야 할 것들 또는 김영란법에 의해 장기적으로 변할 것으로 예상되는 잠재적 효과라 할 수 있을 것이다.

Ⅱ. 변하는 것들

김영란법이 기존 부패방지법과 비교해 확연히 다른 점은 법의 적용 범위가 매우 광범위하고 처벌 대상 행위의 기준이 매우 높다는 것이다. 우선 김영란법은 지금까지 부정부패 관련 수사 및 재판 과정에서 논쟁의 핵심이자 난제였던 대가성 여부에 관계없이 100만 원 이상 금품 수수에 대해서는 무조건 처벌하도록 하며, 식사, 선물, 경조사비를 각각 3만 원, 5만 원, 10만 원 이하로 제한하는 등 유례없이 강한 기준을 적용하고 있다.4) 또한 헌법소원의 쟁점

---

4) 현재 강의, 강연, 기고등에 대한 사례금 상한액과 식사, 선물, 경조사비에 대한 제한은 동법의 시행령으로 규정하고 있으며, 동 시행령의 제45조(규제의

이 되었던 공직자 뿐 아니라 사립학교 교원, 언론인 등과 그 가족 모두를 법 적용 대상에 포함시킴으로써, 최대 2,000만 명이 법의 영향권 아래에 두고 있다.5) 이와같이 부패 행위에 대해 강하고 광범위한 기준을 적용하여 행위자들에게 김영란법이 자신뿐만 아니라 다른 행위자들에게도 일괄적으로 적용된다는 인식을 심어주게 된다.

김영란법의 엄격한 잣대는 행위자에게 부정부패와 관련될 경우 적발될 가능성이 크다는 인식을 심을 수 있다. 그러나 김영란법의 더 중요한 효과는 부패를 방지하는데 단지 제도적 규제에 그치는 것이 아니라 상호 협력의 기제를 끌어낼 수 있는 구조를 제시한다는 것이다.6) [그림 1]은 우리 국민이 지난 1년간 김영란법의 전반적 효과를 평가한 결과이다. 김영란법이 국민의 일상에 영향이 없었다는 응답 비율이 10% 정도밖에 되지 않는 결과로 미루어 보았을 때, 우리 국민은 김영란법이 사회 전반의 관행에 효과가 있는 것으로 평가한다고 볼 수 있다. 김영란법의 효과가 어느 정도 또는 매우 컸다고 평가하는 경우는 43.8%에 이른다. 반면 효과가 전혀 없거나 별로 없었다고 생각하는 경우는 약 10% 남짓이다. 아직 시행 1년 밖에 지나지 않았지만 김영란법이 생활세계에 미친 긍정적 영향을 국민이 높게 평가하는 것을 알 수 있다.

재검토)는 국민권익위원회가 오는 2018년 12월 31일 까지 사례금의 상한선과 식사, 선물, 경조사비에 대한 가액범위에 대한 타당성을 재검토 할 것을 규정하고 있다.
5) 조재현, "부정청탁금지법의 위헌성에 관한 논의", 「한국부패학회보」, 제20권 4호, 2015, pp.1-22
6) 박효민, 김석호, "부정청탁 및 금품 등 수수의 금지에 관한 법률(김영란법)의 효과와 한계에 대한 사회심리학적 접근", 「사회와 이론」, 2017, pp.337-371 참조

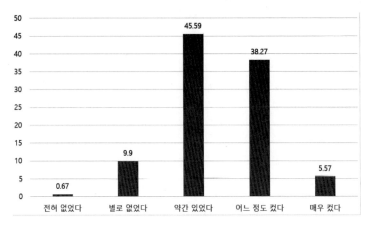

〈그림 1〉 지난 1년간 김영란법의 효과에 대한 평가

그렇다면 일상생활의 어느 부분에서 변화가 많았을까? [그림 2]는 더치페이, 단체식사, 선물교환, 직무관련부탁 등에 있어서 국민이 생각하는 김영란법 시행 초기의 조사와 1년이 지난 후 조사의 비교 결과를 보여준다. 더치페이가 늘어났다는 비율은 43.7%, 단체식사(회식)가 줄어들었다는 비율은 36.6%, 선물교환이 줄어들었다는 비율은 55.4%, 직무 관련 부탁이 줄어들었다는 비율은 52.9% 등이다. 즉 금품을 제공하는 행위나 직무 관련 청탁을 하는 행위가 현저하게 줄어들었음이 확인된다. 이러한 결과는 김영란법의 입법 취지와 기대효과에 부합하는 것으로, 여러 논란에도 불구하고, 당초 예상한 소기의 성과가 어느 정도 나타나고 있음을 보여준다. 특히 기존 부패와 관련된 관행에서 선물과 직무 관련 부탁이 가장 큰 문제였음을 상기하면 이 두 행위가 '줄어들었다'는 응답 비율이 높은 점은 매우 의미가 크다고 할 수 있다.

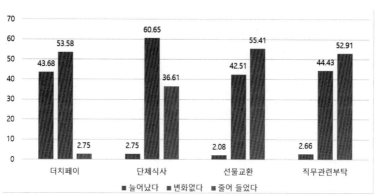

〈그림 2〉 김영란법 시행 초기와 현재의 비교

　전반적 효과에 대한 긍정적 시각은 김영란법이 사회적 관습에 미친 영향을 평가한 결과에서도 유지된다. [그림 3]은 김영란법의 도입으로 우리 사회의 문화와 관습이 얼마나 변했는가를 평가한 결과이다. 그림에서는 김영란법이 소기의 성과가 있었다는 긍정적 평가와 동시에 아직 갈 길이 멀다는 우려가 동시에 드러난다. 구체적으로, 우리 국민의 34.2%는 김영란법으로 인해 사회적 관습이 변하고 새로운 문화가 자연스럽게 정착하고 있다고 인식하는 반면, 전체 응답자의 62.0%는 어느 정도 변화가 촉발되었지만 기존의 관행이 크게 변하지는 않았다고 생각한다. 이 같은 결과는 김영란법으로 인한 변화가 향후 미래 한국 사회의 문화적 문법으로 뿌리내릴 수 있을 것인가에 대해서는 기대와 우려가 공존함을 시사한다. 새로운 문화가 정착되고 있다는 응답과 변한 것이 없다는 응답 중 어디에 더 무게를 두어야 할까? 이 글의 기본입장은 국민 세 명 중 한 명 이상이 생활세계에서 과거보다 투명하고 공정한 문화가 뿌리 내리는데 김영란법이 일조하고 있다고 응답한 희망적 전

망에 주목해야 한다는 것이다. 최근 한국사회가 인구구조의 변화
와 미래 불확실성의 심화, 깊어지는 불평등과 양극화, 그리고 불공
정하고 불투명한 규칙의 적용으로 인한 집단적 분노와 냉소에 휩
싸여 있었음을 고려하면7) 이 같은 희망적 전망이 일개 법안의 통
과와 실시로 다시 생성되었다는 사실만으로도 놀라운 반전이라고
할 수 있기 때문이다. 즉 재생산의 위기, 동기부여의 위기, 거버넌
스의 위기 앞에서 어떤 실마리도 찾지 못하는 답답한 상황이 수
년 간 지속되면서 국민들 사이에 누적된 불만과 분노가 부분적으
로나마 해소될 수 있는 설득력 있는 근거로서의 역할을 김영란법
이 하고 있는 것은 아닌지 조심스럽게 평가해본다.

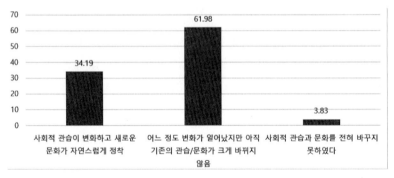

〈그림 3〉 김영란법의 사회적 관습에 대한 효과 평가

　

이러한 김영란법에 대한 긍정적 평가는 [그림 4]의 결과인 김영
란법의 미래에 대한 희망적 전망에서도 확인된다. 그림은 학령 아
동을 둔 학부모가 김영란법에 대해 갖는 인식을 담고 있는데, 학부
모들의 70% 이상이 김영란법에 대하여 찬성하고 있다. 즉 교육계

---

7) 김석호 외, "사회적 관계의 양면성과 삶의 만족", 「한국사회학」 제48권 5호,
2014, 1-24; 이재열 외, 다섯 개 국가의 신뢰와 정치적 참여: 사회의 질 조사
결과, 「Development and Society」 제42권 1호, 2013, 1-28 참조

의 뿌리 깊은 잘못된 관행을 온몸으로 체험해 왔을 학부모들이 김
영란법의 효과를 1년 정도 체험한 후 긍정적으로 평가하고 있다는
사실은 김영란법의 미래에 대해 우려보다는 기대를 할 수 있게 한다.

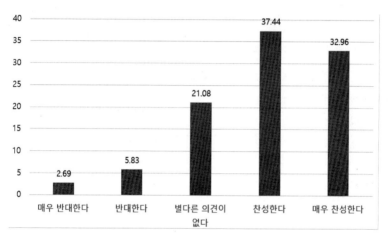

〈그림 4〉 학령 아동을 둔 학부모의 김영란법에 대한 입장

Ⅲ. 변해야 하는 것들

　김영란법은 대가성 여부를 따지지 않고 적용범위가 광범위하기
때문에 행위자가 법을 안심하고 준수할 수 있게 하는 심리적 지지
대 역할을 할 것으로 기대된다. 사실 김영란법의 성패는 제도를 운
용하는 주체에 대한 신뢰, 다른 행위자에 대한 신뢰, 그리고 공정
성에 대한 믿음 등이라 할 수 있다. Shinada와 Yamagishi[8])는 실험
을 통해 집단 내에 협력을 증진할 수 있는 처벌제도가 마련되고
그것이 잘 작동한다는 신뢰가 있다면, 단순히 처벌을 피하기 위해

---

8) Shinada, M, & Yamagishi, T. 2007. "Punishing free riders: direct and indirect promotion of cooperation." *Evolution and Human Behavior* Vol.28(5):330-339.

협력하는 것이 아니라 집단의 규범에 협력함으로써 행위자들이 개
인적 이익의 극대화를 넘어 집단의 이익을 최대화 하려는 경향을
가질 수 있음을 보여주었다.[9] 확실히 부패와 신뢰는 서로 부적 관
계를 가지고 있으며, 이 관계에 대한 경험적 결과는 국가 비교 연
구에서도 잘 나타난다.[10] 그러나 기존의 연구들은 부패와 신뢰가
상호 의존적인 관계이지만 부패 감소를 통해 신뢰를 증진시키는
것보다 신뢰 증진을 통해 부패를 감소시키는 방향의 인과관계가
더 뚜렷하게 나타난다는 사실을 보여주었다.[11] 이와 같은 연구들
은 상대방이 협력할 것이라는 신뢰가 있는 경우 상호협력의 가능
성이 높아지므로, 행위자들 사이의 협력을 증진시키기 위해서는
이들 사이에 신뢰를 높이는 것이 중요하다는 사실을 말해준다. 이
를 통해 김영란법이 성공하기 위해서는 사회 전체의 신뢰 수준이
중요하다 점을 추론할 수 있다.

한편, 신뢰는 학자에 따라 여러 형태로 정의되지만 보편적으로
'어떤 공동체 내에서 그 공동체의 다른 구성원이 보편적인 규범에
기초하여 규칙적이고 정직하며 협동적인 행동을 할 것이라는 기
대' 정도로 정의될 수 있다.[12] 이와 같은 정의에 따르면 신뢰의 대
상은 기본적으로 집단 맥락에서의 다른 행위자이다. 가령 게임이
론에서는 다른 행위자가 어떠한 선택을 할 것인가에 대한 기대가
행위자의 선택에 있어 궁극적인 고려의 대상이다. 그러나 한편으
로 다른 행위자의 선택에 영향을 미치는 요소로서 행위자의 선택

---

9) Shinada & Yamagishi 2007
10) 김왕식, "부패-신뢰 상관관계의 정책적 함의", 「한국행정연구」제17권 1호,
    2008, 191-220. ; 신동준, "부패의 사회적 원인에 대한 국가 간 비교 연구",
    「형사정책연구」 제24권 4호, 2013, 149-191.
11) Balliet, D, & Van Lange, P. 2013. "Trust, Conflict, and Cooperation: A Meta-
    Analysis." *Psychological Bulletin* Vol.139(5): 1090-1112
12) Fukuyama, F. 1995. "Trust: The social virtues and the creation of prosperity."
    Free Press.

을 제약하는 제도가 얼마나 잘 운용되는지에 대한 기대 역시 큰 영향을 미친다. 따라서 타인에 대한 신뢰수준인 '사회적 신뢰'가 중요하긴 하지만, 한국 사회에서 공공 및 민간 기관에 대한 '제도적 신뢰' 수준 역시 살펴볼 필요가 있다.[13]

  그러나 많은 경험적 자료들에 나타나는 한국 사회의 신뢰는 만족할 만 한 수준이 아니다. 특히 한국 사회의 전반적인 신뢰도를 살펴보면, 한국인의 신뢰수준은 전반적으로 낮은 동시에 범위가 제한되어 있다. 현재 한국인의 전반적인 대인신뢰 수준은 다른 주요 국가의 대인신뢰 수준에 비해 상대적으로 낮은 편으로, 다른 사람을 신뢰할 수 있다고 응답한 비율은 전체 26.6%에 불과하다 (그림 5). 이스라엘, 폴란드, 그리스, 스페인, 포르투갈, 멕시코와 같이 OECD 회원국들 중 상대적으로 덜 발전한 국가들의 대인신뢰 수준이 한국의 대인신뢰 수준과 비슷하거나 낮다. 한국 사회의 대인신뢰 수준이 낮다는 것은 법을 잘 지키는 사람조차도 법을 안 지키는 사람이 많기 때문에 손해를 볼 수 있다는 걱정을 하게 될 가능성이 높아질 가능성으로 이어진다. 이 상태가 지속되면 결국 법을 지키는 것은 무의미한 행동이라는 생각을 하게 될 것이다.

---

13) 이재혁, "신뢰와 시민사회", 「한국사회학」, 제40권 5호, 2006, 61-98 참조

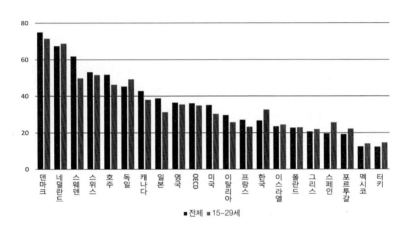

<그림 5> 주요 국가의 대인신뢰

주: 전체 조사대상자 중 타인을 신뢰할 수 있다고 응답한 사람들의 비율[14]

　　한국 사회의 신뢰 수준이 낮은 원인은 다양하다. 그 중 하나는
가족과 지인 같은 친밀한 범위 안의 대상은 신뢰하지만, 그 범위에
포함되지 않은 사람들에게는 상대적으로 낮은 신뢰를 보이는 문화
와 관련이 있다. 이는 신뢰의 반경범위(radius of trust)라는 개념으
로 설명되는데, 신뢰의 반경범위란 개인을 중심에 놓고 관계가 멀
어짐에도 신뢰할 수 있는 사람들의 범위를 의미한다.[15] 대인신뢰
수준이 높으면 특수 관계의 사람들뿐만이 아니라 대다수의 사람들
을 신뢰할 수 있어 신뢰의 반경범위가 넓다고 할 수 있다. 반면 대
인신뢰 수준이 낮으면 특수 관계의 사람들만 신뢰하고 먼 관계의
사람들은 불신하기에 신뢰의 반경범위가 좁아지게 된다. 즉 좁은

---

14) OECD. 2014. *Society at a Glance*
15) Fukuyama 1995

신뢰의 반경범위는 낮은 대인신뢰 및 제도신뢰와 밀접한 관련을 가지는데 한국인의 경우 가족과 지인은 매우 신뢰하는 반면, 낯선 사람은 신뢰하지 않는 경향이 거의 모든 연령대에서 공통적으로 발견된다 (그림 6). 한국인이 가지고 있는 신뢰의 반경범위가 좁다는 것은 가까운 사람 이외의 사람들이 자신의 기대에 따라 움직이지 않음을 인지한다는 것을 의미한다. 즉 가까운 사람들 간의 신뢰는 반경범위를 넘어 전 사회적으로 파급될 가능성이 낮으며, 이는 김영란법의 확산과 정착에 부정적인 요인으로 작용할 수 있다.

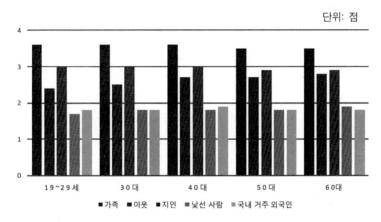

〈그림 6〉 연령집단별 가족, 지인, 이웃 및 낯선 사람에 대한 신뢰도

좁은 신뢰의 반경범위 문제는 정부에 대한 신뢰 수준에 대한 응답에도 일관되게 나타난다. 다시 말해, 가족이나 친척, 그리고 잘 알고 지내는 사람들은 신뢰하고 의지하지만 정부나 정치인 등 다른 세계에 존재하는 객체에 대해서는 믿음을 주지 않는다는 것이다. [그림 7]은 정부에 대한 한국인의 신뢰가 30.1%로 인접 국가 중 가장 낮은 편에 속하며, 특히 청년층의 정부신뢰 수준은 전체 조사대상국 중 가장 낮은 축에 속한다는 사실을 드러낸다. 정부에 대한 신뢰가 낮기 때문에 정부를 구성하는 입법부가 만들고 행정

부가 시행하며 사법부가 판결하는 김영란법에 대한 신뢰 역시 낮
을 수 있으며, 이는 김영란법의 미래를 희망적으로만 예측할 수 없
게 한다.

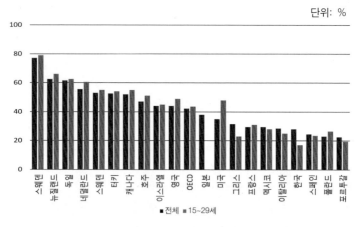

〈그림 7〉 한국의 정부와 제도에 대한 신뢰

주: 전체 조사대상자 중 정부를 신뢰한다고 응답한 사람의 비율
출처: Gallup World Poll, 2016

　　낮은 대인신뢰와 정부신뢰, 그리고 좁은 신뢰의 반경범위의 문
제는 한국 사회의 중추적 역할을 하고 있는 공공기관과 민간기관
에 대한 신뢰를 통해서도 드러난다. 구체적으로, 중앙정부와 국회
등 제도를 만들고 집행하는 기관에 대한 신뢰도가 지난 10년 간
약간 높아지는 추세에 있지만, 여전히 낮은 수준이다. 반면 교육계,
대기업, 종교계 등 민간기관에 대한 신뢰는 공공기관에 대한 신뢰
와 비교해 상대적으로 높은 편이며, 이러한 경향은 일관적으로 나
타난다(그림 8).

　　앞서 논의한 바와 같이 김영란 법은 사회 구성원에게 고루 인
지되고, 공정한 법 집행을 통해 모든 사회구성원에게 이를 지켜야
한다는 강제성을 발휘하여야 효과가 있다. 이러한 공유된 인식을

바탕으로 개인은 내가 부패행위에 참여하지 않더라도 다른 사람들 역시 부패행위에 참여하지 못할 것이므로 나에게 손해가 없다는 믿음을 가질 수 있다. 이러한 이유로 김영란법이 성공하기 위해서는 법을 집행하는 제도에 대한 신뢰가 중요하다. 그러나 이와 같이 전반적으로 낮은 신뢰수준, 그리고 제도에 대한 불신은 김영란법의 성공에 중요한 장애물로 작용할 것으로 보인다.

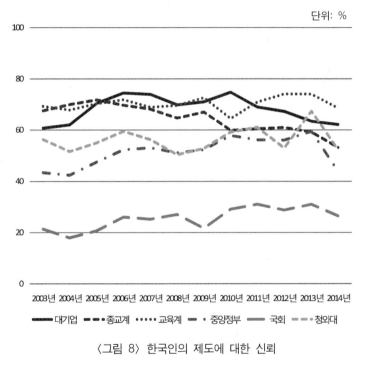

〈그림 8〉 한국인의 제도에 대한 신뢰

주: 전체 조사대상자(만 18세 이상) 중 해당 기관을 이끌어가는 사람들에 대하여 '매우 신뢰한다' 또는 '다소 신뢰한다'고 응답한 사람들의 비율임.
출처: 성균관대학교 서베이리서치센터, 「한국종합사회조사」, 각 년도.

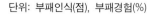

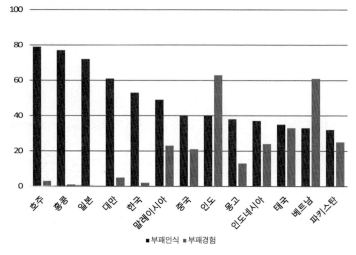

〈그림 9〉 아시아 국가들의 부패인식과 부패경험

출처: 부패인식, Transparency International Corruption Perceptions Index 2016
      부패경험, Transparency International Global Corruption Barometer Asia Pacific 2017

부패 경험과 인식의 괴리는 한국만의 독특한 현상은 아니다. <그림 10>에서 나타난 것처럼, 한국을 위시한 아시아와 유럽의 몇 몇 국가들에서 이러한 괴리가 관찰된다.[16) 그러나 인식과 경험 간 괴리가 한국에서 가장 크다.

---

16) 정동재, 박중훈, 박준, 『기본연구과제 2017권 0호』 한국행정연구원, 2017.

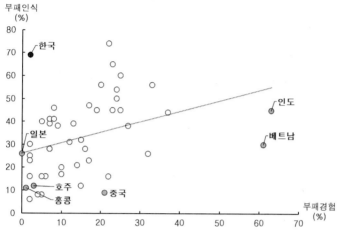

〈그림 10〉 아시아 및 유럽 국가의 공직부패 인식과 경험 간 관계, 2016

주: 1) 아시아와 유럽 49개국 대상
   2) 부패경험은 지난 1년간 공무원에게 뇌물을 제공한 적이 있다고 응답한 비율(%)
   3) 부패인식은 공무원들이 대부분 또는 모두 부패와 관련이 있다고 생각하는 응답
      의 비율(%)
출처: TI, Global Corruption Barometer, 2016.

<그림 10>이 보여주는 것은 2016년 국제투명성기구가 유럽과 아
시아의 49개 국가들에서 조사한 부패 경험과 인식 간 차이를 표시
한 산포도이며, 부패경험과 부패인식 간 관계를 보여주는 추세선
으로부터 먼 국가는 경험과 인식 간 격차가 크다는 것을 의미한다.
부패에 대한 경험과 인식 간 괴리가 한국만의 현상은 아니지만 그
정도로 보았을 때 한국이 가장 심한 것을 알 수 있다. 그림에 나타
난 한국의 위치가 독보적인데, 부패 경험은 가장 낮은 편이지만,
부패가 만연할 것이라는 인식은 가장 높은 편이다. 그리고 유사한
수준의 부패 경험률을 가진 호주, 대만, 일본 등의 국가들과 비교
해 한국은 부패가 존재할 것이라는 인식이 특히 더 강하다. 유독
한국에서 두드러지는 낮은 부패 경험과 높은 부패 인식은 한국 사

회의 신뢰 수준, 특히 정부와 공공기관에 대한 신뢰 수준이 낮은 문제와 직결되어 있다.

한국 사회의 시민은 스스로 부패에 연루되어 있지 않고 그러한 경험도 적다고 믿는다. 그러나 자신들과 달리 한국 사회의 권력과 자원의 흐름을 지배하고 있는 고위층이나 공직자들은 여전히 부패에 연루되어 있을 것이라고 생각한다. 이러한 개인 경험과 부패 수준 평가 간 격차는 김영란법이 이루어낸 단기간의 성과가 장기적으로 지속됨으로써 문화로 정착되기 위해서 필요한 것이 무엇인가를 분명하게 말해준다. 즉 정부, 공공기관, 정치인, 공직자, 엘리트에 대한 상대적 박탈과 불신이 해소되어야 한다. 한국 시민들이 김영란법에 의해 생활 속에서 윤리체계를 재정립하고 규범적 기준에 새롭게 구성하고 있지만, 이들의 실천은 '거악'으로 불리는 권력층과 고위층 부패가 근절되지 않는 한 오래가지 않아 명분과 동력을 상실하게 될 것이기 때문이다.

IV. 나가며

이 글은 김영란법이 지난 1년간 한국 사회의 부패 방지를 위한 제도로서 일정 정도 소기의 목적을 달성했다고 주장하였다. 그리고 이러한 변화가 한국 사회의 문화적 문법 또는 사회적 규범으로 자리 잡기 위해서는 전반적 신뢰 수준의 향상, 공적 영역에 대한 불신 감소, 시민사회의 질적 고양이 필요하다고 지적하였다. 동시에 형식적 제도가 온전히 작동하기 위해서는 비형식적 제도로서 신뢰의 구축과 공정성 인식의 강화가 선결되어야 한다는 점을 주장하였다.

살펴본 바와 같이 김영란법이 실질적으로 효과를 나타내기 위해서는 한국 사회에 타인, 정부, 제도를 지속적으로 감시하면서 스스로도 부패행위에 참여하지 않는 시민집단이 성장해야 한다. 즉, 공적 영역에 대한 신뢰 수준 향상과 더불어 기존 관행의 변화를 인식한 행위자들이 상호 협력하여 부패에 가담하지 않는 선택에 이르기 위해서는 신뢰, 공정성, 투명성의 문화를 당연한 것으로 여기는 시민, 시민성이 충만한 시민사회가 필요하다. 이런 측면을 종합하여 볼 때, 김영란법은 한국 사회에서 부패를 줄일 수 있는 획기적인 필요조건을 제공하고 있다고 볼 수 있지만, 한편으로 사회 구성원의 행위의 변화를 위한 틀을 마련하였을 뿐이다. 김영란법이 실질적인 행위의 변화를 이끌어 내기 위해서는 신뢰와 같은 다른 요건들이 충족되어야 하며, 이럴 때 비로소 김영란법이 한국 사회의 부패를 줄이기 위한 충분조건이 될 수 있다.

지난 수십 년간 한국 사회의 민주주의는 발전해왔고, 정부, 시장, 시민사회의 주체들은 주요 이슈에 대해 합의를 도출할 수 있는 공간을 만들기 위해 꾸준히 노력해 왔다. 합의의 공간은 여전히 협소하지만 그럼에도 시민들의 정치참여를 지속적으로 확대했고, 폐쇄적 의사결정을 주도하던 정부와 시장의 주요 주체들에게 시민사회의 목소리 전달 통로를 제도화시킬 수 있었다. 이런 측면에서 형식적이고 절차적인 수준에서 한국의 민주주의는 과거와 비교해 향상되었다.

그럼에도 불구하고 정부는 여전히 국민들에게 신뢰를 주고 있지 못하며 시민들은 한국의 민주주의가 다수가 아닌 소수를 위해 불투명하게 작동하고 있다고 믿는다. 규칙과 절차를 중시하는 민주주의 제도 자체는 마련되어 있으나, 제도들이 제대로 작동한다고 생각하는 사람은 적으며, 오히려 민주주의가 고도화되고 시장이 발전할수록 자본과 권력을 가진 집단과 그렇지 못한 집단 간 격차는 커질 뿐이라는 인식이 팽배하다. 특히 개인 간 및 집단 간

경쟁 수준마저 높은 상황에서, 규칙과 절차를 고지식하게 지키면 손해를 본다는 인식이 퍼지는 것은 당연하다. 법과 제도를 준수하면 사회적으로 인정을 받거나 자신의 분야에서 성공하기 보다는 나와 가족, 그리고 내가 속한 집단에 피해를 초래하는 일을 직, 간접적으로 경험하다 보니 공정한 규칙에 대한 믿음이 약화되고 있다. 또한 이를 바로잡기 위해 예측 가능한 규칙을 만들고, 집행해야 할 국회와 행정부에 대한 신뢰가 낮다보니, 개인과 기업 모두 공정한 실력경쟁이 가능할지 확신하지 못한다. 오히려 편법과 위반이 주는 혜택과 이득을 예측가능하며 안정적이라고 인식한다. 사회 전반에 걸친 불신은 협력을 통해 부패척결이 가능한 구조를 만들었음에도 불구하고 이에 대한 효과가 제한적일 것이라는 예측을 하게 만든다.

특히 이번에 시행된 김영란법에서 이해충돌방지에 관련한 조항이 입법 과정에서 삭제된 것은 이 법의 효과성을 줄이는 또 다른 요인으로 작용할 가능성이 크다. 공직자의 이해충돌은 "공직자의 공적 의무와 사적 이익사이의 충돌로써, 공직자가 공적 의무와 책임 수행에 부당하게 영향을 미칠 수 있는 개인으로서 이익을 가지고 있는 경우"를 말한다.[17] 김영란법이 처음 논의되기 시작한 단계에서는 공직자의 이해충돌 방지규정이 이 법안의 핵심 조항으로 추진되었다. 이를 위해 법안의 초안에서는 공직자들이 개인의 지위를 이용해 자신과 가까운 사람들의 이해관계에 유리한 방식으로 업무를 처리하는 것을 막기 위해 자신의 가족이나 4촌 이내의 친족 등 사적인 이해관계에 영향을 미치는 직무를 수행하지 못하도록 하는 조항을 포함하였다. 앞서 지적한 바와 같이 한국 국민의 정부에 대한 신뢰는 매우 낮으며, 낮은 공적신뢰가 반부패법안의

---

17) OECD. 2003. *Managing Conflict of Interest in the Public Service - OECD Guidelines and Country Experiences.*

실효성을 저해하는데 큰 영향을 미칠 수 있다. 따라서 한국 사회에서 정부에 대한 공적신뢰를 높이는 것은 부패 방지를 위한 사전적 조치로서 공직자의 이해충돌을 방지하는 것은 매우 중요하다. 그러나 김영란법에 이와 같은 사전적 부패예방조치로 이해충돌 방지 조항이 여러 가지 이유로 빠지게 되어, 정부에 대한 공공의 신뢰를 회복하는 중요한 기제가 누락되었다는 한계가 있다.[18]

물론 실제 사회에서 행위자가 가용한 정보와 능력을 동원해 항상 합리적으로 선택하고 행동하는 것은 아니지만, 소수만을 위한 정치에 대한 근본적 회의, 법과 제도를 집행하는 사람들의 공정성에 대한 불신, 높은 수준의 경쟁과 갈등, 낮은 대인신뢰, 불평등과 양극화의 심화, 타인에 대한 무관심, 부패 등이 만연하는 곳에서 모든 희생과 손해를 감수하면서 시민적 의무(duty), 시민적 덕목(civic virtue), 공공선(public interest)의 원칙을 끝까지 고수하려는 사람의 비율은 낮을 것이라는 점을 어렵지 않게 예측할 수 있다. 신뢰가 낮고 공정성에 대한 확신이 없는 행위자가 윤리적 덕목보다는 이기(利己)를 따르며, 공익보다는 사익을 추구하는 것은 당연하다.

Johnston[19]은 전 세계 국가들의 부의 분배, 권력이 행사되는 방식, 민주주의의 수준을 분석하면서, 한국 사회를 엘리트 카르텔(Elite Cartels)로 구분한 바 있다. 무력과 엘리트 집단으로 지탱되던 권위주의 정부가 지난 30년 간 시민사회, 정당, 선거정치의 효과적인 작동을 막아왔다는 것이다. 게다가 일본과 마찬가지로 권력과 돈을 중심으로 소수의 엘리트 집단이 형성되어, 이들이 정부와 시장을 지배하는 경향이 크다고 할 수 있다. 그리고 엘리트 카르텔이

---

18) 최계영, "행정부에서의 이익충돌", 「저스티스」제159권, 2017, 283-318.
19) Johnston, M. 2005. "Syndromes of corruption: wealth, power, and democracy." *Cambridge University Press.*

지배 집단으로 확립되는 과정에서 부패는 정부와 시장을 넘어 시민사회에서도 일상화되었다. 김영란법은 한국 시민사회에 일상화된 부패를 줄이는데 필요한 구조적 요건을 제공한다는 점에서 의의를 지니고 있다. 그러나 이와 같은 제도를 효과적으로 정착시키는데 필요한 사회적 신뢰가 여전히 낮은 상태로 머물러 있다면 한국 사회에 미치는 영향은 제한적일 수밖에 없을 것이다. 마련된 규칙이 얼마나 신뢰할 수 있는 수준으로 집행되는가가 이번 법안의 성패를 가늠할 것이다.

끝으로 이 글은 신뢰 향상의 필요성을 역설하고 있지만, 한국 사회의 신뢰의 특성이나 이를 높일 수 있는 방법을 제시하고 있지 못한다. 이는 이 글의 주제와는 다른 차원이지만, 반드시 더 깊이 연구되어야 할 주제이다.

<참고 문헌>

김석호 외, "사회적 관계의 양면성과 삶의 만족", 「한국사회학」 제48권 5호, 2014.

김왕식, "부패-신뢰 상관관계의 정책적 함의", 「한국행정연구」 제17권 1호, 2008.

김흥주, 이은국, 이강래, "정부규제가 조직의 부패에 미치는 영향에 관한 연구-중앙행정부처를 중심으로", 「한국정책학회보」 제21권 4호, 2012.

박효민, 김석호, "부정청탁 및 금품 등 수수의 금지에 관한 법률(김영란법)의 효과와 한계에 대한 사회심리학적 접근", 「사회와 이론」, 2017.

성균관대학교 서베이리서치센터, 각 년도. "한국종합사회조사".

신동준, "부패의 사회적 원인에 대한 국가 간 비교 연구", 「형사정책연구? 제24권 4호, 2013.

이영균, "공무원 부패의 원인과 방지전략에 관한 분석", 「한국정책과학학회보」 제8권 3호, 2004.

이재열 외, 다섯 개 국가의 신뢰와 정치적 참여: 사회의 질 조사 결과", 「Development and Society」 제42권 1호, 2013.

이재혁, "신뢰와 시민사회", 「한국사회학」제40권 5호, 2006.

이재형, 김연규, "부패가 소득불평등에 미치는 영향: 국가별 횡단면 분석", 「한국부패학회보」 제19권 2호, 2014.

정동재, 박중훈, 박준, 「기본연구과제 2017권0호」, 한국행정연구원, 2017

정수복, 「한국인의 문화적 문법」, 생각의 나무, 2007.

정호경, "부정청탁 및 금품 등 수수의 금지에 관한 법률의 구조와 쟁점", 「행정법연구」제47권, 2016.

조재현, "부정청탁금지법의 위헌성에 관한 논의", 「한국부패학회보」 제20권, 2015.

최계영, "행정부에서의 이익충돌", 「저스티스」 제159권, 2017.

최재석, 「한국인의 사회적 성격」 현음사, 1994

허일태, "한국에서의 부패방지에 관한 대책", 「형사정책연구」 제26권 3호, 2015.

한국행정연구원 『사회통합 실태조사』, 2015.

한국행정연구원, 『기본연구과제 2016권 0호』, 2016.

헌재 2016. 2015헌마236 결정, 2015헌마412 결정, 2015헌마662 결정, 2015
헌마673(병합) 결정

홍완식, "부정청탁금지 및 공직자의 이해충돌 방지법안"에 대한 입법평
론", 『토지공법연구』 제67호, 2014, 269-288.

Axelrod, R. 1984. "The Evolution of Cooperation." *Basic books*: p.241

Balliet, D, & Van Lange, P. 2013. "Trust, Conflict, and Cooperation: A Meta-
Analysis." *Psychological Bulletin* Vol.139(5): 1090-1112

Botchwey, K. 2000. "Fighting Corruption, Promoting Good Governance:
Commonwealth Expert Group on Good Governance and the Elimination
of Corruption." *Commonwealth Secretariat.*

Dawes, R. M. 1980. "Social Dilemmas." *Annual Review of Psychology* 31(1):
169-193.

Epstein, D., & O'halloran, S. 1999. "Delegating powers: A transaction cost
politics approach to policy making under separate powers." *Cambridge
University Press.*

Fehr, E., & Gachter, S. 2000. "Cooperation and Punishment in Public Goods
Experiments. "*The American Economic Review* 90(4):980-994.

Fehr, E., & Schmidt, K. M. 1999." A Theory of Fairness, Competition, and
Cooperation." *The Quarterly Journal of Economics* 114(3):817-868.

Fukuyama, F. 1995. "Trust: The social virtues and the creation of prosperity."
Free Press.

Hardin, G. 1968. "The Tragedy of the Commons." *Science* 162(3859): 1243-
1248.

Helliwell, J. F., Layard, R., & Sachs, J.(Eds.). 2015. *World happiness report
2015. New York: Sustainable Development Solutions Network.* (http://
worldhappiness.report/ed/2015/)

Johnston, M. 2005. "Syndromes of corruption: wealth, power, and democracy."
Cambridge University Press.

Kaufmann, D. 1999. "Anticorruption strategies: Starting afresh? unconventional lessons from comparative analysis. Curbing Corruption: Toward a Model for Building National Integrity." *World Bank Publications*: 35-50.

Kollock, P. 1998. "Social Dilemmas: The Anatomy of Cooperation." *Annual Review of Sociology* 24:183-214.

Komorita, S. S., & Parks, C. D. 1996. "Social Dilemmas." *Westview Press*.

Morris, S. D. 1991. "Corruption & politics in contemporary Mexico." *University of Alabama Press*.

Nash, J. 1951. "Non-Cooperative Games." *The Annals of Mathematics* 54(2): 286-295.

North, D. C. 1990. "Institutions, institutional change and economic performance." *Cambridge University Press*.

OECD. 2003. *Managing Conflict of Interest in the Public Service - OECD Guidelines and Country Experiences* (http://www.oecd.org/publications/managing-conflict-of-interest-in-the-public-servi ce-9789264104938-en.htm)

OECD. 2014. *Society at a Glance*. (http://www.oecd.org/social/society-at-a- glance-19991290.htm)

Ostrom, E. W. J., & Gardner, R. 1992. "Covenants With and Without a Sword: Self-Governance is Possible." *The American Political Science Review* 86(2): 404-417.

Schwartz, C. A. 1979, "Corruption and Political Development in the USSR." *Comparative Politics* 11(4), 425-443.

Shinada, M, & Yamagishi, T. 2007. "Punishing free riders: direct and indirect promotion of cooperation." *Evolution and Human Behavior* Vol.28(5): 330-339.

Simpson, B. 2006. "Social Identity and Cooperation in Social Dilemmas." *Rationality and Society* 18(4): 443-470.

Thye, S. 2014 "Logical and Philosophical Foundations of Experimental Research in the Social Science." in Laboratory Experiments in the Social Science, edited by Webster, M & Jane Sell: *Academic Press*.

Transparency International. 2015. *Corruption Perceptions Index 2015.*
(https://www.transparency.org/cpi2015)

Treisman, D. 2007. "What have we learned about the causes of corruption from ten
years of cross-national empirical research?" *Annual Review of Political
Science* 10: 211-244.

Tyler, T. R. 2000. "Why do people cooperate in groups. Cooperation in
modern society." *Promoting the Welfare Of Communities, States And
Organizations* 65-82.

Van Lange, P. A., Rockenbach, B., & Yamagishi, T. 2014. "Reward and
Punishment in Social Dilemmas." *Oxford University Press.*

Weber, J. M., & Murnighan, J. K. 2008. "Suckers or saviors? Consistent
contributors in social dilemmas." *Journal of Personality and Social
Psychology* 95(6): 1340-1353.

Zagare, F. C. 1984. "Game theory: Concepts and applications." *Sage* Vol. 41.

제3부

청탁금지법의
전망과 과제

제8장 청탁금지법의 향후 과제

최 계 영*

Ⅰ. 규제대상의 확장과 규제수단의 강화, 그리고 그 사이의 긴장관계

1. 규제대상의 확장

뇌물죄로 대표되는 이전의 반부패입법과 비교할 때, '부정청탁 및 금품등 수수의 금지에 관한 법률'(이하 '청탁금지법'이라 한다) 이 갖는 가장 큰 특징은 부패행위로서 규제되는 대상이 확장되었 다는 점이다. 뇌물은 직무와 대가관계가 있는 부당한 이익으로 정 의된다. 청탁금지법은 '대가성 있는 금품수수'로 요약되는 고전적 뇌물 개념을 넘어서서, '대가성 없는 금품수수'와 '금품수수 없는 부정청탁'에까지 부패의 외연을 확장하였다. 이는 비교법적으로 유사한 입법례를 찾기 어려운 강력한 반부패규제이다.

사실 직무와 대가관계가 없는 금품수수 그 자체나 금품수수가 수반되지 않는 청탁 그 자체는 부패라고 단정하기 어려운 측면이 있다. 부패는 통상 공직자의 직무의무 위반으로서 공익을 침해하 거나 사익을 추구하는 일체의 행위라고 정의된다.[1] 시민이 공직자

---

* 서울대학교 법학전문대학원 교수

에게 금품을 제공하였더라도 이를 반드시 뇌물이라고 보기는 어렵다. 금품이 수수되었더라도 직무의 공정성에 영향을 미치지 않을 수도 있다. 마찬가지로 시민이 공직자에 대하여 직무와 관련하여 요구나 부탁을 하였더라도 이는 정당한 민원이거나 시민으로서의 정당한 의사표현일 수 있다.

이와 같이 청탁금지법이 규제대상으로 삼는 행위는 그 자체로 부패행위는 아니지만 부패를 유발할 위험성이 있는 행위이다. 청탁금지법의 목표는 부패 발생 이전의 행위를 포착하여 부패를 사전에 예방하기 위힌 깃이고, 공익 침해의 결과가 발생했는지에 상관없이 그러한 위험성이 있다는 점에 기초하여 이를 억제하는 것이다. 청탁금지법은 반부패규제의 전선을 부패행위 이전의 단계로 전진시킨다.

2. 규제수단의 선택

반부패전선의 전진의 결과 필연적으로 청탁금지법이 규제하는 대상에는 부패인지 여부가 모호하고 불확실한 행위들이 포함된다. 실질적인 해악이 없거나 낮은 행위, 일반인들의 상식과 법감정에 기초할 때 위법하다고 느껴지지 않는 행위들까지 규제대상이 된다. 그리하여 청탁금지법의 규정형식은 '넓은 요건'과 '넓은 예외'라는 특징을 띠게 된다. 부패의 사전예방을 위해서는 금품수수와 청탁을 넓게 포착할 필요가 있다. 반면 부패의 위험성이 없는 금품수수와 청탁을 제재하지 않고, 사회의 자율성을 보장하기 위해서는 허용되는 금품수수와 청탁도 넓게 규정하여야 한다.

---

1) 박재윤, "부패방지를 위한 행정법 제도의 쟁점", 「행정법연구」 제46호, 2016, 248면.

부패의 사전예방은 위와 같은 속성을 갖기 때문에, 다른 나라의 예를 보면 부패의 사전예방적 규제(대표적으로 이해충돌규제가 이에 해당한다)는 대체로 탄력적인 규제수단을 사용한다.[2] 부패행위 자체에 대한 규제는 통상 명령과 금지의 고전적인 규제방식(법률에 의한 엄격한 금지의무 부과, 위반에 대한 형사적·행정적 제재)의 방식을 택한다. 예를 들면 뇌물죄에 대한 형사처벌이 그러하다. 반면 부패의 사전예방은 윤리강령, 행동강령과 같은 연성법(soft law)의 형식으로 규제되는 경우가 많고, 법률의 규정형식도 '규칙'(rule)보다는 '기준'(standard)의 형태를 띠는 경우가 많으며, 금지 외에도 정보공개(투명성)와 같은 다양한 수단을 혼합한다. 여기에서 규칙이란 명확하고 구체적인 규범을, 기준이란 추상적이고 판단여지를 남기고 있는 규범을 가리킨다. 전자는 판단자의 재량이나 편견을 배제하여 공정하고, 예측가능성과 법적 안정성이 보장되며, 자의를 배제하여 법치주의를 증진하는 데 기여할 수 있다. 반면에 후자는 사안별로 공통점과 상이점을 모두 고려할 수 있으므로 더 공정할 수 있고, 시간에 따라 변화하는 환경에 적응할 수 있으며, 형평에 근거하므로 실질적 평등을 증진하는 데 기여한다.

3. 넓은 규제대상과 강한 규제수단의 긴장관계

청탁금지법의 규정들은 부패의 사전예방 수단으로서 '넓은 요건'과 '넓은 예외'라는 특징을 갖기 때문에, 규범형태로는 규칙보다는 기준에 가까운 성격을 갖는다. 그런데 앞서 본 것처럼 기준은 개별 사안에서 형평을 도모하기에 적합한 반면, 신뢰할만한 행위

---

2) 이해충돌의 규제수단에 관해서는 최계영, "행정부에서의 이익충돌", 「저스티스」 제159호, 2017, 288-289면 참조.

규범으로 작동하기에는 예측가능성이 떨어질 수밖에 없다. 그럼에도 불구하고 청탁금지법은 기준에 가까운 형식의 행위규범에 금지와 제재³⁾라는 엄격하고 비탄력적인 규제수단을 결합시켰다. 이로 인해 청탁금지법은, 부패의 사전예방을 위해 필요한 적정 수준 이상으로, 사람들의 행동을 위축시킬 위험성을 내포하게 된다.

이하에서는 청탁금지법의 위와 같은 규범적 특징이 낳는 문제와 관련하여, 부정청탁금지로 인한 의사표현의 위축 문제(2.)와 사회상규와 국민권익위원회(이하 '권익위'라 한다)의 유권해석 문제(3.)를 살펴볼 것이다. 덧붙여 지난 1년간의 청탁금지법 집행과정에서 엿보이는 몇 가지 문제를 추가적으로 다루고자 한다(4.).

Ⅱ. 부정청탁금지로 인한 의사표현의 위축

1. 시민의 '청탁'과 시민의 '의사표현'

부정청탁을 금지하는 것은 부당한 영향력 행사로 인하여 직무수행의 공정성이 침해되는 것을 막기 위한 것이다. 그러나 민주주의 국가에서는 의사결정 과정에서 이해관계자나 시민이 의견을 제출하여 그 의견이 의사결정에 반영될 가능성도 보장되어야 한다.⁴⁾

---

3) "부정청탁을 받고 그에 따라 직무를 수행한 공직자"(청탁금지법 제22조 제2항 제1호, 제6조)와 "동일인으로부터 1회 100만원 또는 1년 300만원을 초과하는 금품을 수수한 공직자"(청탁금지법 제22조 제1항 제1호, 제8조 제1항)는 형사처벌에, "제3자를 통하여 부정청탁을 한 자"(청탁금지법 제23조 제3항)와 "제3자를 위하여 부정청탁을 한 자"(청탁금지법 제23조 제2항), "직무관련성 있는 100만원 이하의 금품을 수수한 자"(청탁금지법 제23조 제5항 제1호, 제8조 제2항)는 과태료에 처해진다.
4) 이유봉, 「공직부패 종합대책법으로서의 '부정청탁 및 이해충돌 방지법안'에

의사결정에 영향을 미칠 수 있는 기회를 공평하게 보장하여야 하
는 것이지, 그러한 기회를 공평하게 금지하여서는 곤란하다. 그래
서 공직자에 대한 시민의 청탁행위 자체를 금지하거나 제재하는
입법례는 발견하기 어렵다. 국민권익위원회가 발간한 해설집에서
는 "OECD 선진국의 입법례에서도 금품과 결부되지 않는 청탁행
위, 공직자의 직무에 영향력을 행사하는 행위를 엄격히 금지"한다
고 하면서, 청탁행위 자체를 제재하는 해외 입법사례로 ① 미국 몬
타나주 형법, ② 미국 메인주 형법, ③ EU 공직자 행동강령 모델법
안을 소개하고 있다.5) 그러나 ①, ②는 미국의 작은 두 개의 州의
법일 뿐이다. 해설집에서 소개하고 있는 바에 따르더라도 ③은 "공
직자가 위법, 부당 또는 비윤리적으로 행동할 것을 요구받고 있다
고 판단하는 경우, 이를 소속기관장등에게 신고하고 소속기관장
등은 이를 일반에 공개"하는 것이다. 다시 말해 청탁행위를 제재
하는 방식이 아니라 이를 상급자에게 고지 또는 공중에 공개하는
방식이다. 또한 '모델법안'이라고 표시되어 있는 것으로 보아 실제
입법되지 않은 규정인 것으로 보인다.6)7)8)

대한 분석연구」, 한국법제연구원, 2012, 165면.

5) 국민권익위원회, 「「부정청탁 및 금품등 수수의 금지에 관한 법률」 해설집」, 2016, 35면.

6) 해설집에는 원어가 병기되어 있지 않아 ③이 정확히 어떠한 규정을 가리키는 것인지 알 수 없었다.

7) 국회 정무위원회 전문위원(임익상)의 2013. 12. 「부정청탁금지 및 공직자의 이해충돌방지법안 검토보고서」, 30면에서도 '<부정청탁 수수금지 관련 해외 입법사례>'로 '<EU 공직자행동강령 모델법안> 제20조(타인의 영향력 수용 금지)'라는 제목 하에 "공직자는 공정한 직무수행을 저해하는 청탁행위 등 타인이 영향력을 행사하고자 하는 것을 극복해야 하며, 공적 업무를 수행함에 있어 타인의 부정한 영향력을 받아들여서는 아니 됨"이라는 내용을 소개하고 있다. 그러나 여기에도 원어가 병기되어 있지 않아 역시 해당 규정을 찾을 수 없었다.

8) 참고로 현재 시행 중인 '유럽연합 공직자 행동강령'(Code of conduct for EU staff)은 'Staff regulations'과 'Code of good administrative behaviour'에 나뉘어

부정청탁금지 조항의 '부정청탁' 개념은 원안에서는 "직무를 수행하는 공직자에게 법령을 위반하게 하거나 지위 또는 권한을 남용하게 하는 등 공정하고 청렴한 직무수행을 저해하는 청탁 또는 알선 행위"라고 넓게 규정되어 있었으나, 국회 심의과정에서 내용이 불명확하다는 지적이 있었다. 이에 청탁금지법은 부정청탁의 개념을 직접 정의하는 대신 제5조 제1항 각 호에서 인허가·조세·채용·입찰·인사·수사·재판 등 14개 분야의 행위유형을 열거하고, 제2항에서 사회상규에 위배되지 않는 행위 등 예외사유를 규정하는 방식으로 변경되어 입법되었다. 또한 직접 자신을 위하여 부정청탁하는 경우는 청탁금지법에 위반한 행위이기는 하지만, 제재대상에서는 제외된다.

2. 제한적인 '부정' 개념

그런데 청탁행위가 14개 유형으로 한정되었더라도 여전히 청탁행위의 내용이 '부정'한가에 대해서는 평가가 필요하다. 현행법은 각 행위유형에 '법령을 위반하여'라는 요소를 추가하여 청탁행위의 내용이 법령에 위반되는 것일 때 부정청탁에 해당하도록 하는 구조를 취하고 있다. 그러나 원칙적으로 법령을 해석·적용하는 것

규정되어 있다.
(https://ec.europa.eu/info/about-european-union/principles-and-values/ethics-and-integrity/code-conduct-eu-staff_en, 2017. 9. 17. 최종방문). Staff regulations 은 제11조~제26a조에서 공직자의 권리와 의무를 규정하고 있으나, 국민권익위원회가 해외 입법사례로 제시한 바와 같은 조항은 찾지 못하였다 (http://eur-lex.europa.eu/legal-content/en/ALL/?uri=CELEX:01962R0031-20160101, 2017. 9. 17. 최종방문).
'Code of good administrative behaviour'에서도 마찬가지이다 (https://ec.europa.eu/info/sites/info/files/code-of-good-administrative-behaviour_en.pdf, 2017. 9. 17. 최종방문).

은 공직자의 권한과 책임에 속하는 사항이고, 시민이 법령을 숙지하여야 할 의무는 없다. 과태료 부과를 위해서는 고의 또는 과실이 있어야 하고(질서위반행위규제법 제7조), 형사처벌을 위해서는 고의가 있어야 하므로, 법령위반임을 알았(거나 알 수 있었)을 때에만 제재가 가능하기도 하다. 그러므로 공직자가 아니라 사인이 청탁행위의 주체일 때에는 법령의 내용이 전문적인 것이 아니라 일반적인 정의관념에 부합하는 수준의 것일 때에야 제재가 가능할 것이다. 그리고 법령의 범위 내에서 행정기관에게 재량권이 부여되어 있는 경우, 재량권이 유리하게 행사해 달라는 취지의 청탁은 부정청탁에 해당하지 않는 문제도 있다. 권익위도 비례원칙, 신의성실 원칙과 같은 일반 법원칙 위반은 바로 법령위반으로 보기 어렵다는 입장이다.[9] 즉 재량권 행사에 일탈·남용이 있어서 위법하다고 평가될 수 있는 행위라고 하더라도 부정청탁의 개념요소인 법령위반에는 포함되기 어려운 것이다. 대규모의 인·허가일수록 재량행위일 가능성이 높다는 점을 감안하면, 공익에 미치는 영향이 큰 대규모 인·허가 비리에 대해서는 부정청탁금지 조항이 오히려 잘 작동하지 않을 수 있다는 우려도 든다.

3. 낮은 집행비율

또한 실제로 부정청탁의 금지와 제재가 얼마나 잘 작동할 수 있을지는 의문이 있다. 국민권익위원회 사이트에서는 2017. 9. 17. 현재 청탁금지법 위반으로 과태료가 부과된 판례 17건을 소개하고 있다. 이 중 16건은 금품수수에 관한 것이고, 1건만이 부정청탁금

---

9) 국민권익위원회, 『「부정청탁 및 금품 등 수수의 금지에 관한 법률」 해설집』, 2017, 55면.

지에 관한 것이다.[10][11] 2017. 4. 11.의 보도자료에 따르면, 위반신
고된 사건 중 부정청탁은 135건, 금품수수는 412건이고, 이 중 수
사 의뢰 또는 과태료 부과요청으로 처리된 사건 중 부정청탁은 5
건, 금품수수는 52건이다.[12] 금품수수와 비교할 때 신고된 사건의
숫자가 현저히 적을 뿐 아니라, 신고된 사건 중 수사 의뢰 또는 과
태료 부과요청된 사건의 비율은 그보다 더 낮다. 금품과 같이 유형
물이 오가는 것도 아니고, 청탁행위는 대부분 말로 이루어질 텐데
그 말의 내용이 법령에 위반한 것인지 모호한 부분도 있을 것이어
서, 실세 신고와 제재로 이어지기 어려운 면이 있는 것으로 보인다.

4. 개선방안

이와 같이 부정청탁금지는 정당한 의사표현을 위축시킬 수 있
고, 법령위반 여부는 사인이 숙지할 의무는 없으며 제재를 위해서
는 법령위반에 대한 고의 또는 과실이 필요하고, 실효성 있는 집행
도 쉽지 않은 문제가 있다. 청탁금지법이 시행된 지 갓 1년이 된
상황에서 당장 개정은 어렵겠지만, 장기적으로는 공적 의사결정
과정에 대한 부당한 영향력의 차단이라는 제도의 취지를 살리면서
도, 보다 실효적이고 의사표현도 위축시키지 않는 방안을 고민할
필요가 있다.

---

10) http://www.acrc.go.kr/acrc/board.do?command=searchDetail&menuId=0502070101
(2017. 9. 17. 최종방문)
11) 이 글에 인용된 청탁금지법 관련 판례는 모두 국민권익위원회 사이트에 실
려 있는 것이다
(http://www.acrc.go.kr/acrc/board.do?command=searchDetail&menuId=05020701
01, 2017. 9. 17. 최종방문).
12) 국민권익위원회 2017. 4. 11.자 보도자료 "청탁금지법 시행 6개월, 관행적 청
탁·금품수수에 제동", 2면.

(1) 투명성(공개) 방식에 의한 규제

하나 생각해 볼 수 있는 방식으로는 투명성(공개) 방식에 의한 규제가 있다. 미국 행정절차법에서는 쌍방 당사자가 대립하는 재결절차에서 '일방적 의사교환'(ex parte communication)이 이루어진 경우에는 공직자는 이를 공적 기록에 남겨야 한다. 공적 기록에 포함시켜야 하는 내용은 ① 모든 서면 의사교환, ② 모든 구두 의사교환의 요지를 담은 메모, ③ ①,②에 대한 모든 서면 응답, 모든 구두 응답을 담은 메모이다.13) 이를 응용하면, 직무의 상대방 또는 직무와 관련된 모든 비공식적 의사소통은 - 그 내용이 위법하거나 부당한지를 불문하고 - 공적 기록에 남기도록 하는 것이다. 기록에 대한 상급자의 감독 또는 공중 공개를 통하여, 의사소통으로 인한 부당한 영향으로부터 의사결정을 보호하는 효과를 거둘 수 있을 것이다.14)

(2) '위험한' 청탁행위에 대한 규제 집중 - '전관'과 '상급자'

또 다른 하나 생각해 볼 수 있는 방식은 부당한 영향력이 행사될 위험성이 큰 청탁행위에 규제를 집중·강화하는 것이다. 청탁행위의 내용이 위법한 것이라도 아무런 연고가 없는 일반 시민의 청탁이라면 실제 의사결정에 영향을 미칠 가능성은 높지 않을 것이다. 그러한 위험성이 높은 청탁행위 유형으로는 ① 퇴직 공직자(이른바 '전관')의 청탁과 ② 상급자의 청탁을 들 수 있다.

---

13) 5 USC § 557(d)(1)(C)
14) 2016년 9월 검찰이 법조비리 대책의 하나로 채택한 '모든 변호사와의 접촉 기록'이 유사한 취지의 제도이다.

1) 퇴직 공직자('전관') 규제

퇴직 공직자 규제의 대표적인 예는 미국에서 찾을 수 있다. 미국은 공·사 영역 사이에 인적 교류가 활발하여 민간경력자를 공직자로 채용하거나 반대로 공직자가 민간영역으로 진출하는 사례가 적지 않으므로, 퇴직 공직자의 영향력 행사를 차단하기 위한 규정을 오래전부터 두고 있다.[15] 퇴직 공직자가 영향을 미치고자 하는 의도 하에 현직 공직자와 의사소통하거나 현직 공직자를 만나는 행위는 금지된다. 퇴직 공직자가 직접 그리고 실질적으로 관여한 사안이라면 퇴직 후 얼마의 기간이 경과되었건 간에 금지되고, 그렇지 않은 사안이라도 퇴직하기 1년 전 이내에 퇴직 공직자의 공식적 책임 하에 계속되었던 사안으로서 그 사실을 알았거나 합리적인 관점에서 볼 때 알 수 있었던 사안이라면, 퇴직 후 2년 동안 금지된다.[16] 우리나라도 공직자윤리법 제18조의4에서 퇴직공직자가 일정한 행위를 한 경우 형사처벌하도록 하고 있다. 퇴직한 모든 공무원과 공직유관단체의 임직원은 본인 또는 제3자의 이익을 위하여 퇴직 전 소속 기관의 임직원에게 법령을 위반하게 하거나 지위 또는 권한을 남용하게 하는 등 공정한 직무수행을 저해하는 부정한 청탁 또는 알선을 하여서는 아니 되고, 위 조항에 위반한 경우에는 2년 이하의 징역 또는 2천만원 이하의 벌금에 처해진다. 그러나 위 조항이 실효성이 있었는지는 의문이다. 대법원 종합법률정보상으로는 위 조항으로 처벌된 예는 찾을 수 없었다. 또한 법령위반이나 지위·권한 남용을 내용으로 하고 있어 그 적용범위도 제한적이라는 한계가 있다.[17]

---

15) 최계영, 앞의 글, 292면 참조.
16) 18 USC. §207(a)(1), (2)
17) 최근 공정거래위원회가 신뢰성 제고를 위해 '퇴직자 접촉금지' 방안을 도입하고자 하는 것도 비슷한 맥락이다.

2) 상급자의 청탁에 대한 규제 - 위법한 지시에 대한 거부권

상급자의 청탁에 대해서는 위법한 지시에 대한 거부권을 인정할 필요가 있다. 부정청탁금지 조항 위반으로 과태료가 부과된 것으로 소개된 유일한 예가, 상급자가 위법한 사항을 지시한 경우이다. 소방서장이 소방서 소속 공무원에게 ○○주식회사가 「소방시설공사업법」을 위반한 사실을 없었던 것으로 하라'고 지시하고, 소방서 소속 다른 공무원에게 ○○주식회사로 하여금 준공필증 신청을 취하하게 하라고 지시한 사안에 대하여, 청탁금지법 제5조 제1항 제13호 위반을 이유로 1,000만원의 과태료가 부과되었다.[18]

위법한 지시에 대한 거부권은 부패방지를 위해서 뿐만 아니라, 행정작용의 적법성 확보와 공무원의 책임성 제고를 위해서도 필요하다. 독일과 유럽연합에서는 상급자의 위법한 지시에 대한 거부권을 인정한다. 우선 독일의 경우, 공무원은 직무행위의 적법성에 대해 완전한 책임을 지는 것이 원칙이다.[19] 그렇다면 상급자의 위법한 직무명령으로 인하여 위법한 직무행위를 할 상황에 처하게 된 공무원은 어떠한가? 이에 대해서는 다음과 같이 규정하고 있다. "직무명령의 적법성에 관하여 우려가 있으면 공무원은 지체 없이 직근 상급자에게 이를 주장하여야 한다. 적법성에 대한 우려가 해소되지 않았음에도 직무명령이 유지된다면 그 다음 단계의 직근 상급자에게 이의를 제기하여야 한다. 직무명령이 다시 확인되면 공무원은 이를 집행하여야 하고 책임에서는 면제된다."[20] 다만 해당 행위가 인간의 존엄성을 침해하거나 범죄 또는 질서위반행위에 해당하고 공무원이 범죄 또는 질서위반행위임을 인식할 수 있었던

---

18) 수원지방법원 2017. 5. 25. 자 2017과4 결정. 법원의 결정문에서도 나타나듯이 위 사안은 형법상 직권남용에 해당할 수 있는 사안이다.
19) 독일 연방공무원법(Bundesbeamtengesetz) 제63조 제1항
20) 같은 조 제2항 1-3문

경우에는 책임이 면제되지 아니한다.[21)]

　유럽연합에도 유사한 규정이 있다. 비정상적(irregular)이라 판단되는 명령을 받은 공직자는 직근 상급자에게 이를 알려야 한다. 직근 상급자가 서면으로 그러한 통지를 받았다면 서면으로 답변하여야 한다. 직근 상급자가 그 명령을 확인하였으나 해당 공직자가 판단하기에 그러한 확인이 자신이 우려하는 근거에 대한 합리적인 응답이 아니라면 그 다음 단계의 직근 상급자에게 서면으로 문제를 제기하여야 한다. 다음 단계의 직근 상급자도 명령을 확인하였다면, 그 명령이 명백히 위법하거나 중요한 안전기준의 위반이 아닌 한, 공직자는 이를 집행하여야 한다.[22)] 만약 직근 상급자가 그 명령이 즉시 집행되어야 한다고 판단한다면, 그 명령이 명백히 위법하거나 중요한 안전기준의 위반이 아닌 한, 공직자는 이를 집행하여야 한다. 공직자의 요청이 있으면, 직근 상급자는 서면으로 명령을 발급하여야 한다.[23)] 상급자에게 명령이 비정상적임을 통지한 공직자는 그 이유로 어떠한 불이익도 받지 아니한다.[24)]

Ⅲ. 사회상규와 유권해석

1. 사회상규 개념의 불명확성

　청탁금지법에 따른 제재 여부가 불확정개념인 '사회상규'에 좌우된다[25)]는 점은 청탁금지법 시행 이전부터 논란이 되었다. 그러

---

21) 같은 조 제2항 4문
22) 유럽연합 Staff Regulations 제21a조 제1항
23) 같은 조 제2항
24) 같은 조 제3항

나 헌법재판소는 부정청탁금지에 대한 예외사유인 사회상규에 대해 명확성의 원칙에 반하지 않는다고 판단하였다. 근거는 다음과 같다. 사회상규 개념은 형법 제20조에서도 사용되고 있고, 대법원은 일관되게 형법 제20조의 '사회상규에 위배되지 아니하는 행위'라 함은 법질서 전체의 정신이나 그 배후에 놓여 있는 사회윤리 내지 사회통념에 비추어 용인될 수 있는 행위를 말하고, 어떠한 행위가 사회상규에 위배되지 아니하는 정당한 행위로서 위법성이 조각되는지 여부는 구체적 사정 아래 합목적적, 합리적으로 고찰하여 개별적으로 판단하여야 한다고 판시해 오고 있다. 복잡한 사회현상의 변화에 따라 사회상규상 허용되는 모든 상황을 법률에 구체적으로 열거하는 것은 입법기술상 불가능에 가깝다.[26]

그러나 사회상규 개념의 불명확성이 헌법재판소가 의회가 제정한 법률을 위헌이라 판단할 수준의 문제는 아니라고 하더라도, 위 개념이 행위규범으로 작동하기에 충분한 예측가능성을 확보하고 있다고 보기는 어렵다. 사회상규 개념은 형법 제20조의 위법성조각사유에서 차용한 것으로 보이는데, 형법상 위법성조각사유는 범죄구성요건에 해당하여 원칙적으로 위법한 행위에 대해서만 예외적으로만 위법성을 조각시키는 기능을 한다. 그러나 청탁금지법은 일반적인 범죄구성요건보다 훨씬 넓은 청탁행위와 금품수수행위를 대상으로 하여, 처음부터 위법과 적법의 경계를 가르는 기능을 한다. 형법에서 사회상규 개념이 불명확함으로 발생하는 문제보다 청탁금지법에서 사회상규 개념이 불명확함으로 인해발생하는 문제가 더 커질 수밖에 없다.

나아가 위의 헌법재판소 결정에서도 언급되고 있듯이 사회상규

---

25) 부정청탁금지의 예외사유인 청탁금지법 제5조 제2항 제7호와 금품수수금지의 예외사유인 청탁금지법 제8조 제3항 제8호
26) 헌재 2016. 7. 28. 2015헌마236 등 결정.

에 위배되는지 여부는 "구체적 사정 아래" "개별적으로 판단"되는 문제이다. 유형적 판단으로는 사회상규에 위배되지 않는 것으로 보일지라도 개별·구체적인 상황에 따라서는 사회상규에 위배된다고 판단될 수도 있다. 국민권익위원회에서도 이 점을 고려하여 유권해석을 함에 있어서 사회상규 위배 여부를 단정적으로 판단하지 않는 것으로 보인다. 예를 들어 "졸업식 날에 졸업생이 함께 선생님에게 감사의 의미로 꽃다발을 선물하는 것도 청탁금지법에 위반이 되나요?"라는 질문에 대해 권익위는 "졸업식날은 이미 교사의 학생에 대한 성적 평가가 종료된 후이므로 교사가 졸업생이나 학부모로부터 받는 꽃다발은 수수의 시기와 장소, 수수 동기 및 목적, 금품등의 내용이나 가액 등에 비추어 사회상규에 따라 허용되는 금품등에 해당될 수 있습니다."라고 답변하였다.[27] 성적평가가 종료된 후임을 전제로 하면서도 사회상규에 따라 허용되는 물품이라고 단언하여 주지는 않는다. 시민의 입장에서는 구체적 사정에 따라 사회상규에 위배된다고 판단될 위험이 여전히 남아 있는 것이다.

2. 유권해석의 강력한 영향력

사회상규 개념이 불확정개념임으로 인해 발생하는 또 다른 문제는 권익위의 유권해석이 마치 규칙처럼 작동하게 된다는 점이다. 청탁금지법 시행 후 첫 스승의 날을 앞두고 스승의 날 카네이

---

27) FAQ 2017. 1. 12.자 답변
   (http://www.acrc.go.kr/acrc/board.do?command=searchDetail&menuId=050207010
   2&method=searchDetailViewInc&boardNum=62316&currPageNo=2&confId=129
   &conConfId=129&conTabId=0&conSearchCol=BOARD_TITLE&conSearchSort=
   A.BOARD_REG_DATE+DESC%2C+BOARD_NUM+DESC)

선에 관해 다음과 같은 질의응답이 이루어졌다.

> 교사가 스승의 날에 학생대표가 제공하는 카네이션을 받는 것이 청탁금지법에 위반되나요?
> - 학생에 대한 평가·지도를 상시적으로 담당하는 교사와 학생 사이의 선물은 가액기준인 5만원 이하라도 원활한 직무수행, 사교·의례 목적을 벗어나므로 청탁금지법 제8조 제3항 제2호의 예외사유에는 해당할 수 없습니다.
> - 다만, "학생대표등"이 스승의 날에 담임교사 등 학생의 평가·지도를 상시적으로 담당하는 교사에게 공개적으로 제공하는 카네이션·꽃은 수수 시기와 장소, 수수 경위, 금품등의 내용이나 가액등에 비추어 청탁금지법 제8조 제3항 제8호의 사회상규에 따라 허용되는 금품등에 해당할 수 있습니다.

위와 같은 해석은 스승의 날 직전 대대적으로 언론에 보도되었고, 실제로 많은 학교에서 위 해석에서 제시한 방식에 따라 학생대표가 공개적으로 꽃을 제공하였다. 사회상규에 적합한 방식이 단 하나일 것이라고 생각되지는 않지만, 청탁금지법 위반의 위험 없이 안전하게 꽃을 주고받을 수 있는 방식은 권익위가 제시한 방식 하나이기 때문에 학생, 학부모, 교사는 당연히 이에 따를 수밖에 없다. 100만원 이하의 금품수수는 과태료 부과대상이어서 당사자가 불복하여 대법원의 판단까지 받아볼 상황은 매우 드물 것이고, 하급심 법원의 판례도 위반행위를 하여 과태료가 부과되어야 생성될 수 있는 것이므로, 청탁금지법과 관련하여, 특히 과태료 부과대상인 행위와 관련하여, 사법해석(司法解釋)이 이루어지는 사안은 매우 제한적일 것이다. 권익위는 형법상 사회상규 개념에 관한 판례가 준거점이 될 수 있다고 생각하는 듯하지만, 범죄구성요건에 해당되는 행위에 대한 판단이기에 청탁금지법 위반이 문제되는 상황과는 거리가 있다.[28] 그 결과 권익위의 해석이 많은 사안에서 최종적인 유권해석이 되어 결정적인 영향력을 사회에 미치게 된다. '공직자는 직무와 관련하여 금품을 수수하여서는 아니된다. 다만, 사회상규에 따라 허용되는 금품은 그렇지 아니하다'[29]는 청탁금지법상의 '기준'은, 권익위의 해석을 통해 '스승의 날에 교사는 학생 대표가 공개적으로 제공하는 꽃만 받을 수 있다'는 '규칙'으로 변모한다.

권익위의 해석을 통해 만들어신 이러한 소소한 규칙들이 쌓여갈수록 명확성과 예측가능성은 높아지겠지만, 그와 함께 필연적으로 규칙 내용의 정당성과 설득력이 문제시될 수밖에 없다. 자칫 해석을 통해 만들어진 세세한 규칙들이 사회의 다양성과 자율성을 침식할 수 있기 때문이다. 현재는 권익위 소속 공무원들이 해석을 하고, 경우에 따라 교수, 변호사 등 관련 전문가로 구성된 자문위원단의 자문을 받고 있다. 권익위 해석의 설득력을 높이기 위해서는 다양한 계층과 집단의 시각이 반영될 통로가 마련될 필요가 있다.

---

28) 국민권익위원회, 앞의 책, 2017, 156-158면에서는 형법상 사회상규에 관한 판례를 소개하고 있으나, 소개된 판례 중 상당수는 형법 제20조의 사회상규에 관한 것이 아니라, 뇌물죄의 구성요건해당성과 관련하여 '사교적 의례'에 속하는지 여부를 다루고 있다.
29) 청탁금지법 제8조 제2항, 제3항 제8호

Ⅳ. 청탁금지법 집행과정에서의 문제

1. 뇌물죄와의 관계설정

형법상의 뇌물은 직무와 대가관계가 있는 이익에 한정된다는 한계가 있고 이 점은 청탁금지법의 제정동기가 되었다. 그러나 형법상 뇌물죄의 대가성도 직무와 일대일의 대가관계에 한정되는 좁은 개념은 아니다. 공무원이 직무상 대상이 되는 사람으로부터 금품을 받았다면 특별한 사정이 없는 한 직무와 관련성이 있는 것이고 뇌물이 된다.[30][31] 이익의 다과는 뇌물에 해당하는지 여부를 판

---

30) 예를 들어 대법원 2017. 1. 12. 선고 2016도15470 판결에서는 다음과 같이 뇌물 개념을 설명하고 있다.

> 공무원이 직무의 대상이 되는 사람으로부터 금품 기타 이익을 받은 때에는 그것이 그 사람이 종전에 공무원으로부터 접대 또는 수수받은 것을 갚는 것으로서 사회상규에 비추어 볼 때에 의례상의 대가에 불과한 것이라고 여겨지거나, 개인적인 친분관계가 있어서 교분상의 필요에 의한 것이라고 명백하게 인정할 수 있는 경우 등 특별한 사정이 없는 한 직무와 관련성이 있다고 볼 수 있다. 그리고 공무원의 직무와 관련하여 금품을 주고받았다면 비록 사교적 의례의 형식을 빌어 금품을 주고받았다고 하더라도 수수한 금품은 뇌물이 된다.

> 또한 "뇌물성을 인정하는 데 특별한 청탁이 있어야만 하는 것은 아니고, 또한 금품이 직무에 관하여 수수된 것으로 족하고 개개의 직무행위와 대가적 관계에 있을 필요는 없으며, 그 직무행위가 특정된 것일 필요도 없다"(대법원 2000. 1. 21. 선고 99도4940 판결).

31) 설민수, "한국과 미국에서 공직자의 금품수수행위에 대한 형사제재의 비교 - 뇌물죄의 구조적 한계와 부정청탁 및 금품 등 수수의 금지에 관한 법률의 역할을 중심으로", 「사법」 제39호, 2017, 277-278면에서는 넓은 대가성 개념을 전제로 하여 뇌물죄의 구조적 한계를, 직무 발생 이전에 호의적 관계를 형성하기 위해 제공되는 금품에 대한 수수행위라고 하면서, 같은 글 296면에서 이에 대한 처벌의 확대를 청탁금지법상 금품수수 금지에 대한 형사적 제재의 입법목적으로 설명하고 있다.

단함에 있어 고려요소의 하나가 될 수는 있겠지만,[32] 원칙적으로 직무와 대가관계가 있는 금품이라면 소액이더라도 뇌물이다.[33]

그렇다면 청탁금지법에서 과태료의 부과대상으로 삼고 있는 "직무관련성 있는 100만원 이하의 금품 수수"와 형법상 뇌물죄의 관계가 모호해지는 문제가 생기게 된다. 청탁금지법의 입법목적은 뇌물죄로 대응하기 어려우나 부패를 유발할 수 있는 금품수수에까지 제재의 범위를 확대하고자 하는 데 있지, 기존에 뇌물죄로 대응할 수 있었던 금품수수에 대하여 100만원 이하라는 이유로 처벌을 과대료로 낮추고자 하는 것은 아닐 것이기 때문이다. 물론 법상 과태료를 부과한 후에도 형사처벌은 가능하지만,[34] 실제 집행과정에서 과태료 부과대상으로 법원에 통보한 행위에 대해 다시 범죄혐의가 있음을 이유로 수사기관에 통보할 가능성은 높지 않을 것이다. 그러므로 100만원 이하의 뇌물을 청탁금지법상 과태료 부과대상 행위로 잘못 판단하여 수사기관에 통보하지 아니하고 법원에 과태료 부과 요청을 하는 데 그치는 사례[35]가 늘어난다면, 청탁금지법은 그 입법의도와 달리 제재의 수위를 낮추는 결과를 낳게 된다. 물론 청탁금지법상의 직무관련성이 있다고 해서 모두 형법상 뇌물에 해당하는 것은 아니다. 또한 형법상 뇌물죄에 개념적으로 해당하더라도 금품이 매우 소액이고 실제로 직무수행의 공정성에

---

32) 대법원 1998. 3. 10. 선고 97도3113 판결.
33) 대법원 2008. 11. 27. 선고 2006도8779 판결에서는 18,750원과 12,000원 상당의 점심식사를 제공한 것이 뇌물로 인정되었다.
34) 청탁금지법 제23조 제5항 단서에서는 과태료를 부과한 후에도 형사처벌이 가능함을 전제로, 그 경우에는 과태료 부과를 취소하도록 규정하고 있다.
35) 과태료 부과대상인지, 형사처벌 대상인지 여부는 (청렴자문위원회가 구성되어 있는 경우에는 그 위위원회의 심의를 거쳐) 기본적으로 공직자의 소속 공공기관의 장이 결정하게 된다(청탁금지법 제14조 제1항, 같은 법 시행령 제34조 제1항). 국민권익위원회, 『『부정청탁 및 금품등 수수의 금지에 관한 법률』 청탁금지법 Q&A 사례집』, 2016, 199면 참조.

영향을 미칠 가능성도 매우 적은 사건이라면 수사기관에 의한 수
사, 기소, 처벌이 불필요하다고 판단될 수도 있다.36) 그러나 국민
권익위원회에서 과태료를 부과한 판례로 소개한 사건 중 대표적으
로 아래의 사건은 형법상 뇌물죄가 성립될 가능성이 높고, 형사처
벌의 필요성도 있어 보인다.

- 공사(공공기관)에 소속되어 관내 포장공사 감독업무를 담당하는
  공직자가 자신이 감독하는 시공사의 이사가 '잘 봐달라'는 취지로
  말하면서 제공하는 현금 100만원을 수수한 사안에 대하여 청탁금
  지법 제8조 제2항에서 금지된 '직무관련성 있는 자로부터 1회
  100만원 이하의 금품등을 받은 행위'에 해당함을 이유로 3백만원
  의 과태료가 부과되었다.37) 결정문에서는 직무관련성이 '높은' 자
  로부터 수수한 경우라는 점, 실제로 감독업무를 소홀히 하여 과다
  한 기성금이 집행된 점이 적시되고 있다. 공사와 같은 공공기관의
  임직원은 형법상 뇌물 관련 범죄(제129조에서 제132조)의 적용에
  있어 공무원으로 의제된다.38)

36) 예를 들어 서울북부지방법원 2017. 6. 28. 자 2016과290 결정의 사례가 그러
  하다. 행정심판을 청구한 청구인으로, 자신이 청구한 사건의 담당 공무원이
  신혼여행 중이라는 사실을 다른 공무원과의 전화통화로 알게 되자, 5만원
  상당의 우편환을 담당 공무원에게 보낸 사건으로서 우편환을 받은 담당 공
  무원이 소속기관장에게 신고한 사안에 대하여 10만원의 과태료가 부과되었
  다. 결정문에 따르면, 금품을 공여한 자는 예전부터 담당공무원과 친분이 있
  었던 사이가 아니었고, 행정심판을 제기한 후 업무관계로 담당공무원과 전
  화통화만 한 관계였으며, 전화통화로 담당 공무원에게 우편환을 발송한 사
  실을 알리면서 업무처리를 '부탁'하였다.
  사적 친분이 전혀 없는 상태에서 직무의 상대방이 금품을 교부하였고 사후
  에 직무에 관한 부탁을 하였으므로, 형법상 뇌물죄의 대가성이 일응 인정될
  수 있을 것으로 보인다. 그러나 뇌물공여 금액이 극히 소액이고, 공무원의
  직무수행에 영향을 미치지 못하였으므로, 수사기관에 통보되더라도 검사의
  기소유예로 종결될 가능성도 적지 않아 보인다.
37) 수원지방법원 2017. 5. 31. 자 2017과49 결정

100만원을 초과하는 금품수수에 있어서도 같은 문제가 없는 것은 아니다.[39] 그렇지만 형사처벌의 대상이기 때문에 수사기관에 통보되고, 청탁금지법위반으로 통보된 행위라고 할지라도 수사결과 뇌물에 해당한다면 검사는 뇌물죄로 기소할 수 있으므로, 100만원 이하의 금품에서와 같은 문제는 생기지 아니한다. 물론 청탁금지법 위반행위로 수사기관에 통보된 행위들이 실제 어떠한 범죄로 기소, 처벌되었는지는 향후 연구가 필요할 것으로 보인다.

요컨대, 100만원 이하의 금품수수행위에서 뇌물죄로 형사처벌 대상인 행위와 과태료 부과대상행위를 구별하여 전자에 대해 과태료 부과로 종결되지 않도록 할 수 있는 제도적 장치가 필요하다고 할 것이다. 또한 100만원 초과 금품수수행위에 대해서도 수사기관에서 청탁금지법 위반행위로 통보되었다는 이유로 뇌물죄 성립 여부를 검토하지 아니하고 경한 청탁금지법위반죄로 처벌하지 않도록 살펴볼 수 있는 절차가 필요할 것이다.

---

38) 공공기관의 운영에 관한 법률 제53조
39) 국민권익위원회 2017. 4. 11.자 보도자료 "청탁금지법 시행 6개월, 관행적 청탁·금품수수에 제동", 5-6면에서는 9개의 사례를 100만원 초과 금품수수로 수사의뢰한 사례로 소개하고 있다. 사건 설명이 간략하여 확실한 판단은 어렵지만, 아래의 5개 사례는 직무의 상대방이 금품을 공여한 것으로서 특별한 사정이 없는 한 뇌물죄가 성립될 수 있을 것으로 보인다.
  ‣ 피의자의 동거인이 사건 담당수사관에게 2천만원을 제공
  ‣ 국유재산 사용허가 신청자가 업무담당자에게 1천만원을 우편으로 제공
  ‣ 공사의 설계변경과 관련하여 시공회사 임원이 공사비를 감액하지 말아달라는 청탁과 함께 공사 감리자에게 현금 300만원을 제공
  ‣ 장해등급결정에 대한 이의신청을 한 민원인이 담당 공직자에게 200만원을 퀵서비스를 통해 제공
  ‣ 현장조사에 동행한 피의자가 현금 100만원과 양주 1병을 수사관의 차량에 놓아두는 방법으로 제공

2. 조사와 제재의 실효적인 집행

권익위는 청탁금지법에 따른 부정청탁 등 방지에 관한 업무의
총괄기관이지만,[40] 청탁금지법 위반행위에 대한 조사권한은 갖고
있지 아니하다. 청탁금지법의 통일적이고 일관된 집행을 위해서는
권익위에도 - 적어도 조사기관에 의한 조사가 충분하지 아니할 때
보충적으로라도 - 조사권한을 부여할 필요가 있다. 현재는 조사
결과가 충분하지 아니하더라도 재조사를 요구할 수 있을 뿐이
다.[41] 특히 언론기관, 학교 및 학교법인과 같은 사적 기관의 경우
에도 조사권한은 소속기관장에게도 있고,[42] 과태료 통보 권한은
소속기관장에게만 있다.[43] 조사와 과태료 부과는 해당 기관 소속
공직자 뿐만 아니라 청탁이나 금품을 제공한 자도 대상으로 할 수
있으므로 사인이 기관 소속 공직자 뿐만 아니라 기관에 소속되지
않은 자에게까지 조사와 제재 여부를 결정할 권한을 갖게 되는 결
과를 낳게 된다. 이것이 민간영역에까지 청탁금지법의 적용범위를
확대하는 과정에서 충분한 고려 없이 생긴 일인지, 민간영역의 경
우에도 소속기관의 자체적인 조사와 제재 여부의 결정이 바람직하
다는 결단에 기인한 것인지 확실치는 않다. 다만 후자의 경우라도
조사와 제재의 공정성과 책임성을 위해서는 권익위나 그 밖에 적
절한 공적 기관에 조사와 과태료 통보 권한을 부여하는 것이 바람
직할 것이다.

---

40) 청탁금지법 제12조
41) 청탁금지법 제14조 제6항
42) 청탁금지법 제14조 제1항, 제13조 제1항 제1호
43) 청탁금지법 제23조 제7항

<참고문헌>

국민권익위원회, 『「부정청탁 및 금품등 수수의 금지에 관한 법률」 해설집』, 2016

국민권익위원회, 『「부정청탁 및 금품등 수수의 금지에 관한 법률」 해설집』, 2017

국민권익위원회, 『「부정청탁 및 금품등 수수의 금지에 관한 법률」 청탁금지법 Q&A 사례집』, 2016

박재윤, "부패방지를 위한 행정법 제도의 쟁점", 「행정법연구」 제46호, 2016

설민수, "한국과 미국에서 공직자의 금품수수행위에 대한 형사제재의 비교 - 뇌물죄의 구조적 한계와 부정청탁 및 금품 등 수수의 금지에 관한 법률의 역할을 중심으로", 「사법」 제39호, 2017

이유봉, 『공직부패 종합대책법으로서의 '부정청탁 및 이해충돌 방지법안'에 대한 분석연구』, 한국법제연구원, 2012

최계영, "행정부에서의 이익충돌", 「저스티스」 제159호, 2017

제9장 청탁금지법에 대한 입법평론

홍 완 식*

1. 머리말

청탁금지법을 통하여 공직자들의 부정부패를 척결하자는 것에 이의가 있을 수는 없다. 초기의 입법취지가 '공직사회의 부정부채 척결'이었다가 법의 적용범위를 민간분야로 확대하면서 '전 사회적인 청렴문화의 조성'으로 바뀐 것도 그럴 수 있다고 본다. 그러나 청탁금지법에 대해서는 입법과정에서 그랬던 것처럼 집행과정에서도 많은 논란이 있다. 청탁금지법이 시행된 지 1년 반이 넘었음에도 불구하고 법해석 및 법집행에서 아직도 많은 문제가 제기되고 있는데, 특히 어떠한 행위가 위법행위인지 아닌지에 관해서 법을 지키는 사람들은 물론이고 법을 집행하는 사람들에게도 여전히 불명확하다는데 문제가 있다. 필자는 부정금지법 제정이 논의되는 단계에서부터 청탁금지법을 모니터링 하여, 입법 이전에는 사전 입법평론 성격의 논문을 발표하기도 하고, 입법 이후에는 사후 입법평론 성격의 논문을 발표하기도 하였다. 이제 청탁금지법이 시행된 지 1년 7개월이 지난 시점에서, 관련 사례와 판례들을 통하여 청탁금지법 제정의 입법목적이 제대로 발현되고 있는지를

---

* 건국대학교 법학전문대학원 교수

한 번 검토해 볼 필요가 있다. 따라서 지금까지의 청탁금지법에 대한 입법론적 검토를 토대로 하여, 청탁금지법에 대한 사후적 입법평론[1]을 시도해 보기로 한다. 이 글에서는 청탁금지법의 입법과정상의 문제점을 평가하고, 내용상의 문제점, 집행상의 문제점, 체계적합성 관점에서의 문제점 등을 점검하고 향후 청탁금지법의 개선방향에 대해서도 살펴보려 한다.[2]

---

1) 근래 입법에 대한 절차나 내용에 대하여 논평을 하는 글들이 점차 늘어나고 있다. 입법학에서의 입법평론은 "법학연구에서의 판례연구·판례평석에 상응"하는 것으로 "법학의 새로운 경향"이다.(최대권, 입법평론은 입법학연구의 지평을 넓힌다, 입법학연구, 제14집 제1호, 2017) 입법평론(立法評論)이라고 하면 입법의 과정과 내용 혹은 입법의 절차와 실체를 평가하여 논한다는 의미라고 할 수 있다. 입법평론을 분류하자면, 법률이 만들어지기 이전에는 사전 입법평론의 의미를 지니고 법률이 만들어진 이후에는 사후 입법평론의 의미를 지닌다.(홍완식, 연명의료결정법에 대한 입법평론, 입법학연구, 제14집 제1호, 2017) 그 동안 재난 및 안전관리 기본법에 대한 입법평론, 군인의 지위 및 복무에 기본법에 관한 입법평론, 한부모가족지원법에 대한 입법평론, 국제항해선박 등에 대한 해적행위 피해예방에 관한 법률에 대한 입법평론, 징벌적 손해배상 제도에 관한 입법평론, 청탁금지법안에 대한 입법평론, 영리병원법안에 대한 입법평론, 연명의료결정법에 대한 입법평론, 인터넷실명제 위헌결정에 대한 평석 및 입법평론, 연령기준에 관한 입법평론, 성희롱 관련법에 대한 입법평론, 화학물질 관련법에 대한 입법평론 등의 논문에서 입법평론이라는 용어가 사용된 바 있다.
2) 이 글은 새로이 작성한 글이 아니고, 본인의 '대학 교직원을 위한 청탁금지법 핸드북' (마인드탭, 2018년 개정판 발간)에서 많은 부분 인용하였다. 그리고 2017년 11월 10일에 서울대 법학연구소 공익인권법센터에서 발표하였던 원고를 수정 및 보완하였다. 그리고, 2018년 1월 17일에 개정된 「청탁금지법 시행령」의 내용을 반영하고 주목할 만한 「청탁금지법」 관련 판례도 일부 반영하였다.

11. 부패척결을 위한 기존 법령의 한계와 청탁금지법 입법과정

어느 나라고 부정청탁 및 금품수수 등 공무원의 부패를 금지하고 처벌하는 대표적인 법률은 「형법」이고, 대한민국 정부수립 이후 1953년에 제정된 형법상의 뇌물죄 규정은 공무원의 뇌물수수를 엄히 처벌하고 있다. 그러나 공무원이 금품을 받은 경우에도 직무관련성과 대가성을 입증하기가 어려워 「형법」의 수뢰죄로 처벌하는 것은 쉽지 않다. 더구나, 직무관련성과 대가성 모두를 개념표지로 하는 뇌물을 전제로 하지 않고는, 공무원에게 일반적으로 적용되는 금품수수범죄가 존재하지 않는다는 점이 현행 법제의 한계이다.[3] 우리나라의 주목할 만한 반부패 입법은 1961년 4월 17일에 법률 제602호로 제정된 「부정축재특별처리법」이었다. 1981년 12월에 제정되고 1983년 1월 1일부터 시행된 「공직자윤리법」은 일정 범위 공직자의 재산등록 및 공개, 주식의 매각 또는 신탁, 선물신고, 퇴직공직자의 취업제한 및 행위제한 등에 관한 사항을 규정하였다. 2011년 7월에는 「공직자윤리법」이 개정되어 제2조의2에 '이해충돌방지의무' 규정을 신설하기도 하였으나, 구체적인 규정의 결여로 인하여 선언 이상의 의미를 가지지는 못하고 있다. 2001년 7월에는 「부패방지법」이 제정되어 2002년 1월 25일부터 시행되었고, 2005년 7월에는 「국민고충처리위원회의 설치 및 운영에 관한 법률」이 제정되어 2005년 7월 30일부터 시행되었다. 2008년 2월에 「부패방지법」과 국민고충처리위원회의 설치 및 운영에 관한 법률이 폐지되면서 「부패방지 및 국민권익위원회의 설치와 운영에 관한 법률」이 제정되었다. 2003년 2월에는 「공무원의 청렴유지 등을

---

3) 지유미, 현행 뇌물관련법제에 대한 보완책으로서 부정청탁금지법안, 형사법연구, 제26권 제1호, 2014, 161쪽.

위한 행동강령」이 대통령령으로 제정되었고, 2005년 12월에는 「공무원행동강령」으로 개칭되면서 개정되었다. 「공무원행동강령」에는 공정한 직무수행과 부당이득의 수수금지 등을 규정하고 있지만, 행동강령을 위반한 경우에는 강령 제20조(징계 등)에서 "제19조제4항에 따른 보고를 받은 소속 기관의 장은 해당 공무원을 징계하는 등 필요한 조치를 할 수 있다"고 하여, 임의적 징계만을 두고 있다.

그러나 이러한 법령으로는 공직자의 부패를 실효적으로 차단하기에는 부족하였다. 따라서 기존 부패방지 관련 법령의 한계를 보완하고 공직부패를 척결하겠다는 의지의 발현으로, 2011년부터는 국민권익위원회의 주도로 「부정청탁금지 및 공직자의 이해충돌방지법안」을 입법하기 위한 노력이 진행되었다. 국민권익위원회에서 만든 「부정청탁금지 및 공직자의 이해충돌방지법안」은 잠재적으로 부패를 형성할 수 있는 행위들을 유형화하고, 공직부패에 대한 예방적이고 포괄적인 법규를 통해 공무에 대한 신뢰를 확보할 것을 목적으로 한다는 점에서 전술한 법령들과는 차별화될 수 있다는 평가[4]를 받았다.

국민권익위원회가 2012년 8월 22일에 입법예고한 「부정청탁금지 및 공직자의 이해충돌방지법안」은 2015년 3월 27일에 공포시까지 2년 7개월이 걸렸고, 2016년 9월 28일에 시행시까지는 4년 1개월이 걸렸다. 청탁금지법 입법과정 초기의 핵심적 논점은 금품수수에 대하여 대가성이나 직무관련성을 불문한 형사처벌 여부였다. 입법과정 후기의 논점은 사립학교와 언론사 종사자에 대한 적용대상 확대 문제였다. 적용대상의 확대가 법률통과를 어렵게 만들려는 의도가 있는 것인지에 대한 의심[5]도 있었고, "언론인과 대학교

---

4) 이유봉, 공직부패 종합대책법으로서의 「부정청탁 및 이해충돌 방지법안」에 대한 분석연구, 한국법제연구원, 2012, 37면.

원이 타겟팅이 되어 묘한 물타기"[6)가 되었다는 평가도 있다. 입법
과정에서 법안통과 여부가 불투명한 적도 있었지만, 청탁금지법에
대한 국민적 열망에 힘입어 결국은 입법이 되었다. 교육과 언론이
고도의 공공성을 지니고 있다는 주장에 대해서는 이의가 없을 것
이다. 그러나 특별히 두 민간영역의 종사자를 청탁금지법의 적용
대상으로 한 이유에 대해 입법과정에서는 설득력있는 논거가 제시
된 적이 없었고, 사회적 논의과정은 생략되었다. 입법과정중 공청
회에서는 "왜 국회 정무위원회가 김영란법의 적용 대상에 사립학
교 교원과 언론인 등을 포함시키게 됐는지, 그리고 그같은 결정이
과연 옳은 것인지에 대한 논의가 선행돼야 하는 것"[7)이라면서, 적
어도 국회 정무위원회가 청탁금지법의 적용대상에 언론인을 포함
하기 전에 언론계 출신이 많은 국회 교육문화체육관광위원회나 언
론 유관단체들의 의견을 청취했는지에 관해서 의문이 제기되기도
하였다. 또한 사립학교 법인은 국회 법제사법위원회의 논의과정에
서 갑자기 적용대상에 추가되었다. 반면에 2017년에 "기사 재배치"
로 문제가 되고 2018년에 댓글을 통한 여론 왜곡 등으로 재차 문
제가 된 네이버나 다음 등 인터넷포털은 후술하는 바와 같이 '입
법적 실수'로 청탁금지법의 적용대상에서 제외되었다.

국회 법제사법위원회에서는 청탁금지법의 완성도에 대한 우려
가 컸으며, 본회의에서도 역시 완성도에 대한 우려가 있었다. 즉,
법사위에서는 "민간영역 확대 부분에 대해서 논란이 있고 위헌적
소지가 있다는 논란이 있기 때문에 저희들이 심사숙고를 해야된
다"라거나 "원안이 두 번 세 번 변색을 가하고 널뛰기 형식으로 내

---

5) 중앙일보, 2014. 5. 29.
6) 길준규, 청탁금지법의 쟁점과 평가, 청탁금지법 시행 1년 법적 과제와 주요
   쟁점에 관한 심포지엄, 서울변호사회/청탁금지법연구회, 2017. 9. 20, 107쪽.
7) 박종률, 부정청탁 및 금품 등 수수의 금지에 관한 법률안에 대한 의견, 부정
   청탁 및 금품 등 수수의 금지에 관한 법률안에 관한 공청회, 2015. 2, 19면.

용이 들어갔다 나왔다 하면서 이게 일종의 충동입법이에요. 원안
에 없던 무슨 갑자기 민간영역을 집어넣었다"고 하여 적용대상을
갑자기 추가한 법안심의의 충동성을 지적하고 있다.[8]

이후에 국회 본회의에서도 "오늘 이 법을 2월 임시국회 마지막
날에 서둘러서 처리하는 것 보다는 보다 완성도가 높은 법률, 흠결
없는 법률안을 다음 임시국회에서 처리하면서 지금 공포로부터 1
년 6개월 후에 시행하도록 돼 있는 것을 1년 후에 시행하면 오히
려 완벽한 법안을 보다 빨리 시행할 수 있습니다"[9]라는 의견이 제
시되었다. 즉, 국회 법제사법위원회와 본회의에서는 전반적으로
청탁금지법의 제정에는 찬성하지만, 제기되는 문제점을 제거한 이
후에 통과시키자는 의견이다. 이렇듯 청탁금지법 적용대상의 민간
분야 확대는 사전준비 없이 충동적[10]으로 이루어졌으며, 이후에
발생하는 문제점 중의 여럿은 공직자를 대상으로 마련되었던 법안
을 민간분야로 확대한 것에 기인한다고 볼 수 있다.

권익위에서 발표한 적용대상 세부현황에 따르면 전체 적용대상
기관 40,919개소 중에서 각급학교와 학교법인이 22,412개소(55%)
언론사가 17,219개소(42%)이고, 원래의 적용대상기관인 공공기관
에 속한 공직자는 1,620개소(3%)뿐이다. 청탁금지법의 주된 적용
대상이 3%의 '공직자'에서 97%의 공직자 '등'으로 바뀌었다. 그렇
다면 청탁금지법은 '공직자'를 대상으로 하는 법률이라기 보다는
'각급학교와 언론사 등'의 종사자를 대상으로 하는 법률이라고 보
아야 할 것이다. 입법취지도 '공직사회의 부패척결'에서 '사회전체
의 청렴문화'를 정착하기 위한 것으로 변화되었다.

---

8) 국회 법제사법위원회 회의록, 제331회, 2015. 3. 3, 46쪽.
9) 국회 본회의 회의록, 제331회 제8차, 2015. 3. 3, 18쪽.
10) 국회법사위 회의록, 제331회, 2015. 3. 3, 42면.

III. 청탁금지법 집행에 있어서의 성과와 논란

1. 청탁금지법 시행의 성과

청탁금지법이 시행된 이후에 신고가 접수되고 처리된 현황을 보면, 청탁금지법상의 부정청탁과 금품수수 금지규정을 위반하여 과태료가 부과되거나 수사의뢰 및 기소된 사례를 볼 수 있다. 이는 시행초기에 있어서 청탁금지법이 의도한 어느 정도의 성과를 거두었다고 평가할 수 있다.

〈표 1〉 신고 접수 및 처리 총괄 현황표[11]

구분		부정청탁	금품등 수수	외부강의*	계
신고접수		242건	620건	3,190건	4,052건
신고 처리	과태료 부과요청	3건(4명)	85건(181명)	-	88건(185명)
	수사의뢰	8건(15명)	25건(107명)		33건(122명)
	소계	11건(19명)	110건(288명)		121건(307명)
제재	과태료부과 (징계부가금 포함)	1건(1명)	28건(45명)	-	29건(46명)
	기 소	1건(1명)	10건(47명)		11건(48명)
	소계	2건(2명)	38건(92명)		40건(94명)

특히, 소방서 직원에게 특정회사의 시설검사 위반사실을 묵인해 달라고 부정청탁한 소방서장에게 과태료 1천만원이 부과(현재까지 최고금액 과태료)되거나, 금품 등 수수와 관련하여 과태료부과가 요청되거나 수사의뢰된 건수가 110건이 되었다는 점에서 청탁금지법의 성과를 긍정적으로 평가할 수 있다.

---

11) 안준호, 청탁금지법 시행 1년간 제도운영실적, 「부정청탁 및 금품 등 수수의 금지에 관한 법률」 시행 1년 토론회, 국민권익위원회/한국행정연구원, 2017. 9. 26, 13쪽.

〈표 2〉 금품 수수 사건 금액 현황[12]

1천만원 초과	1천만원이하 500만원 초과	500만원 이하 100만원 초과	100만원 이하 50만원 초과	50만원 이하 10만원 초과	10만원 이하
5건	6건	14건	10건	27건	48건

　　금품등 수수의 경우, 100만원 초과 사건은 25건이며 그 중 1천
만을 넘는 사건은 5건인데, 공사감독, 후원·협찬 요구, 학교 운동부
등 분야에서 발생하였다. 10만원 이하의 소액을 수수한 건(48건)은
주로 각종 신청의 민원인이 담당 공직자에게 제공한 선물을 공직
자가 자진신고한 사례이며, 직무관련 내용과 징도 및 사안의 중요
성에 따라 제공자에게 2~4배의 과태료가 부과되었다.

〈표 3〉 고액 수수 사건 사례[13]

구 분	사건 개요
공사 감독	• 공사 시공사의 직원이 공사 감리원에게 계약상 지급의무 　업음에도 시간외 수당 1천7백60만원 제공하기로 약속
후원·협찬	• 언론사 임원이 타 기관 주최 행사를 명목으로 지역기업 　등에 후원·협찬을 요구하여 1천1백만원 상당의 금품을 수수
학교 운동부	• 학부모 18명이 대학 운동부 감독에게 3천5백만원의 금품을 　제공

---

12) 안준호, 앞의 글, 17쪽.
13) 안준호, 앞의 글, 18쪽.

〈표 4〉 제공금액의 2~4배 과태료 부과 결정례[14]

제공자	제공 대상자	제공 금액	과태료
법원 관내 변호사	해당 법원 소속판사	2만8천원	4배 부과
물품생산업체 임원	물품검사업무 담당자	7만8천원	3배 부과
고소인	담당 수사관	4만5천원	2배 부과
분쟁조정 신청자	담당 공직자	3만3천원	3배 부과
행정심판 피청구인	심판담당 공직자	1만8백원	2배 부과
피의자	담당 수사관	1만원	2배 부과
납품업체 직원	물품조사업무 담당자	9천6백원	2배 부과

2. 청탁금지법 집행에 있어서의 논란

청탁금지법 시행 이후 집행과정에 있어서 청탁금지법 규정의 해석에 관해서 국가기관 간에 차이가 있는 경우가 있었다. 국회에서 예산심의를 할 때에 각 부처의 예산희망사항을 예산결산심의위원회 소속 국회의원들에게 전달하는 '쪽지예산'이 청탁금지법상 부정청탁에 해당하는지 여부를 두고 논란이 있었다. 기획재정부와 권익위원회의 해석은 정반대였다.

국회 예산심의 과정에서의 소위 '쪽지예산'은 청탁금지법이 금지하는 위법행위인가?

• 그렇다(기획재정부 해석)
• 아니다(국민권익위원회 해석)[15]

---

14) 안준호, 앞의 글, 18쪽.
15) 연합뉴스, 2017. 1. 4.

권익위원회는 "쪽지예산은 청탁금지법 적용 대상이 아니라면서도 관계부처의 입장을 존중하겠다"는 입장을 내놓았고, 기획재정부는 "쪽지예산은 청탁금지법상 불가하다"는 입장을 내놓았다. 이후 예산심의과정에서 쪽지예산에 청탁금지법에 적용되었다는 소식은 알려진 바가 없다.

대상자가 누구냐에 따라 해석이 달라지는 경우도 있지 않을까 하는 우려도 있다. 청탁금지법의 입법과정에서도 국회의원에게 일부 유리한 내용으로 법안이 수정되었다는 비판이 있었는데, 청탁금지법의 집행과성에서도 국회의원이 골프장에서 그린피 할인을 받고 식사대접을 받았음에도 불구하고 청탁금지에 저촉되지 않는다고 하여 논란이 있었다.

국회의원이 골프장 그린피를 할인받은 것이 청탁금지법 위반에 해당되는가?

소속 지역구 국회의원을 포함한 국회의원들이 주말요금 16만원임에도 10만~14만원씩을 내어 골프장에서 할인을 받고, 기초의원들로부터 식사대접을 받은 경우의 법위반 여부에 대해서 국민권익위는 "적용하기 어렵다"는 해석을 내렸다. - 조선일보 2016. 11. 12. "공직자 등에 대한 골프장 요금 할인도 금품등의 제공에 해당하나, 직무와 관련이 없는 공직자등에 대한 100만원 이하의 골프장 할인요금은 청탁금지법에 저촉되지 않음." - 권익위 보도자료, 2016. 11. 11.

그러나 이전의 공식적인 해석례에서는 골프장에서의 그린피 할인도 청탁금지법에 저촉되는 행위라고 보고 있었다.

교직원 등이 골프회원권을 가진 사업자와 함께 골프를 치는 경우 골프회원 동반자에게 주어지는 회원대우나 준회원대우를 받아 5~10만원 정도의 그린피 우대를 받는 경우 청탁금지법 위반인지?

골프회원 동반자에게 주어지는 그린피 우대 등 할인은 금품등에 해당하므로 골프회원권을 가진 직무관련자와 골프를 치면서 그린피 우대를 받는 것은 허용되지 않으며, 골프회원 동반자 그린피 우대는 선물에 해당하지 않으므로 선물의 가액기준 내라도 허용되지 않음. 이 경우 교직원등은 정가의 골프비(할인받지 않은 금액)를 지불해야 함. - 권익위 학교용 매뉴얼, 2017, 153쪽

지검장이 법무부 과장에게 100만원 현금과 함께 95,000원 상당의 식사를 제공하여 청탁금지법 위한 혐의로 기소되었는데, 1심과 2심에서 모두 무죄가 선고되었다.

검찰청 소속의 지검장이 법무부 소속 과장에게 100만원 현금과 95,000원의 식사를 제공한 경우 청탁금지법 위반인지?

제공된 금품의 종류나 제공 형태에 따라 각각 예외사유를 따져 수수 금지 금품의 가액을 산정해야 함. 100만원의 금품제공은 청탁금지법 제8조 제1항에서 정하는 가액인 100만원을 초과하지 않으므로 형사처벌의 대상이 되지 않음. 95,000원의 식사에 대해서는 청탁금지법 제8조 제3항 제1호의 '상급 공직자가 하급자에게 위로·격려·포상 등의 목적으로 제공하는 금품'에 해당하므로 청탁금지법 위반이 아님. - 서울중앙지방법원 2017. 12. 8. 선고 2017고합608

즉, 서울중앙지법 형사합의21부는 법무무 과장 2명에게 95,000원 상당의 식사와 100만원 현금을 제공하여 기소되어 벌금 500만원이 구형된 전 서울중앙지검장에게 2017년 12월 무죄가 선고되었고 항소심에서도 역시 무죄가 선고되었다. 법원은 100만원의 금품제공은 청탁금지법 제8조 제1항에서 정하는 형사처벌 기준인 100만원 가액을 초과하지 않는다고 보았다. 식사비와 현금을 합산하면 100만원을 초과하지만, 제공된 금품의 종류나 제공 형태에 따

254   청탁금지의 법과 사회

라 각각 예외사유를 따져 수수 금지 금품의 가액을 산정해야 한다
면서, '100만원 돈 봉투'는 금지금액을 초과하지 않았다고 판단한
것이다. 다시 말해, 100만원은 형사처벌 대상이 아닌 과태료 부과
대상에 해당하는 금액이라고 본 것이다. 식사에 대해서는 청탁금
지법 제8조 제3항 제1호의 "상급 공직자가 하급자에게 위로·격려·
포상 등의 목적으로 제공하는 금품"에 해당하는 것으로, 청탁금지
법에서 허용하는 예외사유에 해당한다고 보았다.

국회의원과 검사장의 청탁금지법 위반을 다루는 사안에서, 이
들이 청탁금지법에 위반된다는 해석이나 판결은 나오지 않았다.
이러한 해석과 판결에 나름의 이유와 논리는 있지만, 캔커피나 카
네이션도 청탁금지법 위반이라고 해석하는 추상같은 엄격함과는
사뭇 대조적이라고 볼 수 밖에 없다. 이러한 청탁금지법의 대조적
인 면은 "이 법으로 처벌된 사안들은 대부분 공무원이 아닌 일반
국민이었다는 점은 모순을 극명하게 드러낸다. 지난 국정농단사태
를 거치면서 정작 우리가 경계해야 할 것은 은밀하게 숨어들어 합
법을 가장한 거대 부패라는 점을 알게 되었다. 입법의 신중함과 스
마트한 법의 운영이 절실한 때이다."[16]는 지적을 더욱 호소력이
있게 만들고 있다.

언론사의 적용범위와 관련해서도 이미 문제가 지적된 바 있지
만, 최근에는 드루킹 사건과 관련하여 문제가 더욱 크게 불거졌다.
주지하는 바와 같이 현대사회에서는 신문이나 TV 등 기존매체보
다는 인터넷의 비중과 영향력이 훨씬 증가하였음에도 불구하고 네
이버·다음·구글 등의 인터넷 포털과 인터넷 멀티미디어 방송사업
자(IPTV)는 청탁금지법의 적용대상이 아니다. 근래에 까지도 인터
넷포털에서의 기사 재배치, 뉴스 검색순위 조작, 댓글조작 등이 이

---

16) 박재윤, 김영란법 유감, 대한변협신문, 2018. 4. 9.

루어지고 있었다는 점이 밝혀졌다. 언론 보도에 따르면 네이버의 뉴스배치와 관련한 청탁이 논란이 되었다. 프로축구연맹의 홍보팀장이 네이버 스포츠담당 이사에게 "연맹비판기사를 잘 보이지 않게 재배치해 달라" "기사 관련 부탁은 이번이 마지막이 될 것"이라는 문자메시지를 보내었다. 이러한 기사청탁과 관련하여 네이버 대표이사는 "감사결과 의혹이 사실로 확인됐다"고 하면서 사과하였고[17], 네이버 창업자가 출석한 2017년 국정감사에서도 논란이 되었다.[18] 2018년에도 '드루킹' 사건과 관련하여 네이버는 다시 한 번 논란의 중심에 섰다. 그러나 네이버를 포함하여 인터넷포털사에 근무하는 임직원에 대한 부정청탁이나 금품제공은 청탁금지법으로 처벌할 수 없다. 청탁금지법의 적용대상을 공직자에 더하여 각급 학교와 언론사로 확대하면서도, 언론사의 적용범위를 잘못 한정하여 네이버 등 인터넷포털을 적용대상에서 제외하였기 때문이다. 언론사를 「청탁금지법」의 적용대상에 포함시키기 위한 관련법의 전체적인 구조를 보면, 「청탁금지법」은 「언론중재법」을 인용하고 있고 「언론중재법」은 다시 「신문 등의 진흥에 관한 법률」 등을 인용하는 방식을 취하고 있다. 이러한 복잡한 연쇄구조를 지닌 법률인 청탁금지법을 입법하면서 입법적 실수를 저지른 것이다.[19]

---

17) '뉴스조작 사실 처음 인정한 네이버' 조선일보 2017. 10. 23. 35면 사설; '충격적인 네이버 뉴스배치조작, 공정성 대책 시급해' 중앙일보 2017. 10. 23. 34면 사설.

18) 야당 "네이버 대국민 사기극" 이해진 "기사 재배치 사과", 중앙일보, 2017. 10. 31.

19) 네이버 등 현대사회의 막강한 언론매체로 등장한 인터넷포털이 청탁금지법에서 제외된 이유는 매우 단순하다. 「언론중재법」은 2005년에 제정되었는데, 법률 제정시에 제2조 개념 정의 규정의 12호 '언론사'에는 방송사업자·신문사업자·정기간행물사업자·뉴스통신사업자·인터넷신문사업자 만이 포함되어 있었고, 인터넷뉴스서비스사업자·인터넷멀티미디어방송사업자는 12호 '언론사'에 규정되어 있지 않았다. 인터넷뉴스서비스사업자·인터넷멀티미디어방송사업자는 이후 2009년에 「언론중재법」의 개정을 통하여 제2조에 추가

이러한 입법적 실수는 두고 두고 논란거리가 되고 있지만, 이러한 입법적 실수가 인식되고 난 이후에도 고쳐질 기미는 전혀 보이지 않는다. 우리 국회의 '입법적 대응의 탄력성'은 대단히 무디다.

주지하는 바와 같이 청탁금지법 신고1호는 대학생이 교수에게 캔커피를 준 행위였다. 서면신고가 아니기 때문에 정식으로 접수가 되지는 않았지만, 서면신고가 되었다면 캔커피를 받은 교수는 과태료와 징계를 받을 수 있었다. 하나 더 생각해 본다면 캔커피를 받은 정교수·부교수·조교수는 제재를 받지만 겸임교수·명예교수·시간강사는 세세를 받지 않는다. 청탁금지법 제2조의 정의규정에 따라 고등교육법에 규정된 '교원'이냐 아니냐의 여부에 의하여, 대학에서 동일하게 강의를 담당하고 있음에도 불구하고 누구는 적용대상이고 누구는 적용대상이 아닌 것이다. 강의를 담당하고 있는 교수·겸임교수·명예교수·시간강사는 대학내부 행정에서는 구별될 수 있을지 몰라도 학생들에게는 전혀 구별되지 않는다. 시간강사를 교원에 포함시키는 내용의 「고등교육법」 개정법률(일명 '강사

된 것이다. 2015년에 「청탁금지법」이 제정되면서 제2조에 적용대상인 언론기관의 범위가 규정되었는데, 「언론중재법」 제2조 12호의 '언론사'만 적용대상으로 규정하고, 동조 18호에서 21호로 나중에 추가된 「언론중재법」은 적용대상으로 규정하지 않았다. 즉, '인터넷뉴스서비스사업자'라는 명칭으로 「언론중재법」에 추가로 규정되어진 인터넷포털을 「청탁금지법」의 적용대상으로 규정되어야 함을 간과한 것이다. 이렇게 2015년에 「청탁금지법」을 제정하면서 왜 이미 2009년에 개정된 「언론중재법」을 제대로 반영하지 못했는지는 의문이다. 당시 「청탁금지법」의 국회 정무위원회의 심의과정에서 갑작스럽게 민간언론사를 포함시키자는 주장이 나왔고 언론사 포함 여부는 신중하게 다루어지지 못했으며, 이러한 갑작스러운 적용대상의 확대과정에서 입법실수가 발생한 것으로 보인다. 이러한 과정을 종합해 보면, 「청탁금지법」의 대상자를 공직자에 더하여 민간분야의 학교와 언론사로 확대하면서 언론사의 적용범위를 잘못 한정하는 입법적 실수를 범한 것이다. 상세는 홍완식, 청탁금지법 적용대상의 문제점 - 언론사를 중심으로, 유럽헌법연구, 제23호, 2017. 4, 333쪽 이하.

법')은 또 다시 시행이 2019년 1월 1일로 연기됨으로써, 강사는 여전히 청탁금지법의 적용대상이 아니다.

국민들이 매우 의아해 하는 해석도 있다. 과연 스승의 날에 카네이션을 받은 교수를 범법자로 만드는 것이 청탁금지법을 만든 입법취지에 상응하는가? 이러한 위법을 피하기 위해서 대학생이나 대학원생이 색종이를 접어서 카네이션을 만들어야 하겠는가 하는 의문도 있다.

스승의 날에 달아주는 카네이션은 위법한 것인가?

종이로 만든 카네이션을 받는 것은 합법이고, 생화로 만든 카네이션을 받는 것은 위법이다. - 권익위 해석

이와 관련한 논란은 교사와 교수 등은 스승의 날에 학생대표가 공개적으로 제공하는 꽃만 받을 수 있는 것으로 해석이 정리되어 지고 있다. 권익위의 해석을 통해서 명확성과 예측가능성은 높아 지겠지만, 규칙내용의 정당성과 설득력이 문제시될 수 밖에 없다는 지적[20]이 있다.

모든 '공직자 등'은 외부강의를 하는 경우 소식기관장에게 반드시 신고를 하여야 한다. 신고를 하지 않거나 한도를 초과하는 사례금을 받은 경우에는 청탁금지법의 제재를 받는다. 외부강의를 하는 경우의 사례금은 국공립대학이냐 사립대학이냐에 따라 차별적이었으나, 2018년 1월 17일의 「청탁금지법 시행령」 개정으로 동일하게 조정되었다. 외부강의 신고제도의 문제점은 신고의무가 있는 '외부강의 등'에 강의·강연·기고·발표는 물론이고 토론·심사·평가·

---

20) 최계영, 토론문, 청탁금지법 시행 1년 법적 과제와 주요쟁점에 관한 심포지엄, 서울변호사회/청탁금지법연구회, 2017. 9. 20, 138쪽.

자문·의결이 모두 포함된다는 점이다. 이에도 해당되지 않으면 '기타' 항목에 신고해야 한다. 공무원의 경우에는 강연 등을 빙자한 고액의 금품수수를 금지할 필요가 있지만, 강의가 본업인 대학교수에게 모든 외부활동을 신고하게 하고 있고, 총장은 "외부강의 등이 공정한 직무수행을 저해할 수 있다고 판단하는 경우에는 그 외부강의 등을 제한"(제10조제2항)할 수도 있다. 교사·기자·PD 등의 경우에도 마찬가지이다. 청탁금지법의 "진짜 독소조항"으로서 기자·PD·교수·교사가 참석하는 모든 회의에 대하여 사전신고의무를 부과하고 기관장은 이를 제한할 수 있다는 문제점은 이미 여러 차례 지적되었다. 공직자가 아닌 대학교수에게 모든 외부활동을 신고하게 하고 총장이 이를 제한할 수 있도록 규정함으로써, 학문의 자유를 제한하는 입법례는 자유민주국가에서 그 사례를 찾아볼 수 없다.

대학생이 교수에게 캔커피를 준 것이 법시행 이후 제1호 신고였는데, 이는 청탁금지법의 신고요건을 갖추지 못하여 접수가 되지 않았지만, 종종 논란이 되고 있다. 과연 캔커피를 받은 교수를 처벌하는 것이 청탁금지법을 만든 입법취지에 상응하는가?

학생이 교수에게 캔커피를 주는 것은 위법인가? (학생들 질문이 많은 사례)

성영훈 국민권익위원회 위원장은 10일 "학생이 교수에게 캔커피를 주는 것과 교사에게 카네이션을 달아주는 것은 김영란법 위반"이라고 말했다. 성 위원장은 이날 국회 정무위원회의 권익위에 대한 국정감사에서 김용태 새누리당 의원의 관련 질문에 "법령 위반이 맞다"며 이같이 밝혔다. 성 위원장은 "김영란법 위반이라고 판단하는 근거는 무엇이냐"는 김 의원 질문에 "직무관련성 측면에서 그렇다"고 답했다. 김 의원은 "아이들이 교사에게 카네이션을 달아주는 것까지 위법이라고 하면 김영란법 전체 취지가 흔들릴 수 있다"며 "상식적인 수준에서 적용해야 한다"고 지적했다. 김 의원은 또 "국회가 법을 제정할 때는 논의하지 않던 '직접적 직무관련성'이란 것을 권익위가 시행령에 넣었다"며 "현장의 혼란을 최소화해 달라"고 말했다. - 한경, 2016. 10. 10.

이후 "권익위는 제4차 관계부처 합동 해석지원TF 회의를 열어, 스승의 날에 카네이션을 선물하거나 수업전 교수에게 캔커피를 주는 행위는 청탁금지법에 위반한다는 결론을 내렸다"는 KBS와 서울경제의 2016년 11월 21일 보도에 대하여 "관계부처 합동 해석지원 TF회의에서 학생이 교사에게 카네이션 캔커피를 제공하는 것이 청탁금지법에 위반되는지 여부에 대한 최종적인 결정을 한 사실이 없음"이라고 하면서, "학생이 담임교사, 교과 담당교사에게 제공하는 카네이션이 원활한 직무수행 사교 의례목적에 부합하는지 여부와 교육청 행동강령 등에 목적범위를 구체적으로 정하는 방안에 대해 추후 계속 검토해 나가기로 하였음"이라는 보도자료를 발표하였다.21) 권익위나 범부처 합동 해석TF도 캔커피와 카네이션을 주고 받는 행위가 청탁금지법 위반인지에 대해서 결정하지 못하였고 계속 검토하기로 했다는 것이다. 권익위는 물론이고 범부처 합동 해석TF도 청탁금지법 위반 여부에 대해 확실하지 않다고 한다. 권익위와 범부처 합동 해석TF도 모르는 것을 일반 국민

21) 국민권익위원회, '교사에게 주는 캔커피 카네이션은 불가'('16. 11. 22. 연합뉴스, KBS 등) 관련 보도해명자료, 2016. 11. 26.

들이 어떻게 알겠는가?

그리고, 부정청탁에 해당하지 않는다는 해석도 있으나 부정청탁에 해당한다고 볼 수 있는, 해석상의 논란이 있을 수 있는 경우도 있다.

공무원인 A는 기자 B와의 친분을 이용해 B가 취재해서 쓴 기사를 삭제해 달라고 부탁하자 B는 A와 평소 친분관계도 있고 크게 중요한 기사는 아니라고 판단해 결국 기사를 삭제하였음.

공무원 A와 기자 B: 사회통념에 비추어 용인될 수 있는 행위이므로 부정청탁 예외사유 해당. - 서울특별시, 청탁금지법 바로 알기, 2016, 52쪽

청탁금지법 시행령 제15조 제2항에는 부정청탁의 일시·목적·유형 및 세부내용을 포함하여 부정청탁의 내용 및 조치사항을 공개하도록 하고 있다.

부정청탁의 내용 및 조치사항의 공개기간은?

공개기간에 대해 법률에 규정되어 있지 않고 부정청탁의 공개는 부정청탁 예방을 위한 것이므로 영구적으로 공개할 수도 있음.
- 권익위 학교용 매뉴얼, 2017, 72쪽

그런데, 이러한 인적사항 등 개인정보를 "영구적으로 공개해도 무방"(2016년판)하다거나 "영구적으로 공개할 수도 있음"(2017년판)이라는 해석은 인격권·사생활의 비밀과 자유·개인정보 자기결정권 등의 기본권을 과도하게 제한하여 과잉금지원칙을 침해하는 결과를 낳을 수 있다.

오해의 소지가 있거나 위험한 해석도 있다. 청탁금지법 제5조 제1항에 따라, 실질적·내용적으로는 부정청탁임에도 불구하고 법

령에 따른다는 형식적인 요건만 갖추었다면 부정청탁의 예외사유
로서 보는 해석은, 법원에서 다른 결론이 도출될 수도 있을 것이기
때문이다.

> **법령·기준에서 정한 절차·방법에 따라 특정한 행위를 요구하는 경우 법령을 위반하여 직무를 처리하도록 요구해도 되나요?**
>
> 이미 제도화되어 있는 방법으로 국민과 공공기관이 의사소통을 할 수 있도록 하기 위해 법령·기준에서 정한 절차·방법(형식적 요건)에 따르는 이상 그 내용이 부정청탁에 해당하는 경우에도 예외사유로 규정하여 부정청탁에 해당하지 않음. - 권익위 학교용 매뉴얼, 2017, 69쪽

청탁금지법 제5조 제1항의 '법령을 위반하여 … 하는 행위'만
을 부정청탁으로 보는 것은 청탁금지법의 실효성을 저하시킨다.
정작 현실세계에서 문제가 되는 것은 '법령에 위반하지는 않지만
재량을 일탈하거나 남용하는 경우'인 경우가 많다. 공무원이 재량
범위 내에서 특정업자나 특정개인을 우대하는 경우를 상상하기란
어렵지 않다. 청탁금지법 제5조 제1항 제15호에서는 "제1호부터
제14호까지의 부정청탁의 대상이 되는 업무에 관하여 공직자등이
법령에 따라 부여받은 지위·권한을 벗어나 행사하거나 권한에 속
하지 아니한 사항을 행사하도록 하는 행위"를 규정하고 있지만,
이에 따라 재량범위내 청탁을 규제하기는 어렵다.

청탁금지법상의 '법령준수서약서' 혹은 '준법서약서' 제출의무
규정에 대하여 국가인권위원회에 진정이 제기되었고, 인권위가 권
익위에 대하여 청탁금지법과 시행령 개정을 권고하기도 하였다.

청탁금지법에서 매년 서약서 제출 의무를 부과하는 것은 공직자 등의 양심의 자유 등을 침해하는 것이 아닌가요?

청탁금지법령에 따라 공공기관의 장이 직무상 명령으로 매년 공직자 등에게 서약서 제출을 요구 할 것이고, 서약서를 제출하지 않을 경우 공공기관의 자체 징계 규정 등에 따라 직무상 명령 불복에 따른 불이익을 받을 수 있어 결국 공직자 등은 본인의 의사와 상관없이 의무적으로 서약서를 제출할 수밖에 없는 결과를 초래 (중략) 시민에게 부과하는 준법 의무의 이행여부는 개인의 행위를 통해 확인할 수 있고 부정청탁 등 위반 행위를 하였을 경우 법에 따라 제재할 수 있음에도 개인의 생각과 의지를 드러내도록 의무를 부과하는 것은 양심의 자유를 침해 할 소지가 있다. - 국가인권위원회 결정, 2016. 11. 28, 1~2쪽

청탁금지법 준수서약서에 관해서 이렇듯 논란이 발생하자 2018년 1월 16일의 「청탁금지법 시행령」 개정을 통하여 나름의 개선방안이 반영되었다. 즉, 「청탁금지법 시행령」 제42조(교육 등)를 개정하여 서약서를 매년 받도록 하던 것을 신규채용할 때 받도록 하였다. 이제 청탁금지법 준수서약서는 이직을 하지 않는다면 한 번만 제출하면 된다.

국회 심의과정에서부터 '부정청탁'이 명확성원칙에 위배된다는 우려가 있었기에[22], 부정청탁의 개념 정의에 많은 수정과 변화가 있었다. 입법예고안(원안)과 국회제출안(수정안)에서는 제2조(정의)에서 부정청탁에 관한 개념을 정의하고 제5조(부정청탁의 금지)에서 부정청탁에 해당하지 않는 것만을 규정하는 입법방식을 고수하다가, 부정청탁의 행위유형을 열거하는 방식으로 입법방식을 변경하였다. 공포된 청탁금지법에서는 제5조(부정청탁의 금지)에 부정청탁의 14유형을 열거하고, 부정청탁에 해당하지 않는 예외를 7유형으로 열거하고 있다. 헌재는 이에 대해 명확성 원칙에 위배되지 않는다고 보았지만, 적용과정에서 많은 논란이 많이 생겨나고 있

---

22) 제325회 정무소위 제2차 회의록, 2014. 5. 27, 30면.

다. 헌재는 "건전한 상식과 통상적 법감정을 가진 사람이라면 그 내용을 예측할 수 있으므로 불명확하다 할 수 없고 법을 해석·집행하는 기관이 이를 자의적으로 해석하거나 집행할 우려도 크지 않"다고 했지만, 청탁금지법은 수범자뿐만 아니라 집행기관에게도 불명확한 점이 많다.

앞에서 본 바와 같이, '쪽지예산'이 부정청탁인지에 관해서 기재부와 권익위의 의견이 다르고, 캔커피나 카네이션을 주고 받는 것이 청탁금지법 위반인지에 관해서 논란이 크다. 생화 카네이션은 금지되고 종이카네이션은 허용된다는 해석을 내려야할 정도로 권익위는 할 일이 많아졌다. 2016년 하반기에 국무총리실에 범정부적인 해석TF가 만들어졌다는 것 그리고 얼마되지 않아 해석TF가 활동을 중지하였다는 것 자체가 청탁금지법의 모호성과 불명확성을 나타내는 것이다. 청탁금지법을 이해하기 위해서는 권익위에서 발간한 해설집과 사례집을 볼 수 밖에 없고, 이것도 부족하여 총리실 해석TF의 자료를 보아야 한다. 국민들은 청탁금지법을 지키기 위해서 쉬임없이 공부해야 하며, 공부를 게을리 하는 경우에는 징계되거나 과태료를 물거나 나아가 형사처벌을 받을 수도 있는 것이다.

IV. 헌법재판소의 결정과 관련하여

1. 2016년의 헌재결정

청탁금지법에 대하여 한국기자협회와 대한변협신문 등이 헌법소원심판을 청구하였고, 한국사학법인연합회 산하의 한국사립초중

고등학교법인협의회, 한국전문대학법인협의회, 한국대학법인협의회, 한국유치원총연합회 등 4개 단체도 헌법소원심판을 청구하였다. 입법과정에서 해소되지 못한 논란이 헌법재판으로 미루어졌다. 문제의 해결은 국회에서 이루어져야 바람직함에도, 국회는 이러한 문제의 해결을 헌법재판소에 미룬 것으로도 볼 수 있다.

청탁금지법에 대한 헌법소원심판 사건에서 헌재는 기각·각하 결정(헌재 2016. 7. 28. 2015헌마236)을 하였다. '부정청탁' '법령' '사회상규' '사교·의례 목적으로 제공되는 선물' 등의 용어는 "법관의 보충석 해석으로 의미를 파악할 수 있다"거나 "건전한 상식과 통상적 법감정을 가진 사람이라면 그 내용을 예측할 수 있으므로 불명확하다고 할 수 없고, 법을 해석하고 집행하는 기관이 이를 자의적으로 해석하거나 집행할 우려도 크지 않다"고 하였다. 민간 분야 중 교육과 언론만을 적용대상에 포함시킨 것에 대하여는 "입법자의 결단이 자의적 차별이라 보기는 어렵다"거나 "입법자의 재량이 인정되는 영역"이라고 정도의 논리만을 내세울 뿐, 의료·건설·법무·납품·하청·스포츠·방위산업·시민단체·교육·언론 등 공공성이 강한 민간영역으로서 청탁과 비리에 노출되기 쉬운 분야 중에서 왜 교육과 언론만을 우선 적용대상에 포함했는지에 대한 설명은 없다. 진료청탁이나 대출청탁, 인사청탁 등이 있는 민간병원·민간은행과 비교해서도 이해하기 힘들고, 건설·하청·납품비리나 선수선발에서의 청탁·비리와 비교해서도 이해하기 힘들다. 우리은행 직원 채용비리의혹에서 볼 수 있는 바와 같이 민간은행에서도 부정청탁이 있지만, 민간은행은 청탁금지법의 적용대상이 아니다. 헌재는 "민간부문의 부패 방지를 위한 제도 마련의 첫 단계로 교육과 언론을 선택한 것이 자의적 차별이라고 단정할 수 있는 자료도 없다"고 하였다.

2. 헌재결정에 대한 몇 가지 의견과 향후 전망

공직자를 대상으로 하는 원래의 청탁금지법이 필요하다는 점에
는 이의가 있을 수 없지만, 헌법재판소의 반대의견에서는 원안과
달리 민간분야로 적용대상이 확대되었다는 점에 대해서 적절히 지
적을 하고 있다.

청탁금지법에 대한 헌법재판소의 결정 - 반대의견

사회에서 발생하는 모든 부조리에 국가가 전면적으로 개입하여 부패행위
를 일소하는 것은 사실상 불가능할 뿐만 아니라, 부패행위 근절을 이유로
사회의 모든 영역을 국가의 감시망 아래 두는 것은 바람직하지도 않다. 직
무의 성격상 공공성이 인정된다는 이유로 공공영역과 민간영역의 본질적
인 차이를 무시하고 동일한 잣대를 적용하여 청탁금지법의 규제대상을 확
대하고자 하는 입법목적은 그 자체로 정당성을 인정하기 어렵다. 부정청탁
을 하는 사람이나 금품 등을 제공하는 사람들의 부정한 혜택에 대한 기대
를 꺾고 언론이나 사학 분야의 신뢰 저하를 방지하겠다는 다소 추상적인
이익을 위하여 민간영역까지 청탁금지법의 적용대상에 포함시키는 것은
입법목적의 달성을 위한 효율성의 측면에서도 결코 적정한 수단이라 볼 수
없다.

그러나 헌법재판소의 법정의견은 청탁금지법이 언론인 및 사립
학교 관계자 등의 기본권을 침해한다는 주장을 받아들이지 않았다.

청탁금지법에 대한 헌법재판소의 결정

부정청탁금지조항은 부패가 빈발하는 직무영역에서 금지되는 행위를 구체적으로 열거하여 부정청탁의 유형을 제한하고 있고, 부정청탁의 행위유형에 해당하더라도 법질서 전체와의 관계에서 정당시되는 행위는 예외를 인정하여 제재대상에서 제외하고 있으며, 언론인이나 사립학교 관계자가 부정청탁을 받고 그에 따라 직무를 수행한 경우에만 처벌하고 있다. 한편, 대가관계 증명이 어려운 부정청탁행위나 금품등 수수행위는 배임수재죄로 처벌할 수 없어 형법상 배임수재죄로 처벌하는 것만으로는 충분하지 않고, 교육계와 언론계에 부정청탁이나 금품등 수수 관행이 오랫동안 만연해 왔고 크게 개선되지 않고 있다는 각종 여론조사결과와 국민 인식 등에 비추어 볼 때, 교육계와 언론계의 자정노력에만 맡길 수 없다는 입법자의 결단이 잘못된 것이라고 단정하기도 어렵다.

이미 우려했던 대로, 국민권익위의 유권해석과 타 국가기관의 유권해석이 다른 경우도 있고, 언론사와 전문가마다 청탁금지법의 해석을 달리하는 경우도 발생하고 있다. 하물며 일반 국민의 입장에서는, 청탁금지법의 적용대상은 물론이고 공직자 등에 대한 의견진술이나 가벼운 선물이 법을 위반하는 것은 아닌지에 대하여 혼란스러워 하고 있다. 그럼에도 불구하고 청탁금지법의 여러 규정이 명확한지에 대하여 헌법재판소는 부정청탁과 금품 등의 수수에 관한 규정들이 불명확하지 않다고 판단하였다.

청탁금지법에 대한 헌법재판소의 결정

'사교', '의례', '선물'은 사전적으로 그 의미가 분명할 뿐만 아니라 일상생활에서 흔히 사용되는 용어들이며, 위임조항의 입법취지, 청탁금지법 제2조 제3호의 금품등의 정의에 관한 조항 등 관련 조항들을 종합하여 보면, 위임조항이 규정하고 있는 '사교·의례 목적으로 제공되는 선물'은 다른 사람과 사귈 목적 또는 예의를 지킬 목적으로 대가없이 제공되는 물품 또는 유가증권, 숙박권, 회원권, 입장권 그 밖에 이에 준하는 것을 뜻함을 충분히 알 수 있다. 따라서 위임조항이 명확성원칙에 위배되어 청구인들의 일반적 행동자유권을 침해한다고 볼 수 없다. (중략) '부정청탁'이라는 용어는 형법 등 여러 법령에서 사용되고 있고, 대법원은 부정청탁의 의미에 관하여 많은 판례를 축적하고 있으며, 입법과정에서 부정청탁의 개념을 직접 정의하는 대신 14개 분야의 부정청탁 행위유형을 구체적으로 열거하는 등 구성요건을 상세하게 규정하고 있다. 한편, 부정청탁금지조항은 통상적 의미의 법령뿐만 아니라 조례와 규칙도 법령에 포함된다고 명시적으로 규정하고 있다. '사회상규'라는 개념도 형법 제20조에서 사용되고 있으며, 대법원이 그 의미에 관해 일관되게 판시해 오고 있으므로, 부정청탁금지조항의 사회상규도 이와 달리 해석할 아무런 이유가 없다. 이와 같이 부정청탁금지조항이 규정하고 있는 '부정청탁', '법령', '사회상규'라는 용어는 그 의미내용이 명백하므로, 죄형법정주의의 명확성원칙에 위배된다고 보기 어렵다.

이러한 한차례의 헌법재판소 결정에도 불구하고, 향후 수많은 위헌법률심판이나 헌법소원심판이 제기될 것이 분명하다. 청탁금지법의 해석과 집행에 관한 논란과 혼란이 계속되고 있기 때문에, 헌재가 이러한 상황을 무시하고 계속 기각결정을 내릴 수 있을지 의문이다.

V. 청탁금지법과 체계적합성

부패방지에 관한 법령이 산재해 있기 때문에 관련법의 통폐합과 개별법의 정리가 필요하다는 지적23)에 유념할 필요가 있다. 체계적합성(Systemgemäßheit) 또는 체계정당성(Systemgerechtichkeit)이라고 하는 것은 입법기능에서 존중되어야 하는 원칙으로서 법규범 상호간에는 규범구조나 규범내용면에서 서로 상치 내지 모순되어서는 아니 된다는 원칙이다.24) 헌법재판소는 체계정당성의 원리

---

23) 김재광, 부패방지 관련 법제의 체계 및 평가, 공법연구, 제40집 제3호, 2012. 2.
24) 허영, 한국헌법론, 박영사, 2010, 926면.

에 대하여 "'체계정당성'(Systemgerechtigkeit)의 원리라는 것은 동일 규범 내에서 또는 상이한 규범간에 (수평적 관계이건 수직적 관계이건) 그 규범의 구조나 내용 또는 규범의 근거가 되는 원칙면에서 상호 배치되거나 모순되어서는 안된다는 하나의 헌법적 요청 (Verfassungspostulat)"25)이라거나 "체계정당성이라 함은 일정한 법률의 규범 상호간에는 그 내용과 체계에 있어서 조화를 이루고 상호 모순이 없어, 결국 모든 규정의 내용과 체계가 상호 모순과 갈등 없이 그 본래의 입법목적의 실현에 합치되고 이바지하는 것을 말한다."26)고 설명하고 있다. 체계정당성이란 입법자가 입법을 함에 있어서 법체계와 일치하거나 법체계에 적절한 결정을 하여야 한다는 것을 의미한다.27) 즉, 개별 법률규정이나 개별법은 다른 법률규정 및 법률과의 관계에서 모순이 발생하지 않도록 입법되어야 한다. 왜냐하면, 개별법률규정이나 개별법은 독립적으로 존재하는 것이 아니라 다른 법령과 상호 유기적으로 결부하여 전체적인 법제도와 법령의 체계를 구성하는 것이며, 이들 법률과 법률규정 사이에는 조화의 관계 내지는 균형의 관계가 존재하여야 하는 것이기 때문이다.28)29) 우리나라의 법령은 그 절대적인 수가 많아졌으며, 특별법·특례법·한시법 등 입법의 증가 및 특정사건에 대하여 강력한 대처를 한다는 명분으로 처벌이 강화되는 입법의 증가 등으로 인하여 수평적 체계성이 약해지기도 하였다.

체계적합성 원칙을 법안작성이나 심사시에 준수하여야 한다는 점에 관해서는 정부와 국회의 실무책자에서도 확인할 수 있다. 법

---

25) 헌재 2004. 11. 25. 2002헌바66.
26) 헌재 1995. 7. 21. 94헌마136.
27) Peine, Franz-Joseph, Systemgerechtigkeit, 1985, S.25.
28) 박영도, 입법학용어해설집, 한국법제연구원, 2002, 300면.
29) 상세는 홍완식, 체계정당성의 원리에 관한 연구, 토지공법연구, 제29집, 2005. 12, 462면.

제처는 "복잡한 법체계를 간소화하고 법령간의 관계를 명확히 하여 체계적 정합성을 높이는 것이 필요하다"[30] 하고, 국회 법제실은 "체계정당성의 원리는 독자적인 위헌성 심사기준이 되기 보다는 법제를 할 때 규율내용의 합리적 구조화, 다른 법률과의 균형을 고려하여야 하는 지침으로 작용한다"[31]고 하고 있다. 체계정당성의 요청은 동일 법률에서는 물론이고 상이한 법률 간에서도 존중되어야 하고 법령의 체계나 구조상 수직적이건 수평적이건 반드시 존중되어야 한다. 법령은 통일된 법체계로서의 질서가 있어야 하며 상호간에 상충이 생겨서는 안된다. 헌법·법률·행정입법·자치입법의 입법자가 다르고 이러한 규범구조에 부응하지 않는 입법 특히 과도한 입법위임과 잦은 개정 등으로 인하여 수직적 체계성이 약해지기도 하였고, 법률의 입법에 있어서도 특별법·특례법·한시법 등 입법의 증가로 인하여 수평적 체계성이 약해지기도 하였다. 이러한 수직적 및 수평적 체계정당성의 원리는 청탁금지법을 포함하여 부패방지법령의 입법에 있어서도 적용되어야 한다.

입법과정에서 청탁금지법의 적용범위가 민간분야인 학교와 언론으로 확대되었음은 전술한 바와 같다. 그렇다면 학교와 언론을 제외한 민간분야는 청탁금지법의 적용대상이 전혀 아닐까? 그렇지 않다. 학교와 언론이 아닌 기타의 민간분야라고 하더라도 공무수행사인의 경우에는 청탁금지법 제11조에 따라 청탁금지법의 적용대상이다. 예를 들어, 유치원은 적용대상이지만 어린이집은 원칙적으로 적용대상이 아니다. 그러나 누리과정을 운영하는 어린이집의 원장은 공무수탁사인으로 적용대상이고, 원장이 아닌 어린이집 선생님 등은 적용대상이 아니다. 은행 중에서 한국은행, 한국산업은행, 한국주택은행, 한국수출입은행은 적용대상이지만, 전술한 바

---

30) 법제처, 법령입안 심사기준, 2012, 21쪽.
31) 국회 법제실, 법제이론과 실제, 2016, 66쪽.

와 같이 민간은행은 원칙적으로 적용대상이 아니다. 그러나 민간
은행의 경우에도 국민주택기금 등 정책금융업무나 외국환거래법
에 따른 정부수탁업무를 담당하는 자는 공무수행사인으로 청탁금
지법의 적용대상이 될 수 있다. 그런가하면 전술한 바와 같이 디지
털시대의 가장 영향력있는 언론기관으로 인식되고 있는 네이버 등
인터넷포털은 적용대상이 아니다. 최근에는 국토교통부가 재건축
비리대책에 재건축조합 임원을 청탁금지법 적용대상에 추가할 계
획임을 발표하였다.32) 국토부의 해당 보도자료에 따르면 '향후 제
도개선 및 시행일정'에 도시정비법 개정안을 2017년 11월에 발의하
여 "조합임원을 청탁금지법 대상으로 추가"할 예정이라고 한다.33)
소위 '낙하산 인사'는 대표적으로 부정한 취업청탁이다. 2016년 10
월의 국정감사에서도 권익위원장은 낙하산 인사에 관해 "부정청탁
의 범주에 들어갈 수 있다고 판단할 수 있을 것"이라고 말했다.34)
그러나 이후에 낙하산 인사로 인하여 청탁금지법을 적용한 사례는
찾아볼 수 없다.

청탁금지법은 적용대상과 관련하여 대단히 복잡한 체계를 가지
고 있으며, 이러한 방식으로 공무수행사인의 범위를 넓혀간다면
더욱 복잡해질 '예정'이다. 국가기관 등의 무기계약근로자와 기간
제 근로자는 제외하면서, 기타 적용기관은 이들도 모두 포함하고
있다. 즉, 청탁금지법 제2조 제2호 가목에서 "공무원"으로 인정된

---

32) "재건축조합 임원을 청탁금지법 적용대상에 추가하는 내용도 포함시켰다.
조합임원이 건설사로부터 금품·향응을 제공받고 그 대가로 시공사 선정 전
조합원들의 표심에 영향을 미칠 개연성을 줄이기 위해서다. 강태석 국토부
주택정비과장은 "국민권익위원회로부터 조합임원의 일부 업무가 공무원에
준하는 성격이어서 김영란법 적용에 문제가 없다는 해석을 받았다"고 설명
했다." 중앙일보, 2017. 10. 31.
33) 정비사업 시공사 선정제도 전면 개선방안 마련, 국토교통부 보도자료, 2017.
10. 30, 7쪽.
34) 중앙일보, 2016. 10. 11.

사람만 적용대상이고 공무원법상 무기계약근로자와 기간제 근로
자는 공무원 신분이 없으므로 적용대상이 아니다.[35] 그러나 같은
호 나목 이하에서는 임직원이라고 하여 근로계약만 체결하면 모두
적용대상에 포함되는 것으로 해석되고 있다.[36] 그러나 근로자 해
당 여부는 계약 형식이 고용계약인지, 도급계약인지보다 그 실질
에 있어 근로자가 사업 또는 사업장에 임금을 목적으로 종속적인
관계에서 사용자에게 근로를 제공했는지 여부에 따라 판단한 판
례[37]도 있지만, 기간제 근로자 등을 공직분야에서는 적용대상이
아니라고 하고 민간분야에서는 적용대상이라고 하는 것은 올바른
체계라고 볼 수 없다. 청탁금지법은 원래 공무원을 대상으로 한 법
률이기 때문에, 부정청탁이나 부정한 금품을 받을 가능성이 있음
에도 불구하고 비정규직이라고 하여 공무원과 함께 근무하는 사람
들은 배제되고, 언론기관이나 사립학교 등의 경우에는 비정규직이
라고 해도 적용대상에 포함되는 것은 체계적합성에 반할 뿐만 아
니라 불합리한 입법이다.[38]

---

35) 권익위 질의답변(2017.8.1.) : (Q) 행정기관에서 계약직으로 근무하는 자도
법 적용대상인지? (A) 행정기관에서 일정기간을 정하여 근무하는 임기제공
무원은「국가공무원법」또는「지방공무원법」상 공무원에 해당하여 법 적용
대상이지만, 무기계약근로자, 기간제근로자의 경우에는 신분상 공무원 또는
공무원으로 인정된 사람이 아니므로 법 적용대상에 해당하지 않음

36) 권익위 질의답변(2017.8.1.) : (Q) '공직자등'의 정의와 관련하여 공직유관단
체, 학교법인 및 언론사의 경우에는 '임직원'이라고 규정하고 있는데, 단순
히 물리적 업무에 종사하는 직원(예컨대 수위, 청소업무에 종사하는 자, 운
전자 등)이나 계약직, 임시직 등의 경우에도 청탁금지법의 적용대상인가요?
(A) 공직유관단체, 학교·학교법인 및 언론사와 직접 근로계약을 체결하고
근로를 제공하는 자는 '직원'으로서 제2조제2호의 '공직자등'에 포함됩니다.
다만, 공직유관단체, 학교·학교법인 및 언론사와 용역(도급)계약을 체결한
회사(경비, 환경미화, 시설관리 등)에 소속되어 근로를 제공하는 미화원, 경
비원 등은 청탁금지법 적용대상에 해당하지 않습니다.

37) 대법원 2007. 3. 29. 선고 2005두13018, 13025 판결 등 참조.

38) 조정찬, 김영란법 체계부정합적 요소, 시사촌평, 입법 Q&A, http://m.cafe.

또한 청탁금지법 제7조 4항에서는 부정청탁의 신고를 받거나 알게 된 소속기관장은 부정청탁을 받은 공직자 등에 대하여 직무 참여 일시 중지, 직무대리자 지정, 전보 등의 조치를 할 수 있다. 이러한 대응조치는 부정청탁의 신고를 기피하는 이유가 될 수도 있다. 즉, 부정청탁을 받았다는 신고를 하면 자신이 수행하는 직무에서 배제될 수 있을 뿐만 아니라, 악덕 민원인이 청렴한 담당자를 한직으로 좌천시키거나 해당 업무에서 배제시키고 자신에게 잘 해 줄 담당자로 교체하기 위한 수단으로 악용소지도 있다. 또한 부정 청탁을 받았음에도 불구하고 들어주지 않은 상태에서 신고를 하는 데 왜 직무를 일시정지 시키거나 전보를 시켜야 하는 불이익을 당해야 하는지에 대하여 의문이 제기되고 있다.[39] 예를 들어, 고등학생이나 학부형이 담임선생님에게 진로상담을 하면서 학생종합기록부에 좋게 기록해줄 것을 부탁한 경우에, 교장선생님에게 이를 신고한 선생님의 직무를 정지시키거나 다른 선생님으로 하여금 학급담임의 직무를 대리하게 하거나 전보조치를 하면 되겠는가? 학생이 교수를 찾아와 학점을 올려 달라고 하였다고, 교수가 학생을 부정청탁을 한 사람으로 대학에 신고를 하여야 하는가?

VI. 청탁금지법령의 개정 방향

1. 2018년 1월의 청탁금지법 시행령 개정에 대하여

청탁금지법의 시행 이후에 법률을 개정하자는 주장과 시행령을

---

daum.net/sarangbangl/_rec. 2017. 11. 1 방문.
39) 조정찬, 위의 글.

개정하자는 주장이 계속되었다. 이러한 청탁금지법 시행령 개정 요구에 대하여 2017년 1월 5일에 개최된 경제부처 합동 업무보고에서 식사·선물·경조사비의 가액상한으로 기재부는 7·7·10만원 산업부는 5·10·10만원, 해수부는 8·10·10만원, 농식품부는 5·10·20만원, 중기청은 8·8·10만원 등이 적정하다고 제시하였다.[40] 부처마다 가액상한에 관한 편차가 크다는 것을 보여주었다. 2017년 1월 11일의 권익위 업무보고에서 권익위원장은 "3·5·10 가액 한도규정은 절대불변의 진리가 아니고 사회적·경제적인 상황에 따라 탄력적으로 운용해야 하는 것"이라고 말한 바 있다. 그러나 이후 새로이 임명된 권익위원장은 2017년 7월 27일에 3·5·10 가액기준을 상향해야 한다는 주장에 부정적인 입장을 밝혔다. 즉, 3·5·10 기준에 대하여 "아직 법이 시행된지 9개월밖에 되지 않은 만큼 개정에 신중해야 하고 사회적 논의와 합의 절차가 필요"[41]하다고 말한 바 있다.

이러한 논란 이후에 시행령은 2018년 1월 17일에 한 차례 개정되었다. 동 개정에서는 음식물·선물·경조사비 3·5·10만원 가액상한을 조정하자는 그간의 의견을 일부 받아들여졌다. 즉, 음식물·선물·경조사비 가액상한을 3·5·10만원에서 3·5(10)·5(10)만원으로 개정하였다. 선물과 관련해서는 농수산물 및 농수산물을 원료 또는 재료의 50퍼센트를 넘게 사용하여 가공한 농수산가공품은 5만원에서 10만원으로 높이되, 그 밖의 선물은 5만원을 유지하였다. 또한 경조사와 관련해서는 경조사비의 가액 범위를 세분화하여 축의금·조의금은 10만원에서 5만원으로 낮추되, 화환·조화의 경우에는 10만원을 유지하였다. 이 둘을 동시에 받은 경우에는 가액을 합산하여야 한다. 선물가액의 제한과 관련한 화훼업계와 농수산업계의 지속적인 불만을 해소하기 위한 것이라고는 하지만, 가액산정과

---

40) 매일경제, '식사선물규정 현실외면 10·10·10으로 완화추진', 2017. 1. 6.
41) 조선일보, 2017. 7. 28.

관련하여 청탁금지법을 지켜야 하는 수많은 수범자들에게는 이러한 시행령 개정이 다소 복잡하게 여겨지고 있다. 시행령 개정의 구체적인 내용을 모르는 사람은 물론이고 시행령 개정 조차 모르는 사람도 있다. 아직도 축의금과 조의금을 10만원까지 주고 받아도 된다고 생각하는 사람도 있고, 농수산물 선물의 가액범위가 5만원인지 10만원인지 혼란스러워 하는 사람도 있다. 선물을 고를 때에 농수산물 원료가 몇 퍼센트 들어갔는지를 일일이 확인하여야 하느냐는 불만도 없지 않다.[42] 음식물 가액상한은 개정되지 않았기 때문에, 가액상한 완화의 혜택을 받지 못하는 음식점 업계는 업계간의 형평에 대한 문제를 제기하고 있다.

공무원에 대해서는 이미 「공무원 행동강령」이 오래 시행되고 있으며 이에 관해서 사회적 논란이 제기된 적이 없다. 청탁금지법령의 이러한 가액기준은 청탁금지법의 적용대상이 민간영역으로 확대되면서 벌어진 논란이다.

2. 향후의 개정방향과 관련하여

민간분야로 확대된 적용대상을 원래대로 공공분야로 되돌리자는 주장이나 법령준수 서약서가 양심의 자유와 법률유보원칙에 위배된다는 주장은 법률의 개정을 통해서 해결하여야 하는 사안이다. 명절선물과 농축수산물에 대해서 예외를 인정하자는 논의[43]도

---

42) 원재료 50% 미만 가공식품은 안된다고? 개정안 적용기준 혼선, 중앙일보, 2018. 1. 23; 9만원 홍삼 농축액은 해당되나? 기준 애매해 혼란, 문화일보, 2018. 1. 18; 선물상한선 올려도 가공식품 기준 놓고 소비자 혼란 불가피, 서울신문, 2017. 11. 29; 김영란법 농수산물 원료·재료 50% 기준 혼란 5만원 넘은 홍삼정 함량 봐야, 이투데이, 2017. 12. 13; 인삼업계 김영란법 시행령 개정에도 홍삼제품엔 찬바람, 농민신문, 2018. 2. 2.
43) 장영수, 청탁금지법의 헌법적 의의와 발전방향, 전국경제인연합회, 2016. 9.

있고 이를 위한 법률 개정안도 이미 11건이나 국회에 발의되어 있지만, 그렇게 하면 법적용의 형평성이 문제되고 나아가 청탁금지법이 무력화될 위험이 있다는 견해도 있다.

청탁금지법의 적용대상을 사립학교와 언론사에도 적용해야 한다는 논리를 다른 법률에 대입해 본다면, 「공직자윤리법」의 적용대상을 학교와 언론기관으로 확대하고 「공직자 등 윤리법」으로 고쳐야 하고 「공무원 윤리강령」도 「공무원 등 윤리강령」으로 고쳐야 한다. 「부패방지 및 국민권익위원회의 설치와 운영에 관한 법률」에 따른 국민권익위원회도 그 업무범위를 민간분야로 크게 확대하여야 할 것이다.

반부패입법에도 공공과 민간의 구분이 필요하다. 공무원의 범죄수익을 몰수·추징하기 위하여 「공무원범죄에 관한 몰수특례법」이 있지만, 민간영역의 범죄수익을 몰수·추징하기 위하여 「범죄수익은닉의 규제 및 처벌 등에 관한 법률」이 있다. 왜 민간영역에서의 범죄수익을 몰수·추징하기 위하여 「공무원범죄에 관한 몰수특례법」의 '공무원'을 '공무원 등'으로 하여 민간영역을 적용대상으로 하지 않았는지를 생각해 볼 필요가 있다. 공직분야와 민간분야는 규율의 대상과 특징이 다름에도 불구하고 같은 것으로 취급하였기 때문에, 사회적으로 커다란 논란이 야기되었고, 해결하기 곤란한 법적 문제가 발생하였다고 볼 수 있다.

교육과 언론이 고도의 공공성이 있기 때문에 이 분야의 부패를 제거하기 위하여 입법을 하기로 했다면, 청탁금지법의 입법과정 막판에 '공직자'를 '공직자 등'으로 하는 편의주의적인 입법태도를 취해서는 아니 되었다. 교육영역과 언론영역을 포함하여 민간영역 중에서도 공공적 성격이 강한 방위산업·시민단체·금융·의료·법무·

22, 16쪽 이하.

건설·납품·하청·스포츠 등을 포괄하는 하나의 새로운 법률을 만들던지, 아니면 학교관련법이나 언론관련법에 부패방지에 관한 사항을 규정하는 것이 보다 상식적인 입법정책이다. 예를 들어, 「의료법」 제23조의3(부당한 경제적 이익 등의 취득금지)와 「의료기기법」 제13조(제조업자의 의무), 「국민체육진흥법」 제14조의3(선수 등의 금지행위)에는 의료계와 체육계의 부정청탁과 금품수수 등을 금지하고 처벌하는 규정을 두고 있다.

「의료법」 제23조의3(부당한 경제적 이익 등이 취득금지)

① 의료인, 의료기관 개설자(법인의 대표자, 이사, 그 밖에 이에 종사하는 자를 포함한다. 이하 이 조에서 같다) 및 의료기관 종사자는 「약사법」 제47조제2항에 따른 의약품공급자로부터 의약품 채택·처방유도·거래유지 등 판매촉진을 목적으로 제공되는 금전, 물품, 편익, 노무, 향응, 그 밖의 경제적 이익(이하 "경제적 이익등"이라 한다)을 받거나 의료기관으로 하여금 받게 하여서는 아니 된다. 다만, 견본품 제공, 학술대회 지원, 임상시험 지원, 제품설명회, 대금결제조건에 따른 비용할인, 시판 후 조사 등의 행위(이하 "견본품 제공등의 행위"라 한다)로서 보건복지부령으로 정하는 범위 안의 경제적 이익등인 경우에는 그러하지 아니하다.
② 의료인, 의료기관 개설자 및 의료기관 종사자는 「의료기기법」 제6조에 따른 제조업자, 같은 법 제15조에 따른 의료기기 수입업자, 같은 법 제17조에 따른 의료기기 판매업자 또는 임대업자로부터 의료기기 채택·사용유도·거래유지 등 판매촉진을 목적으로 제공되는 경제적 이익등을 받거나 의료기관으로 하여금 받게 하여서는 아니 된다. 다만, 견본품 제공등의 행위로서 보건복지부령으로 정하는 범위 안의 경제적 이익등인 경우에는 그러하지 아니하다. [본조신설 2010.5.27.]

「의료기기법」 제13조(제조업자의 의무)

③ 제조업자(법인의 대표자나 이사, 그 밖에 이에 종사하는 자를 포함하고, 법인이 아닌 경우 그 종사자를 포함한다)는 의료기기 채택·사용유도·거래유지 등 판매촉진을 목적으로 의료인이나 의료기관 개설자(법인의 대표자나 이사, 그 밖에 이에 종사하는 자를 포함한다. 이하 이 조에서 같다)·의료기관 종사자에게 금전, 물품, 편익, 노무, 향응, 그 밖의 경제적 이익(이하 "경제적 이익등"이라 한다)을 제공하거나 의료인, 의료기관 개설자 또는 의료기관 종사자로 하여금 의료기관에게 경제적 이익등을 취득하게 하여서는 아니 된다. 다만, 견본품 제공, 학술대회 지원, 임상시험 지원, 제품설명회, 대금결제조건에 따른 비용할인, 시판 후 조사 등의 행위(이하 "견본품 제공등의 행위"라 한다)로서 식품의약품안전처장과 협의하여 보건복지부령으로 정하는 범위의 경제적 이익등인 경우에는 그러하지 아니하다.

「국민체육진흥법」 제14조의3(선수 등의 금지행위)

① 전문체육에 해당하는 운동경기의 선수·감독·코치·심판 및 경기단체의 임직원은 운동경기에 관하여 부정한 청탁을 받고 재물이나 재산상의 이익을 받거나 요구 또는 약속하여서는 아니 된다.
② 전문체육에 해당하는 운동경기의 선수·감독·코치·심판 및 경기단체의 임직원은 운동경기에 관하여 부정한 청탁을 받고 제3자에게 재물이나 재산상의 이익을 제공하거나 제공할 것을 요구 또는 약속하여서는 아니 된다. [본조신설 2014.1.28.]

사립학교 교직원이나 언론사 임직원 등을 대상으로 하는 '청탁금지법'을 만들고자 한다면, 교육관련법이나 언론관계법 등을 개정하여 부정청탁과 금품수수를 금지하고 처벌하는 규정을 두는 것이 체계정당성의 원칙에 부합하는 입법정책이다. 청탁금지법의 적용대상 확대처럼 손쉬운 방식과 안이한 입법은 주지하는 바와 같이 많은 혼란과 문제를 야기할 뿐이다.

또한 입법예고안에 포함되어 있다가 제외된 이해충돌관련규정을 청탁금지법 개정시에 삽입해야 한다는 의견도 있다. 적용대상을 공무원에 한정한다면 이러한 개정작업에 크게 무리가 없을 테지만, 현행법처럼 적용대상이 확대된 상태에서 이해충돌관련규정을 삽입하는 것은 현재의 문제와 혼란을 더욱 증폭시킬 가능성이 크다.

VII. 맺음말

앞서 살펴본 바와 같이 청탁금지법 위반으로 적발되어 과태료를 받은 사안들은 대부분 공무원이 아닌 일반 국민이었다. 당초 공직사회의 부정부패를 척결하겠다고 청탁금지법을 만들었는데, 공무원이 금품 등을 받은 경우에는 청탁금지법이 적용되지 않는다고 해석되거나 무죄라는 판결도 나왔다. 청탁금지법의 시행으로 큰 부정부패가 적발되어 처벌된 사례도 딱히 찾을 수가 없다. 그렇다면 청탁금지법의 입법효과는 어디에서 찾을 수 있는가라는 의문이 제기되지 않을 수 없다.

교원의 외부강의 등은 본직인 교육 및 연구의 일환이므로 외부강의 제한규정을 대학에 적용하는 것, 사례금을 받지 않는 외부강의 등의 경우에도 신고의무를 부과하는 것, 법준수서약서 징구는 양심의 자유를 침해한다는 등의 비판이 있었다.[44] 이러한 문제는 청탁금지법을 민간분야로 적용대상을 확대하였기 때문에 발생한 것이다. 공직자를 적용대상으로 하여 만들어진 청탁금지법의 각 규정을 거의 그대로 두고, 막판에 적용대상만을 각급 학교와 언론사로 확대하였기 때문에 이러한 여러 가지 문제가 야기된 것이다. 따라서 청탁금지법의 적용대상을 법안 원안처럼 복구할 필요가 있

---

44) 서울대학교, 청탁금지법 설명자료, 2016. 10, 33쪽.

다. 즉, 청탁금지법의 적용대상을 입법예고안(원안)과 국회제출안
(수정안)에 규정되었던 것처럼 공직자로 한정하는 법률 개정이 이
루어진다면, 국회가 자초한 불필요한 논쟁과 갈등이 줄어들 것으
로 본다.45)

　헌재에서 청탁금지법이 합헌이라고 판결했음에도 불구하고, 청
탁금지법에 대한 논란과 우려는 아직도 크다. 헌재의 청탁금지법
결정 반대의견에서도 "사회에서 발생하는 모든 부조리에 국가가
전면적으로 개입하여 부패행위를 일소하는 것은 사실상 불가능할
뿐만 아니라, 부패행위 근절을 이유로 사회의 모든 영역을 국가의
감시망 아래 두는 것은 바람직하지도 않다"고 하면서, 청탁금지법
의 적용대상이 확대가 잘못되었다는 점을 지적하고 있다. 또한 이
미 우려했던 대로, 권익위의 유권해석과 타 국기기관의 유권해석
이 다른 경우도 있고, 언론사와 전문가마다 청탁금지법의 해석을
달리하는 경우도 발생하고 있다. 청탁금지법의 적용대상은 물론이
고 일반국민들의 입장에서도 민원이나 선물이 법을 위반하는 것은
아닌지에 대하여 혼란스러워 하고 있다. 그럼에도 불구하고 헌재
는 청탁금지법에서 문제된 여러 규정들이 불명확하지 않다고 판단
하였다.

　향후 청탁금지법 위반으로 처벌을 받는 사람들에 의해서 청탁
금지법에 대한 위헌법률심판과 헌법소원심판이 제기될 것으로 예
상된다. 처벌받아 마땅한 경우도 있음은 물론이겠지만, 수많은 억
울한 사례들에 대하여 제기되어질 헌법소송은 결국 법령개정을 요
구하는 여론으로 바뀔 것으로 본다. 전술한 바와 같이 정부부처가

45) 상세한 내용은 홍완식, 부정청탁금지 및 공직자의 이해충돌방지법안에 대한
입법평론, 토지공법연구, 2014. 12.; 홍완식, 부정청탁 및 금품 등 수수에 관
한 법률에 대한 입법론적 검토, 입법학연구, 2015. 6.; 홍완식, 김영란법의 체
계성에 관한 연구, 법제연구, 2015. 12.; 홍완식, 청탁금지법 적용대상의 문제
점, 유럽헌법연구, 2017. 4. 참조.

해석지원 합동 TF를 만들거나 권익위에 청탁금지법의 유권해석을
담당하는 부서를 만든다고, 청탁금지법의 명쾌한 해석이 내려질
것이라고는 생각하기 어렵다. 청탁금지법의 해석이 문제인 것이
아니라 청탁금지법의 입법내용 자체가 문제이기 때문이다.

만일 적용대상이 입법예고안(원안)과 국회제출안(수정안)처럼
사립학교와 언론기관으로 확대되지 않고 공직자로만 한정되었다
면, 이러한 수많은 논란과 부작용이 제기되지는 않았을 것이다. 절
차적인 면에서는 신중하지 못한 내용변경과 의견수렴부족으로 인
하여 '누더기 입법'이 되었음이 수차례 지적되었다. 청탁금지법 처
리과정에서의 이러한 문제는 향후 입법과정에서 반면교사로 삼아
야 할 것이다. 언론과 교육분야의 청탁과 금품수수 근절을 위해서
는 언론관계법과 교육관계법의 개정을 통하여, 교육과 언론분야에
적합한 규율을 만들어야 할 것으로 본다.

제10장 청탁금지법과 한국사회 – 효과와 과제

박 명 규*

1. 법제정의 시대적 기반: 부패에 대한 공분

부정청탁금지법 제정이 추진되었던 때는 2010년 소위 스폰서 검사 사건과 2011년 벤츠여검사 사건 등이 계기가 되어 권력기관 종사자의 비리와 부패에 대한 사회적 공분이 확대되던 시점이었다. 관련자들의 금품수수가 대가성과 직무관련성이 없다는 이유로 처벌을 면하게 되자 사회적 불만이 거세게 일었고 이에 대응하여 공직자들의 부정한 청탁과 금품수수를 강력하게 막는다는 취지에서 2012년 김영란 당시 국민권익위원장이 이 법을 추진했다. 법 제정과정에서 명칭과 내용이 부분적으로 달라졌지만 공직자의 부패를 차단하고 공공기관의 투명성을 높여야 한다는 사회적 여망은 이 법의 탄생을 뒷받침한 정당성의 원천이었다. 이 법의 시행에 즈음하여 한 철학자는 "대한민국은 어떻게 부패공화국이 되었나'"라는 자조적인 제목의 글을 발표하고 법의 강제력을 통해서 이 부패 수준이 완화될 것을 기대했다.[1] 한국을 부패공화국이라고 지칭하는 것이 다소 과할지 모르나 한국사회가 비슷한 사회발전 단계에

---

* 서울대학교 사회과학대학 사회학과 교수
  1) 장은주, "대한민국은 왜 '부패공화국'이 되었나? - '김영란법' 시행에 부쳐", [철학과 현실], 111호 (2016. 겨울). 169-182쪽.

있는 국가들과 비교할 때 권력형 비리가 많고 투명성이 낮다는 지적을 받은 지는 오래되었다.

부정과 부패를 방지함으로써 얻고자 하는 일차적 가치는 공공성이라 할 수 있다. 공직수행이 투명하고 깨끗하지 못한 사회에서 공공성이 제대로 정착되기 어렵기 때문이다. 사전적 의미에서 공공성 (public, publicness) 이란 '사회 일반이나 여러 단체에 두루 관련되거나 영향을 미치는 공적 성질'을 말한다.2) 일반적인 용례에서는 국가의 감독 아래 공적 업무를 수행하는 법인 단체를 공공기관이라 하고, 국가나 지방자치단체의 주도하에 일반 다수의 복지를 증진시키려는 사업을 공공사업 또는 공공복지라 부르는 어법에서도 드러나듯이 공익과 공적기관이 관련된 성질로 이해되는 경향이 강하다. 그런 점에서 공공성은 기본적으로 공직자, 국가적 업무를 수행하는 사람들의 투명한 일처리, 공적 헌신, 국민에 대한 공복으로서의 자의식 등을 그 핵심으로 한다.

부정부패는 이러한 공공성을 해치는 가장 강력한 변수다. 부정부패는 개인의 일탈로 그치는 것이 아니고 사회의 공적 자산을 파괴한다. 공공성의 요소들을 중심으로 말한다면 부정부패는 공적인 것을 사적인 것과 혼동하고 공익성을 사익성과 뒤섞음으로써 공공재의 공급을 가로막는다. 또한 부정부패는 투명한 공론성을 약화

---

2) 공공성을 논의한 학자들의 논지를 요약한 한 연구자는 공공성의 내용을 10개의 다중적 요소로 설명한 바 있는데, 이에 따르면 공적인 것 (res publica), 공익성 (public interest)과 공공재 (public goods) 공급의 극대화, 공론성 (offentlichkeit, public sphere), 공정성 (fairness)과 공평성 (impartiality), 공개성 (publicilty)과 공표성 (openness), 공유성 (public sharing)과 공공복지(public welfare), 참여하는 공민(public citizen), 정부적인 것 또는 국가적인 것 (official, governmental), 정치적인 것(political), 시민적 덕성(civic virture)을 가진 시민결사체 (civil association) 등이 공공성을 구성하는 요소들이다. 임혁백, "한국의 정치와 사회의 공공성", 광복70년 선진사회의 기반 심포지엄 발제문. (2015. 1.6) 참조.

시키고 부정한 결탁으로 공정성과 공평성을 해친다. 당연히 한 사회 구성원들이 공유해야 할 공유성과 공공복지를 침해하게 되고 그로 인해 책임있게 공공의 일에 참여하는 시민적 자긍심을 훼손한다. 부정부패가 구조화되면 정부의 공적 일처리의 정당성이 약화되고 정치적 결정의 권위가 세워질 수 없다. 이런 사회에서 개개인이 시민적 덕성을 함양하거나 내적 윤리에 의한 책임있는 행동을 하기를 기대하기란 어렵게 된다. 한국사회의 부정부패 수준이 높다는 말은 한국사회에 이런 공공성의 형성이 여러 가지 장애에 부딪치고 있다는 뜻이고 그 장애는 부정부패가 일어나는 구조 자체에 깊이 뿌리내리고 있다는 의미이기도 하다.

최초로 법안이 만들어졌을 때 명칭이 "부정청탁금지 및 공직자의 이해충돌방지법안"으로 마련되었던 점은 입법취지가 공직자의 투명성과 청렴도를 높이려는 것임을 명확히 보여준다. 이해충돌이란 공직자 등이 직무를 수행할 때 자신의 사적 이해관계가 관련되어 공정하고 청렴한 직무수행이 저해되거나 저해될 우려가 있는 상황을 의미하며, 이를 미연에 방지하게 함으로써 공직수행의 투명성을 보장하려는 것이었다. 이해충돌이라는 개념이 일반시민들에게 익숙한 것은 아니었지만 국가의 공적 권한이 사적 이해관계에 적지 않은 영향을 미치고 있는 상황에서 공직자의 공무수행과 사적인 이해의 부당한 연계를 방지해야 한다는 필요성은 광범위하게 수긍되었다. 2014년의 세월호 참사는 감시와 인허가의 권한을 가진 공직수행자와 사적인 이해당사자들 사이에 광범위하고 구조화된 유착관계가 공고하게 존재한다는 것, 그리고 이 참사의 구조적 원인도 그것에서 찾아져야 한다는 점을 확신시켰다. 여러 차례 겪었던 대형재난이 어처구니없이 반복된 것도 놀랍지만, 제도적으로 존재하는 허가와 감시의 기능이 제대로 작동되었더라면 결코 있기 어려웠던 참사라는 점에서 우리사회에 구조화된 청탁의 고리, 이해의 사슬에 대한 국민적 비판이 컸던 것이다. 최우선적으로 공직자의 청렴함, 공적 업무 처리의 투명함, 공공기관의 공익우선성 등을 확립함으로써 사회 전반의 공공성을 진작시킬 필요성이 이 법을 제정하게 만든 기본 동력이었다.

따라서 이 법의 제정 자체가 한국사회의 심각한 공공성의 위기를 반증하는 측면이 있다. 전 국민을 슬픔의 공동체로 만들었던 세월호 참사 이후 감시와 인허가의 권한을 가진 공직수행자와 사적인 이익추구자들 사이에 광범위하고 구조화된 유착관계가 부각되면서 '관피아'라는 말이 등장했다. 퇴직관료와 유관업체, 진관예우 형식의 인적 고리가 거대한 부패와 부정을 낳고 있다는 생각을 표현한 것이다. 이 말은 공권력을 점유하거나 했던 관료들과 유관 민간영역의 사익추구가 의외로 강력한 고리를 구축하였고 그 매개고리로 동창, 동향 등 연고주의가 활용되고 있는 현실을 시니컬하게 보여주는 징후적 표현이다. 한국사회의 가장 시급한 과제가 무엇인지 묻는 여론조사에서 언제나 부정부패근절이 첫 번째로 꼽혀온 이유가 무엇인지를 보여주는 것이기도 하다. 공직이 공공성을 확보하지 못하고 오히려 일부 비리공직자의 이익을 보장하는 자리로 변질되고, 퇴직 후에까지 이권의 사슬이 이어지는 유착구조가 존재하는 상황에 대한 확인과 반성이 이 법의 배경인만큼 추구하려는 핵심가치는 '공직자의 이해충돌방지' 개념이 대변하는 공공성의 회복이었다. 따라서 청탁금지법을 평가하는 작업은 제재의 수준과 강도, 법적용 대상자의 타당성, 일부 경제활동종사자들에게 미치는 영향력과 같은 세세한 측면보다도 우선적으로 이 법이 공공성의 확보라는 가치를 얼마나 충실히 또 지속가능하게 실현할 수 있을 것인가에 맞추어질 필요가 있다. 이 연구는 이 점을 주목한다.

11. 공직부패를 넘어 청탁문화 일반으로

청탁금지법이 제정되는 과정에서 공직자의 부패방지라는 차원을 넘어 한국사회 전반의 접대문화를 근절해야 한다는 점이 강조되었다. '공직자의 이해충돌방지'라는 핵심 조항이 빠지는 대신 적용 대상자에 교사, 언론인, 사립학교 및 언론사 임직원과 그 가족이 포함되었다. 결과적으로 약 400만명에 달하는 국민들이 이 법의 적용을 받게 됨으로써 초기 입법취지의 약화 및 법률적 형평성 등에 대한 여러 논란이 뒤따랐다. 특히 국회의원 등 선출직 공무원은 청탁금지의 예외로 규정됨으로써 정작 필요한 권력상층부의 특권남용을 제재하기 어려우리라는 비난을 불러왔다. 기자협회, 언론사, 사립학교, 대한변호사협회 등은 이 법이 공직자의 부패방지라는 차원을 넘어 사회일반의 상호관계에 과도한 규제를 가하는 과정에서 여러 가지 법리상 무리를 수반하게 되었다는 점을 들어 헌법소원을 제기했다. 하지만 2016년 7월 27일 헌법재판소는 이 법에 대하여 합헌판결을 내렸고 결정문을 통해 "국민들은 언론과 교육 분야의 부패정도가 심각하고 그로 인해 맞먹은 청렴성 및 업무의 불가매수성이 요청되기 때문에 이들을 '공직자 등'에 포함한 입법자의 선택을 수긍할 수 있다"고 밝힘으로써 논란을 일단락 시켰다.

'부정청탁 및 금품수수 등을 금지'하는 대상으로 공직자와 함께 언론인과 교육자가 포함된 것은 한국사회에 부정청탁과 금품수수의 관행이 공공기관에 한정되지 않고 일상의 생활세계에 적지 않은 문제를 야기하고 있음을 반영한 것이라 하겠다. 헌법재판소가 합헌판결을 내리면서 그 이유로 '언론과 교육 분야의 부패정도가 심각' 하다는 상황진단을 담고 있는 것도 그런 정황을 반영한 것이다. 언론인, 교육자의 활동을 공적인 것으로 파악하는 것은 공공성에 대한 포괄적인 이해에 따른 것으로 이해할 수 있다 하더라도 이런 결정이 내려진 배경에는 한국사회의 독특한 현실이 자리하고 있다. 즉 언론과 교육은 한국인의 일생과 직결되어 있으면서도 개인은 늘 약자의 위치에 처할 수 밖에 없는 영역이어서 일반시민의 차원에서는 스트레스와 심리적 갈등을 매우 크게 겪게 되는 현장인 것이다.

그렇긴 하지만 공직자의 공무수행과 공적인 성격을 지니는 사회활동의 차이는 무시할 수 없다. 전자가 국가권력을 위임받은 공직자의 품행과 대리자로서 직접적인 책임을 묻는 일인데 비해 후자는 다양성과 자율성을 본질로 하는 시민사회 내에서의 책임 있는 활동을 기대하는 것이기 때문이다. 실제로 이 법의 적용범위가 확장되면서 그 성격 역시 공직자 부패방지보다 전면적인 사회개혁이 더 강조되었다. '누군가 부정한 청탁을 하면 이런 식으로 거절하라는 행동강령을 제시할 필요성'이 이 법의 제정취지로 언급되었다는 보도에서 짐작할 수 있듯이 이 법은 다수의 선량한 시민, 일상의 행위자들이 부정청탁과 금품수수라는 잘못된 관계에 들어가지 않도록 하는 예방적 기능을 강조했다. 절대 다수의 생활에 영향을 미치는 부담을 감내하면서라도 시민적 삶에 부정한 영향을 미치는 관행들을 변화시키려는 사회개혁적 의지가 크게 강조된 것이다.

이 법이 시행된 지난 1년의 기간은 소위 정유라, 최순실 스캔들로 시작된 한국사회 최상층부의 부정한 유착관계가 만천하에 드러나는 시기와 정확하게 겹친다. 엄청난 규모의 재정과 재벌로부터의 협찬금이 일부 고위 공직자의 불투명하고 불분명한 유착을 통해 모금되거나 집행되었다는 사실이 드러나면서 사회 일각에서는 이 법이 큰 부정은 방지하지 못하고 작은 부정만 잡아내는데 그치지 않을까 하는 회의를 자아내기도 했다. 하지만 시행 1년이 되는 시점에서 이 법에 대한 국민적 평가는 전반적으로 우호적이다. 대략 70-80% 가까운 국민이 이 법의 효과를 긍정적으로 평가하고 있고 목적한 바가 어느 정도 달성되고 있다고 평가한다. 공직자의 부패방지를 넘어 일반 시민의 관혼상제, 친구관계에까지 불편을 끼칠 수 있는 광범위한 규제임에도 불구하고 국민들의 지지가 이처럼 높게 나타난 까닭은 아마도 한국사회 공공성의 위기에 대한 절실한 우려때문일 것이다. 오랜 관행이 되어버린 부정한 청탁관계, 청탁을 빙자한 공권력의 사적 전횡과 남용을 방지하는데 이 법이 효과를 나타내리라는 기대감을 국민들이 공유하고 있다. 이 법이 시행된 1년의 기간에 공공기관에 대한 신뢰수준도 개선되는 모습이 확인되고 있다. 공직자의 이해충돌방지라는 입법 당시의 중요한 목표가 실제 법제화 과정에서 약화되긴 했지만 이 법이 공직자의 공공성 강화에 기여할 것이란 기대가 강하게 작동하고 있는 점은 분명하다.

공직자 이외에 언론인과 교육자까지 포함하는 적용범위에 대해서도 비판보다는 수긍하는 쪽이 더 많은 것으로 보인다. 1년의 시행과정에서 부각된 유의미한 행동변화도 공직자와 공공기관의 투명도 증대라기보다 교육현장을 비롯한 일반 사회관계에서의 생활혁신, 접대관행의 개혁 등에서 더욱 뚜렷하게 확인되었다. 많은 사람들이 일상생활에서 이 법의 존재를 의식하고 있다고 대답했고 회식이나 비용지출의 관행에 유의미한 변화가 있다고 했다. 자녀를 학교에 보내는 학부모들이 교사와의 관계에서 이 법으로 인해 편안함을 느끼게 되었다는 반응을 공통적으로 나타냈다. 자율성이 강조되는 사회관계에까지 규제를 가하는 법에 대해 시민적 지지가 높게 나타난다는 사실은 우리사회 구성원이 투명성과 공공성을 공직자만이 아니라 사회경제적 권력과 문화적 위세를 지니는 주요직업군 일반에 대해서도 강하게 요구하고 있음을 보여준다. 이 점에서 관피아나 스폰이라는 말은 깊이 음미해야 할 매우 징후적인 언어다. 새롭게 만들어진 것이면서도 빠르게 대중적인 흡인력을 드러낸 이런 말들은 모두 공공영역과 민간영역의 특이한 유착에 주목하는 것으로, 공직수행자와 민간의 이해당사자가 은밀한 형태로 유착관계를 만들어내고 있음을 꼬집는 말들이다. 이 신종유착구조는 정보화와 민주화를 배경으로 신뢰를 가장하면서 퍼져간다. 개인별 네트워크로 치장된 사적인 관계가 다양한 이권과 결합하고 학벌이나 지역연고가 부당한 이익추구의 수단으로 변질되는 것을 의미한다. 시대의 언어가 드러내는 성서나 가지의 관점에서 본다면 청탁금지법은 관피아나 스폰이란 말이 담고 있는 시대징후적 현상과 깊이 맞물려 있는 실천지향성을 내포하고 있는 셈이다.

III. 청탁금지법 효과의 지속가능성

앞서 본 바와 같이 청탁금지법의 제정과 시행을 둘러싸고 많은 논란, 이견, 염려가 있었지만 전반적으로 이 법에 대한 국민적인 반응은 우호적이었다. 그런만큼 사람들의 의식과 태도, 행동과 일상에 유의미한 변화를 초래한 것으로 판단된다. 물론 의도하지 않은 문제도 나타나고 있고 법 이외에 필요한 과제가 무엇일지를 생각할 여러 과제들도 부각되고 있다. 따라서 향후 이 법의 효과가 지속가능할 수 있도록 후속노력이 계속되어야 할 것이다.

청탁금지법은 공직자는 물론이고 언론인, 교육자 등 공적 성격이 강한 직무종사자와 그 가족을 대상으로 하는 강력한 규제법이다. 법적 강제력을 통해 자율적인 공간에까지 적극적으로 개입하여 혁신을 이끌어내려는 사회개혁적 조치이다. 한국인의 문화적 문법 속에 가족주의나 연고주의가 여전히 강력하게 잔존하고 있고 특히 네트워크 사회로의 이행과정에서 그 폐해를 통제할 메카니즘을 발전시키지 못한 한계를 극복하겠다는 강력한 결단이 포함된 조치이다. 이 공동연구의 조사결과를 놓고 볼 때 청탁금지법은 정실주의적 문화문법의 영향력을 감소시키고 관행으로 자리잡은 행동양식을 바꾸는데 기여하고 있는 것으로 판단된다. 실제로 이 법의 입법취지와 여러 규제항목들 전반에 대한 강력한 국민적 지지가 확인되고 있다. 게임이론의 합리적 행위선택모델에 의해서 이러한 지지의 함의를 재해석해 본다면, 이 법이 모든 사람들이 암묵적으로 공유하는 타자들의 태도에 대한 기대를 동질화함으로써 신뢰에 입각한 행위선택을 하게끔 만드는 사회적 인프라를 제공하는데 기여한다. 사회구성원 일반의 행동양식에 대한 상식적 예측이 개별 행위자의 규범준수에 적지 않은 영향을 미치는 바, 비교적 강한 처벌을 예상케 함으로써 다수 행위자의 협력을 증진시키는 효과, 즉 공유지의 비극을 최소화할 가능성을 청탁금지법이 제공할 수 있기 때문이다. 부정한 청탁을 통해 얻을 수 있는 효과보다 훨씬 많은 비용을 지불하지 않을 수 없는 환경을 만듦으로써 게임의 구조를 바꾸고, 그것이 다시 개인들의 동기를 변화시킬 수 있을 것이기 때문이다. 베버가 말한 '심리적인 것의 강제', 다시 말해 사회적 규범, 공공의 압력에 대한 민감성 등을 높임으로써 부패에 둔감한 도덕관과 이중적 법의식을 교정할 가능성이 높아질 것이라는 기대 역시 충분히 해 볼 수가 있다.

청탁금지법이 시행된 직후와 1년이 되는 시점에 각각 광범위한 사회조사를 실시하고 이 법의 효과와 평가를 확인한 내용들을 살펴보면 더욱 흥미롭다. 시행 초기와 약 1년이 지난 시점 모두에서 85% 이상의 응답자가 이 법의 시행에 찬성한다고 대답했다. 이 법의 취지에 대해 높은 수준의 대중적 지지가 지속되고 있다고 할 수 있다. 이 법에 대한 공감여부를 묻는 질문에 대해서도 두 시점 모두에서 86% 이상이 공감한다는 응답을 했다. 이 법에 대한 국민들의 정서적 태도 역시 상당히 긍정적임을 보여준다. 청탁금지법의 규제 범위와 강도에 대해서도 대체로 긍정적인 평가가 많다. 규제를 지금보다 약화시켜야 한다는 응답은 30%에 미치지 못하고 70% 이상의 응답자가 현재수준이 적절하다고 보거나 지금보다 더 확대/강화되어야 한다고 응답하였다. 1차 조사에 비해 시행 1년이 된 2차 조사에서 '규제 완화의 필요성'에 찬성한 비율이 더 줄어들었다.

청탁금시법의 실제효과에 대해서도 전체적으로 긍정적인 평가가 높다. 약 44%의 사람들이 효과가 컸다고 생각하고, 34%가량의 사람들이 한국사회의 관습과 문화에 큰 영향을 끼쳤다고 평가했다. 조사결과에 의하면, 일상생활에서 청탁금지법을 의식하고 신경을 쓰는 비율이 상당하다. 이 법의 적용대상자들의 50%, 비대상자들의 40% 수준에서 이 법이 일상생활에 미칠 영향에 대해 염려와 고려를 하고 있는 것으로 나타났다. 예컨대 약 60%의 사람들이 이 법 시행 이후 선물 교환 빈도가 감소했다고 응답하였으며, 약 63%의 사람들이 직무관련 부탁 횟수가 감소하였다고 응답했다. 특히 한국인의 회식문화와 관련한 행동패턴에 적지 않은 영향을 미치고 있다. 법 시행 이전과 비교했을 때 약 52%의 사람들이 더치페이가 증가하였다고 응답하였고, 약 51%의 사람들이 단체식사 빈도가 감소하였다고 응답하였다. 청탁금지법으로 인해 '사회관습이 변하고 새 문화가 정착'했다고 평가한 비율은 34%에 달한다. 하지만 훨씬 많은 62%가 '어느 정도 변했으나 크게 바뀌지는 않음'이라 대답했다. 법의 실질적 영향력을 인정하면서도 법만으로 규율하지 못하는 관습과 문화의 영역이 강하게 작동하고 있음을 반증한다. 기대치와 실제효과 사이의 간격이 꽤 있음이 확인되었다.

이 법이 경제에 미치는 영향과 관련하여 응답자 중 자영업자의

70%는 청탁금지법으로 인해 수입에 큰 변화가 없었다고 대답했다. 반면 19%는 약간 감소, 11%는 크게 감소했다고 응답했다. 이 법이 '소비를 둔화시켜 경제에 타격이 올 것이다'라는 주장에 대해 공감하는 비율 역시 1,2차 모두에서 10% 수준이었고 2차 조사에서는 상대적으로 더 줄어들었다. 전체적으로 볼 때 이 법으로 인한 경제적 효과를 우려하는 정도는 크지 않다. 영역별로는 교육분야에서, 학부모들의 반응이 가장 우호적인 것으로 나타났다. 학부모층의 이 법에 대한 태도는 33%가 매우 찬성, 37%가 크게 찬성으로 나타나 70%가 긍정적인 평가를 했다. 반면 반대한다는 응답은 불과 8%대에 머물러 자녀교육에 관심을 쏟는 학부모의 입장에서 강한 지지를 얻고 있음이 확인되었다. 서울시와 광주시의 조사를 보더라도 청탁금지법의 시행 이후 촌지 등의 금품수수 관행이 사라졌다고 응답한 비율이 80%를 상회한다. 특히 부모들의 경우는 '눈치 안보고 아무것도 안해서 좋다'는 반응이 뚜렷하다. 이것은 아이를 키우는 입장에서 부탁과 촌지, 청탁과 선물이 얽혀있던 과거의 관행으로부터 자율적인 해방이 어려웠다는 사실을 보여준다. 청탁금지법이 초중등 교육의 영역에서 학부모가 겪기 쉬운 애매한 부담, 불확실한 관행으로부터 벗어나게 해준 효과가 뚜렷하다.

이 법이 목표한 공정성과 투명성에 미친 효과와 관련해서도 국민들의 반응은 비교적 긍정적이다. 청탁금지법 시행 1년 사이에 '한국사회의 신뢰정도'가 높아졌다는 응답이 나왔다. 1차 조사에서는 우리 사회에 대해 전반적으로 '불신'쪽으로 치우쳤던 의견 (10점 척도에서 3.8) 이 2차 조사에서는 신뢰와 불신의 중간지점(5.03)으로 이행했다. 짧은 시간에 신뢰도에 대한 인식이 상당히 변한 것이다. 물론 이런 변화는 단지 청탁금지법 제정의 효과만은 아니며 2017년 상반기에 진행된 촛불시위, 권력형 부패의 부각, 정권교체 등 다양한 정치변화가 공공성의 개선이미지를 높인 결과일 것이다. 어쨌든 사회기관이나 제도에 대한 신뢰도 유사하게 긍정적인 방향으로 변화했다. 특히 오랫동안 신뢰수준이 매우 낮았던 공공기관, 예컨대 청와대, 국회, 중앙정부, 대법원 등의 신뢰수준이 상승한 것은 주목할 일이다. 공직사회, 공공부문의 금품/향응/편의 제공이 지난 1년 동안 줄어들었고 부패에 대한 처벌이 강화되었다고 보는 견해 역시 증가했고 공공부문의 부정부패 심각성도 다소 완화된 것으로 나타난다. 인생에서 성공하기 위해서는 집안이나 정치적 연고가 필요하다고 생각하는 비율도 큰 차이는 아니지만 통계적으로 유의미한 수준에서 감소했다. 성공에 영향을 주는 요인들 가운데 불공정한 요소들의 비중이 완화되었다는 인식이 약간 증대했다. 조사결과에 따르면 연령이 낮을수록, 정치에 관심이 많고 정치적 성향이 진보적일수록 이 법의 효과를 좀 더 긍정적으로 평가했다.

IV. 자율과 책임의 신뢰사회를 향하여

이처럼 청탁금지법이 기존의 행동양식에 의미있는 변화를 가져온 것은 사실이지만, 이것이 사회의 규범, 개인의 내면 윤리에까지 지속적이고 깊이있는 변화를 가져오고 있는지는 불확실하다. 법의 효과가 겉으로 드러나는 행위차원을 넘어 내면의 도덕과 자율의 영역에까지 미치려면 많은 시간이 필요하고 보완적인 노력이 수반되어야 한다. 사람들 사이의 신뢰관계나 호혜관계는 공공성이나 투명성이라는 가치만으로 이루어지는 것이 아니어서 창의와 자율의 영역이 고급한 방식으로 보장되는 것이 필수적이다. 그런 의미에서 청탁금지법 제정이 가져오는 긍정적 효과에 만족하지 않고 그 한계를 직시하고 이것을 넘어설 보완조치를 마련하려는 지속적인 노력이 필요하다.

전반적으로 긍정적인 평가에도 불구하고 1,2차 조사 모두에서 '법률에 모호한 부분이 많다'는 점이 지적되었다. 이 법의 실제효과를 제한하는 이유로 '법령의 기준이 모호해서'라는 응답을 한 비율도 2차 조사에서 크게 높아졌다. '처벌을 회피할 수 있는 방법을 찾아서' 청탁금지법의 실제효과가 크지 않으리라고 응답한 비율이 1차조사의 44.93%에 비해 2차 조사에서 26.62%로 크게 낮아졌다. 1년의 시행과정에서 처벌회피 가능성에 대한 염려는 상대적으로 줄어들었음을 의미한다. 이것은 법이 비교적 엄격하게 적용되는 것으로 평가되고 회피의 가능성이 높게 여겨지지 않는다는 점을 반영한다. 이것은 개별적 사정을 거의 고려하지 않은 포괄적이고 일반적인 규정의 긍정적 효과인 셈이다. 하지만 한국적 의례와 모임문화 등이 다양한 차원에서 작동하고 있고 그에 기반한 경제활동영역이 존재한다는 점을 고려할 때 이런 일방적 규제로 인한 문제점을 부분적으로 보완할 필요성은 당연하다. 현재 가장 큰 피해를 호소하는 일부 업종, 예컨대 농축수산 및 화훼농가들의 문제를 해소하기 위한 시행령 개정노력이 바로 이와 관련된다고 하겠다. 따라서 청탁금지법이 미치는 경제적 효과는 자영업 전체, 중소기업 전반 등으로 그 효과를 일반화하기보다는 화훼산업, 대형음식업 등 세분화된 방식으로 검토되고 대안을 마련하는 것이 필요한 것으로 생각된다. 이 연구조사가 이루어지는 과정에서도 그러했지만 총리실에서는 지속적으로 이 법의 시행령을 고칠 것을 언급한 바 있다. 실제로 권익위는 청탁금지법이 허용하는 음식물, 선물, 경조사비 상한액을 일컫는 이른바 3·5·10 조항을 3·5·5로 개정하고, 선물비를 농축수산품에 한해 10만원으로 올리고, 경조사비의 경우 현금이 아닌 화환은 10만원까지 예외규정을 두는 개정안을 11월 27일 전원위에 상정했지만 부결되었다. 최근의 다른 한 조사

에서 농축수산물 부문의 선물비용을 10만원으로 상향조정하는 안
에 대한 지지가 60%를 상회하는 것으로 나타나고 있어서 이 부분
은 다소의 조만간 조정될 것으로 생각된다[3].

소위 말하는 3-5-10 만원의 액수의 변경 그 자체는 시행령 차원
에서 수정가능한 문제이고 실제 2017년 12월 11일 부분적인 수정
안이 국민권익위를 통과했다. 어쩌면 앞으로 일정한 보완이 계속
될 수도 있을 것이다. 연구진의 논의와 전문가 토론과정에서 부각
된 중요한 보완사항으로는 다음과 같은 점이 있다. 첫째로는 직무
관련성 없는 금품수수의 제한의 경우 국공립 및 사립간 동일직종
에 대한 차별적 규정 (강의료기준), 직종 및 기관특성상 직급에 따
른 차별적 규정 (임원, 직원), 직무관련성이 없는 금품수수의 연 1
회 제한의 비현실성, 직업 내지는 시장가치에 기반을 둔 강의활동
및 강사료 제한의 문제 등이 문제로 제기되었다. 최소한 동일한 직
종에 대한 차별적 기준을 해소하여 강사료의 기준을 단일화하고,
직종 및 기관특성상 직급에 대한 차별규정도 해소하는 것이 필요
하다. 또 강사료나 전문지식의 활용 부문에서는 개인의 시장가치
가 반영될 수 있도록 탄력적인 보완이 필요하다. 일률적 규제보다
기관 내의 외부활동 및 소득신고로 대체할 수 있는 방안이 고려될
필요가 있다. 다음으로 직무관련성 있는 금품수수 제한의 경우, 원
칙적인 금지가 당연하지만 '예외적 상황'에 대한 판단의 어려움이
있고 혼란이 발생할 여지가 없지 않다. 예외적 적용에 대한 해석여
지를 최소화하여 단일화하되 금액규모는 국민정서와 사회적 여건

---

3) 최근 이 법의 시행령과 관련하여 농축수산품과 화훼에 한해 선물과 경조사
   비 상한을 재조정하려는 논의가 진행 중이다. 한 여론조사에서는 응답자의
   63.3%가 경조사비 상한액을 10만원에서 5만원으로 낮추고 농축수산품과 화
   훼에 한해 선물과 경조사비를 10만원까지 허용하는 내용의 청탁금지법 시
   행령 개정안에 찬성하는 것으로 나타났다. 반대는 27.5%였다. (리얼미터,
   2017.12. 1 조사, 연합뉴스 12. 5.)

을 고려할 때 현행 수준을 유지하는 것이 필요해 보인다. 제3항 제
2호에서 언급된 주관적 요건, 즉 "원활한 직무수행 또는 사교·의례
또는 부조의 목적으로 제공되는 음식물·경조사비·선물 등으로서
대통령령으로 정하는 가액 범위 안의 금품등"에서 "원활한 직무수
행 또는 사교·의례 또는 부조의 목적"(소위, 주관적 요건)의 의미
가 불확실하여 행위자의 입장에서는 "원활한 직무수행의 목적" 내
지 "사교의 목적"에 기한 것이라 생각할 수 있는 여지가 존재한다.
이런 애매함을 해소하는 것도 필요하다.

　좀더 본질적인 쟁점은 과연 이 법의 시행으로 우리 사회의 공
공성과 투명성이 높아지고 전반적인 신뢰수준이 향상될 것인가 하
는 점이다. 이 문제를 실질적으로 평가하기에는 1년의 시행기간으
로는 충분하지 않다. 다만 약간의 시사점을 얻을 수는 있다. 법이
시행된 직후와 비교할 때, 1년이 지난 시점에서 이 법에 대한 사람
들의 관심과 인지수준은 오히려 감소했다. 비슷하게 '공직자 부정
부패 근절' 효과에 대해서도 법 시행초기에 기대한 수준에 비해 1
년이 지난 시점에서 국민들이 내린 평가는 감소했다. 전반적으로
이 법이 부정부패근절에 미친 효과를 인정하면서도 초기의 기대치
에는 미치지 못했음을 의미한다. 가장 큰 문제는 공익에 미치는 영
향이 매우 큰 대규모 인허가 비리, 고위층의 재량권 남용의 영역에
는 이 법이 제대로 작동하지 못할 우려다. 부당한 영향력이 행사될
위험성이 높지만 평범한 시민사회의 시선에는 잘 드러나지 않는
고위공직자, 상위 엘리트 내부의 은밀하고도 다양한 방식의 청탁
행위를 규제할 조치가 마련되어야 한다. 퇴직공직자 (이른바 전관)
의 청탁과 상급자의 청탁을 일반시민의 그것과 구별함으로써 이
법이 시민의 생활세계를 감시하고 규율하는 사회통제법으로 변질
되지 않도록 해야 한다. 청탁금지법은 '넓은 요건'과 '넓은 예외'라
는 특징을 띠고 있으면서도 탄력적 규제방식이 아닌, 금지와 제재

라는 엄격한 규제수단을 결합시켰다. 유연성을 확보하기 위해 포함한 '사회상규' 조항도 그 개념적 모호함으로 인해 권익위의 유권해석이 바로 규칙처럼 작동하게 되는 것도 문제다. 부패의 사전예방이라는 목표에 필요한 적정 수준 이상으로 정당한 의사표현까지 위축될 가능성, 민간의 자율적 의사소통과 신뢰에 기반한 호혜적 관계를 축소시킬 우려도 없지 않다.

　이런 점을 고려하면 '큰 부패'와 '작은 부패,' 비탄력적 규제와 탄력적 규제, 자율적 규율과 강제적 제재를 좀더 세밀하고 정확하게 구분하는 작업이 보완될 필요가 있다. 권력층 비리와 공직남용의 사안과 일반시민의 소소한 청탁관행이 준별되도록 할 필요가 있다. 부당한 영향력이 행사될 위험성이 큰 영역을 구분하고 그곳에 이 법의 규제를 집중하는 한편, 큰 해악이 없거나 낮은 행위, 일반인들의 법감정과 상식에 비추어 크게 위법하다고 여겨지지 않는 행위는 자율적으로 규율되도록 하는 노력이 필요해 보인다. 이 문제는 단순히 민간의 자율공간을 보장한다는 차원을 넘어서 한국사회의 역동성, 창의성의 확보라는 차원에서도 매우 중요하다. 4차산업혁명이 논의되고 있는 21세기는 다양한 분야에서 창의와 혁신, 개성과 도전의 정신이 더욱 중요해진다. 혁신적 행위는 민간의 자율적 영역이 보장될 때 가능한데 청탁금지법은 시민의 다양한 혁신적 실험, 도전적 아이디어, 행정기관에 대한 요구를 자칫 위축시킬 우려가 있음을 유의해야 한다. 공적 의사결정과정의 왜곡을 방지하는 목적을 유지하면서 고의 또는 과실이 수반되지 않는 민간의 자율적 행위와 실험적 발상이 위축되지 않을 방안을 적극적으로 모색해야 할 것이다. 특히 창조성과 혁신성을 생명으로 하는 고등지식, 예술문화 영역에 일방적인 행정규제가 가해짐으로써 우리 사회의 잠재적 성장동력이라 할 지식산업, 문화산업에 부정적 영향을 미칠 가능성에 대해 신중하고도 진지한 숙고가 필요하다.

우리 사회가 네트워크 사회로 급격히 이행하는 과정에서 기존의 행동양식, 청탁관행을 통제할 메카니즘을 구축하는데 실패한 탓에 공정성과 투명성이 크게 위협을 받았다. 특히 힘을 가진 권력형 청탁과 권력형 네트워크를 감시하고 통제하기 위한 엄격한 규율, 법규가 필요하다는 점은 많은 사람들이 동의하고 있다. 청탁금지법에 대한 우리 사회의 광범위한 지지는 이를 반영한다. 하지만 시민사회 내부의 자율적인 규율과 개개인의 내적 윤리로 뒷받침되지 않은 강제규정만으로는 결코 바람직한 사회관계가 구축되지 않는다. 특히 신뢰와 자율의 영역은 법의 강제력이나 표준화된 행정통제로 조성되는 것이 아닐 뿐 아니라 오히려 법의 개입으로 위축될 수도 있음을 유념해야 한다. 신뢰와 법의 관계는 단순하지 않아서 처벌이 강화되면 일정한 기간은 신뢰가 높아지지만 장기화되면 다시 신뢰가 낮아지는 딜렘마가 존재한다. 부패의 사전예방이라는 목표로 인해 정당한 의사표현까지 위축될 가능성, 민간의 자율적 의사소통과 신뢰에 기반한 호혜적 관계를 축소시키지 않도록 보완책을 마련할 필요가 있다. 또한 창의적이고 개성적인 활동이 보호되고 장려되어야 할 지식, 예술, 문화 영역에 이 법이 미칠 수 있는 '의도치 않은 효과'에 대해서도 향후 심층적인 연구와 평가가 지속될 필요가 있을 것이다.

V. 신뢰사회를 향한 법규범과 자율성

여러 가지 의의에도 불구하고 이 법에는 간과할 수 없는 두 가지 문제가 내재되어 있다. 그 첫째는 네트워크 사회로의 이행과정에서 더욱 심화될 자율성과 다양성에 대한 충분한 배려가 있는가 하는 점이다. 1990년대 이후 한국사회는 세계화, 유동화, 민주화,

정보화의 급속한 변화를 경험했고 그 결과 몇몇 지표에서는 세계적으로도 선두를 다투는 네트워크 사회로 변했다. 인터넷과 정보기술의 발달이 그 중요한 인프라가 되었지만 한국인의 유목적 기질, '빨리빨리'로 표상되는 신속함, 한류열풍에서 확인되는 개성적 창의성 등 문화적 요소도 중요하게 작용했다. 이런 변화를 인식한 정치권에서도 한동안 민간부문의 자율성을 공직부문의 관료행정과 대비시키면서 탈규제의 필요성을 강조하곤 했다. 세계화와 신자유주의 개혁이 강조되면서 '비즈니스 프렌들리' 정부를 표방하고 공직수행자에게 민간기업 CEO의 사질을 요구했던 것이 불과 십년 전이었다. 정보화와 유동화로 인해 국내와 국제, 도시와 농촌, 2차산업과 3차산업간에 새로운 관계가 출현하고 영역파괴, 관행파괴가 불가피하다는 인식 하에 융합과 혁신, 창조경제 같은 가치들이 강조된 것도 극히 최근의 일이다. 엄밀하게 말하면 이런 주장은 지금도 사회 곳곳에서 중요한 원리이자 가치로 강조되고 있다.

공직과 사익의 유착, '스폰' 같은 유형의 부패고리는 확장된 네트워크 시대에 걸맞는 규범과 가치를 만들어내지 못한 상태에서 자라난 독버섯과도 같다. 공적 영역과 사적 영역이 더욱 밀접하게 상호교류하고 민간의 CEO와 공직의 책임자가 협력을 강화하는 것은 필요한 일이지만, 그럴수록 공공의 지위와 권한이 사적 이해를 위해 남용되거나 오용되지 않도록 할 장치가 작동하는 것은 더욱 중요해진다. 관피아나 스폰 현상은 급변하는 사회기술적 변화를 도덕과 덕성이 따르지 못하는 '규범지체'가 부패로 이어지는 전형적인 모습인 것이다. 청탁금지법은 이러한 규범지체를 강제력이 수반되는 법을 통해 개선하고자 하는 노력이다. 분명히 강력한 규제를 통해 일정한 효과를 거둘 것이 예상되고 실제로 국민들의 반응에서도 그러한 기대가 확인되고 있다. 하지만 사적 공간에까지 강제력을 적용함으로써 확보되는 투명성은 자율성과 다양성을 키우는데 반드시 우호적이지 않을 수 있다. 본질적으로 자율성과 책임성, 혁신성 같은 가치는 내면의 윤리, 시민사회 내부의 자율규제 역량에 비례하여 발전하는 것이기 때문이다. 일반적으로 고신뢰사회라고 불리는 사회에서 부패의 방지와 자율의 신장, 신뢰의 구축이 꼭 같이 중요한 가치로 존중되는 것도 그런 이유이다. 4차산업혁명의 시대에 점점 더 심화될 네트워크화와 유기적으로 조응하면서도 부패의 가능성은 통제할 수 있는 가치체계와 행위준칙이 새롭게 혁신되어야 하는 과제가 남겨져 있다.

또 하나의 문제는 애초 입법취지였던 고위공직자 이해충돌을 방지할 제도적 장치를 확보하는 일이다. 한국사회의 부정부패는 사회전반의 잘못된 청탁관행도 한 이유이지만 그보다는 권력형 비리, 공직 권한의 오남용에서 비롯되는 것이 더욱 많고 그 폐해도 심각하다. 정권이 바뀔 때마다 또 대형 비리가 등장할 때마다 공직자나 정치인이 부패에 연루되는 모습이 심심치 않게 보도될 정도로 여전히 우리 사회에서 공직분야의 투명성과 공공성 제고는 시급한 과제다. 공직의 투명성이 제고되지 못하면 21세기 기술혁명 시대에 걸맞는 고신뢰사회로의 이행 자체가 불가능해진다. 네트워크 사회와 정보화 사회로 일컬어지는 시대로 접어들수록 공공영역과 민간 분야의 연계는 증가하고 복잡해지며 이해충돌의 종류도 다양해질 것이다. 융합과 복합, 초연결성이 시대적 화두로 부각되는 시대에 잠재적 이해충돌을 조율할 제도적 장치가 마련되지 않으면 적극적인 공공정책의 정당성에도 훼손이 올 수 있고 자칫 창의적인 활동조차 대중적 지탄의 대상이 될 우려가 있다. 2019년 초 한 국회의원이 지방의 적산가옥들을 다량 매수한 것이 지역의 문화공간 재생을 위한 공적 활동인지 개인의 사적 이익을 추구한 투기행위인지가 큰 사회적 쟁점이 되었다. 그 주관적 의도에 대한 평가의 차이와는 별개로 이런 행위가 공직자의 이해충돌에 해당하는

사안이라는 판단이 광범위하게 공유되었고 이를 계기로 국회에서
는 이해충돌방지를 목적으로 하는 법안이 제출되고 논의 중이다.
청탁금지법의 제정과정에서 미루어졌거나 충분히 다루어지지 못
한 문제들이 지금 나타나고 있는 상황이라 하겠다.

　이와 관련하여 또 하나 생각할 점은 기업부분의 책임성에 대한
것이다. 기업활동과 같은 민간영역을 법으로 규율하는 것이 결코
바람직하지 않다는 점에서 법적용의 대상에서 기업부문이 제외된
것은 타당한 조치라 하겠다. 하지만 기업이 중심이 되는 민간영역
의 투명성과 공정성에 아무 문제가 없는 것으로 간수할 수 없다는
점은 두말할 필요가 없다. 2017년 한국사회 전반에서 분출된 개혁
에의 요구에는 공직자, 언론인, 교육자 등 청탁금지법 적용대상자
는 물론이고 이로부터 상대적으로 자유로운 기업인, 회사원, 자영
업종사자 등 전반에 걸쳐 잘못된 관행을 해소하고 평등하고 자율
적인 관계를 수립하는 방향으로 혁신되어야 한다는 절실한 바램이
담겨져 있다.

　이런 점에서 본다면 청탁금지법은 그 법 자체로 완결되는 것이
아니라 우리 사회 전반에 공공성과 자율성, 투명성과 신뢰성을 함
께 확장시켜 가는 총체적 개혁의 한 부분이 진행되고 있는 것이라
볼 수 있다. 또한 공직자와 언론인, 교육자에 한정되지 않고 우리
사회 전반, 특히 엘리트라 지칭할 수 있는 자원보유자층 모두에게
적용되어야 할 새로운 규범을 창출하기 위한 노력의 시작이라 할
것이다. 앞으로 이번 법 제정과정에서 뒤로 미루어진 고위공직자
의 이해충돌방지를 제도화하는 것, 입법과정에서 빠진 국회의원을
포함한 선출직 공직자의 공공성을 강화하는 것, 경제자원을 보유
한 거대기업집단을 비롯한 경제영역의 투명성을 높이는 일, 나아
가 종소규모의 자영업 종사자들의 책임윤리를 확보하는 일 등이
지속적으로 추진되어야 할 것이다. 이를 통해 고위공직자가 자신

에게 수임된 권한을 공정하게 집행하도록 함은 물론이고 민간 영역에서도 사적 관계를 윤리적으로 통제할 수 있는 시민적 자질, 도덕적 규율을 발전시켜야 한다. 그렇지 못하면 네트워크의 확대가 정실주의나 권한남용으로 이어질 수 있는 가능성이 언제든지 생겨나게 마련이다.

사회학적으로 볼 때 청탁금지법은 네트워크 사회로의 이행과정에서 필수적으로 요구되는 공정한 사회관계를 제도화함으로써 규범지체가 초래한 부작용을 해소하려는 조치로 이해될 수 있다. 공공기관의 부패방지, 공정성 확보라는 목표와 함께 공적인 성격이 강한 언론과 교육영역에도 투명성과 공정성을 강요하는 의지가 담겨있다. 하지만 지나치게 포괄적인 법률의 강제력이 자칫 일반 시민들의 일상생활, 개성적 표현, 상호신뢰에 필수적인 자율성과 독창성, 가변성을 억제하지 않을지도 유념해야 한다. 이런 의미에서 미국사회의 신뢰 저하를 탐구한 퍼트남의 시각을 적극적으로 참고해 볼 필요가 있다. 퍼트남은 미국사회의 신뢰 저하가 가정, 이웃집단, 교회, 직장 등의 자발적 연대가 위기를 맞이한 데서 비롯된다고 보았다. 타인과의 관계 맺기 방식이 크게 변화하면서 상호협력을 할 수 있는 역량, 즉 사회적 자본이 약화되었다는 것이다. 퍼트남은 이러한 신뢰의 재구축을 위해서 이웃과의 유대강화를 통한 생활공동체 형성, 소속감이 충만한 정신적 공동체 형성, 인터넷의 활용을 통한 상호접촉, 다양한 문화 활동의 활성화, 공직에의 출마, 각종 위원회나 공공회의에의 참가를 통한 공공생활의 적극적 활성화를 제안하고 있다. 그의 논의를 한국사회에 그대로 적용할 수는 없지만 신뢰와 자율성의 고양을 위해 법적 조치나 강제적 규범에 의지하지 않는 점에 주목해볼 여지가 많다. 한국이 공공성의 위기 못지않게 낮은 신뢰의 문제를 절감하고 있다고 볼 때 자율성을 신장시키고 이를 뒷받침할 시민적 덕성을 함양하는 것은 공공성의 확보와 더불어 매우 중요한 과제가 된다.

국민의 광범위한 지지를 받고 있기 때문에 청탁금지법은 그 시행령 조항의 부분적 개정이 있더라도 꽤 오랫동안 한국인의 사회관계에 실질적인 영향을 미칠 것으로 생각된다. 공직자의 행위준칙으로 작용할 뿐 아니라 일반시민들의 일상생활, 사적인 상호관계에 모세혈관처럼 깊숙이 규율의 틀을 제공하게 될 것이다. 이러한 일관된 규제력은 사회전반에 신뢰가 성장할 수 있는 토양을 마련하는데 도움이 될 것이다. 동시에 이 법을 통해 도덕과 자율의 영역으로 넘겨져 있던 생활세계의 자율성과 창의성이 더 확장될 수 있도록 보완적 노력을 기울여야 한다. 법률은 잠재적 부패의 방지라는 사전적, 예방적 기능을 담당할 수 있지만 자율적인 책임윤리와 내적 도덕성을 창출하는 충분조건이 될 수는 없는 일이다. 도덕과 자율의 영역으로 규율되는 유연함 속에서 개성과 창의, 혁신의 힘이 나타날 수 있는 가치의 재구조화, 문화적 대혁신이 더욱 요청되는 것이다. 청탁금지법이 한국사회를 공정하고 투명하지만 차갑고 신뢰가 낮은 사회로 바꾸는 것이 아니라 공공성이 고양되면서도 따뜻한 배려의 사회관계가 확장되는 고신뢰사회로 바꾸는데 기여하도록 정책적, 문화적 균형을 심화시켜 나가야 할 것이다.

토론문

부록 1. '청탁금지법' 1년, 그 현실과 입법 세미나 자료

최 태 현*

1. 서언

우선 청탁금지법이라는 중요한 사회적 이슈와 관련한 세미나를 개최하고 토론자로 초청해주신 서울대학교 공익인권법센터에 감사를 드립니다. 이 법안을 처음 제안한 김영란 전 국민권익위원회 위원장의 이름을 따 김영란법이라 불려온 청탁금지법의 제정 과정은 한국 정치사 및 법제사에서 놀라운 장면 중 하나입니다. 이는 한국 사회에서 상대적인 기득권 집단의 행태에 초점을 두고 규제하는 법이며, 체면을 중시하는 우리 문화에서 특정 집단에 대한 불신을 전제한 법이며, 입법과정에서 거의 사장되었다가 세월호 참사라는 전사회적인 충격을 안겨준 사건을 통해 되살아난 법이며, 특별히 결집된 지지세력 없이 여론의 힘으로 입법에 이른 법이라는 점에서 청탁금지법은 특별하다고 할 수 있습니다. 새로운 이슈가 과거의 이슈를 빠르게 밀어내는 한국 사회에서 특정한 법의 시행 1년 이후 이렇게 광범위한 사회적 평가가 시도되는 법도 쉽게 떠올리기 어렵습니다. 이러한 청탁금지법의 의미에 걸맞게, 불과 1

---

* 서울대학교 행정대학원 교수

년 만에 이 법의 효과에 대한 논의가 지난 두 달 간 봇물처럼 쏟아졌습니다. 청탁금지법이 우리 사회에 가져올 변화는 장기적인 관점에서 보아야 하는 것이고, 어떤 정책이라도 그 효과를 논하기에는 1년이라는 시간은 이른 시점입니다. 그러나 청탁금지법이 사회적 이슈인만큼 지난 1년 간의 법 시행 경과와 향후 과제에 대한 논의는 의미가 있다고 하겠습니다. 저의 토론은 우선 임동균 교수님과 홍완식 교수님의 발표에 대한 토론 순으로 하고, 마지막으로 결론을 대신하여 청탁금지법에 대한 토론자의 단상을 제시하는 순서로 전개하고자 합니다.

II. 청탁금지법에 대한 인식조사 결과 분석에 대해

1) 설문조사 전체적으로 국민들이 법령의 모호성에 강한 우려를 지니고 있는 것으로 파악되었습니다. 여러 학자들이 청탁금지법을 비판함에 있어서 '국민들이 법전문가가 되어야 하느냐'는 표현을 사용하는 것이 근거가 있음을 보여주는 결과입니다. 국민권익위원회의 홍보와 교육 노력에도 불구하고 적용대상자에 비해 일반 국민들은 자신이 잠재적인 범법자가 될지도 모른다는 불안감을 안고 있다고 볼 수 있습니다. 이러한 법적 모호성이 발생하게 된 원인에 대해서는 홍완식 교수님의 글에서 잘 분석되어 있습니다. 중요한 한 가지는 애초에 공직자로 제한되어 있던 적용대상이 법 제정 막바지에 사립학교 교원과 언론인으로 확장된 데 있다고 볼 수 있다는 것입니다.

중요한 점은 이러한 모호성을 입법기술적으로 해결할 수 있느냐, 혹은 사법적 판단이 축적되기를 기다려야 하느냐, 혹은 청탁금지법이 기대하는 바 문화와 관행의 변화로 인해 모호성이 자연스

럽게 사라질 것이냐에 대한 논의일 것입니다. 입법기술적 해결은
국회의 법개정을 요구한다는 점과 '사회상규'와 같은 개념이 적용
되고 있다는 점, 부정청탁의 유형과 예외가 열거적으로 규정되어
있는 점 등에서 도전적인 요소들이 있습니다. 사법적 판단의 축적
을 기다리는 것은 현실적인 해결책 중 하나이나, 법적 관점에서 타
당성 혹은 필요성을 떠나 사회적으로는 불행한 일이라 할 수 있겠
습니다. 명확히 의도적인 범법행위는 별론으로 하고, 사법적 판단
을 기다린다는 맥락은 결국 일부 사례는 설문조사 결과와 같이 일
반 국민들에게는 모호한 규정들이 사법부의 관점에서는 명확한 현
재의 모순을 드러내는 결과일 뿐일 가능성이 있기 때문입니다. 또
한 여기에는 법과 도덕의 관계에 대한 보다 깊은 논의가 저변에
깔려 있기도 합니다. 이러한 사례가 최소화되는 가운데 청탁금지
법을 계기로 부정부패를 유발하는 문화와 관행이 점차 사라지면서
법 자체가 의미를 상실하는 방향으로 사회가 변해가는 것이 가장
바람직할 것입니다.

2) 설문조사 결과는 상당히 명쾌한 메시지를 전달해주고 있습
니다. 청탁금지법에 대한 국민적 지지가 확고하다는 점입니다. 또
한 사회적으로 많은 논란이 되는 것처럼 인식되고 있는 이른바 3·
5·10 규정에 대해서도 대다수가 더 강해져야 하거나 현재가 적정
하다고 보고 있다는 분석 결과는 상당히 중요한 메시지를 던지고
있다고 생각됩니다. 향후 시행령 제45조에 따라 해당 규정의 개정
을 검토할 때 이러한 분석 결과를 참고하고, 추가적인 설문조사와
해당 산업 영역의 변화 분석 결과를 활용해야 할 것입니다. 향후
어떤 조사가 계획되고 있으며, 어떤 질문들을 중심적으로 고려해
야 할지에 대해 발표자께 질문을 드리고 싶습니다.

3) 청탁금지법의 효과에 대해서 여러 문항을 통해 조사했으며, 효과를 아직 체감하지 못하고 있는 것으로 나타났습니다. 그러나 발표자께서도 지적하셨다시피 법 시행 불과 1년이 경과하였고, 이는 한 정책의 성과를 측정하기에 충분한 기간은 아닙니다. 향후 3-4년의 기간을 두고 성과를 분석할 필요가 있다고 하겠습니다. 청탁금지법의 효과에 대한 인식은 앞으로도 꾸준히 조사할 가치가 있지만, 궁극적으로는 통계청 자료 등 객관적 자료를 바탕으로 분석할 필요가 있습니다. 특히 청탁금지법이 음식업, 농축수산업 등에 미친 영향에 대해서는 인식 조사 결과마다 상반되는 경우들도 발견되고 있습니다. 따라서 객관적 자료를 분석하는 것이 근본적인 해결책이 될 것입니다. 혹시 발표자께서도 상반되거나 다소 '온도차가 있는' 인식 조사 결과를 접하셨는지, 이를 어떻게 보시는지에 대해 여쭙고 싶습니다.

4) 청탁금지법 관련 사례들의 퀴즈 정답률에 변동이 거의 없는 것은 지난 1년 간 청탁금지법에 대한 국민들의 이해가 증대하지 않았음을 보여주는 것으로 해석되었습니다. 추가적으로 청탁금지법 적용-대상자와 적용비대상자로 구분하여 응답을 분석했을 때 양자 간에 통계적으로 의미있는 차이가 있는지를 검증해 볼 필요가 있다고 생각되는데, 참고할만한 결과가 있는지 발표자께 여쭙고 싶습니다.

5) 청탁금지법의 효과에 대한 기대치가 낮아진 점은 주목할 만한 결과입니다. 다만 평균값으로 볼 때, 이는 기대치가 낮아졌다고 하기보다는 법 시행 초기 기대치가 높았다고 보는 것이 타당할 수도 있습니다. 이는 향후 지속적인 설문조사를 통해 추세를 확인할 가치가 있다고 생각됩니다.

III. 청탁금지법에 대한 입법평론에 대해

1) 홍완식 교수님께서는 현행 청탁금지법의 모호성과 혼란이 발생한 원인에 대해 입법과정에 대한 분석을 통해 명쾌하게 밝히고 계십니다. 이 논문에서 제시하고 있는 입법과정, 특히 국회 논의 막바지에 사립학교 교원과 언론인이 포함됨으로써 발생하게 된 혼란에 대한 분석은 향후 청탁금지법의 적용 및 개정 과정에서 많은 참고가 될 것으로 판단됩니다. "청탁금지법 적용대상의 민간분야 확대는 충동적으로 이루어졌다"(3쪽)고 하는 부분이나, "김영란법의 주된 적용대상이 3%의 '공직자'에서 97%의 공직자 '등'으로 바뀌었다"(4쪽)고 하는 부분은 매우 인상적입니다.

2) 한 가지 흥미로운 것은 청탁금지법 시행 1년의 다양한 평가의 목소리들 가운데 청탁금지법의 적용대상 확대, 혹은 민간 영역의 부정청탁과 금품등 수수를 규제하는 법규의 필요성을 주장하는 목소리가 등장한다는 점입니다. 특히 법조계, 건설계, 금융계 등 현행 청탁금지법이 적용되지 않으나 사회적으로 영향력 있고 국민들의 부패 인식도가 높은 부문에 대해 청탁금지법에 준하는 규제가 적용되어야 한다는 주장들이 발견됩니다. 이를 청탁금지법의 적용범위 확대로 처리할 것이냐 별개의 입법으로 처리할 것이냐는 면밀한 검토를 요하는 문제일 것이나, 발표자의 분석에 따를 때 청탁금지법의 적용범위 확대로 처리하는 것은 추가적인 문제들을 양산할 가능성이 높은 것으로 판단되는 점에서 많은 참고가 됩니다. 발표자께서는 이 부분에 대해 어떻게 생각하시는지 고견을 더 듣고 싶습니다.

3) 발표자께서는 법의 모호성으로 인해 국민들이 가지게 된 인

지적 부담을 강조함과 동시에 스승의 날 카네이션 사례를 언급하면서 국민들의 미풍양속 관념의 혼란을 지적하셨습니다. 앞서 설문조사에서도 나타났듯이 국민들, 특히 법의 직접적인 적용을 받지 않는 일반 국민들이 가지는 인지적 부담은 반드시 해결되어야 할 문제라고 생각됩니다. 발표문을 통해 얻을 수 있는 교훈은 이러한 인지적 부담이 입법 과정 중 원안이 수정되어가는 과정에서 초래된 것이라는 점입니다. 따라서 향후 개정 논의에서 우선 원안에 가깝도록 수정하는 것이 한 가지 방법이 될 수도 있겠습니다만 실현가능성을 평가하기는 어렵습니다. 이 부분 역시 발표자께서 어떻게 생각하시는지 더 듣고 싶습니다. 다만 토론자로서는 이러한 부분이 현행 법이 애초의 본령에서 벗어나 있다는 섬을 보여준다는 점을 지적하고 싶습니다.

4) 부정청탁의 유형과 예외에 대한 해석상 문제점들, 양자 간 불합치, 맹점들에 대해서는 발표자 뿐 아니라 많은 연구들이 이를 지적하고 있습니다. 애초에 원안에 포함되었던 부정청탁의 정의가 삭제되고 이에 해당하는 행위를 열거한 데서 불가피하게 발생하는 문제라고 볼 수 있습니다. 경우에 따라서는 향후 연구자들의 우려와 같이 현행 법의 맹점을 악용하는 사례들이 발생할 가능성도 있습니다.

5) 이러한 문제들의 근원에는 입법 과정에서 드러나듯 '타협하고자 하는 의지'가 작용하였던 것으로 볼 수 있습니다. 청탁금지법 본래의 정신은 모든 애매한 행위에 대한 명확한 부정이었다고 할 수 있습니다. 그러나 입법 과정에서 이러한 정신은 수용될 수 없었고, 현실의 관행들을 어느 정도 수용한다는 명분으로 법의 내용이 혼란해지는 결과를 초래하였던 것으로 볼 수 있습니다. 이제 어느

방향으로 법의 수정이 이루어져야 하느냐에 대해서는 입법기술적 고려도 중요하겠으나 임동균 교수님의 발표에서 제시하는 바와 같은 국민의 일반적 인식에 대한 조사가 매우 중요하게 고려될 필요가 있다고 생각됩니다. 입법평론적 관점에서는 국민의 인식에 대한 자료를 어떤 부분에서 어떻게 활용하는 것이 바람직하다고 보시는지 궁금합니다.

IV. 청탁금지법의 본질에 대한 단상

두 분 발표자의 글은 대상은 동일하나 초점이 다르다는 점에서 다양한 문제들을 생각해볼 수 있도록 자극하였습니다. 국민의 인식과 입법평론 사이의 학문적 공간에서 청탁금지법을 생각해볼 때, 청탁금지법은 그 본질에 있어서 공적 관계에 배태된 사적 관계에 대한 불신의 제도화라고 생각됩니다. 다시 말해 공적 관계와 사적 관계가 중복되는 부분에 있어서 사적 관계를 '제도적으로' 불신하려는 것이라고 할 수 있습니다. 이러한 불신이 적용 영역에 따라서는 미풍양속의 침해 등으로 해석될 수도 있으나, 김영란 전 위원장께서 언급하듯이 청탁금지법이 제안되게 된 계기를 제공했던 사건들의 특징인, 공적 관계와 사적 관계가 '법적으로는 분리 가능하나 사회적으로는 불가분으로 이해되는' 경우 후자를 제도적으로 부정함으로써 청탁금지법은 전자에 대한 사회적 신뢰를 제고하고자 하는 것입니다. 이는 이해충돌방지 규정도 마찬가지입니다. 혹자는 일반 국민들이 청탁금지법의 내용에 대해 잘 모르고 그 효과에 대해서도 높게 평가하지 않는 상황에서 청탁금지법에 대한 지지가 신뢰할만하거나 의미가 있는 것이냐고 지적하기도 합니다. 그러나 일반 국민들이 어떤 정책의 목표를 넘어서 수단의 효과성에 대해서까지 반드시 자세히 알기는 어렵습니다. 청탁금지법의 내용을 정확히 알지는 못하면서도 이에 대해 절대적인 지지를 보내고 있다는 임동균 교수님의 분석은 역설적으로 공적 관계에 배태된 사적 관계에 대한 일반 국민들의 불신과 청탁금지법과 같은 정책에 대한 기대를 잘 보여주는 것입니다.

　이러한 제도적 부정은 적용의 범위를 넓힐 경우 체면과 정을 중시하여 온 우리 문화에서는 당혹스러운 것일 수 있습니다. 그런 점에서 보면 명확성과 정당성이라는 관점에서 적용범위를 명확히 한정하고, 그 범위에서는 전면적으로 적용하는 것이 타당했다고 할 수도 있겠습니다. 입법기술적 문제는 물론이고, 국민의 신뢰와 법적 예측가능성을 확보한다는 차원에서 현행과 같이 복잡한 규정보다 설득력이 있다는 것입니다. 청탁금지법은 문화와 관행을 변화시키려는 법이라는 평가를 자주 받고 있습니다. 청탁금지법이 이러한 도구적 역할을 수행하고자 한 것이라면 이른바 혈연, 지연, 학연 등 농밀한 1차 집단적 연결망에 따라 공적 관계와 사적 관계가 얽혀 있는 현재 우리 사회의 관행을 선택적으로 수용하는 규정보다는 이를 공무라는 범위에 한정하여 원칙적으로 부정하는 쪽을 택하는 편이 나았을 것이라 볼 수 있는 것입니다. 이런 관점에서는 현행 청탁금지법의 제정 과정에서 그래도 인정해야 할 사적 교환관계는 무엇인지에 대한 갈등으로 인해 법의 본령이 일부분 훼손된 채 시행된 점이 아쉬움이라 할 수 있겠습니다.

　김영란 전 국민권익위원회 위원장은 여러 차례 청탁금지법의 목적으로 사적 신뢰에 기반한 사회에서 공적 신뢰에 기반한 사회로의 전환을 언급하셨습니다. 이런 점에서 청탁금지법은 하나의 도구이며 수단이지 그 자체가 목적은 아닙니다. 아쉽게도 홍완식 교수님의 분석에서 보듯이 정책 도구로서 청탁금지법은 흠결이 많은 도구입니다. 청탁금지법으로 모든 사적 관계에 뿌리를 둔 부패를 제거할 수도 없습니다. 이런 당연한 한계에도 불구하고 청탁금지법이 큰 부패를 규율하지 못한다는 비판에 직면하기도 합니다. 그러나 수단으로서 청탁금지법은 우리 사회의 반부패를 향한 제도적 퍼즐의 일부로 볼 것입니다. 청탁금지법과 이해충돌방지 부분의 입법, 공직자윤리법, 공익신고자 보호제도, 보다 일반적으로는 국가공무원법까지 다양한 반부패법들의 통합적 관리를 강화할 필요성이 제기됩니다. 또한 이 법률들의 소관이 행정안전부와 국민권익위원회로 나뉘어 있어 통합적 관리가 어렵다는 점에서 조직 개편도 논의되고 있는 실정입니다. 또한 고위공직자비리수사처의 설치와 로비스트 등록제의 도입 등도 꾸준히 논의되고 있는 반부패 정책체계의 일부분입니다. 청탁금지법의 보완 혹은 확장은 이러한 통합적인 반부패 정책체계의 관점에서 논의되어야 할 것입니다.

마지막으로, 청탁금지법은 한국 사회에서 예외적인 법입니다. 이러한 법이 제정될 수 있었던 이유로 적지 않은 학자들이 2014년 세월호 참사를 언급합니다. 세월호 참사는 사회적 공간에 '떠돌던' 청탁금지법안이 제정될 수 있도록 '정책의 창'을 열어준 역사적 계기로 작용하였습니다. 이 계기를 통해 사회적 합의는 극적으로 가시화되었고, 특별한 지지세력이 있다고 보기도 어려웠던 청탁금지법이 당시 대통령의 대국민 담화를 통한 촉구와 국회의 격론을 통해 제정되었던 것입니다. 청탁금지법의 문제점과 한계를 논의함에 있어서 개선방안을 마련하는 것만큼이나 이러한 역사적 경험을 우리는 하나의 정치공동체로서 상기할 필요가 있다고 생각됩니다. 즉 청탁금지법의 수단적 성격과 청탁금지법의 목적은 분리해서 다룰 필요가 있으며, 수단으로서의 논의가 목적의 망각을 가져오는 것을 주의해야 한다는 것입니다. 임동균 교수님께서 발표해주신 설문조사 결과는 이러한 사회적 인식을 잘 보여주고 있다고 생각됩니다. 청탁금지법의 제정 경험은 우리 정치공동체에 있어서 공

적 신뢰의 구축을 향한 하나의 소중한 유산이라 평가할 만하다고
생각됩니다. 향후 개정과 집행의 논의들이 이러한 의미를 사회적
으로 되새기면서 이루어지기를 기원하며 토론을 마칩니다. 감사합
니다.

'청탁금지법' 1년:
그 현실과 입법 세미나 토론문과 토론자료

박 정 구*

I. 청탁금지법의 제정 배경

청탁금지법 입법평론과 청탁금지법에 대한 인식조사 1, 2차 조사 결과 분석에 관한 발제 내용들은 향후 실무에서 잘 활용될 수 있는 내용이라 생각됩니다. 그리고 발제문에 대해 감히 토론을 하기 보다 몇 가지 쟁점에 대해 간단하게 말씀드리도록 하겠습니다.

지속적으로 발생하는 공직자의 부패·비리 사건으로 인하여 공직사회에 대한 국민의 신뢰, 공직자의 청렴성이 위기 상황에 직면하고, 이는 우리 나라가 선진 일류국가로의 진입을 막는 최대 장애 요인이었습니다.

그리고 다양화·고도화된 새로운 유형의 부패행위에 대한 기존 반부패 법령의 규제의 사각지대가 발생하였습니다.

기존 공직자 행동강령의 경우 위반행위에 대해 벌칙 조항이 없고 징계만 가능했는데, 징계도 임의적 징계에 불과하여 실효성 확

---

* 국민권익위원회 청탁금지제도과

보에 한계가 있었습니다.

그리고 아무리 큰 금액의 금품을 수수하더라도 직무관련성이나 대가성이 없거나 이를 입증하지 못하면 「형법」상 뇌물죄로 처벌하지 못하는 한계가 있었습니다.

또한, 우리나라의 경제수준이나 국가경쟁력을 감안할 때, 우리나라의 부패수준에 대한 국제사회의 인식은 상당히 저평가되어 있고 이는 곧 외국기업의 투자 저해 등으로 연결되어 경제 발전을 저해하는 요소로 작용할 수 있습니다.

이에 따라 금품 수수와 결부되지 않더라도 공직자등의 공정한 의사결정을 저해하는 부정청탁행위와 직무관련성·대가성이 없는 금품의 수수 행위도 제재할 수 있도록 OECD 선진국 수준에 걸맞는 공직자의 행위규범과 기준을 법제화하였습니다.

II. 「청탁금지법에 대한 입법평론」에 관하여

1. 법 적용대상자 관련

당초 정부안의 청탁금지법 적용대상자는 공직자였지만 국회 입법 과정에서 사립학교 교직원, 학교법인 임직원, 언론사 임직원까지 포함되었습니다. 청탁금지법이 국회 본회의를 통과('15.3.3.)한 직후에 언론인과 사립학교 교직원을 법 적용대상으로 포함한 것은 언론의 자유, 사학의 자유를 침해한다는 등의 이유로 헌법소원이 제기되었으나, 헌법재판소가 '16.7.28. 합헌결정을 내린 바 있어 이에 대해서는 더 이상 언급하지 않도록 하겠습니다.

다만, 공공성이 큰 의료, 금융 및 보험, 건설, 법률 등의 민간영역을 전부 적용대상으로 포함시킬 것인지, 아니면 언론 영역을 법 적용대상에서 제외할 것인지는 해당 영역의 공적 기능, 사회적 영향력 및 파급효 등을 종합적으로 고려하여 입법정책적으로 결정할 사항입니다. 그런데 우리 사회의 모든 영역의 부정부패를 반드시 청탁금지법으로만 규제해야 하는 것도 아니고 규제할 수도 없습니다. 따라서 공공성이 강하게 요구되는 일정한 민간영역의 경우 청탁금지법이 아닌 해당 민간 영역과 관련된 개별 법령 또는 별개의 입법으로 부정청탁 및 금품등의 수수를 금지하는 내용을 두는 방법도 있을 수 있습니다. 이러한 입법형식이 청탁금지법의 본래 입법목적 달성을 위한 효율성 측면에도 더 적정할 수 있으므로 향후 이에 대한 검토가 필요할 것입니다.

2. 부정청탁 금지 관련

부정청탁 대상직무를 특정하여 규정하는 입법형식을 취함에 따라 입법의 흠결(예를 들면, 언론사와 관련된 부정청탁 금지규정의 흠결)이 발생하므로 부정청탁에 대한 포괄적인 정의규정을 두어 이를 해결하는 효과를 기대할 수 있다는 주장도 있습니다. 당초 청탁금지법 정부안에서는 부정청탁에 대한 포괄적 정의규정을 두고 있었으나, 국회 입법과정에서 명확성의 원칙이 문제가 되어 부정청탁 대상직무를 14가지로 구체화하고 국민의 정당한 권리행사가 제한되지 않도록 7가지 예외사유를 규정하는 입법형식을 취했습니다. 이에 대해 정부안 원안대로 했다면 명확성의 원칙에 위배되어 위헌 판결이 났을 가능성이 높다는 의견도 있습니다.

청탁금지법에서는 부정청탁의 내용 및 조치사항을 홈페이지 등에 공개할 수 있는 제도를 두고 있는데, 이는 부정청탁의 내용 및 조치사항을 공개함으로써 부정청탁 예방 효과의 확보를 위한 것입니다. 그런데 '다른 법령에 위반되지 아니하는 범위'에서 부정청탁의 내용 및 조치사항을 공개하도록 규정(법 제7조제7항)하고 있으므로 개인정보보호법, 형법(명예훼손) 등 다른 법령의 위반이 문제가 될 수 있는 인적사항 등의 개인정보는 공개대상이 될 수 없습니다. 또한, 소속기관장은 소속 공직자등이 부정청탁을 받아 해당 직무 수행에 지장이 있다고 인정하는 경우에는 해당 공직자등의 보호를 위하여 직무 참여 일시중지, 직무 대리자의 지정 등의 조치를 할 수 있시만, 대체하기 어려운 경우, 직무수행에 미치는 영향이 크지 아니한 경우 등에는 위와 같은 조치를 하지 않을 수도 있습니다(법 제7조제5항).

3. 공직자의 이해충돌방지법 제정

청탁금지법 정부안에는 포함되어 있었으나 국회 입법과정에서 빠진 공직자의 이해충돌방지법 제정이 필요하다는 의견도 있습니다. 공정한 직무수행 환경 보장 및 청렴한 공직문화 조성을 위해 공직자의 사적 이해관계 직무 수행 금지 등 이해충돌방지 근거를 마련할 필요성은 충분히 공감하고, 권익위 소관 법령인 공무원 행동강령 개정안에 반영되어 입법예고 등 정부입법 절차가 진행 중에 있습니다. 다만, 이해충돌방지 규정의 적용대상을 어느 범위까지 할 것인지에 대한 검토 및 논의가 필요하므로 입법방식과 관련하여서는 청탁금지법을 개정하는 방식을 취할 것인지, 별도의 법으로 제정할 것인지에 대한 고민이 필요합니다.

4. 청렴하고 투명한 사회로 가는 전환점

청탁금지법 시행 초기에 법에 대한 공포가 확산되고 혼란이 있었던 것이 사실입니다. 일부 쟁점과 관련하여서는 청탁금지법의 본질적인 부분이 아님에도 이를 부각시켜 이 법을 희화화시키거나 폄훼하려는 언론 보도도 많았습니다. 하지만 시간이 지나면서 청탁금지법은 대다수 국민들의 바람대로 우리 사회에 자연스러운 행동규범으로 자리 잡아 가고 있습니다. 법 시행 초기의 불편함은 우리 사회가 보다 청렴하고 투명한 사회로 가기 위해 불가피하게 거쳐야 할 성장통이고 지불해야 할 비용인 것입니다. 과거에는 관행이라는 이유로 아무런 고민 없이 주고 받았던 것들을 이 법 시행을 계기로 받거나 주어도 되는지에 대해 진지하게 고민하게 된 것 자체가 우리 사회가 더 나은 방향으로 가고 있다는 반증이기도 합니다.

Ⅲ. 「청탁금지법에 대한 인식조사 1, 2차 조사 결과 분석」에 관하여

1. 높은 국민의 지지와 변화 확산 추세

청탁금지법에 대한 인식조사 결과 분석에 따르면, 청탁금지법은 높은 국민적 지지를 받고 있고, 많은 사람들이 청탁금지법이 실질적으로 사회적 관습과 문화적 측면에서 변화를 낳았다고 생각하는 것으로 보고 있습니다.

위와 같은 결과는 다른 연구에서도 나타나고 있습니다. '17.9월 한국행정연구원 인식조사 결과, 국민(89.2%), 공무원(95%)의 절대 다수가 법 시행을 찬성하고, 사회에 긍정적 영향을 미친다고 평가하며 그 비율도 전년도에 비해 증가하였습니다. 그리고 일반국민 78.9%, 공무원 91.8%, 공직유관단체 91.3%, 교원 87.4% 등이 부패 문제 개선에 도움이 된다고 응답함으로써, 국민·공직자 절대 다수가 청탁금지법 시행을 지지하고, 반부패 효과에 대해서도 긍정적으로 평가하고 있는 것으로 나타납니다. 각종 학회, 공공기관 등의 조사에서도 대다수가 법 시행 및 효과에 대해 긍정적으로 평가하였습니다.

그리고 '17.9월 한국행정연구원 인식조사 결과, 공무원 81%가 인맥을 통한 부탁·요청이 감소하였다고 응답하고, '17.10월 대한상공회의소 조사 결과 기업인의 83.9%가 사회전반에 긍정적인 변화가 있었다고 응답함으로써, 공직사회의 청탁·접대가 감소하고, 비정상적 관행에 대한 경각심이 고취되는 등 변화가 확산 추세에 있는 것으로 나타납니다.

2. 청탁금지법 시행 전후 윤리적 민감도 변화

청탁금지법에 대한 인식조사 결과 분석에 따르면, 청탁금지법의 도입이 즉각적인 사회문화와 관습의 변화를 낳지는 않을 것이지만, 무엇이 익숙하고 무엇이 당연한지에 대한 관념과 태도, 그리고 사회적 상호작용의 문화가 인식하지 못하는 사이에 조금씩 하지만 실질적으로 변화할 수 있는 가능성이 이 연구를 통해 드러난다고 하였습니다.

청탁금지법 전후 법적용대상자와 비대상자의 윤리적 민감도 변화(서강대 장영균 교수, 한양대 오세형 교수)에 대한 연구 결과를 소개해 드리면, 청탁금지법 시행에 따라 법 적용 집단과 비적용 집단 모두에서 윤리적 민감성이 증가하였고, 법 적용 집단과 비적용 집단 모두에서 윤리적 민감성이 상승한 것은 청탁금지법 적용을 받지 않는 다양한 구성원의 윤리 의식과 태도에도 영향을 줄 수 있음을 보여주는 중요한 결과로 보고 있습니다(윤리적 민감성이란 윤리적 문제(이슈)에 얼마나 주의를 기울이느냐의 문제로, 윤리적 의사결정과 판단, 행동에 중요한 영향을 준다).

그리고 같은 연구에서 청탁금지법은 일정액 이상의 금품이 오가는 것과 청탁을 하는 것이 부적절한 행위라는 강력한 사회적 신호를 주었고, 선물을 한국 사회생활의 윤활유로 인식했던 사람은 법 시행으로 총체적 지식체계가 흔들렸을 것으로 보고 있습니다.

VI. 마무리 하며

청탁금지법이 제정법이다 보니 법 시행 과정에서 나타나는 문제점이 없지 않지만 향후 법 개정 등을 통해 이를 보완하면서 규범력을 제고할 필요가 있습니다. 하지만 '16.9.28. 청탁금지법의 시행으로 우리는 더 이상 그 이전 사회로 되돌아갈 수 없게 되었습니다. 이제 청탁금지법을 성공적으로 정착시켜 우리 사회를 보다 투명하고 공정한 사회로 만들기 위한 우리 모두의 노력이 필요할 뿐입니다.

김영란 전 권익위 위원장님이 청탁금지법 1주년 특별 심포지엄에서 하신 기조연설 중의 일부를 소개해드리면서 토론을 마치고자 합니다. "청탁금지법은 한 사회의 오래된 문화를 문제삼는 법입니다. 그러나 그 문화가 여전히 공고하다면 법 하나로 쉽게 바뀔리는 없겠지요. 우리사회가 이미 변화의 문턱에 있었기 때문에 청탁금지법의 입법이 이루어졌고 여전히 많은 국민들의 지지를 받는 것입니다. 그러므로 이를 되돌리는 일은 변화의 흐름과는 맞지 않는 것입니다. 드러나는 문제점들을 보완해 나가는 걸 소홀히 하여서도 안되겠지만 청탁금지법이 지향하는 신뢰사회를 향하는 발걸음을 되돌리는 일도 있어서는 안 될 것입니다."

부록 2. '부정청탁 및 금품등 수수의 금지에 관한 법률'에 관한 인식조사 설문지

인 사 말 씀

안녕하십니까?

저희 한국사회학회에서는 금년 9월 28일부터 시행된 '부정청탁 및 금품 등 수수의 금지에 관한 법률'(법률 제13278호, 약칭 청탁금지법. 속칭 '김영란법')에 대한 국민들의 인식을 조사하고 있습니다.

귀하께서 응답하신 내용은 컴퓨터로 집계되며, 단지 이러한 의견이 몇 %라는 통계를 내는 데에만 사용될 뿐 그 외의 목적으로는 결코 사용되지 않습니다. 또한 귀하의 응답은 통계법 제33조에 의거하여 비밀이 보장됩니다.

바쁘시겠지만 우리 사회의 발전을 위하여 응답에 협조해주시면 큰 도움이 될 것입니다. 대단히 감사합니다.

2016. 10.

Ⅰ. 청탁금지법에 대한 인지도

1. 귀하는 지난 9월 28일 부터 시행된 '부정청탁 및 금품 수수의 금지에 관한 법률'에 대해 얼마나 잘 알고 있습니까?

    ____ ① 매우 잘 알고 있다   ____ ④ 잘 모른다
    ____ ② 잘 알고 있다   ____ ⑤ 전혀 모른다
    ____ ③ 약간 알고 있다

2. 귀하가 속한 직장에서 청탁금지법에 대한 교육을 받으신 적이 있습니까?

    ____ ① 있다   ____ ② 없다

3. 귀하는 청탁금지법에 대해 다음 중 얼마나 관심이 있습니까?

    ____ ① 매우 관심이 크다   ____ ④ 별로 관심이 없다
    ____ ② 관심이 큰 편이다   ____ ⑤ 전혀 관심이 없다
    ____ ③ 약간 관심이 있다

4. 귀하는 청탁금지법과 관련된 정보를 어떤 경로를 통해 가장 많이 접하셨습니까?

    ____ ① TV
    ____ ② 신문/잡지 기사(온라인 기사 포함)
    ____ ③ 직장 동료, 지인, 친인척 및 가족
    ____ ④ 관련 워크숍/강의/세미나 등
    ____ ⑤ 기타(   )

5. 다음 사례들의 경우, 청탁금지법을 위반하여 처벌대상이 되는지 그렇지 않은지 표기하여 주십시오.

	처벌 대상이다	처벌 대상이 아니다
1) 초등학교 동창인 제약회사 직원과 전기 관련 공기업 직원, 초등학교 교사 3명이 한정식집에서 식사를 하고 이를 제약회사 직원이 계산했다면?	①	②
2) 건설회사 직원 3명이 지자체 턴키심사위원회 심사위원에 각각 70만원 상당 양주, 30만원 상당 상품권, 30만원 상당의 식사를 접대했다면?	①	②
3) 공무원이 자녀 결혼 때 초등학교 동창회로부터 회칙에 규정된 경조사비 100만원보다 많은 250만원을 받았다면?	①	②
4) 학교 교사가 성적 등과 관련해 학부모로부터 5만원 미만의 선물을 받았다면?	①	②
5) 건설사 직원 두 명이 번갈아 가며 건축법을 위반한 건축허가를 담당 공무원에게 요청한 경우, 공무원이 청탁을 받지 않았으나 기관장에게 신고하지 않았다면?	①	②
6) 택시에 블랙박스 장착을 지원하는 법이 통과되자 택시 운전사가 기존 장착 차량도 지원해줄 것을 국회의원을 통해 국토교통부 담당 국장에게 요구했다면?	①	②
7) 국립대 병원 입원 대기자가 접수 순서를 당겨줄 것을 원무과장의 친구를 통해 부탁, 원무과장이 먼저 입원할 수 있도록 해줬다면?	①	②
8) 공직자가 직무관련자로부터 1인당 2만원 상당의 식사를 대접받고, 4만원 상품권을 받았다면?	①	②

Ⅱ. 청탁금지법의 예상 효과에 대한 인식

1. 청탁금지법이 공직자 등의 부정부패를 근절하는데 어느 정도로 효과가 있을 것이라 보십니까?

　　＿＿ ① 매우 클 것이다　　　　　＿＿ ④ 별로 없을 것이다
　　＿＿ ② 어느 정도 클 것이다　　　＿＿ ⑤ 전혀 없을 것이다
　　＿＿ ③ 약간 있을 것이다

2. 청탁금지법의 전반적인 사회적 파급효과, 즉 사회적 인식 변화와 일상적 문화의 변화는 어떠하리라 예상하십니까?

　　＿＿ ① 매우 클 것이다　　　　　＿＿ ④ 별로 없을 것이다
　　＿＿ ② 어느 정도 클 것이다　　　＿＿ ⑤ 전혀 없을 것이다
　　＿＿ ③ 약간 있을 것이다　　　　　＿＿

3. 청탁금지법이 잘 지켜지지 않는다면 가장 큰 이유는 무엇일 것이라고 예상하십니까?

　　＿＿ ① 사람들이 처벌을 회피할 수 있는 방법을 찾을 것 같아서
　　＿＿ ② 실제 처벌이 광범위하게 이루어지지 않을 것 같아서
　　＿＿ ③ 법령의 기준이 모호해서
　　＿＿ ④ 기타(　　　　　　　　　　　　　　　)

4. 청탁금지법의 시행이 귀하의 삶에 미치는 영향에 대한 태도는 다음 중 어디에 가깝습니까?

5. 청탁금지법이 본인의 직무와 관련된 직업적 인간관계에 어떠한 영향을 끼친다고 보십니까?

    _____ ① 매우 긍정적인 영향을 끼친다

    _____ ② 약간 긍정적인 영향을 끼친다

    _____ ③ 별다른 영향을 끼치지 않는다

    _____ ④ 약간 부정적인 영향을 끼친다

    _____ ⑤ 매우 부정적인 영향을 끼친다

6. 청탁금지법이 본인의 직무와는 직접적으로 관련되지 않은 사회적 인간관계에 어떠한 영향을 끼친다고 보십니까?

    _____ ① 매우 긍정적인 영향을 끼친다

    _____ ② 약간 긍정적인 영향을 끼친다

    _____ ③ 별다른 영향을 미치지 끼친다

    _____ ④ 약간 부정적인 영향을 끼친다

    _____ ⑤ 매우 부정적인 영향을 끼친다

7. 청탁금지법이 시행 후, 귀하는 그 법에 저촉되지 않는 행위를 하기 위하여 일상적으로 (예: 식사대접이나 선물 등) 얼마나 크게 노력을 하십니까?

    _____ ① 매우 크게 조심한다

    _____ ② 약간 조심한다

    _____ ③ 이전과 별로 다르지 않다

8. 청탁금지법의 시행이 귀하에게 다음 사항들에 대해 영향을 미쳤습니까?

	매우 그렇다	그렇다	아니다
1) 모여서 식사를 할 때 더치페이(각자내기)로 하는 횟수가 전에 비해 늘어났다.	①____	②____	③____
2) 단체로 모여서 식사를 하는 횟수가 줄어들었다.	①____	②____	③____
3))선물을 주거나 받는 횟수가 줄어들었다.	①____	②____	③____
4) 직무와 관련된 부탁을 하거나 받는 횟수가 줄어들었다.	①____	②____	③____

9. 청탁금지법이 소상공인 및 자영업자 등에 미치는 영향은 어떠할 것이라고 보십니까?

_____ ① 매우 클 것이다   _____ ④ 별로 없을 것이다
_____ ② 어느 정도 클 것이다   _____ ⑤ 전혀 없을 것이다
_____ ③ 약간 있을 것이다

Ⅲ. 청탁금지법의 적절성과 정당성에 대한 인식

1. 귀하는 청탁금지법의 시행에 얼마나 찬성하십니까?

2. 귀하는 청탁금지법의 취지에 얼마나 공감하십니까?

3. 만약 청탁금지법에 문제가 있다면 가장 큰 이유는 무엇이라고 생각하십니까?

    ____ ① 식사, 선물, 경조사비 관련 규제가 비현실적으로 강하다

    ____ ② 식사, 선물, 경조사비 관련 규제가 더 강화되어야 한다

    ____ ③ 음식과 선물을 나누는 미풍양속까지 해칠 우려가 있다

    ____ ④ 소비를 둔화시켜 경제에 타격이 올 것이다

    ____ ⑤ 행정적, 법적 소모가 지나치게 클 것이다

    ____ ⑥ 법률에 모호한 부분이 많다

    ____ ⑦ 별다른 문제가 없다

    ____ ⑧ 기타 (_____)

4. 청탁금지법에서 제시하는 규제들의 범위와 강도가 어느 정도로 적절하다고 보십니까?

    ____ ① 규제의 범위와 강도가 지금보다 더 강화되어야 한다

    ____ ② 현재가 적절하다

    ____ ③ 규제의 범위와 강도가 지금보다 더 약화되어야 한다

328 청탁금지의 법과 사회

Ⅳ. 공직 부패에 대한 인식

1. 귀하는 우리사회에서 공직등에 있는 사람들에게 금품/향응/편의 등을 제공하는 행위가 어느 정도 보편화되어 있다고 생각하십니까?

    ____ ① 매우 보편적이다   ____ ④ 보편적이지 않다
    ____ ② 보편적이다   ____ ⑤ 전혀 보편적이지 않다
    ____ ③ 약간 존재한다

2. 귀하는 우리사회에서 뇌물수수 공직자에 대한 처벌수준이 현재 어느 정도라고 생각하십니까?

    ____ ① 매우 높다   ____ ③ 약간 낮다
    ____ ② 약간 높다   ____ ④ 매우 낮다

3. 귀하는 공공부문과 민간부문에서 부정부패가 어느 정도 심하다고 생각하십니까?

	전혀 심각하지 않다						매우 심각 하다
1) 공공부문(행정기관)	①	②	③	④	⑤	⑥	⑦
2) 민간부문(기업 또는 자영업)	①	②	③	④	⑤	⑥	⑦

4. 귀하는 다음과 같은 직업분야별 부정부패가 어느 정도 심하다고 생각하십니까?

		전혀 심각하지 않다						매우 심각 하다
공직 분야	1) 입법	①	②	③	④	⑤	⑥	⑦
	2) 사법	①	②	③	④	⑤	⑥	⑦
	3) 행정	①	②	③	④	⑤	⑥	⑦
경제 분야	4) 대기업	①	②	③	④	⑤	⑥	⑦
	5) 중소기업	①	②	③	④	⑤	⑥	⑦
	6) 자영업	①	②	③	④	⑤	⑥	⑦
사회 분야	7) 언론	①	②	③	④	⑤	⑥	⑦
	8) 의료	①	②	③	④	⑤	⑥	⑦
	9) 법률	①	②	③	④	⑤	⑥	⑦
	10) 시민단체	①	②	③	④	⑤	⑥	⑦
교육/ 문화 분야	11) 교육	①	②	③	④	⑤	⑥	⑦
	12) 예술문화	①	②	③	④	⑤	⑥	⑦
	13) 체육	①	②	③	④	⑤	⑥	⑦

5. 귀하는 일반적으로 공직 등에 있는 사람에게 금품/향응/편의를 제공하게 되는 계기가 다음 중 무엇이라고 생각하십니까?

＿＿ ① 공직 등에 있는 사람이 강요(직접 요구)

＿＿ ② 공직 등에 있는 사람이 암묵적으로 요구

＿＿ ③ 업무처리상 관행

＿＿ ④ 본인이 자원하여

6. 본인이 '자원하여' 공직 등에 있는 사람에게 금품/향응/편의 등을 제공하는 경우,
   그 이유는 무엇이라고 생각하십니까?

    ___ ① 업무처리에 따른 단순한 감사표시

    ___ ② 원만한 관계유지를 위해

    ___ ③ 본인의 불법/부당행위의 무마차원에서

    ___ ④ 계약 수주 등 유리한 조치를 위해

    ___ ⑤ 신속한 업무처리를 위해

    ___ ⑥ 기타(   )

7. 귀하의 생각에 한국에서 얼마나 많은 정치인들이 부패와 연관되어 있다고 보십니까?

    ___ ① 거의 없다   ___ ④ 많이 있다

    ___ ② 조금 있다   ___ ⑤ 거의 대부분이다

    ___ ③ 어느 정도 있다   ___ ⑥ 선택할 수 없음

8. 귀하의 생각에 한국에서 얼마나 많은 공무원들이 부패와 연관되어 있다고 보십니까?

    ___ ① 거의 없다   ___ ④ 많이 있다

    ___ ② 조금 있다   ___ ⑤ 거의 대부분이다

    ___ ③ 어느 정도 있다   ___ (8) 선택할 수 없음

9. 지난 5년 동안, 귀하나 귀하의 가족에게 공무원이 업무처리에 대해 암암리에 혹은
   직접적으로 뇌물이나 대가를 요구한 경우가 얼마나 자주 있었습니까?

    ___ ① 전혀 없었다   ___ ④ 자주 있었다

    ___ ② 별로 없었다   ___ ⑤ 매우 자주 있었다

    ___ ③ 가끔 있었다   ___ (8) 선택할 수 없음

11. 지난 5년 간 귀하에게 다음과 같은 경우는 얼마나 자주 있었는지 말씀해
    주십시오.

	① 전혀 없음	② 간혹	③ 다소 자주	④ 상당히 자주	⑤ 매우 자주
1) 자녀교육을 위해 교사에게 선물이나 현금을 준 경우(* 취학한(했던) 자녀 없음: ____)	—	—	—	—	—
2) 일을 잘 처리해 달라고 공무원에게 선물이나 현금을 준 경우	—	—	—	—	—
3) 다른 사람으로부터 일 처리 부탁을 받고 선물이나 현금을 준 경우	—	—	—	—	—

12. 아래 문항들은 귀하께서 평소 누구와 함께 식사를 하시는지에 대한 조사입니다. 아침 식사를 제외하고 '점심 식사', '저녁 식사', 그리고 '저녁 식사 이후의 (술 혹은 커피 등의) 회식 자리'를 각각 누구와 함께 하는지에 대해서 응답해주시면 됩니다. 1.일관계로 맺어진 사람들(친구, 친지가 아닌)과 함께 하시는 경우, 2.가족이나 친지들과 함께 하시는 경우, 3. 일과 관련없는 사적인 친구들과 함께 하시는 경우, 혹은 4.혼자 하시는 경우가 어떻게 되시는지 각각 응답해주시기 바랍니다. (한 번도 없는 경우에도 응답란을 비워두지 마시고 꼭 0이라고 작성해주시기 바랍니다.)

	점심 식사	저녁 식사	저녁 식사 이후 (술, 커피 등의) 회식
1. 일관계로 맺어진 분들(가족이나 친구, 친지가 아닌)과 함께하는 횟수	일주일 중 총 _____회	일주일 중 총 _____회	일주일 중 총 _____회
ㄴ 0 일 이 아닌 경우 1) 보통 몇 분과 함께 하십니까?	평균 _____명	평균 _____명	평균 _____명
2) 한 번의 식사자리에서 모두가 지출한 총비용은 평균적으로 얼마입니까?	평균 _____천원	평균 _____천원	평균 _____천원
3) 그 중 본인의 지출은 평균적으로 얼마입니까?	평균 _____천원	평균 _____천원	평균 _____천원
2. 가족이나 친지와 함께하는 횟수	일주일 중 총 _____회	일주일 중 총 _____회	일주일 중 총 _____회
3. 일과 관련 없는 사적인 친구들과 함께하는 횟수	일주일 중 총 _____회	일주일 중 총 _____회	일주일 중 총 _____회
4. 혼자 하시는 횟수	일주일 중 총 _____회	일주일 중 총 _____회	일주일 중 총 _____회

Ⅴ. 가치관, 공정성 인식, 신뢰

1. 귀하는 우리 사회가 어느 정도 믿을 수 있는 사회라고 생각하십니까? "매우 믿을 수 없다"에 0점을 주고, "매우 믿을 수 있다"에 10점을 준다면 몇 점을 주시겠습니까?

매우 믿을 수 없다										매우 믿을 수 있다	모르 겠다	
0점	1점	2점	3점	4점	5점	6점	7점	8점	9점	10점	(88)	

2. 다음은 우리나라의 주요 사회기관들입니다. 귀하는 이 기관들을 이끌어가는 사람들을 어느 정도 신뢰하는지 말씀해 주십시오.

		매우 신뢰	다소 신뢰	거의 신뢰하지 않음	모르겠다
1)	대기업	①	②	③	(8)
2)	종교계	①	②	③	(8)
3)	교육계	①	②	③	(8)
4)	노동조합	①	②	③	(8)
5)	신문사	①	②	③	(8)
6)	TV 방송국	①	②	③	(8)
7)	의료계	①	②	③	(8)
8)	중앙 정부 부처	①	②	③	(8)
9)	지방 자치 정부	①	②	③	(8)
10)	국회	①	②	③	(8)
11)	대법원	①	②	③	(8)
12)	학계	①	②	③	(8)
13)	군대	①	②	③	(8)
14)	금융기관	①	②	③	(8)
15)	청와대	①	②	③	(8)
16)	시민운동단체	①	②	③	(8)
17)	여론조사기관	①	②	③	(8)

3. 귀하는 인생에서 성공하는데, 다음과 같은 사항이 얼마나 중요하다고 생각하십니까?

	절대적으로 중요하다	매우 중요하다	대체로 중요하다	별로 중요하지 않다	전혀 중요하지 않다	선택할 수 없음
1) 부유한 집안 출신	①	②	③	④	⑤	(8)
2) 높은 교육을 받은 부모	①	②	③	④	⑤	(8)
3) 본인의 좋은 학력	①	②	③	④	⑤	(8)
4) 야망을 갖는 것	①	②	③	④	⑤	(8)
5) 열심히 일하는 것	①	②	③	④	⑤	(8)
6) 좋은 사람을 아는 것	①	②	③	④	⑤	(8)
7) 정치적 연고	①	②	③	④	⑤	(8)
8) 뇌물을 주는 것	①	②	③	④	⑤	(8)
9) 인종	①	②	③	④	⑤	(8)
10) 종교	①	②	③	④	⑤	(8)
11) 성별	①	②	③	④	⑤	(8)

4. 다음의 각 의견에 동의 또는 반대하시는 정도를 답하여 주시기 바랍니다.

	절대적으로 중요하다	매우 중요하다	대체로 중요하다	별로 중요하지 않다	전혀 중요하지 않다	선택할 수 없음
1) 돈은 버는 것이 열심히 일하는 주된 이유다	①	②	③	④	⑤	(8)
2) 부를 일궈내는 성취욕이 있는 사람은 부를 즐길 수 있는 권리를 지닌다	①	②	③	④	⑤	(8)
3) 다른 사람들에 비해서 나는 옳고 그름이 더 분명하다	①	②	③	④	⑤	(8)
4) 요즈음 청소년들에게는 더 많은 훈육이 있어야만 한다고 생각한다	①	②	③	④	⑤	(8)
5) 사람들은 권위에 너무 자주 도전하는 문제를 지닌다	①	②	③	④	⑤	(8)
6) 심각한 계획을 하기엔 미래가 너무 불확실하다	①	②	③	④	⑤	(8)
7) 나는 인생이 로또(복권)과 같다고 느낀다	①	②	③	④	⑤	(8)

5. 귀하는 귀하가 하는 일에 비추어 볼 때 받아야 할 보수보다 적게 받는다고 생각하십니까, 아니면 많이 받는다고 생각하십니까? 만일 귀하가 현재 일하고 있지 않다면, 가장 최근에 했던 일에 대해서 말씀해주십시오.

_____ ① 내가 받아야 할 보수보다 훨씬 적게 받는다

_____ ② 내가 받아야 할 보수보다 적게 받는다

_____ ③ 내가 받아야 할 보수만큼 받는다

_____ ④ 내가 받아야 할 보수보다 더 받는다

_____ ⑤ 내가 받아야 할 보수보다 훨씬 더 받는다

_____ (8) 선택할 수 없다

_____ (9) 일한 적이 없다(비해당)

6. 귀하의 능력이나 노력에 비추어 볼 때 귀하의 소득은 어떻다고 생각하십니까? 만일 귀하가 현재 일하고 있지 않다면, 가장 최근에 했던 일에 대해서 말씀해 주십시오.

_____ ① 내가 마땅히 받아야 하는 것보다 훨씬 더 적다

_____ ② 내가 마땅히 받아야 하는 것보다 약간 더 적다

_____ ③ 내가 마땅히 받아야 하는 것만큼 받고 있다

_____ ④ 내가 마땅히 받아야 하는 것보다 약간 더 많다

_____ ⑤ 내가 마땅히 받아야 하는 것보다 훨씬 더 많다

_____ ⑻ 선택할 수 없다

_____ ⑼ 직업을 가진 적이 없다(비해당)

7. 귀하는 개인적으로 정치에 어느 정도 관심이 있으십니까?

_____ ① 매우 관심이 있다   _____ ④ 별로 관심이 없다

_____ ② 상당히 관심이 있다   _____ ⑤ 전혀 관심이 없다

_____ ③ 다소 관심이 있다   _____ ⑻ 선택할 수 없음

8. 귀하는 다음에 대해서 어느 정도 동의하시는지를 말씀하여 주십시오.

	매우 그렇다	다소 그렇다	보통 이다	다소 그렇지 않다	매우 그렇지 않다	선택할 수 없다
1) 나 같은 사람들은 정부가 하는 일에 대해 어떤 영향도 주기 어렵다	①	②	③	④	⑤	⑻
2) 정부는 나 같은 사람들의 의견에 관심이 없다	①	②	③	④	⑤	⑻
3) 나는 한국이 당면하고 있는 중요한 정치 문제를 잘 이해하고 있다	①	②	③	④	⑤	⑻
4) 대부분의 한국 사람은 정치나 행정에 대해나보다 잘 알고 있다	①	②	③	④	⑤	⑻

9. 한국사회의 최하층을 1로 하고 최상층을 10으로 한다면 귀하는 어디에 속한다고 생각하십니까? 숫자로 말씀해 주십시오.

10. 한국사회의 최하층을 1로 하고 최상층을 10으로 한다면 귀하의 부모님께서 현재 귀하의 나이 정도였을 때 어디에 속했다고 생각하십니까? 숫자로 말씀해 주십시오.

11. 한국사회의 최하층을 1로 하고 최상층을 10으로 한다면 귀하가 귀하의 부모님 나이 정도가 되었을 때 어디에 속할 것이라고 예상하십니까?

최하층 　　　　　　　　　　　　　　　　　　　최상층　모르겠다

___①___　___②___　___③___　___④___　___⑤___　___⑥___　___⑦___　___⑧___　___⑨___　__⑩___　___(88)___

12. 다음의 다섯 가지 그림은 서로 다른 사회의 유형을 보여주고 있습니다. 각 그림의 설명을 읽고 아래의 두 질문에 답하여 주십시오.

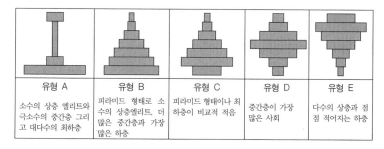

유형 A	유형 B	유형 C	유형 D	유형 E
소수의 상층 엘리트와 극소수의 중간층 그리고 대다수의 최하층	피라미드 형태로 소수의 상층엘리트, 더 많은 중간층과 가장 많은 하층	피라미드 형태이나 최하층이 비교적 적음	중간층이 가장 많은 사회	다수의 상층과 점점 적어지는 하층

12.1. 귀하는 현재의 한국사회가 어떤 유형과 가장 가깝다고 생각하십니까?

___ ① A형   ___ ④ D형

___ ② B형   ___ ⑤ E형

___ ③ C형   ___ (8) 선택할 수 없음

12.2. 귀하는 한국사회가 어떤 유형이 되어야 한다고 생각하십니까?

___ ① A형   ___ ④ D형

___ ② B형   ___ ⑤ E형

___ ③ C형   ___ (8) 선택할 수 없음

VI. 응답자 특성

1. 귀하의 성별은?

___ ① 남성   ___ ② 여성

2. 귀하의 연령은?

태어난 해: [| | |] 년

___ ① 20대   ___ ④ 50대

___ ② 30대   ___ ⑤ 60대 이상

___ ③ 40대

3. 귀하의 현재 혼인상태는 다음 중 어디에 해당되십니까?

___ ① 미혼   ___ ④ 사별

___ ② 기혼   ___ (8) 기타 (_____)

___ ③ 이혼

4. 귀하의 최종학력은 어디에 해당되십니까?

　　____ ① 중졸 이하　　　　　　____ ④ 대학중퇴자
　　____ ② 고졸　　　　　　　　____ ⑤ 대졸
　　____ ③ 전문대졸　　　　　　　____ ⑥ 대학원졸 이상

5. 귀하의 월평균 소득수준은 세금공제 이전에 대략 어느 정도 됩니까?

　　____ ① 100만원 ~ 199만원　　　____ ⑤ 500만원 ~ 599만원
　　____ ② 200만원 ~ 299만원　　　____ ⑥ 600만원 ~ 699만원
　　____ ③ 300만원 ~ 399만원　　　____ ⑦ 700만원 ~ 799만원
　　____ ④ 400만원 ~ 499만원　　　____ ⑧ 800만원 이상

6. 귀댁의 월평균 총소득은 세금공제 이전에 대략 어느 정도 됩니까? 귀하를 포함한 모든 가구원들의 수입을 모두 합해서 말씀해 주십시오.

　　____ ① 100만원~199만원　　　____ ⑤ 500만원~599만원
　　____ ② 200만원~299만원　　　____ ⑥ 600만원~699만원
　　____ ③ 300만원~399만원　　　____ ⑦ 700만원~799만원
　　____ ④ 400만원~499만원　　　____ ⑧ 800만원 이상

7. 귀하는 모두 몇 명의 자녀를 두셨습니까? 같이 살고 있는지 여부에 관계없이 말씀해주시고, 친자녀 뿐 아니라 입양한 자녀도 포함하여 말씀해 주십시오 (사망한 자녀는 제외됩니다).

　　- 전체 자녀수: _____명

8. 귀하의 집에는 귀하를 포함해서 현재 모두 몇 분의 가족이 같이 살고 있습니까? 취학, 취업, 입대 등의 이유로 일시적으로 따로 살고 있는 가족은 제외하고 말씀해 주십시오.

　　- 동거 가족수: _____명

9. 귀하의 하루 평균 인터넷 사용(업무 외 여가활동에 해당하는 인터넷 사용) 시간은?

_____시간 _____분

10. 귀하의 하루 평균 사회연결망서비스(SNS: 카카오톡, 페이스북, 트위터 등) 사용 시간은?

_____시간 _____분

11. 귀하는 다음 중 어느 지역에 살고 있다고 생각하십니까?
____ ① 큰 도시   ____ ④ 시골마을
____ ② 큰 도시 주변   ____ ⑤ 외딴 곳
____ ③ 작은 도시   ____ ⑻ 모르겠다

12. 귀하는 어떤 종교를 가지고 계십니까?
____ ① 불교   ____ ④ 종교없음 (문항 XX로 갈 것)
____ ② 개신교   ____ ⑻ 기타 (어느 종교: _____)
____ ③ 천주교

12.1 (종교를 가지고 있다면) 귀하께서는 스스로 믿음이 강하다고 보십니까,
     아니면 강하지 않다고 보십니까?
____ ① 강하다   ③ 별로 강하지 않다
____ ② 다소 강하다   ⑻ 모르겠다

13. 귀하가 하시는 일은 무엇입니까?

_____ ① 자영업 　　　(종업원 9인 이하의 소규모 장사 및 가족종사자, 목공소주인,
　　　　　　　　　　　　　개인택시 등)

_____ ② 판매/서비스직 (상점 점원, 세일즈맨, 영업직 등)

_____ ③ 기능/숙련공 　(운전사, 선반, 목공 등 숙련공)

_____ ④ 일반/작업직 　(토목관계의 현장작업, 청소, 수위 등)

_____ ⑤ 사무/기술직 　(일반회사 사무직, 기술직, 교사, 항해사 등)

_____ ⑥ 경영/관리직 　(5급 이상 공무원, 기업체 부장 이상, 교감, 교장 등)

_____ ⑦ 전문/자유직 　(대학교수, 의사, 변호사, 예술가 등)

_____ ⑧ 가정주부 　　(주로 가사에만 전념하는 주부)

_____ ⑨ 학생

_____ ⑩ 무직

_____ (88) 기타 　　　(적어주십시오: 　　　　　　　　　　)

14. 귀하는 청탁금지법의 적용 대상이 되십니까?

_____ ① 예 　　　　　　　　　　② 아니오

14.1 (적용이 된다면) 왜 적용이 되십니까? 아래 중 해당하는 것을
　　　표시해주십시오.

_____ ① 국가기관 혹은 지방자치단체 공무원

_____ ② 언론사의 직원

_____ ③ 국립/공립/사립학교 교직원 (병원포함)

_____ ④ 기타 공직유관단체 직원

_____ ⑤ 본인은 아니지만 배우자가 법 적용 대상

'부정청탁 및 금품등 수수의 금지에 관한 법률'에 관한 2차 인식조사 설문지

인 사 말 씀

안녕하십니까?

저희 한국사회학회에서는 작년 9월 28일부터 시행된 '부정청탁 및 금품 등 수수의 금지에 관한 법률'(법률 제13278호, 약칭 청탁금지법. 속칭 '김영란법')에 대한 국민들의 인식을 조사하고 있습니다.

귀하께서 응답하신 내용은 컴퓨터로 집계되며, 단지 이러한 의견이 몇 %라는 통계를 내는 데에만 사용될 뿐 그 외의 목적으로는 결코 사용되지 않습니다. 또한 귀하의 응답은 통계법 제33조에 의거하여 비밀이 보장됩니다.

바쁘시겠지만 우리 사회의 발전을 위하여 응답에 협조해주시면 큰 도움이 될 것입니다. 대단히 감사합니다.

2017. 8.

A. 청탁금지법에 대한 인지도

A1. 귀하는 작년 9월 28일 부터 시행된 '부정청탁 및 금품 수수의 금지에 관한 법률'
에 대해 현재 얼마나 잘 알고 있습니까?

___ ① 매우 잘 알고 있다   ④ 잘 모른다
___ ② 잘 알고 있다   ⑤ 전혀 모른다
___ ③ 약간 알고 있다

A3. 귀하는 현재 청탁금지법에 대해 얼마나 관심이 있습니까?

___ ① 매우 관심이 크다   ④ 별로 관심이 없다
___ ② 관심이 큰 편이다   ⑤ 전혀 관심이 없다
___ ③ 약간 관심이 있다

A5. 다음 사례들의 경우, 청탁금지법을 위반하여 처벌대상이 되는지 그렇지 않은지 표기하여 주십시오.

	처벌 대상이다	처벌 대상이 아니다
1) 초등학교 동창인 제약회사 직원과 전기 관련 공기업 직원, 초등학교 교사 3명이 한정식집에서 식사를 하고 이를 제약회사 직원이 계산했다면?	①	②
2) 건설회사 직원 3명이 지자체 턴키심사위원회 심사위원에 각각 70만원 상당 양주, 30만원 상당 상품권, 30만원 상당의 식사를 접대했다면?	①	②
3) 공무원이 자녀 결혼 때 초등학교 동창회로부터 회칙에 규정된 경조사비 100만원보다 많은 250만원을 받았다면?	①	②
4) 학교 교사가 승직 등과 관련해 학부모로부터 5만원 미만의 선물을 받았다면?	①	②
5) 건설사 직원 두 명이 번갈아 가며 건축법을 위반한 건축허가를 담당 공무원에게 요청한 경우, 공무원이 청탁을 받지 않았으나 기관장에게 신고하지 않았다면?	①	②
6) 택시에 블랙박스 장착을 지원하는 법이 통과되자 택시 운전사가 기존 장착 차량도 지원해줄 것을 국회의원을 통해 국토교통부 담당 국장에게 요구했다면?	①	②
7) 국립대 병원 입원 대기자가 접수 순서를 당겨줄 것을 원무과장의 친구를 통해 부탁, 원무과장이 먼저 입원할 수 있도록 해줬다면?	①	②
8) 공직자가 직무관련자로부터 1인당 2만원 상당의 식사를 대접받고, 4만원 상품권을 받았다면?	①	②

B. 청탁금지법의 효과에 대한 인식

NEW_B1. 지난 10개월간, 청탁금지법은 전반적으로 어느 정도로 효과가 있었다고
보십니까?

_____ ① 매우 컸다   _____ ④ 별로 없었다
_____ ② 어느 정도 컸다   _____ ⑤ 전혀 없었다
_____ ③ 약간 있었다

B1. 청탁금지법이 공직자 등의 부정부패를 근절하는데 어느 정도로 효과가
있었다고 보십니까?

_____ ① 매우 컸다   _____ ④ 별로 없었다
_____ ② 어느 정도 컸다   _____ ⑤ 전혀 없었다
_____ ③ 약간 있었다

B2. 청탁금지법의 전반적인 사회적 파급효과, 즉 사회적 인식 변화와 일상적 문화의
변화는 어떠했다고 생각하십니까?

_____ ① 매우 컸다   _____ ④ 별로 없었다
_____ ② 어느 정도 컸다   _____ ⑤ 전혀 없었다
_____ ③ 약간 있었다

B3. 청탁금지법이 잘 지켜지지 않았다면 가장 큰 이유는 무엇 때문이었다고 생각하
십니까?

_____ ① 사람들이 처벌을 회피할 수 있는 방법을 찾아서
_____ ② 실제 처벌이 광범위하게 이루어지지 않아서
_____ ③ 법령의 기준이 모호해서
_____ ④ 기타(   )

B4. 청탁금지법의 시행에 대한 귀하의 그동안의 태도는 다음 중 어디에 가장 가깝습
니까?

B5. 청탁금지법이 본인의 직무와 관련된 직업적 인간관계에 어떠한 영향을 끼쳤다고
보십니까?

_____ ① 매우 긍정적인 영향을 끼쳤다   ④ 약간 부정적인 영향을 끼쳤나

_____ ② 약간 긍정적인 영향을 끼쳤다   ⑤ 매우 부정적인 영향을 끼쳤다

_____ ③ 별다른 영향을 끼치지 않았다

B6. 청탁금지법이 본인의 직무와는 직접적으로 관련되지 않은 사회적 인간관계에 어
떠한 영향을 끼쳤다고 보십니까?

_____ ① 매우 긍정적인 영향을 끼쳤다   ④ 약간 부정적인 영향을 끼쳤다

_____ ② 약간 긍정적인 영향을 끼쳤다   ⑤ 매우 부정적인 영향을 끼쳤다

_____ ③ 별다른 영향을 끼치지 않았다

B7. 청탁금지법이 시행 후, 귀하는 그 법에 저촉되지 않도록 일상적으로 (예: 식사대
접이나 선물 등) 얼마나 조심하셨습니까?

_____ ① 매우 크게 조심했다

_____ ② 약간 조심했다

_____ ③ 이전과 별로 다르지 않았다

B8. 청탁금지법의 시행이 (시행 이전과 비교했을 때) 귀하에게 다음 사항들에 대해 영향을 미쳤습니까?

		매우 그렇다	그렇다	아니다
1)	모여서 식사를 할 때 더치페이(각자내기)로 하는 횟수가 전에 비해 늘어났다	①	②	③
2)	단체로 모여서 식사를 하는 횟수가 줄어들었다	①	②	③
3)	선물을 주거나 받는 횟수가 줄어들었다	①	②	③
4)	직무와 관련된 부탁을 하거나 받는 횟수가 줄어들었다	①	②	③

NEW_B10. 청탁금지법의 시행된 초기와 비교하였을 때 점차적으로 다음 각각이 어떻게 변화하였습니까?

		늘어났다	변화없다	줄어들었다
1)	모여서 식사를 할 때 더치페이(각자내기)로 하는 횟수	①	②	③
2)	단체로 모여서 식사를 하는 횟수	①	②	③
3)	선물을 주거나 받는 횟수	①	②	③
4)	직무와 관련된 부탁을 하거나 받는 횟수	①	②	③

NEW_B11. 청탁금지법은 선물이나 식사대접과 같이 우리 사회의 자연스러운 관행으로 여겨지는 많은 것들을 법의 적용 대상으로 삼으면서 사회적으로 다양한 반응을 낳았습니다. 법이 시행된 지 10개월이 되는 현재 이에 대한 귀하의 태도는 다음 중 어디에 가깝습니까?

_____ ① 법의 도입으로 그러한 사회적 관습이 변화하고 새로운 문화가 자연스럽게 정착되고 있다

_____ ② 법의 도입으로 어느 정도 변화가 일어났지만 아직 기존의 관습/문화가 크게 바뀌지 않았다

_____ ③ 법의 도입은 사회적 관습과 문화를 전혀 바꾸지 못하였다

B9. 청탁금지법이 소상공인 및 자영업자 등에 미치는 영향은 어떠했다고 보십니까?

_____ ① 매우 컸다   _____ ④ 별로 없었다

_____ ② 어느 정도 컸다   _____ ⑤ 전혀 없었다

_____ ③ 약간 있었다   _____

NEW_B13. (응답자가 자영자인 경우) 청탁금지법이 수입에 미친 영향은 어떠하십니까?

_____ ① 매우 크게 감소하였다   _____ ④ 별 차이 없다

_____ ② 크게 감소하였다   _____ ⑤ 약간 증가하였다

_____ ③ 약간 감소하였다   _____ (8) (보여주지 말 것) 해당없음

NEW_B14. 본 문항은 귀하가 학부모인 경우에만 응답해 주시고 학령 아동이 없는 경우에는 (8) 해당없음에 체크해주세요. 귀하가 학령 아동을 자녀로 둔 학부모인 경우, 청탁금지법 시행에 대해 학부모로서 어떻게 생각하십니까?

_____ ① 매우 찬성한다   _____ ④ 반대한다

_____ ② 찬성한다   _____ ⑤ 매우 반대한다

_____ ③ 별다른 의견이 없다 _____ (8) 해당없음 (학령 아동 없음)

C. 청탁금지법의 적절성과 정당성에 대한 인식

C1. 귀하는 현재 청탁금지법의 시행에 얼마나 찬성하십니까?

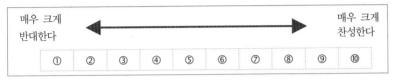

C2. 귀하는 현재 청탁금지법의 취지에 얼마나 공감하십니까?

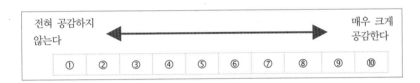

C3. 만약 청탁금지법에 문제가 있다면 가장 큰 이유는 무엇이라고 생각하십니까?

_____ ① 식사, 선물, 경조사비 관련 규제가 비현실적으로 강하다
_____ ② 식사, 선물, 경조사비 관련 규제가 더 강화되어야 한다
_____ ③ 음식과 선물을 나누는 미풍양속까지 해칠 우려가 있다
_____ ④ 소비를 둔화시켜 경제에 타격이 올 것이다
_____ ⑤ 행정적, 법적 소모가 지나치게 클 것이다
_____ ⑥ 법률에 모호한 부분이 많다
_____ ⑦ 별다른 문제가 없다
_____ ⑧ 기타 (_____)

C4. 청탁금지법에서 제시하는 규제들의 범위와 강도가 어느 정도로 적절하다고 보십니까?

    _____ ① 규제의 범위와 강도가 지금보다 더 강화되어야 한다
    _____ ② 현재가 적절하다
    _____ ③ 규제의 범위와 강도가 지금보다 더 약화되어야 한다

D. 공직 부패에 대한 인식

D1. 귀하는 우리사회에서 공직 등에 있는 사람들에게 금품/향응/편의 등을 제공하는 행위가 어느 정도 보편화되어 있다고 생각하십니까?

    _____ ① 매우 보편적이다   _____ ③ 보편적이지 않다
    _____ ② 보편적이다   _____ ④ 전혀 보편적이지 않다

D2. 귀하는 우리사회에서 뇌물수수 공직자에 대한 처벌수준이 현재 어느 정도라고 생각하십니까?

    _____ ① 매우 높다   _____ ③ 약간 낮다
    _____ ② 약간 높다   _____ ④ 매우 낮다

D3. 귀하는 공공부문과 민간부문에서 부정부패가 어느 정도 심하다고 생각하십니까?

	전혀 심각하지 않다						매우 심각 하다
1) 공공부문 (행정기관)	①	②	③	④	⑤	⑥	⑦
2) 민간부문 (기업 또는 자영업)	①	②	③	④	⑤	⑥	⑦

D4. 귀하는 다음과 같은 직업분야별 부정부패가 어느 정도 심하다고 생각하십니까?

		전혀 심각하지 않다						매우 심각 하다
공직 분야	1) 입법	①	②	③	④	⑤	⑥	⑦
	2) 사법	①	②	③	④	⑤	⑥	⑦
	3) 행정	①	②	③	④	⑤	⑥	⑦
경제 분야	4) 대기업	①	②	③	④	⑤	⑥	⑦
	5) 중소기업	①	②	③	④	⑤	⑥	⑦
	6) 자영업	①	②	③	④	⑤	⑥	⑦
사회 분야	7) 언론	①	②	③	④	⑤	⑥	⑦
	8) 의료	①	②	③	④	⑤	⑥	⑦
	9) 법률	①	②	③	④	⑤	⑥	⑦
	10) 시민단체	①	②	③	④	⑤	⑥	⑦
교육/ 문화 분야	11) 교육	①	②	③	④	⑤	⑥	⑦
	12) 예술문화	①	②	③	④	⑤	⑥	⑦
	13) 체육	①	②	③	④	⑤	⑥	⑦

D7. 귀하의 생각에 현재 한국에서 얼마나 많은 정치인들이 부패와 연관되어 있다고
보십니까?

_____ ① 거의 없다   ④ 많이 있다
_____ ② 조금 있다   ⑤ 거의 대부분이다
_____ ③ 어느 정도 있다

D8. 귀하의 생각에 현재 한국에서 얼마나 많은 공무원들이 부패와 연관되어 있다고 보십니까?

_____ ① 거의 없다   ④ 많이 있다

_____ ② 조금 있다   ⑤ 거의 대부분이다

_____ ③ 어느 정도 있다

D11. 아래 문항들은 귀하께서 평소 누구와 함께 식사를 하시는지에 대한 조사입니다. 아침 식사를 제외하고 '점심 식사', '저녁 식사', 그리고 '저녁 식사 이후의 (술 혹은 커피 등의) 회식 자리'를 각각 누구와 함께 하시는지에 대해서 응답해주시면 됩니다. 1.일관계로 맺어진 사람들(친구, 친지가 아닌)과 함께 하시는 경우, 2.가족이나 진지늘과 함께 하시는 경우, 3. 일과 관련없는 사적인 친구들과 함께 하시는 경우, 혹은 4. 혼자 하시는 경우가 어떻게 되시는지 각각 응답해주시기 바랍니다. (한 번도 없는 경우에도 응답란을 비워두지 마시고 꼭 0이라고 작성해주시기 바랍니다.)

	점심 식사	저녁 식사	저녁 식사 이후 (술, 커피 등의) 회식
1. 일관계로 맺어진 분들(가족이나 친구, 친지가 아닌)과 함께하는 횟수	일주일 중 총 _____ 회	일주일 중 총 _____ 회	일주일 중 총 _____ 회
∟ 0 회 가 아닌 경우			
1) 보통 몇 분과 함께 하십니까?	평균 _____ 명	평균 _____ 명	평균 _____ 명
2) 한 번의 식사자리에서 모두가 지출한 총비용은 평균적으로 얼마입니까?	평균 _____ 원	평균 _____ 원	평균 _____ 원
3) 그 중 본인의 지출은 평균적으로 얼마입니까?	평균 _____ 원	평균 _____ 원	평균 _____ 원
2. 가족이나 친지와 함께하는 횟수	일주일 중 총 _____ 회	일주일 중 총 _____ 회	일주일 중 총 _____ 회
3. 일과 관련 없는 사적인 친구들과 함께하는 횟수	일주일 중 총 _____ 회	일주일 중 총 _____ 회	일주일 중 총 _____ 회
4. 혼자 하시는 횟수	일주일 중 총 _____ 회	일주일 중 총 _____ 회	일주일 중 총 _____ 회

E. 가치관, 공정성 인식, 신뢰

E1. 귀하는 우리 사회가 어느 정도 믿을 수 있는 사회라고 생각하십니까? "매우 믿을 수 없다"에 0점을 주고, "매우 믿을 수 있다"에 10점을 준다면 몇 점을 주시겠습니까?

매우 믿을 수 없다										매우 믿을 수 있다	모르겠다
0점	1점	2점	3점	4점	5점	6점	7점	8점	9점	10점	(88)

E2. 다음은 우리나라의 주요 사회기관들입니다. 귀하는 이 기관들을 이끌어가는 사람들을 어느 정도 신뢰하는지 말씀해 주십시오.

		매우 신뢰	다소 신뢰	거의 신뢰하지 않음	모르겠다
1)	대기업	①	②	③	(8)
2)	종교계	①	②	③	(8)
3)	교육계	①	②	③	(8)
4)	노동조합	①	②	③	(8)
5)	신문사	①	②	③	(8)
6)	TV 방송국	①	②	③	(8)
7)	의료계	①	②	③	(8)
8)	중앙 정부 부처	①	②	③	(8)
9)	지방 자치 정부	①	②	③	(8)
10)	국회	①	②	③	(8)
11)	대법원	①	②	③	(8)
12)	학계	①	②	③	(8)
13)	군대	①	②	③	(8)
14)	금융기관	①	②	③	(8)
15)	청와대	①	②	③	(8)
16)	시민운동단체	①	②	③	(8)
17)	여론조사기관	①	②	③	(8)

E3. 귀하는 인생에서 성공하는데, 다음과 같은 사항이 얼마나 중요하다고 생각하십니까?

	절대적으로 중요하다	매우 중요하다	대체로 중요하다	별로 중요하지 않다	전혀 중요하지 않다	선택할 수 없음
1) 부유한 집안 출신	①	②	③	④	⑤	(8)
2) 높은 교육을 받은 부모	①	②	③	④	⑤	(8)
3) 본인의 좋은 학력	①	②	③	④	⑤	(8)
4) 야망을 갖는 것	①	②	③	④	⑤	(8)
5) 열심히 일하는 것	①	②	③	④	⑤	(8)
6) 좋은 사람을 아는 것	①	②	③	④	⑤	(8)
7) 정치적 연고	①	⑦	③	④	⑤	(8)
8) 뇌물을 주는 것	①	②	③	④	⑤	(8)
9) 인종	①	②	③	④	⑤	(8)
10) 종교	①	②	③	④	⑤	(8)
11) 성별	①	②	③	④	⑤	(8)

E4. 다음의 각 의견에 동의 또는 반대하시는 정도를 답하여 주시기 바랍니다.

		절대적 으로 중요하다	매우 중요하다	대체로 중요하다	별로 중요하지 않다	전혀 중요하지 않다	선택할 수 없음
1)	돈은 버는 것이 열심히 일하는 주된 이유다	①	②	③	④	⑤	(8)
2)	부를 일궈내는 성취욕이 있는 사람은 부를 즐길 수 있는 권리를 지닌다	①	②	③	④	⑤	(8)
3)	다른 사람들에 비해서 나는 옳고 그름이 더 분명하다	①	②	③	④	⑤	(8)
4)	요즈음 청소년들에게는 더 많은 훈육이 있어야만 한다고 생각한다	①	②	③	④	⑤	(8)
5)	사람들은 권위에 너무 자주 도전하는 문제를 지닌다	①	②	③	④	⑤	(8)
6)	심각한 계획을 하기엔 미래가 너무 불확실하다	①	②	③	④	⑤	(8)
7)	나는 인생이 로또(복권)와 같다고 느낀다	①	②	③	④	⑤	(8)

E5. 귀하는 귀하가 하는 일에 비추어 볼 때 받아야 할 보수보다 적게 받는다고 생각
하십니까, 아니면 많이 받는다고 생각하십니까? 만일 귀하가 현재 일하고 있지 않
다면, 가장 최근에 했던 일에 대해서 말씀해주십시오.

_____ ① 내가 받아야 할 보수보다 훨씬 적게 받는다

_____ ② 내가 받아야 할 보수보다 적게 받는다

_____ ③ 내가 받아야 할 보수만큼 받는다

_____ ④ 내가 받아야 할 보수보다 더 받는다

_____ ⑤ 내가 받아야 할 보수보다 훨씬 더 받는다

_____ (8) 선택할 수 없다

_____ (9) 일한 적이 없다(비해당)

E6. 귀하의 능력이나 노력에 비추어 볼 때 귀하의 소득은 어떻다고 생각하십니까?
만일 귀하가 현재 일하고 있지 않다면, 가장 최근에 했던 일에 대해서 말씀해 주
십시오.

    ____ ① 내가 마땅히 받아야 하는 것보다 훨씬 더 적다

    ____ ② 내가 마땅히 받아야 하는 것보다 약간 더 적다

    ____ ③ 내가 마땅히 받아야 하는 것만큼 받고 있다

    ____ ④ 내가 마땅히 받아야 하는 것보다 약간 더 많다

    ____ ⑤ 내가 마땅히 받아야 하는 것보다 훨씬 더 많다

    ____ (8) 선택할 수 없다

    ____ (9) 직업을 가진 적이 없다(비해당)

E7. 귀하는 개인적으로 정치에 어느 정도 관심이 있으십니까?

    ____ ① 매우 관심이 있다   ____ ④ 별로 관심이 없다

    ____ ② 상당히 관심이 있다   ____ ⑤ 전혀 관심이 없다

    ____ ③ 다소 관심이 있다   ____ (8) 선택할 수 없음

NEW_E8. 귀하는 친구, 친척, 또는 직장 동료들과 정치에 대해 어느 정도 자주 의견
을 나눕니까?

    ____ ① 자주 한다   ④ 전혀 하지 않는다

    ____ ② 가끔 한다   (8) 선택할 수 없음

    ____ ③ 거의 하지 않는다

NEW_E9. 귀하는 자신이 정치적으로 어느 정도 진보적 또는 보수적이라고 생각하십
니까?

    ____ ① 매우 진보적   ④ 다소 보수적

    ____ ② 다소 진보적   ⑤ 매우 보수적

    ____ ③ 중도   (8) 선택할 수 없음

E8. 귀하는 다음에 대해서 어느 정도 동의하시는지를 말씀하여 주십시오.

	매우 그렇다	다소 그렇다	보통 이다	다소 그렇지 않다	매우 그렇지 않다	선택할 수 없다
1) 나 같은 사람들은 정부가 하는 일에 대해 어떤 영향도 주기 어렵다	①	②	③	④	⑤	(8)
2) 정부는 나 같은 사람들의 의견에 관심이 없다	①	②	③	④	⑤	(8)
3) 나는 한국이 당면하고 있는 중요한 정치 문제를 잘 이해하고 있다	①	②	③	④	⑤	(8)
4) 대부분의 한국 사람은 정치나 행정에 대해 나보다 잘 알고 있다	①	②	③	④	⑤	(8)

E9. 한국사회의 최하층을 1로 하고 최상층을 10으로 한다면 귀하는 어디에 속한다고 생각하십니까? 숫자로 말씀해 주십시오.

최하층									최상층	모르겠다
①	②	③	④	⑤	⑥	⑦	⑧	⑨	⑩	(88)

E10. 한국사회의 최하층을 1로 하고 최상층을 10으로 한다면 귀하의 부모님께서 현재 귀하의 나이 정도였을 때 어디에 속했다고 생각하십니까? 숫자로 말씀해 주십시오.

최하층									최상층	모르겠다
①	②	③	④	⑤	⑥	⑦	⑧	⑨	⑩	(88)

E11. 한국사회의 최하층을 1로 하고 최상층을 10으로 한다면 귀하가 귀하의 부모님 나이 정도가 되었을 때 어디에 속할 것이라고 예상하십니까?

최하층								최상층	모르겠다

 ___①___ ___②___ ___③___ ___④___ ___⑤___ ___⑥___ ___⑦___ ___⑧___ ___⑨___ ___⑩___ ___(88)___

E12. 다음의 다섯 가지 그림은 서로 다른 사회의 유형을 보여주고 있습니다. 각 그림의 설명을 읽고 아래의 두 질문에 답하여 주십시오.

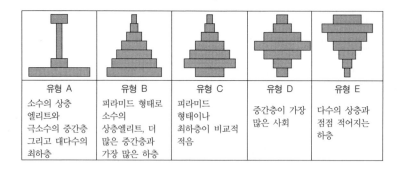

유형 A	유형 B	유형 C	유형 D	유형 E
소수의 상층 엘리트와 극소수의 중간층 그리고 대다수의 최하층	피라미드 형태로 소수의 상층엘리트, 더 많은 중간층과 가장 많은 하층	피라미드 형태이나 최하층이 비교적 적음	중간층이 가장 많은 사회	다수의 상층과 점점 적어지는 하층

E12.1. 귀하는 현재의 한국사회가 어떤 유형과 가장 가깝다고 생각하십니까?

    ___ ① A형   ___ ④ D형

    ___ ② B형   ___ ⑤ E형

    ___ ③ C형   ___ (8) 선택할 수 없음

E12.2. 귀하는 한국사회가 어떤 유형이 되어야 한다고 생각하십니까?

    ___ ① A형   ___ ④ D형

    ___ ② B형   ___ ⑤ E형

    ___ ③ C형   ___ (8) 선택할 수 없음

DQ. 응답자 특성

DQ1. 귀하의 태어난 해는?

태어난 해: ▭▭▭▭ 년

DQ2. 귀하의 현재 혼인상태는 다음 중 어디에 해당되십니까?

_____ ① 미혼　　　　　　　_____ ④ 사별

_____ ② 기혼　　　　　　　_____ (8) 기타 (_____)

_____ ③ 이혼

DQ3. 귀하의 최종학력은 어디에 해당되십니까?

_____ ① 중졸 이하　　　　　_____ ④ 대재/대학중퇴자

_____ ② 고졸　　　　　　　_____ ⑤ 대졸

_____ ③ 전문대졸　　　　　_____ ⑥ 대학원졸 이상

DQ4. 귀하의 월평균 소득수준은 세금공제 이전에 대략 어느 정도 됩니까?

_____ ① 소득 없음　　　　　_____ ⑥ 400만원~499만원

_____ ② 100만원 이하　　　_____ ⑦ 500만원~599만원

_____ ③ 100만원~199만원　_____ ⑧ 600만원~699만원

_____ ④ 200만원~299만원　_____ ⑨ 700만원~799만원

_____ ⑤ 300만원~399만원　_____ ⑩ 800만원 이상

DQ5. 귀댁의 월평균 총소득은 세금공제 이전에 대략 어느 정도 됩니까? 귀하를 포함한 모든 가구원들의 수입을 모두 합해서 말씀해 주십시오.

_____ ① 소득 없음　　　　　_____ ⑥ 400만원~499만원

_____ ② 100만원 이하　　　_____ ⑦ 500만원~599만원

_____ ③ 100만원~199만원　_____ ⑧ 600만원~699만원

_____ ④ 200만원~299만원　_____ ⑨ 700만원~799만원

_____ ⑤ 300만원~399만원　_____ ⑩ 800만원 이상

DQ8. 귀하의 하루 평균 인터넷 사용(업무 외 여가활동에 해당하는 인터넷 사용) 시간은?

_____시간 _____분

DQ9. 귀하의 하루 평균 사회연결망서비스(SNS: 카카오톡, 페이스북, 트위터, 인스타그램 등) 사용 시간은?

_____시간 _____분

DQ12. 귀하가 하시는 일은 무엇입니까?

_____ ① 자영업　　　(종업원 9인 이하의 소규모 장사 및 가족종사자,
　　　　　　　　　　　목공소주인, 개인택시 등)

_____ ② 판매/서비스직 (상점 점원, 세일즈맨, 영업직 등)

_____ ③ 기능/숙련공　(운전사, 선반, 목공 등 숙련공)

_____ ④ 일반/작업직　(토목관계의 현장작업, 청소, 수위 등)

_____ ⑤ 사무/기술직　(일반회사 사무직, 기술직, 교사, 항해사 등)

_____ ⑥ 경영/관리직　(5급 이상 공무원, 기업체 부장 이상, 교감, 교장 등)

_____ ⑦ 전문/자유직　(대학교수, 의사, 변호사, 예술가 등)

_____ ⑧ 가정주부　　(주로 가사에만 전념하는 주부)

_____ ⑨ 학생

_____ ⑩ 무직

_____ (88) 기타　　　　(적어주십시오: 　　　　　　　　　　　　　　)

DQ13. 귀하는 청탁금지법의 적용 대상이 되십니까? 해당이 되신다면, 아래 항목 중 어디에 해당되십니까? 해당항목이 없으면 '적용 대상 아님'에 응답해주세요.

① 　 정부 혹은 지방자치단체 공무원
② 　 언론사의 직원
③ 　 국립/공립/사립학교/유치원 교직원 (병원포함)
④ 　 기타 공직유관단체 직원
⑤ 　 본인은 아니지만 배우자가 법 적용 대상
⑥ 　 적용 대상 아님

감사합니다.

부록 3. 부정청탁 및 금품등 수수의 금지에 관한 법률과 시행령

부정청탁 및 금품등 수수의 금지에 관한 법률
(약칭: 청탁금지법)
[시행 2016.9.28.] [법률 제13278호, 2015.3.27., 제정]

제1장 총칙

제1조(목적) 이 법은 공직자 등에 대한 부정청탁 및 공직자 등의 금품 등의 수수(收受)를 금지함으로써 공직자 등의 공정한 직무수행을 보장하고 공공기관에 대한 국민의 신뢰를 확보하는 것을 목적으로 한다.

제2조(정의) 이 법에서 사용하는 용어의 뜻은 다음과 같다.

1. "공공기관"이란 다음 각 목의 어느 하나에 해당하는 기관·단체를 말한다.

    가. 국회, 법원, 헌법재판소, 선거관리위원회, 감사원, 국가인권위원회, 중앙행정기관(대통령 소속 기관과 국무총리 소속 기관을 포함한다)과 그 소속 기관 및 지방자치단체

    나. 「공직자윤리법」 제3조의2에 따른 공직유관단체

    다. 「공공기관의 운영에 관한 법률」 제4조에 따른 기관

    라. 「초·중등교육법」, 「고등교육법」, 「유아교육법」 및 그 밖의 다른 법령에 따라 설치된 각급 학교 및 「사립학교법」에 따른 학교법인

    마. 「언론중재 및 피해구제 등에 관한 법률」 제2조제12호에 따른 언론사

2. "공직자등"이란 다음 각 목의 어느 하나에 해당하는 공직자 또는 공적 업무 종사자를 말한다.

가. 「국가공무원법」 또는 「지방공무원법」에 따른 공무원과 그 밖에 다른 법률에 따라 그 자격·임용·교육훈련·복무·보수·신분보장 등에 있어서 공무원으로 인정된 사람

나. 제1호나목 및 다목에 따른 공직유관단체 및 기관의 장과 그 임직원

다. 제1호라목에 따른 각급 학교의 장과 교직원 및 학교법인의 임직원

라. 제1호마목에 따른 언론사의 대표자와 그 임직원

3. "금품등"이란 다음 각 목의 어느 하나에 해당하는 것을 말한다.

가. 금전, 유가증권, 부동산, 물품, 숙박권, 회원권, 입장권, 할인권, 초대권, 관람권, 부동산 등의 사용권 등 일체의 재산적 이익

나. 음식물·주류·골프 등의 접대·향응 또는 교통·숙박 등의 편의 제공

다. 채무 면제, 취업 제공, 이권(利權) 부여 등 그 밖의 유형·무형의 경제적 이익

4. "소속기관장"이란 공직자등이 소속된 공공기관의 장을 말한다.

제3조(국가 등의 책무) ① 국가는 공직자가 공정하고 청렴하게 직무를 수행할 수 있는 근무 여건을 조성하기 위하여 노력하여야 한다.

② 공공기관은 공직자등의 공정하고 청렴한 직무수행을 보장하기 위하여 부정청탁 및 금품등의 수수를 용인(容認)하지 아니하는 공직문화 형성에 노력하여야 한다.

③ 공공기관은 공직자등이 위반행위 신고 등 이 법에 따른 조치를 함으로써 불이익을 당하지 아니하도록 적절한 보호조치를 하여야 한다.

제4조(공직자등의 의무) ① 공직자등은 사적 이해관계에 영향을 받지 아니하고 직무를 공정하고 청렴하게 수행하여야 한다.

② 공직자등은 직무수행과 관련하여 공평무사하게 처신하고 직무관련자를 우대하거나 차별해서는 아니 된다.

제2장 부정청탁의 금지 등

제5조(부정청탁의 금지) ① 누구든지 직접 또는 제3자를 통하여 직무를 수

행하는 공직자등에게 다음 각 호의 어느 하나에 해당하는 부정청탁을 해서는 아니 된다.

1. 인가·허가·면허·특허·승인·검사·검정·시험·인증·확인 등 법령(조례·규칙을 포함한다. 이하 같다)에서 일정한 요건을 정하여 놓고 직무관련자로부터 신청을 받아 처리하는 직무에 대하여 법령을 위반하여 처리하도록 하는 행위

2. 인가 또는 허가의 취소, 조세, 부담금, 과태료, 과징금, 이행강제금, 범칙금, 징계 등 각종 행정처분 또는 형벌부과에 관하여 법령을 위반하여 감경·면제하도록 하는 행위

3. 채용·승진·전보 등 공직자등의 인사에 관하여 법령을 위반하여 개입하거나 영향을 미치도록 하는 행위

4. 법령을 위반하여 각종 심의·의결·조정 위원회의 위원, 공공기관이 주관하는 시험·선발 위원 등 공공기관의 의사결정에 관여하는 직위에 선정 또는 탈락되도록 하는 행위

5. 공공기관이 주관하는 각종 수상, 포상, 우수기관 선정 또는 우수자 선발에 관하여 법령을 위반하여 특정 개인·단체·법인이 선정 또는 탈락되도록 하는 행위

6. 입찰·경매·개발·시험·특허·군사·과세 등에 관한 직무상 비밀을 법령을 위반하여 누설하도록 하는 행위

7. 계약 관련 법령을 위반하여 특정 개인·단체·법인이 계약의 당사자로 선정 또는 탈락되도록 하는 행위

8. 보조금·장려금·출연금·출자금·교부금·기금 등의 업무에 관하여 법령을 위반하여 특정 개인·단체·법인에 배정·지원하거나 투자·예치·대여·출연·출자하도록 개입하거나 영향을 미치도록 하는 행위

9. 공공기관이 생산·공급·관리하는 재화 및 용역을 특정 개인·단체·법인에게 법령에서 정하는 가격 또는 정상적인 거래관행에서 벗어나 매각·교환·사용·수익·점유하도록 하는 행위

10. 각급 학교의 입학·성적·수행평가 등의 업무에 관하여 법령을 위반하여 처리·조작하도록 하는 행위

11. 징병검사, 부대 배속, 보직 부여 등 병역 관련 업무에 관하여 법령을 위반하여 처리하도록 하는 행위

12. 공공기관이 실시하는 각종 평가·판정 업무에 관하여 법령을 위반하여 평가 또는 판정하게 하거나 결과를 조작하도록 하는 행위

13. 법령을 위반하여 행정지도·단속·감사·조사 대상에서 특정 개인·단체·법인이 선정·배제되도록 하거나 행정지도·단속·감사·조사의 결과를 조작하거나 또는 그 위법사항을 묵인하게 하는 행위

14. 사건의 수사·재판·심판·결정·조정·중재·화해 또는 이에 준하는 업무를 법령을 위반하여 처리하도록 하는 행위

15. 제1호부터 제14호까지의 부정청탁의 대상이 되는 업무에 관하여 공직자등이 법령에 따라 부여받은 지위·권한을 벗어나 행사하거나 권한에 속하지 아니한 사항을 행사하도록 하는 행위

② 제1항에도 불구하고 다음 각 호의 어느 하나에 해당하는 경우에는 이 법을 적용하지 아니한다.

1. 「청원법」, 「민원사무 처리에 관한 법률」, 「행정절차법」, 「국회법」 및 그 밖의 다른 법령·기준(제2조제1호나목부터 마목까지의 공공기관의 규정·사규·기준을 포함한다. 이하 같다)에서 정하는 절차·방법에 따라 권리침해의 구제·해결을 요구하거나 그와 관련된 법령·기준의 제정·개정·폐지를 제안·건의하는 등 특정한 행위를 요구하는 행위

2. 공개적으로 공직자등에게 특정한 행위를 요구하는 행위

3. 선출직 공직자, 정당, 시민단체 등이 공익적인 목적으로 제3자의 고충민원을 전달하거나 법령·기준의 제정·개정·폐지 또는 정책·사업·제도 및 그 운영 등의 개선에 관하여 제안·건의하는 행위

4. 공공기관에 직무를 법정기한 안에 처리하여 줄 것을 신청·요구하거나 그 진행상황·조치결과 등에 대하여 확인·문의 등을 하는 행위

5. 직무 또는 법률관계에 관한 확인·증명 등을 신청·요구하는 행위

6. 질의 또는 상담형식을 통하여 직무에 관한 법령·제도·절차 등에 대하여 설명이나 해석을 요구하는 행위

7. 그 밖에 사회상규(社會常規)에 위배되지 아니하는 것으로 인정되는 행위

제6조(부정청탁에 따른 직무수행 금지) 부정청탁을 받은 공직자등은 그에 따라 직무를 수행해서는 아니 된다.

제7조(부정청탁의 신고 및 처리) ① 공직자등은 부정청탁을 받았을 때에는 부정청탁을 한 자에게 부정청탁임을 알리고 이를 거절하는 의사를 명확히 표시하여야 한다.

② 공직자등은 제1항에 따른 조치를 하였음에도 불구하고 동일한 부정청탁을 다시 받은 경우에는 이를 소속기관장에게 서면(전자문서를 포함한다. 이하 같다)으로 신고하여야 한다.

③ 제2항에 따른 신고를 받은 소속기관장은 신고의 경위·취지·내용·증거자료 등을 조사하여 신고 내용이 부정청탁에 해당하는지를 신속하게 확인하여야 한다.

④ 소속기관장은 부정청탁이 있었던 사실을 알게 된 경우 또는 제2항 및 제3항의 부정청탁에 관한 신고·확인 과정에서 해당 직무의 수행에 지장이 있다고 인정하는 경우에는 부정청탁을 받은 공직자등에 대하여 다음 각 호의 조치를 할 수 있다.

1. 직무 참여 일시중지

2. 직무 대리자의 지정

3. 전보

4. 그 밖에 국회규칙, 대법원규칙, 헌법재판소규칙, 중앙선거관리위원회규칙 또는 대통령령으로 정하는 조치

⑤ 소속기관장은 공직자등이 다음 각 호의 어느 하나에 해당하는 경우에는 제4항에도 불구하고 그 공직자등에게 직무를 수행하게 할 수 있다. 이 경우 제20조에 따른 소속기관의 담당관 또는 다른 공직자등으로 하여

금 그 공직자등의 공정한 직무수행 여부를 주기적으로 확인·점검하도록 하여야 한다.

1. 직무를 수행하는 공직자등을 대체하기 지극히 어려운 경우
2. 공직자등의 직무수행에 미치는 영향이 크지 아니한 경우
3. 국가의 안전보장 및 경제발전 등 공익증진을 이유로 직무수행의 필요성이 더 큰 경우

⑥ 공직자등은 제2항에 따른 신고를 감독기관·감사원·수사기관 또는 국민권익위원회에도 할 수 있다.

⑦ 소속기관장은 다른 법령에 위반되지 아니하는 범위에서 부정청탁의 내용 및 조치사항을 해당 공공기관의 인터넷 홈페이지 등에 공개할 수 있다.

⑧ 제1항부터 제7항까지에서 규정한 사항 외에 부정청탁의 신고·확인·처리 및 기록·관리·공개 등에 필요한 사항은 대통령령으로 정한다.

제3장 금품등의 수수 금지 등

제8조(금품등의 수수 금지) ① 공직자등은 직무 관련 여부 및 기부·후원·증여 등 그 명목에 관계없이 동일인으로부터 1회에 100만원 또는 매 회계연도에 300만원을 초과하는 금품등을 받거나 요구 또는 약속해서는 아니 된다.

② 공직자등은 직무와 관련하여 대가성 여부를 불문하고 제1항에서 정한 금액 이하의 금품등을 받거나 요구 또는 약속해서는 아니 된다.

③ 제10조의 외부강의등에 관한 사례금 또는 다음 각 호의 어느 하나에 해당하는 금품등의 경우에는 제1항 또는 제2항에서 수수를 금지하는 금품등에 해당하지 아니한다.

1. 공공기관이 소속 공직자등이나 파견 공직자등에게 지급하거나 상급 공직자등이 위로·격려·포상 등의 목적으로 하급 공직자등에게 제공하는 금품등

2. 원활한 직무수행 또는 사교·의례 또는 부조의 목적으로 제공되는 음식물·경조사비·선물 등으로서 대통령령으로 정하는 가액 범위 안의 금품등

3. 사적 거래(증여는 제외한다)로 인한 채무의 이행 등 정당한 권원(權原)에 의하여 제공되는 금품등

4. 공직자등의 친족(「민법」 제777조에 따른 친족을 말한다)이 제공하는 금품등

5. 공직자등과 관련된 직원상조회·동호인회·동창회·향우회·친목회·종교단체·사회단체 등이 정하는 기준에 따라 구성원에게 제공하는 금품등 및 그 소속 구성원 등 공직자등과 특별히 장기적·지속적인 친분관계를 맺고 있는 자가 질병·재난 등으로 어려운 처지에 있는 공직자등에게 제공하는 금품등

6. 공직자등의 직무와 관련된 공식적인 행사에서 주최자가 참석자에게 통상적인 범위에서 일률적으로 제공하는 교통, 숙박, 음식물 등의 금품등

7. 불특정 다수인에게 배포하기 위한 기념품 또는 홍보용품 등이나 경연·추첨을 통하여 받는 보상 또는 상품 등

8. 그 밖에 다른 법령·기준 또는 사회상규에 따라 허용되는 금품등

④ 공직자등의 배우자는 공직자등의 직무와 관련하여 제1항 또는 제2항에 따라 공직자등이 받는 것이 금지되는 금품등(이하 "수수 금지 금품등"이라 한다)을 받거나 요구하거나 제공받기로 약속해서는 아니 된다.

⑤ 누구든지 공직자등에게 또는 그 공직자등의 배우자에게 수수 금지 금품등을 제공하거나 그 제공의 약속 또는 의사표시를 해서는 아니 된다.

제9조(수수 금지 금품등의 신고 및 처리) ① 공직자등은 다음 각 호의 어느 하나에 해당하는 경우에는 소속기관장에게 지체 없이 서면으로 신고하여야 한다.

1. 공직자등 자신이 수수 금지 금품등을 받거나 그 제공의 약속 또는 의사표시를 받은 경우

2. 공직자등이 자신의 배우자가 수수 금지 금품등을 받거나 그 제공의 약
   속 또는 의사표시를 받은 사실을 안 경우

② 공직자등은 자신이 수수 금지 금품등을 받거나 그 제공의 약속이나
의사표시를 받은 경우 또는 자신의 배우자가 수수 금지 금품등을 받거나
그 제공의 약속이나 의사표시를 받은 사실을 알게 된 경우에는 이를 제
공자에게 지체 없이 반환하거나 반환하도록 하거나 그 거부의 의사를 밝
히거나 밝히도록 하여야 한다. 다만, 받은 금품등이 다음 각 호의 어느
하나에 해당하는 경우에는 소속기관장에게 인도하거나 인도하도록 하여
야 한다.

1. 멸실·부패·변질 등의 우려가 있는 경우

2. 해당 금품등의 제공자를 알 수 없는 경우

3. 그 밖에 제공자에게 반환하기 어려운 사정이 있는 경우

③ 소속기관장은 제1항에 따라 신고를 받거나 제2항 단서에 따라 금품등
을 인도받은 경우 수수 금지 금품등에 해당한다고 인정하는 때에는 반환
또는 인도하게 하거나 거부의 의사를 표시하도록 하여야 하며, 수사의 필
요성이 있다고 인정하는 때에는 그 내용을 지체 없이 수사기관에 통보하
여야 한다.

④ 소속기관장은 공직자등 또는 그 배우자가 수수 금지 금품등을 받거나
그 제공의 약속 또는 의사표시를 받은 사실을 알게 된 경우 수사의 필요
성이 있다고 인정하는 때에는 그 내용을 지체 없이 수사기관에 통보하여
야 한다.

⑤ 소속기관장은 소속 공직자등 또는 그 배우자가 수수 금지 금품등을
받거나 그 제공의 약속 또는 의사표시를 받은 사실을 알게 된 경우 또는
제1항부터 제4항까지의 규정에 따른 금품등의 신고, 금품등의 반환·인도
또는 수사기관에 대한 통보의 과정에서 직무의 수행에 지장이 있다고 인
정하는 경우에는 해당 공직자등에게 제7조제4항 각 호 및 같은 조 제5항
의 조치를 할 수 있다.

⑥ 공직자등은 제1항 또는 같은 조 제2항 단서에 따른 신고나 인도를 감독기관·감사원·수사기관 또는 국민권익위원회에도 할 수 있다.

⑦ 소속기관장은 공직자등으로부터 제1항제2호에 따른 신고를 받은 경우 그 공직자등의 배우자가 반환을 거부하는 금품등이 수수 금지 금품등에 해당한다고 인정하는 때에는 그 공직자등의 배우자로 하여금 그 금품등을 제공자에게 반환하도록 요구하여야 한다.

⑧ 제1항부터 제7항까지에서 규정한 사항 외에 수수 금지 금품등의 신고 및 처리 등에 필요한 사항은 대통령령으로 정한다.

제10조(외부강의등의 사례금 수수 제한) ① 공직자등은 자신의 직무와 관련되거나 그 지위·직책 등에서 유래되는 사실상의 영향력을 통하여 요청받은 교육·홍보·토론회·세미나·공청회 또는 그 밖의 회의 등에서 한 강의·강연·기고 등(이하 "외부강의등"이라 한다)의 대가로서 대통령령으로 정하는 금액을 초과하는 사례금을 받아서는 아니 된다.

② 공직자등은 외부강의등을 할 때에는 대통령령으로 정하는 바에 따라 외부강의등의 요청 명세 등을 소속기관장에게 미리 서면으로 신고하여야 한다. 다만, 외부강의등을 요청한 자가 국가나 지방자치단체인 경우에는 그러하지 아니하다.

③ 공직자등은 제2항 본문에 따라 외부강의등을 미리 신고하는 것이 곤란한 경우에는 그 외부강의등을 마친 날부터 2일 이내에 서면으로 신고하여야 한다.

④ 소속기관장은 제2항에 따라 공직자등이 신고한 외부강의등이 공정한 직무수행을 저해할 수 있다고 판단하는 경우에는 그 외부강의등을 제한할 수 있다.

⑤ 공직자등은 제1항에 따른 금액을 초과하는 사례금을 받은 경우에는 대통령령으로 정하는 바에 따라 소속기관장에게 신고하고, 제공자에게 그 초과금액을 지체 없이 반환하여야 한다.

제11조(공무수행사인의 공무 수행과 관련된 행위제한 등) ① 다음 각 호의

어느 하나에 해당하는 자(이하 "공무수행사인"이라 한다)의 공무 수행에 관하여는 제5조부터 제9조까지를 준용한다.

1. 「행정기관 소속 위원회의 설치·운영에 관한 법률」 또는 다른 법령에 따라 설치된 각종 위원회의 위원 중 공직자가 아닌 위원
2. 법령에 따라 공공기관의 권한을 위임·위탁받은 법인·단체 또는 그 기관이나 개인
3. 공무를 수행하기 위하여 민간부문에서 공공기관에 파견 나온 사람
4. 법령에 따라 공무상 심의·평가 등을 하는 개인 또는 법인·단체

② 제1항에 따라 공무수행사인에 대하여 제5조부터 제9조까지를 준용하는 경우 "공직자등"은 "공무수행사인"으로 보고, "소속기관장"은 "다음 각 호의 구분에 따른 자"로 본다.

1. 제1항제1호에 따른 위원회의 위원: 그 위원회가 설치된 공공기관의 장
2. 제1항제2호에 따른 법인·단체 또는 그 기관이나 개인: 감독기관 또는 권한을 위임하거나 위탁한 공공기관의 장
3. 제1항제3호에 따른 사람: 파견을 받은 공공기관의 장
4. 제1항제4호에 따른 개인 또는 법인·단체: 해당 공무를 제공받는 공공기관의 장

제4장 부정청탁 등 방지에 관한 업무의 총괄 등

제12조(공직자등의 부정청탁 등 방지에 관한 업무의 총괄) 국민권익위원회는 이 법에 따른 다음 각 호의 사항에 관한 업무를 관장한다.

1. 부정청탁의 금지 및 금품등의 수수 금지·제한 등에 관한 제도개선 및 교육·홍보계획의 수립 및 시행
2. 부정청탁 등에 관한 유형, 판단기준 및 그 예방 조치 등에 관한 기준의 작성 및 보급
3. 부정청탁 등에 대한 신고 등의 안내·상담·접수·처리 등
4. 신고자 등에 대한 보호 및 보상

5. 제1호부터 제4호까지의 업무 수행에 필요한 실태조사 및 자료의 수집·
관리·분석 등

제13조(위반행위의 신고 등) ① 누구든지 이 법의 위반행위가 발생하였거나
발생하고 있다는 사실을 알게 된 경우에는 다음 각 호의 어느 하나에 해
당하는 기관에 신고할 수 있다.

1. 이 법의 위반행위가 발생한 공공기관 또는 그 감독기관

2. 감사원 또는 수사기관

3. 국민권익위원회

② 제1항에 따른 신고를 한 자가 다음 각 호의 어느 하나에 해당하는 경
우에는 이 법에 따른 보호 및 보상을 받지 못한다.

1. 신고의 내용이 거짓이라는 사실을 알았거나 알 수 있었음에도 신고한
경우

2. 신고와 관련하여 금품등이나 근무관계상의 특혜를 요구한 경우

3. 그 밖에 부정한 목적으로 신고한 경우

③ 제1항에 따라 신고를 하려는 자는 자신의 인적사항과 신고의 취지·이
유·내용을 적고 서명한 문서와 함께 신고 대상 및 증거 등을 제출하여야
한다.

제14조(신고의 처리) ① 제13조제1항제1호 또는 제2호의 기관(이하 "조사기
관"이라 한다)은 같은 조 제1항에 따라 신고를 받거나 제2항에 따라 국
민권익위원회로부터 신고를 이첩받은 경우에는 그 내용에 관하여 필요
한 조사·감사 또는 수사를 하여야 한다.

② 국민권익위원회가 제13조제1항에 따른 신고를 받은 경우에는 그 내용
에 관하여 신고자를 상대로 사실관계를 확인한 후 대통령령으로 정하는
바에 따라 조사기관에 이첩하고, 그 사실을 신고자에게 통보하여야 한다.

③ 조사기관은 제1항에 따라 조사·감사 또는 수사를 마친 날부터 10일
이내에 그 결과를 신고자와 국민권익위원회에 통보(국민권익위원회로부
터 이첩받은 경우만 해당한다)하고, 조사·감사 또는 수사 결과에 따라

공소 제기, 과태료 부과 대상 위반행위의 통보, 징계 처분 등 필요한 조치를 하여야 한다.

④ 국민권익위원회는 제3항에 따라 조사기관으로부터 조사·감사 또는 수사 결과를 통보받은 경우에는 지체 없이 신고자에게 조사·감사 또는 수사 결과를 알려야 한다.

⑤ 제3항 또는 제4항에 따라 조사·감사 또는 수사 결과를 통보받은 신고자는 조사기관에 이의신청을 할 수 있으며, 제4항에 따라 조사·감사 또는 는 수사 결과를 통지받은 신고자는 국민권익위원회에도 이의신청을 할 수 있다.

⑥ 국민권익위원회는 조사기관의 조사·감사 또는 수사 결과가 충분하지 아니하다고 인정되는 경우에는 조사·감사 또는 수사 결과를 통보받은 날부터 30일 이내에 새로운 증거자료의 제출 등 합리적인 이유를 들어 조사기관에 재조사를 요구할 수 있다.

⑦ 제6항에 따른 재조사를 요구받은 조사기관은 재조사를 종료한 날부터 7일 이내에 그 결과를 국민권익위원회에 통보하여야 한다. 이 경우 국민권익위원회는 통보를 받은 즉시 신고자에게 재조사 결과의 요지를 알려야 한다.

제15조(신고자등의 보호·보상) ① 누구든지 다음 각 호의 어느 하나에 해당하는 신고 등(이하 "신고등"이라 한다)을 하지 못하도록 방해하거나 신고등을 한 자(이하 "신고자등"이라 한다)에게 이를 취소하도록 강요해서는 아니 된다.

1. 제7조제2항 및 제6항에 따른 신고
2. 제9조제1항, 같은 조 제2항 단서 및 같은 조 제6항에 따른 신고 및 인도
3. 제13조제1항에 따른 신고
4. 제1호부터 제3호까지에 따른 신고를 한 자 외에 협조를 한 자가 신고에 관한 조사·감사·수사·소송 또는 보호조치에 관한 조사·소송 등에서 진술·증언 및 자료제공 등의 방법으로 조력하는 행위

② 누구든지 신고자등에게 신고등을 이유로 불이익조치(「공익신고자 보호법」 제2조제6호에 따른 불이익조치를 말한다. 이하 같다)를 해서는 아니 된다.

③ 이 법에 따른 위반행위를 한 자가 위반사실을 자진하여 신고하거나 신고자등이 신고등을 함으로 인하여 자신이 한 이 법 위반행위가 발견된 경우에는 그 위반행위에 대한 형사처벌, 과태료 부과, 징계처분, 그 밖의 행정처분 등을 감경하거나 면제할 수 있다.

④ 제1항부터 제3항까지에서 규정한 사항 외에 신고자등의 보호 등에 관하여는 「공익신고자 보호법」 제11조부터 제13조까지, 제14조제3항부터 제5항까지 및 제16조부터 제25조까지의 규정을 준용한다. 이 경우 "공익신고자등"은 "신고자등"으로, "공익신고등"은 "신고등"으로 본다.

⑤ 국민권익위원회는 제13조제1항에 따른 신고로 인하여 공공기관에 재산상 이익을 가져오거나 손실을 방지한 경우 또는 공익의 증진을 가져온 경우에는 그 신고자에게 포상금을 지급할 수 있다.

⑥ 국민권익위원회는 제13조제1항에 따른 신고로 인하여 공공기관에 직접적인 수입의 회복·증대 또는 비용의 절감을 가져온 경우에는 그 신고자의 신청에 의하여 보상금을 지급하여야 한다.

⑦ 제5항과 제6항에 따른 포상금·보상금 신청 및 지급 등에 관하여는 「부패방지 및 국민권익위원회의 설치와 운영에 관한 법률」 제68조부터 제71조까지의 규정을 준용한다. 이 경우 "부패행위의 신고자"는 "제13조제1항에 따라 신고를 한 자"로, "이 법에 따른 신고"는 "제13조제1항에 따른 신고"로 본다.

제16조(위법한 직무처리에 대한 조치) 공공기관의 장은 공직자등이 직무수행 중에 또는 직무수행 후에 제5조, 제6조 및 제8조를 위반한 사실을 발견한 경우에는 해당 직무를 중지하거나 취소하는 등 필요한 조치를 하여야 한다.

제17조(부당이득의 환수) 공공기관의 장은 제5조, 제6조, 제8조를 위반하여

수행한 공직자등의 직무가 위법한 것으로 확정된 경우에는 그 직무의 상
대방에게 이미 지출·교부된 금액 또는 물건이나 그 밖에 재산상 이익을
환수하여야 한다.

제18조(비밀누설 금지) 다음 각 호의 어느 하나에 해당하는 업무를 수행하
거나 수행하였던 공직자등은 그 업무처리 과정에서 알게 된 비밀을 누설
해서는 아니 된다. 다만, 제7조제7항에 따라 공개하는 경우에는 그러하
지 아니하다.

1. 제7조에 따른 부정청탁의 신고 및 조치에 관한 업무

2. 제9조에 따른 수수 금지 금품등의 신고 및 처리에 관한 업무

제19조(교육과 홍보 등) ① 공공기관의 장은 공직자등에게 부정청탁 금지
및 금품등의 수수 금지에 관한 내용을 정기적으로 교육하여야 하며, 이
를 준수할 것을 약속하는 서약서를 받아야 한다.

② 공공기관의 장은 이 법에서 금지하고 있는 사항을 적극적으로 알리는
등 국민들이 이 법을 준수하도록 유도하여야 한다.

③ 공공기관의 장은 제1항 및 제2항에 따른 교육 및 홍보 등의 실시를
위하여 필요하면 국민권익위원회에 지원을 요청할 수 있다. 이 경우 국
민권익위원회는 적극 협력하여야 한다.

제20조(부정청탁 금지 등을 담당하는 담당관의 지정) 공공기관의 장은 소
속 공직자등 중에서 다음 각 호의 부정청탁 금지 등을 담당하는 담당관
을 지정하여야 한다.

1. 부정청탁 금지 및 금품등의 수수 금지에 관한 내용의 교육·상담

2. 이 법에 따른 신고·신청의 접수, 처리 및 내용의 조사

3. 이 법에 따른 소속기관장의 위반행위를 발견한 경우 법원 또는 수사기
관에 그 사실의 통보

제5장 징계 및 벌칙

제21조(징계) 공공기관의 장 등은 공직자등이 이 법 또는 이 법에 따른 명령

을 위반한 경우에는 징계처분을 하여야 한다.

제22조(벌칙) ① 다음 각 호의 어느 하나에 해당하는 자는 3년 이하의 징역 또는 3천만원 이하의 벌금에 처한다.

1. 제8조제1항을 위반한 공직자등(제11조에 따라 준용되는 공무수행사인을 포함한다). 다만, 제9조제1항·제2항 또는 제6항에 따라 신고하거나 그 수수 금지 금품등을 반환 또는 인도하거나 거부의 의사를 표시한 공직자등은 제외한다.

2. 자신의 배우자가 제8조제4항을 위반하여 같은 조 제1항에 따른 수수 금지 금품등을 받거나 요구하거나 제공받기로 약속한 사실을 알고도 제9조제1항제2호 또는 같은 조 제6항에 따라 신고하지 아니한 공직자등(제11조에 따라 준용되는 공무수행사인을 포함한다). 다만, 공직자등 또는 배우자가 제9조제2항에 따라 수수 금지 금품등을 반환 또는 인도하거나 거부의 의사를 표시한 경우는 제외한다.

3. 제8조제5항을 위반하여 같은 조 제1항에 따른 수수 금지 금품등을 공직자등(제11조에 따라 준용되는 공무수행사인을 포함한다) 또는 그 배우자에게 제공하거나 그 제공의 약속 또는 의사표시를 한 자

4. 제15조제4항에 따라 준용되는 「공익신고자 보호법」 제12조제1항을 위반하여 신고자등의 인적사항이나 신고자등임을 미루어 알 수 있는 사실을 다른 사람에게 알려주거나 공개 또는 보도한 자

5. 제18조를 위반하여 그 업무처리 과정에서 알게 된 비밀을 누설한 공직자등

② 다음 각 호의 어느 하나에 해당하는 자는 2년 이하의 징역 또는 2천만원 이하의 벌금에 처한다.

1. 제6조를 위반하여 부정청탁을 받고 그에 따라 직무를 수행한 공직자등(제11조에 따라 준용되는 공무수행사인을 포함한다)

2. 제15조제2항을 위반하여 신고자등에게 「공익신고자 보호법」 제2조제6호가목에 해당하는 불이익조치를 한 자

3. 제15조제4항에 따라 준용되는 「공익신고자 보호법」 제21조제2항에 따라 확정되거나 행정소송을 제기하여 확정된 보호조치결정을 이행하지 아니한 자

③ 다음 각 호의 어느 하나에 해당하는 자는 1년 이하의 징역 또는 1천만원 이하의 벌금에 처한다.

1. 제15조제1항을 위반하여 신고등을 방해하거나 신고등을 취소하도록 강요한 자

2. 제15조제2항을 위반하여 신고자등에게 「공익신고자 보호법」 제2조제6호나목부터 사목까지의 어느 하나에 해당하는 불이익조치를 한 자

④ 제1항제1호부터 제3호까지의 규정에 따른 금품등은 몰수한다. 다만, 그 금품등의 전부 또는 일부를 몰수하는 것이 불가능한 경우에는 그 가액을 추징한다.

제23조(과태료 부과) ① 다음 각 호의 어느 하나에 해당하는 자에게는 3천만원 이하의 과태료를 부과한다.

1. 제5조제1항을 위반하여 제3자를 위하여 다른 공직자등(제11조에 따라 준용되는 공무수행사인을 포함한다)에게 부정청탁을 한 공직자등(제11조에 따라 준용되는 공무수행사인을 포함한다). 다만, 「형법」 등 다른 법률에 따라 형사처벌을 받은 경우에는 과태료를 부과하지 아니하며, 과태료를 부과한 후 형사처벌을 받은 경우에는 그 과태료 부과를 취소한다.

2. 제15조제4항에 따라 준용되는 「공익신고자 보호법」 제19조제2항 및 제3항(같은 법 제22조제3항에 따라 준용되는 경우를 포함한다)을 위반하여 자료 제출, 출석, 진술서의 제출을 거부한 자

② 제5조제1항을 위반하여 제3자를 위하여 공직자등(제11조에 따라 준용되는 공무수행사인을 포함한다)에게 부정청탁을 한 자(제1항제1호에 해당하는 자는 제외한다)에게는 2천만원 이하의 과태료를 부과한다. 다만, 「형법」 등 다른 법률에 따라 형사처벌을 받은 경우에는 과태료를 부과하

지 아니하며, 과태료를 부과한 후 형사처벌을 받은 경우에는 그 과태료 부과를 취소한다.

③ 제5조제1항을 위반하여 제3자를 통하여 공직자등(제11조에 따라 준용되는 공무수행사인을 포함한다)에게 부정청탁을 한 자(제1항제1호 및 제2항에 해당하는 자는 제외한다)에게는 1천만원 이하의 과태료를 부과한다. 다만, 「형법」 등 다른 법률에 따라 형사처벌을 받은 경우에는 과태료를 부과하지 아니하며, 과태료를 부과한 후 형사처벌을 받은 경우에는 그 과태료 부과를 취소한다.

④ 제10조제5항에 따른 신고 및 반환 조치를 하지 아니한 공직사등에게는 500만원 이하의 과태료를 부과한다.

⑤ 다음 각 호의 어느 하나에 해당하는 자에게는 그 위반행위와 관련된 금품등 가액의 2배 이상 5배 이하에 상당하는 금액의 과태료를 부과한다. 다만, 제22조제1항제1호부터 제3호까지의 규정이나 「형법」 등 다른 법률에 따라 형사처벌(몰수나 추징을 당한 경우를 포함한다)을 받은 경우에는 과태료를 부과하지 아니하며, 과태료를 부과한 후 형사처벌을 받은 경우에는 그 과태료 부과를 취소한다.

1. 제8조제2항을 위반한 공직자등(제11조에 따라 준용되는 공무수행사인을 포함한다). 다만, 제9조제1항·제2항 또는 제6항에 따라 신고하거나 그 수수 금지 금품등을 반환 또는 인도하거나 거부의 의사를 표시한 공직자등은 제외한다.

2. 자신의 배우자가 제8조제4항을 위반하여 같은 조 제2항에 따른 수수 금지 금품등을 받거나 요구하거나 제공받기로 약속한 사실을 알고도 제9조제1항제2호 또는 같은 조 제6항에 따라 신고하지 아니한 공직자등(제11조에 따라 준용되는 공무수행사인을 포함한다). 다만, 공직자등 또는 배우자가 제9조제2항에 따라 수수 금지 금품등을 반환 또는 인도하거나 거부의 의사를 표시한 경우는 제외한다.

3. 제8조제5항을 위반하여 같은 조 제2항에 따른 수수 금지 금품등을 공

직자등(제11조에 따라 준용되는 공무수행사인을 포함한다) 또는 그 배
우자에게 제공하거나 그 제공의 약속 또는 의사표시를 한 자

⑥ 제1항부터 제5항까지의 규정에도 불구하고 「국가공무원법」, 「지방공무
원법」 등 다른 법률에 따라 징계부가금 부과의 의결이 있은 후에는 과
태료를 부과하지 아니하며, 과태료가 부과된 후에는 징계부가금 부과
의 의결을 하지 아니한다.

⑦ 소속기관장은 제1항부터 제5항까지의 과태료 부과 대상자에 대해서는
그 위반 사실을 「비송사건절차법」에 따른 과태료 재판 관할법원에 통
보하여야 한다.

제24조(양벌규정) 법인 또는 단체의 대표자나 법인·단체 또는 개인의 대리
인, 사용인, 그 밖의 종업원이 그 법인·단체 또는 개인의 업무에 관하여
제22조제1항제3호[금품등의 제공자가 공직자등(제11조에 따라 제8조가
준용되는 공무수행사인을 포함한다)인 경우는 제외한다], 제23조제2항,
제23조제3항 또는 제23조제5항제3호[금품등의 제공자가 공직자등(제11
조에 따라 제8조가 준용되는 공무수행사인을 포함한다)인 경우는 제외한
다]의 위반행위를 하면 그 행위자를 벌하는 외에 그 법인·단체 또는 개
인에게도 해당 조문의 벌금 또는 과태료를 과한다. 다만, 법인·단체 또는
개인이 그 위반행위를 방지하기 위하여 해당 업무에 관하여 상당한 주의
와 감독을 게을리하지 아니한 경우에는 그러하지 아니하다.

부칙 〈제13278호, 2015.3.27.〉

제1조(시행일) 이 법은 공포 후 1년 6개월이 경과한 날부터 시행한다.

제2조(수수 금지 금품등의 신고에 관한 적용례) 제9조제1항은 이 법 시행
후 같은 항 각 호의 행위가 발생한 경우부터 적용한다.

제3조(외부강의등의 사례금 수수 제한에 관한 적용례) 제10조제1항은 이
법 시행 후 하는 외부강의등부터 적용한다.

부정청탁 및 금품등 수수의 금지에 관한 법률 시행령
[시행 2018.1.17.] [대통령령 제28590호, 2018.1.17., 일부개정]

제1장 총칙

제1조(목적) 이 영은 「부정청탁 및 금품등 수수의 금지에 관한 법률」에서 위
임된 사항과 그 시행에 필요한 사항을 규정함을 목적으로 한다.

제2조(윤리강령) ① 다음 각 호의 어느 하나에 해당하는 공공기관은 「부정
청탁 및 금품등 수수의 금지에 관한 법률」(이하 "법"이라 한다) 제3조제2
항에 따른 공직문화 형성을 위하여 소속 공직자등이 준수하여야 할 윤리
강령(이하 "윤리강령"이라 한다)을 정할 수 있다.

1. 법 제2조제1호라목에 따른 「초·중등교육법」, 「고등교육법」, 「유아교육
   법」 및 그 밖의 다른 법령에 따라 설치된 각급 학교 및 「사립학교법」에
   따른 학교법인

2. 법 제2조제1호마목에 따른 「언론중재 및 피해구제 등에 관한 법률」 제
   2조제12호에 따른 언론사

② 윤리강령에는 다음 각 호의 사항이 포함되어야 한다.

1. 직위를 이용한 인사 관여, 이권 개입, 알선, 청탁행위 등의 금지·제한
   에 관한 사항

2. 금품등 수수 행위의 금지·제한에 관한 사항

3. 강의·강연·기고 등의 신고 및 제한에 관한 사항

4. 그 밖에 공직자등의 청렴과 품위유지 등을 위하여 필요한 사항

③ 제1항 각 호에 따른 공공기관의 장은 윤리강령을 제정하거나 개정하
는 경우에는 해당 공공기관의 인터넷 홈페이지에 공개할 수 있다.

④ 국민권익위원회는 제1항 각 호에 따른 공공기관이 윤리강령을 효과적
으로 제정하거나 개정할 수 있도록 지원할 수 있다.

제2장 부정청탁의 금지 등

제3조(부정청탁의 신고 방법 등) 공직자등은 법 제7조제2항에 따라 부정청탁을 받은 사실을 신고하려는 경우에는 다음 각 호의 사항을 적은 서면(전자문서를 포함한다. 이하 같다)을 소속기관장에게 제출하여야 한다.

1. 신고자의 인적사항

　가. 성명, 주민등록번호, 주소, 소속 부서 및 연락처

　나. 그 밖에 신고자를 확인할 수 있는 인적사항

2. 부정청탁을 한 자의 인적사항

　가. 개인인 경우: 성명, 연락처, 직업 등 부정청탁을 한 자를 확인할 수 있는 인적사항

　나. 법인 또는 단체의 대표자인 경우: 가목의 사항 및 법인 또는 단체의 명칭·소재지

　다. 법인·단체 또는 개인의 대리인, 사용인, 그 밖의 종업원인 경우: 가목의 사항, 법인·단체 또는 개인의 명칭·소재지 및 대표자의 성명

3. 신고의 경위 및 이유

4. 부정청탁의 일시, 장소 및 내용

5. 부정청탁의 내용을 입증할 수 있는 증거자료(증거자료를 확보한 경우만 해당한다)

제4조(소속기관장의 부정청탁의 신고에 대한 확인 등) ① 법 제7조제2항에 따라 신고를 받은 소속기관장은 다음 각 호의 사항을 확인할 수 있다.

1. 제3조 각 호의 사항 등 신고 내용을 특정하는 데 필요한 사항

2. 신고 내용을 입증할 수 있는 참고인, 증거자료 등의 확보 여부

3. 다른 기관에 동일한 내용으로 신고를 하였는지 여부

② 소속기관장은 법 제7조제2항에 따른 신고가 이 조 제1항제1호에 따른 신고 내용을 특정하는 데 필요한 사항을 갖추지 못한 경우에는 적정한 기간을 정하여 신고자로 하여금 그 사항을 보완하게 할 수 있다.

제5조(소속기관장의 부정청탁 신고의 처리 등) 법 제7조제2항에 따라 신고

를 받은 소속기관장은 신고의 내용에 관하여 필요한 조사를 하고, 다음 각 호의 구분에 따라 조사 결과에 대한 조치를 하여야 한다.

1. 범죄의 혐의가 있거나 수사의 필요성이 있다고 인정되는 경우: 수사기 관에 통보

2. 과태료 부과 대상인 경우: 과태료 관할 법원에 통보

3. 징계 대상인 경우: 징계절차의 진행

제6조(소속기관장의 조사 결과의 통보 방법 등) ① 소속기관장은 법 제7조 제2항에 따라 신고를 받은 경우에는 조사를 마친 날부터 10일 이내에 조 사의 결과를 신고자에게 서면으로 통보하여야 한다.

② 소속기관장이 제1항에 따라 통보하는 조사 결과에는 다음 각 호의 사 항이 포함되어야 한다.

1. 신고사항의 처리결과 및 처리이유

2. 신고사항과 관련하여 신고자가 알아야 할 필요가 있는 사항

제7조(소속기관장의 부정청탁을 받은 공직자등에 대한 조치) ① 소속기관 장은 법 제7조제4항제1호, 제2호 또는 제4호의 조치를 통해서도 그 목적 을 달성할 수 없는 경우에 한정하여 법 제7조제4항제3호의 조치를 할 수 있다.

② 법 제7조제4항제4호에서 "대통령령으로 정하는 조치"란 다음 각 호의 어느 하나에 해당하는 조치를 말한다.

1. 직무 공동수행자의 지정

2. 사무분장의 변경

제8조(감독기관 등의 부정청탁의 신고 및 확인 등) ① 공직자등이 법 제7 조제6항에 따라 감독기관, 감사원 또는 수사기관에 부정청탁을 받은 사 실을 신고하려는 경우 제출하여야 하는 서면의 기재 사항에 관하여는 제 3조를 준용한다.

② 법 제7조제6항에 따라 부정청탁의 신고를 받은 감독기관, 감사원, 또 는 수사기관이 하는 부정청탁의 신고에 관한 확인 및 신고 내용의 보완

에 관하여는 제4조를 준용한다.

제9조(감독기관 등의 부정청탁 신고의 조치 등) 법 제7조제6항에 따라 신고를 받은 감독기관, 감사원 또는 수사기관은 신고의 내용에 관하여 필요한 조사·감사 또는 수사(이하 "조사등"이라 한다)를 하고, 다음 각 호의 구분에 따라 조사등 결과에 대한 조치를 하여야 한다.

1. 감독기관 또는 감사원의 조치

　가. 범죄의 혐의가 있거나 수사의 필요성이 있다고 인정되는 경우: 수사기관에 통보

　나. 과태료 부과대상이거나 징계의 필요성이 있는 경우: 소속기관에 통보

2. 수사기관의 조치

　가. 범죄의 혐의가 있거나 수사의 필요성이 있다고 인정되는 경우: 수사절차의 진행

　나. 과태료 부과 대상이거나 징계의 필요성이 있는 경우: 소속기관에 통보

제10조(감독기관 등의 조사등 결과의 통보 방법 등) 법 제7조제6항에 따라 신고를 받은 감독기관, 감사원 또는 수사기관의 조사등 결과의 신고자에 대한 통보 기간 및 방법 등에 관하여는 제6조를 준용한다.

제11조(국민권익위원회의 부정청탁의 신고 및 확인 등) ① 공직자등이 법 제7조제6항에 따라 국민권익위원회에 부정청탁을 받은 사실을 신고하려는 경우 제출하여야 하는 서면의 기재 사항에 관하여는 제3조를 준용한다.

② 법 제7조제6항에 따라 부정청탁의 신고를 받은 국민권익위원회가 하는 부정청탁의 신고에 관한 확인 및 신고 내용의 보완에 관하여는 제4조를 준용한다.

제12조(국민권익위원회의 부정청탁 신고의 처리 등) ① 법 제7조제6항에 따라 신고를 받은 국민권익위원회는 신고를 받은 날(신고 내용의 보완이 필요한 경우에는 제4조제2항에 따라 보완된 날을 말한다)부터 60일 이내에 제4조제1항 각 호의 사항을 확인한 후 다음 각 호의 구분에 따른 기

관에 이첩하여야 한다.

1. 범죄의 혐의가 있거나 수사의 필요성이 있다고 인정되는 경우: 수사기관

2. 「감사원법」에 따른 감사가 필요하다고 인정되는 경우: 감사원

3. 제1호 또는 제2호 외의 경우: 소속기관 또는 감독기관

② 국민권익위원회는 신고내용이 여러 기관과 관련되는 경우에는 소속기관, 감독기관, 감사원 또는 수사기관 중에서 주관 기관을 지정하여 이첩할 수 있다. 이 경우 주관 기관은 상호 협조를 통하여 신고사항이 일괄 처리되도록 하여야 한다.

③ 국민권익위원회는 법 제7조제6항에 따라 접수받은 신고가 다음 각 호의 사항에 모두 해당하는 경우에는 소속기관장, 감독기관, 감사원 또는 수사기관에 송부할 수 있다.

1. 제1항에 따른 이첩 대상인지가 명백하지 아니한 경우

2. 제14조제1항에 따른 종결처리의 대상인지가 명백하지 아니한 경우

④ 국민권익위원회는 제1항부터 제3항까지의 규정에 따라 이첩하거나 송부하는 경우에는 제4조제1항 각 호의 확인 사항을 첨부하여 이첩하거나 송부하고, 이첩 또는 송부 사실을 신고자에게 통보하여야 한다.

제13조(이첩·송부의 처리 등) ① 소속기관장, 감독기관, 감사원 또는 수사기관은 제12조제1항부터 제3항까지의 규정에 따라 부정청탁의 신고를 이첩 또는 송부받은 경우 신고의 내용에 대하여 필요한 조사등을 한다.

② 제1항에 따른 소속기관장의 조사 결과에 대한 조치에 관하여는 제5조를 준용하고, 감독기관, 감사원 또는 수사기관의 조사등 결과에 대한 조치에 관하여는 제9조를 준용한다.

③ 소속기관장, 감독기관, 감사원 또는 수사기관은 부정청탁의 신고를 이첩 또는 송부받은 경우 조사등을 마친 날부터 10일 이내에 조사등의 결과를 신고자 및 국민권익위원회에 서면으로 통보하여야 한다.

④ 소속기관장, 감독기관, 감사원 또는 수사기관이 제3항에 따라 통보하는 조사등 결과에는 다음 각 호의 사항이 포함되어야 한다.

1. 신고사항의 처리결과 및 처리이유
2. 신고사항과 관련하여 신고자 및 국민권익위원회가 알아야 할 필요가 있는 사항

제14조(종결처리 등) ① 소속기관장, 감독기관, 감사원, 수사기관 또는 국민권익위원회는 제5조, 제9조, 제12조 및 제13조에도 불구하고 다음 각 호의 어느 하나에 해당하는 경우에는 접수받은 신고 또는 이첩·송부받은 신고를 종결할 수 있다. 이 경우 종결 사실과 그 사유를 신고자에게 통보하여야 한다.

1. 신고 내용이 명백히 거짓인 경우
2. 신고자가 제4조제2항에 따른 보완요구를 받고도 보완 기한 내에 보완하지 아니한 경우
3. 신고에 대한 처리결과를 통보받은 사항에 대하여 정당한 사유없이 다시 신고한 경우로서 새로운 증거가 없는 경우
4. 신고 내용이 언론매체 등을 통하여 공개된 내용에 해당하고 조사등 중에 있거나 이미 끝난 경우로서 새로운 증거가 없는 경우
5. 동일한 내용의 신고가 접수되어 먼저 접수된 신고에 관하여 조사등 중에 있거나 이미 끝난 경우로서 새로운 증거가 없는 경우
6. 그 밖에 법 위반행위를 확인할 수 없는 등 조사등이 필요하지 아니하다고 인정되어 종결하는 것이 합리적이라고 인정되는 경우

② 제1항에 따라 통보를 받은 신고자는 새로운 증거자료의 제출 등 합리적인 이유를 들어 다시 신고를 할 수 있다.

제15조(부정청탁의 내용 및 조치사항의 공개) ① 소속기관장은 다음 각 호의 경우를 고려하여 법 제7조제7항에 따라 부정청탁의 내용 및 조치사항을 공개할 수 있다.

1. 법 제5조제1항을 위반하여 과태료가 부과된 경우
2. 법 제6조를 위반하여 유죄판결 또는 기소유예처분이 확정된 경우
3. 그 밖에 소속기관장이 부정청탁 예방을 위하여 공개할 필요가 있다고

인정하는 경우

② 소속기관장은 법 제7조제7항에 따라 공개하는 부정청탁의 내용 및 조치사항에 다음 각 호의 내용 등을 포함시킬 수 있다.

1. 부정청탁의 일시·목적·유형 및 세부내용

2. 법 제7조제4항 각 호, 제16조 및 제21조에 따른 소속기관장의 조치 및 징계처분

3. 벌칙 또는 과태료 부과 등 제재 내용

제16조(위반행위의 기록·관리) ① 소속기관장은 법 제7조제8항에 따라 소속 공직자등과 관련하여 제3조, 제4조제1항, 제5조, 제7조 및 제13소제1항에 따른 신고 내용, 확인 사항 및 처리내역 등을 기록하고 관리하여야 한다. 이 경우 해당 기록의 보존기간에 관하여는 「공공기록물 관리에 관한 법률 시행령」 제26조를 준용한다.

② 소속기관장은 제1항의 기록을 전자매체 또는 마이크로필름 등 전자적 처리가 가능한 방법으로 관리하여야 한다.

제3장 금품등의 수수 금지 등

제17조(사교·의례 등 목적으로 제공되는 음식물·경조사비 등의 가액 범위) 법 제8조제3항제2호에서 "대통령령으로 정하는 가액 범위"란 별표 1에 따른 금액을 말한다.

제18조(수수 금지 금품등의 신고 방법 등) 공직자등은 법 제9조제1항에 따라 수수 금지 금품등을 신고하려는 경우에는 다음 각 호의 사항을 적은 서면을 소속기관장에게 제출하여야 한다.

1. 신고자의 인적사항

   가. 성명, 주민등록번호, 주소, 소속 부서 및 연락처

   나. 그 밖에 신고자를 확인할 수 있는 인적사항

2. 수수 금지 금품등을 제공하거나 그 제공의 약속 또는 의사표시를 한 자의 인적사항

가. 개인인 경우: 성명, 연락처, 직업 등 수수 금지 금품등을 제공하거
나 그 제공의 약속 또는 의사표시를 한 자를 확인할 수 있는 인적
사항

나. 법인 또는 단체의 대표자인 경우: 가목의 사항 및 법인 또는 단체
의 명칭·소재지

다. 법인·단체 또는 개인의 대리인, 사용인, 그 밖의 종업원인 경우: 가
목의 사항, 법인·단체 또는 개인의 명칭·소재지 및 대표자의 성명

3. 신고의 경위 및 이유

4. 금품등의 종류 및 가액

5. 금품등의 반환 여부

6. 신고 내용을 입증할 수 있는 증거자료(증거자료를 확보한 경우만 해당
한다)

제19조(소속기관장의 수수 금지 금품등의 신고에 대한 조치 등) ① 법 제9
조제1항에 따라 신고를 받은 소속기관장의 수수 금지 금품등의 신고에
관한 확인 및 신고 내용의 보완에 관하여는 제4조를 준용한다.

② 소속기관장은 법 제9조제1항에 따라 신고를 받은 경우에는 수수 금지
금품등의 신고 내용에 관하여 필요한 조사를 하여야 한다. 이 경우 조사
결과에 대한 조치에 관하여는 제5조를 준용한다.

③ 법 제9조제1항에 따라 신고를 받은 소속기관장의 조사 결과에 대한
통보 기간 및 방법 등에 관하여는 제6조를 준용한다.

④ 소속기관장은 소속 공직자등의 수수 금지 금품등의 신고 내용과 확인
사항 및 처리내역을 기록하고 관리하여야 한다. 이 경우 기록·관리 및
보존에 관하여는 제16조를 준용한다.

제20조(감독기관 등의 수수 금지 금품등의 신고에 대한 조치 등) ① 공직
자등이 법 제9조제6항에 따라 감독기관, 감사원 또는 수사기관에 수수
금지 금품등을 신고하려는 경우 제출하여야 하는 서면의 기재 사항에 관
하여는 제18조를 준용한다.

② 감독기관, 감사원 또는 수사기관이 법 제9조제6항에 따라 수수 금지 금품등을 신고 받은 경우 신고에 관한 확인 및 신고 내용의 보완에 관하여는 제4조를 준용한다.

③ 감독기관, 감사원 또는 수사기관은 법 제9조제6항에 따라 신고를 받은 경우에는 수수 금지 금품등의 신고의 내용에 관하여 필요한 조사등을 하여야 한다. 이 경우 조사등 결과에 대한 조치에 관하여는 제9조를 준용한다.

④ 법 제9조제6항에 따라 신고를 받은 감독기관, 감사원 또는 수사기관의 조사등 결과의 신고자에 대한 통보 기간 및 방법에 관하여는 제6조를 준용한다.

제21조(국민권익위원회의 수수 금지 금품등의 신고에 대한 조치 등) ① 공직자등이 법 제9조제6항에 따라 국민권익위원회에 수수 금지 금품등을 신고하려는 경우 제출하여야 하는 서면의 기재 사항에 관하여는 제18조를 준용한다.

② 국민권익위원회가 법 제9조제6항에 따라 수수 금지 금품등을 신고 받은 경우 신고에 관한 확인 및 신고 내용의 보완에 관하여는 제4조를 준용한다.

③ 국민권익위원회가 법 제9조제6항에 따라 신고를 받은 경우 신고의 이첩 또는 송부 방법 및 이첩 또는 송부의 처리 결과에 대한 통보에 관하여는 제12조를 준용한다.

제22조(이첩·송부의 처리 등) 소속기관장, 감독기관, 감사원 또는 수사기관이 제21조제3항에 따라 준용되는 제12조제1항부터 제3항까지의 규정에 따라 수수 금지 금품등의 신고를 이첩 또는 송부받은 경우 이첩 또는 송부에 관한 조치 및 통보 방법에 관하여는 제13조를 준용한다.

제23조(종결처리 등) 소속기관장, 감독기관, 감사원, 수사기관 또는 국민권익위원회가 신고를 종결할 수 있는 경우에 관하여는 제14조를 준용한다.

제24조(인도받은 금품등의 처리) ① 소속기관장, 감독기관, 감사원, 수사기

관 또는 국민권익위원회는 법 제9조제2항 단서 또는 같은 조 제6항에 따라 금품등을 인도받은 경우에는 즉시 사진으로 촬영하거나 영상으로 녹화하여야 한다.

② 법 제9조제6항에 따라 금품등을 인도받은 국민권익위원회는 제21조제3항에 따라 준용되는 제12조제1항부터 제3항까지의 규정에 따라 신고를 이첩 또는 송부하는 경우에는 인도받은 금품등과 제1항에 따라 촬영하거나 영상으로 녹화한 기록물을 첨부하여 이첩 또는 송부하여야 한다. 이 경우 이첩 또는 송부한 사실을 금품등을 인도한 자에게 통보하여야 한다.

③ 법 제9조제2항 단서, 같은 조 제6항 또는 이 조 제2항에 따라 금품등을 인도, 이첩 또는 송부받은 소속기관장, 감독기관, 감사원 또는 수사기관은 조사등을 한 결과, 인도·이첩 또는 송부받은 금품등이 수수 금지 금품등이 아닌 경우에는 다른 법령에 특별한 규정이 있는 경우를 제외하고 금품등을 인도한 자에게 반환한다.

④ 소속기관장, 감독기관, 감사원, 수사기관 또는 국민권익위원회는 인도받은 금품등이 멸실·부패·변질 등으로 인하여 제2항 또는 제3항에 따라 처리하기 어렵다고 판단되는 경우에는 금품등을 인도한 자의 동의를 받아 폐기처분한다.

제25조(수수가 제한되는 외부강의등의 사례금 상한액) 법 제10조제1항에서 "대통령령으로 정하는 금액"이란 별표 2에 따른 금액을 말한다.

제26조(외부강의등의 신고) ① 법 제10조제2항 본문에 따라 같은 조 제1항에 따른 외부강의등(이하 "외부강의등"이라 한다)을 신고하려는 공직자 등은 다음 각 호의 사항을 적은 서면을 소속기관장에게 제출하여야 한다. 〈개정 2018.1.17.〉

1. 신고자의 성명, 소속, 직급 및 연락처
2. 외부강의등의 일시, 강의시간 및 장소
3. 외부강의등의 주제
4. 사례금 총액 및 상세 명세(사례금을 받는 경우만 해당한다)

   5. 외부강의등의 요청자(요청기관), 담당자 및 연락처

   ② 제1항에 따른 신고를 할 때 상세 명세 또는 사례금 총액 등을 미리 알 수 없는 경우에는 해당 사항을 제외한 사항을 신고한 후 해당 사항을 안 날부터 5일 이내에 보완하여야 한다. 〈개정 2018.1.17.〉

제27조(초과사례금의 신고방법 등) ① 공직자등은 법 제10조제1항에 따른 금액을 초과하는 사례금(이하 "초과사례금"이라 한다)을 받은 경우에는 법 제10조제5항에 따라 초과사례금을 받은 사실을 안 날부터 2일 이내에 다음 각 호의 사항을 적은 서면으로 소속기관장에게 신고하여야 한다.

   1. 제26조제1항에 따른 신고사항

   2. 초과사례금의 액수 및 초과사례금의 반환 여부

   ② 제1항에 따른 신고를 받은 소속기관장은 초과사례금을 반환하지 아니한 공직자등에 대하여 신고사항을 확인한 후 7일 이내에 반환하여야 할 초과사례금의 액수를 산정하여 해당 공직자등에게 통지하여야 한다.

   ③ 제2항에 따라 통지를 받은 공직자등은 지체 없이 초과사례금(신고자가 초과사례금의 일부를 반환한 경우에는 그 차액으로 한정한다)을 제공자에게 반환하고 그 사실을 소속기관장에게 알려야 한다.

제28조(반환·인도 비용의 청구) 공직자등은 자신이나 자신의 배우자가 법 제9조제2항 또는 제6항에 따라 금품등을 반환 또는 인도하거나 법 제10조제5항에 따라 초과사례금을 반환한 경우에는 소속기관장에게 증명자료를 첨부하여 반환하는 데 든 비용을 청구할 수 있다.

제4장 부정청탁 등 방지에 관한 업무의 총괄 등

제29조(법 위반행위의 신고) 누구든지 법 제13조제1항에 따라 법의 위반행위가 발생하였거나 발생하고 있다는 사실을 신고하려는 경우 다음 각 호의 사항을 적은 서면을 법 위반행위가 발생한 공공기관, 감독기관, 감사원, 수사기관(이하 "조사기관"이라 한다) 또는 국민권익위원회에 제출하여야 한다.

1. 신고자의 인적사항

　가. 성명, 주민등록번호, 주소, 직업 및 연락처

　나. 그 밖에 신고자를 확인할 수 있는 인적사항

2. 법 위반행위자의 인적사항

　가. 개인인 경우: 성명, 연락처, 직업 등 법 위반행위자를 확인할 수 있
　　는 인적사항

　나. 법인 또는 단체의 대표자인 경우: 가목의 사항 및 법인 또는 단체
　　의 명칭·소재지

　다. 법인·단체 또는 개인의 대리인, 사용인, 그 밖의 종업원인 경우: 가
　　목의 사항, 법인·단체 또는 개인의 명칭·소재지 및 대표자의 성명

3. 신고의 경위 및 이유

4. 법 위반행위가 발생한 일시, 장소 및 내용

5. 법 위반행위 내용을 입증할 수 있는 증거자료(증거자료를 확보한 경우
만 해당한다)

제30조(조사기관의 법 위반행위의 신고에 대한 확인 등) ① 법 제13조제1
항에 따라 신고를 받은 조사기관은 다음 각 호의 사항을 확인할 수 있다.

1. 제29조 각 호의 사항 등 신고 내용을 특정하는 데 필요한 사항

2. 신고 내용을 입증할 수 있는 참고인, 증거자료 등의 확보 여부

3. 다른 기관에 동일한 내용으로 신고를 하였는지 여부

4. 신고자가 신고처리과정에서 그 신분을 밝히거나 암시하는 것(이하 "신
분공개"라 한다)에 동의하는지 여부

② 조사기관은 제1항제4호에 따라 신분공개에 동의하는지 여부를 확인하
는 경우에는 신고의 처리 절차 및 신분공개 절차에 관하여 신고자에게
설명하여야 한다.

③ 조사기관은 법 제13조제1항에 따른 신고가 이 조 제1항제1호에 따른
신고 내용을 특정하는 데 필요한 사항을 갖추지 못한 경우에는 적정한
기간을 정하여 신고자로 하여금 그 사항을 보완하게 할 수 있다.

제31조(조사기관의 법 위반행위의 신고에 대한 조치 등) 조사기관이 법 제
13조제1항에 따라 신고를 받은 경우 법 위반행위의 신고에 대한 조사등
결과에 대한 조치 사항, 통보 기간 및 방법 등에 관하여는 제5조, 제6조
및 제9조를 준용한다.

제32조(국민권익위원회의 법 위반행위의 신고에 대한 확인) 법 제13조제1
항에 따라 신고를 받은 국민권익위원회의 신고에 관한 확인 사항, 신고
자에 대한 설명 및 신고 내용의 보완에 관하여는 제30조를 준용한다.

제33조(국민권익위원회의 법 위반행위의 신고의 처리 등) ① 법 제13조제1
항에 따라 신고를 받은 국민권익위원회는 신고를 받은 날(신고 내용의
보완이 필요한 경우에는 제30조제3항에 따라 보완된 날을 말한다)부터
60일 이내에 제30조제1항 각 호의 사항을 확인한 후 다음 각 호의 구분
에 따른 기관에 이첩하여야 한다.

1. 범죄의 혐의가 있거나 수사의 필요성이 있다고 인정되는 경우: 수사기관
2. 「감사원법」에 따른 감사가 필요하다고 인정되는 경우: 감사원
3. 제1호 또는 제2호 외의 경우: 소속기관 또는 감독기관

② 국민권익위원회는 신고내용이 여러 기관과 관련되는 경우에는 소속기
관, 감독기관, 감사원 또는 수사기관 중에서 주관 기관을 지정하여 이첩
할 수 있다. 이 경우 주관 기관은 상호 협조를 통하여 신고사항이 일괄
처리되도록 하여야 한다.

③ 국민권익위원회는 법 제13조제1항에 따라 접수받은 신고가 다음 각
호의 사항에 모두 해당하는 경우에는 소속기관장, 감독기관, 감사원 또는
수사기관에 송부할 수 있다.

1. 제1항에 따른 이첩 대상인지가 명백하지 아니한 경우
2. 제14조제1항에 따른 종결처리의 대상인지가 명백하지 아니한 경우

④ 국민권익위원회는 제1항부터 제3항까지의 규정에 따라 이첩하거나 송
부하는 경우에는 제30조제1항 각 호의 확인 사항(신고자가 신분공개에
동의하지 아니한 경우 신고자의 인적사항은 제외한다)을 첨부하여 이첩

하거나 송부하고, 이첩 또는 송부 사실을 신고자에게 통보하여야 한다.

⑤ 국민권익위원회는 제34조제2항에 따라 조사기관으로부터 조사등 결과를 통보받은 경우 지체 없이 신분공개에 동의하지 아니한 신고자에게 조사등 결과를 서면으로 통보하여야 한다.

제34조(조사기관의 이첩·송부의 처리) ① 조사기관은 제33조제1항부터 제3항까지의 규정에 따라 법 위반행위 신고를 이첩 또는 송부받은 경우 신고의 내용에 대하여 필요한 조사등을 하고, 다음 각 호의 구분에 따라 조사등 결과에 대한 조치를 하여야 한다.

1. 소속기관장의 조치

가. 범죄의 혐의가 있거나 수사의 필요성이 있다고 인정되는 경우: 수사기관에 통보

나. 과태료 부과 대상인 경우: 과태료 관할 법원에 통보

다. 징계 대상인 경우: 징계절차의 진행

2. 감독기관 또는 감사원의 조치

가. 범죄의 혐의가 있거나 수사의 필요성이 있다고 인정되는 경우: 수사기관에 통보

나. 과태료 부과대상이거나 징계의 필요성이 있는 경우: 소속기관에 통보

3. 수사기관의 조치

가. 범죄의 혐의가 있거나 수사의 필요성이 있다고 인정되는 경우: 수사절차의 진행

나. 과태료 부과 대상이거나 징계의 필요성이 있는 경우: 소속기관에 통보

② 조사기관은 법 위반행위 신고를 이첩 또는 송부받은 경우 조사등을 마친 날부터 10일 이내에 조사등의 결과를 신고자(신고자가 신분공개에 동의하지 아니하여 신고자의 인적사항을 제외하고 신고를 이첩 또는 송부받은 경우는 제외한다) 및 국민권익위원회에 서면으로 통보하여야 한다.

③ 조사기관이 제2항에 따라 통보하는 조사등 결과에는 다음 각 호의 사

항이 포함되어야 한다.

1. 신고사항의 처리결과 및 처리이유

2. 신고사항과 관련하여 신고자 및 국민권익위원회가 알아야 할 필요가 있는 사항

제35조(종결처리 등) 소속기관장, 감독기관, 감사원, 수사기관 또는 국민권익위원회가 신고를 종결할 수 있는 경우에 관하여는 제14조를 준용한다.

제36조(법 위반행위의 신고처리 결과에 대한 이의신청) ① 신고자는 법 제14조제5항에 따라 이의신청을 하려는 경우에는 같은 조 제3항 또는 제4항에 따라 조사등에 대한 결과를 통보받은 날부터 7일 이내에 이의신청의 경위와 이유를 적은 신청서에 필요한 자료를 첨부하여 서면으로 신청할 수 있다.

② 법 제14조제5항에 따라 이의신청을 받은 조사기관 또는 국민권익위원회는 이의신청을 받은 날부터 30일 이내에 이의신청에 대한 결정을 통지하여야 한다.

③ 제2항에 따른 이의신청에 대한 결정의 통지와 법 제14조제7항에 따른 재조사 결과의 통지에 대해서는 다시 이의신청을 할 수 없다.

제37조(수사 개시·종료의 통보) 수사기관은 법 위반행위에 따른 신고 등에 따라 범죄 혐의가 있다고 인식하여 수사를 시작한 때와 이를 마친 때에는 10일 이내에 그 사실을 해당 공직자등이 소속한 공공기관에 통보하여야 한다.

제38조(신분보호 조치 등) 조사기관은 신고자가 신분공개에 동의하지 아니하고 신고한 경우 조사등의 과정에서 신고자의 신분이 공개되지 아니하도록 필요한 조치를 하여야 한다.

제39조(청렴자문위원회의 구성·운영) ① 공공기관의 장은 다음 각 호의 사항에 관한 검토를 위하여 청렴자문위원회를 둘 수 있다.

1. 법 제7조제7항에 따른 부정청탁의 공개에 관한 사항

2. 법 제7조, 제9조 및 제14조에 따른 부정청탁 및 수수 금지 금품등의

신고의 처리 및 조치 등에 관한 사항

3. 제40조에 따른 포상금 지급 대상자 추천에 관한 사항

4. 그 밖에 법 시행을 위하여 공공기관의 장이 필요하다고 인정하는 사항

② 제1항에 따른 청렴자문위원회의 구성·운영에 필요한 세부적인 사항은 해당 공공기관의 장이 정한다.

제40조(포상금 지급 대상자 추천 등) ① 조사기관은 법 위반행위 신고자 중에서 법 제15조제5항에 따른 포상금 지급 대상에 해당하는 자가 있는 경우에는 국민권익위원회에 대상자를 추천할 수 있다.

② 제1항에 따라 추천을 하는 조사기관은 국민권익위원회가 포상금 지급 사유를 확인할 수 있도록 관련 자료를 함께 제출하여야 한다.

③ 국민권익위원회는 제1항에 따라 추천을 받은 경우 포상금 지급을 위하여 조사기관, 이해관계자 및 참고인 등을 상대로 포상금 지급사유를 확인할 수 있다.

④ 국민권익위원회는 제1항에 따라 추천을 받은 경우 외에도 필요한 경우에는 포상금 지급 대상자를 선정하여 포상금을 지급할 수 있다.

제41조(정보시스템의 구축·운영 등) ① 국민권익위원회는 법 제12조에 따른 업무의 효율적인 운영을 위하여 정보시스템을 구축·운영할 수 있다.

② 국민권익위원회는 공공기관의 장으로 하여금 법 제12조에 따른 업무 수행에 필요한 자료를 제1항에 따른 정보시스템에 입력을 하도록 요청할 수 있다.

제42조(교육 등) ① 공공기관의 장은 법 제19조제1항에 따라 매년 부정청탁 금지 및 금품등 수수의 금지에 관한 교육계획을 수립하여야 한다.

② 제1항에 따른 교육계획에는 교육의 대상·내용·방법 등이 포함되어야 한다.

③ 공공기관의 장은 법 제19조제1항에 따라 공직자등에게 연 1회 이상 교육을 실시하여야 하고, 부정청탁 금지 및 금품등 수수의 금지에 관한 법령을 준수할 것을 약속하는 서약서를 신규채용을 할 때 받아야 한다.

〈개정 2018.1.17.〉

④ 국민권익위원회는 법 제19조제3항에 따른 지원을 위하여 전문강사 양성, 표준교재 및 강의안 개발·보급, 청렴연수원 집합교육 운영 등 지원방안을 수립·시행할 수 있다.

제43조(징계기준) 공공기관의 장은 법 제21조에 따른 징계를 위하여 위반행위의 유형, 비위 정도, 과실의 경중 등을 고려하여 세부적인 기준을 마련하여야 한다.

제44조(고유식별정보 등의 처리) 공공기관의 장은 다음 각 호의 사무를 수행하기 위하여 불가피한 경우 「개인정보 보호법」 제23조에 따른 민감정보, 같은 법 시행령 제19조제1호, 제2호 및 제4호에 따른 주민등록번호, 여권번호 및 외국인등록번호가 포함된 자료를 처리할 수 있다.

1. 법 제7조 및 제9조에 따른 부정청탁 및 수수 금지 금품등의 신고·처리 등에 관한 사무

2. 법 제10조에 따른 외부강의등의 신고·처리 등에 관한 사무

3. 법 제13조 및 제14조에 따른 법 위반행위의 신고·처리 등에 관한 사무

4. 법 제15조에 따른 신고자등의 보호·보상에 관한 사무

5. 법 제17조에 따른 부당이득의 환수에 관한 사무

제45조(규제의 재검토) 국민권익위원회는 다음 각 호의 사항에 대하여 2018년 12월 31일까지 그 타당성을 검토하여 개선 등의 조치를 하여야 한다.

1. 제17조 및 별표 1에 따른 사교·의례 등 목적으로 제공되는 음식물·경조사비·선물 등의 가액 범위

2. 제25조 및 별표 2에 따른 수수가 제한되는 외부강의등의 사례금 상한액

부칙 〈제28590호, 2018.1.17.〉

제1조(시행일) 이 영은 공포한 날부터 시행한다.

제2조(경조사비 등의 가액 범위에 관한 적용례) 별표 1의 개정규정은 이 영 시행 이후 경조사비 등을 받거나 요구 또는 약속하는 경우부터 적용한다.

제3조(외부강의등 사례금 상한액에 관한 적용례) 별표 2의 개정규정은 이
영 시행 이후 외부강의등을 하는 경우부터 적용한다.

[별표 1] <개정 2018. 1. 17.>

음식물·경조사비·선물 등의 가액 범위(제17조 관련)

1. 음식물(제공자와 공직자등이 함께 하는 식사, 다과, 주류, 음료, 그 밖에 이에 준하는 것을 말한다): 3만원
2. 경조사비: 축의금·조의금은 5만원. 다만, 축의금·조의금을 대신하는 화환·조화는 10만원으로 한다.
3. 선물: 금전, 유가증권, 제1호의 음식물 및 제2호의 경조사비를 제외한 일체의 물품, 그 밖에 이에 준하는 것은 5만원. 다만, 「농수산물 품질관리법」 제2조제1항제1호에 따른 농수산물(이하 "농수산물"이라 한다) 및 같은 항 제13호에 따른 농수산가공품(농수산물을 원료 또는 재료의 50 퍼센트를 넘게 사용하여 가공한 제품만 해당하며, 이하 "농수산가공품"이라 한다)은 10만원으로 한다.

비고

가. 제1호, 제2호 본문·단서 및 제3호 본문·단서의 각각의 가액 범위는 각각에 해당하는 것을 모두 합산한 금액으로 한다.

나. 제2호 본문의 축의금·조의금과 같은 호 단서의 화환·조화를 함께 받은 경우 또는 제3호 본문의 선물과 같은 호 단서의 농수산물·농수산가공품을 함께 받은 경우에는 각각 그 가액을 합산한다. 이 경우 가액 범위는 10만원으로 하되, 제2호 본문 또는 단서나 제3호 본문 또는 단서의 가액 범위를 각각 초과해서는 안된다.

다. 제1호의 음식물, 제2호의 경조사비 및 제3호의 선물 중 2가지 이상을 함께 받은 경우에는 그 가액을 합산한다. 이 경우 가액 범위는 함께 받은 음식물, 경조사비 및 선물의 가액 범위 중 가장 높은 금액으로 하되, 제1호부터 제3호까지의 규정에 따른 가액 범위를 각각 초과해서는 안 된다.

[별표 2] <개정 2018. 1. 17.>

외부강의등 사례금 상한액(제25조 관련)

1. 공직자등별 사례금 상한액
    가. 법 제2조제2호가목 및 나목에 따른 공직자등(같은 호 다목에 따른 각급 학교의 장과 교직원 및 같은 호 라목에 따른 공직자등에도 해당하는 사람은 제외한다): 40만원
    나. 법 제2조제2호다목 및 라목에 따른 공직자등: 100만원
    다. 가목 및 나목에도 불구하고 국제기구, 외국정부, 외국대학, 외국연구기관, 외국학술단체, 그 밖에 이에 준하는 외국기관에서 지급하는 외부강의등의 사례금 상한액은 사례금을 지급하는 자의 지급기준에 따른다.

2. 적용기준
    가. 제1호가목 및 나목의 상한액은 강의 등의 경우 1시간당, 기고의 경우 1건당 상한액으로 한다.
    나. 제1호가목에 따른 공직자등은 1시간을 초과하여 강의 등을 하는 경우에도 사례금 총액은 강의시간에 관계없이 1시간 상한액의 100분의 150에 해당하는 금액을 초과하지 못한다.
    다. 제1호가목 및 나목의 상한액에는 강의료, 원고료, 출연료 등 명목에 관계없이 외부강의등 사례금 제공자가 외부강의등과 관련하여 공직자등에게 제공하는 일체의 사례금을 포함한다.
    라. 다목에도 불구하고 공직자등이 소속기관에서 교통비, 숙박비, 식비 등 여비를 지급받지 못한 경우에는 「공무원 여비 규정」 등 공공기관별로 적용되는 여비 규정의 기준 내에서 실비수준으로 제공되는 교통비, 숙박비 및 식비는 제1호의 사례금에 포함되지 않는다.

부록 4. '청탁금지법' 관련 주요 결정례

Ⅰ. 헌법재판소 결정

> **헌법재판소 2016. 7. 28. 선고 2015헌마236·412·662·673(병합) 결정**
> 부정청탁 및 금품등 수수의 금지에 관한 법률 제2조 제1호 마목 등 위헌확인 등

〈판시사항〉

1. 자연인을 수범자로 하는 법률조항에 대한 민법상 비영리 사단
   법인의 심판청구가 기본권 침해의 자기관련성 요건을 갖추었는
   지 여부(소극)
2. 언론인 및 사립학교 관계자를 공직자등에 포함시켜 이들에 대
   한 부정청탁을 금지하고, 사회상규에 위배되지 아니하는 것으
   로 인정되는 행위는 '부정청탁 및 금품등 수수의 금지에 관한
   법률'(2015. 3. 27. 법률 제13278호로 제정된 것, 다음부터 '청탁
   금지법'이라 한다)을 적용하지 아니하는 청탁금지법 제5조 제1
   항 및 제2항 제7호 중 사립학교 관계자와 언론인에 관한 부분
   (다음부터 '부정청탁금지조항'이라 한다)이 죄형법정주의의 명
   확성원칙에 위배되는지 여부(소극)
3. 부정청탁금지조항 및 대가성 여부를 불문하고 직무와 관련하여
   금품등을 수수하는 것을 금지할 뿐만 아니라, 직무관련성이나
   대가성이 없더라도 동일인으로부터 일정 금액을 초과하는 금품

등의 수수를 금지하는 청탁금지법 제8조 제1항과 제2항 중 사립학교 관계자와 언론인에 관한 부분(다음부터 '금품수수금지조항'이라 한다)이 과잉금지원칙을 위반하여 언론인과 사립학교 관계자의 일반적 행동자유권을 침해하는지 여부(소극)

4. 언론인 및 사립학교 관계자가 받을 수 있는 외부강의등의 대가와 음식물·경조사비·선물 등의 가액을 대통령령에 위임하도록 하는 청탁금지법 제8조 제3항 제2호, 제10조 제1항 중 사립학교 관계자와 언론인에 관한 부분(다음부터 '위임조항'이라 한다)이 죄형법정주의에 위반되는지 여부(소극)

5. 위임조항이 명확성원칙에 위배되어 언론인과 사립학교 관계자의 일반적 행동자유권을 침해하는지 여부(소극)

6. 위임조항이 포괄위임금지원칙에 위배되어 언론인과 사립학교 관계자의 일반적 행동자유권을 침해하는지 여부(소극)

7. 배우자가 언론인 및 사립학교 관계자의 직무와 관련하여 수수 금지 금품등을 받은 사실을 안 경우 언론인 및 사립학교 관계자에게 신고의무를 부과하는 청탁금지법 제9조 제1항 제2호 중 사립학교 관계자와 언론인에 관한 부분(다음부터 '신고조항'이라 한다)과 미신고시 형벌 또는 과태료의 제재를 하도록 하는 청탁금지법 제22조 제1항 제2호 본문, 제23조 제5항 제2호 본문 중 사립학교 관계자와 언론인에 관한 부분(다음부터 '제재조항'이라 한다)이 죄형법정주의의 명확성원칙에 위배되어 언론인과 사립학교 관계자의 일반적 행동자유권을 침해하는지 여부(소극)

8. 신고조항과 제재조항이 자기책임의 원리와 연좌제금지원칙에 위반되는지 여부(소극)

9. 신고조항과 제재조항이 과잉금지원칙을 위반하여 언론인과 사립학교 관계자의 일반적 행동자유권을 침해하는지 여부(소극)

10. 부정청탁금지조항과 금품수수금지조항 및 신고조항과 제재조

항이 언론인과 사립학교 관계자의 평등권을 침해하는지 여부 (소극)

〈결정요지〉

1. 청구인 사단법인 한국기자협회는 전국의 신문·방송·통신사 소속 현직 기자들을 회원으로 두고 있는 민법상 비영리 사단법인 으로서, '언론중재 및 피해구제에 관한 법률' 제2조 제12호에 따른 언론사에는 해당한다. 그런데 심판대상조항은 언론인 등 자연인을 수범자로 하고 있을 뿐이어서 청구인 사단법인 한국기자협회는 심판대상조항으로 인하여 자신의 기본권을 직접 침해당할 가능성이 없다. 또 사단법인 한국기자협회가 그 구성원인 기자들을 대신하여 헌법소원을 청구할 수도 없으므로, 위 청구인의 심판청구는 기본권 침해의 자기관련성을 인정할 수 없어 부적법하다.

2. '부정청탁'이라는 용어는 형법 등 여러 법령에서 사용되고 있고, 대법원은 부정청탁의 의미에 관하여 많은 판례를 축적하고 있으며, 입법과정에서 부정청탁의 개념을 직접 정의하는 대신 14 개 분야의 부정청탁 행위유형을 구체적으로 열거하는 등 구성요건 을 상세하게 규정하고 있다. 한편, 부정청탁금지조항은 통상적 의미의 법령뿐만 아니라 조례와 규칙도 법령에 포함된다고 명시적으로 규정하고 있다. '사회상규'라는 개념도 형법 제20조에서 사용되고 있으며, 대법원이 그 의미에 관해 일관되게 판시해 오고 있으므로, 부정청탁금지조항의 사회상규도 이와 달리 해석할 아무런 이유가 없다. 이와 같이 부정청탁금지조항이 규정하고 있는 '부정청탁', '법령', '사회상규'라는 용어는 그 의미내용이 명백하므로, 죄형법정주의의 명확성원칙에 위배된다고 보기 어렵다.

3. 가. 교육과 언론이 국가나 사회 전체에 미치는 영향력이 크고, 이들 분야의 부패는 그 파급효가 커서 피해가 광범위하고 장기적인 반면 원상회복은 불가능하거나 매우 어렵다는 점에서, 사립학교 관계자와 언론인에게는 공직자에 맞먹는 청렴성 및 업무의 불가매수성이 요청된다. 부패와 비리 문제가 계속 발생하고 있는 교육과 언론 부문의 현실, 사립학교 관계자 및 언론인이 사회 전체에 미치는 영향, 부정청탁 관행을 없애고자 하는 청탁금지법의 목적, 교육 및 언론의 공공성과 이를 근거로 한 국가와 사회의 각종 지원 등 여러 사정을 종합하여 보면, 사립학교 관계자 및 언론인을 '공직자등'에 포함시켜 이들에게 부정청탁하는 것을 금지하고, 이들이 정당한 이유 없이 금품등을 수수하는 것도 금지한 입법자의 선택은 수긍할 수 있다. 부정청탁 및 금품수수 관행을 근절하여 공적 업무에 종사하는 사립학교 관계자 및 언론인의 공정한 직무수행을 보장함으로써 국민의 신뢰를 확보하고자 하는 부정청탁금지조항과 금품수수금지조항의 입법목적은 그 정당성이 인정되고, 사립학교 관계자와 언론인이 법령과 사회상규 등에 위배되어 금품등을 수수하지 않도록 하고 누구든지 이들에게 부정청탁하지 못하도록 하는 것은 입법목적을 달성하기 위한 적정한 수단이다.

나. 부정청탁금지조항은 부패가 빈발하는 직무영역에서 금지되는 행위를 구체적으로 열거하여 부정청탁의 유형을 제한하고 있고, 부정청탁의 행위 유형에 해당하더라도 법질서 전체와의 관계에서 정당시되는 행위는 예외를 인정하여 제재대상에서 제외하고 있으며, 언론인이나 사립학교 관계자가 부정청탁을 받고 그에 따라 직무를 수행한 경우에만 처벌하고 있다. 한편, 대가관계 증명이 어려운 부정청탁행위나 금품등 수수행위는 배임수재죄로 처벌할 수 없어 형법상 배임수재죄로 처벌하는 것만으로는 충분하지 않고, 교육계와 언론계에 부정청탁이나 금품등 수수 관행이 오랫동안

만연해 왔고 크게 개선되지 않고 있다는 각종 여론조사결과와 국민 인식 등에 비추어 볼 때, 교육계와 언론계의 자정노력에만 맡길 수 없다는 입법자의 결단이 잘못된 것이라고 단정하기도 어렵다.

금품수수금지조항은 직무관련성이나 대가성이 없더라도 동일 인으로부터 1회 100만 원 또는 매 회계연도 300만 원을 초과하는 금품등을 수수한 경우 처벌하도록 하고 있다. 이는 사립학교 관계 자나 언론인에게 적지 않은 금품을 주는 행위가 순수한 동기에서 비롯될 수 없고 일정한 대가관계를 추정할 수 있다는 데 근거한 것으로 볼 수 있다. 우리 사회에서 경제적 약자가 아닌 사립학교 관계자와 언론인에게 아무런 이유 없이 이러한 금품을 줄 이유가 없기 때문이다. 또한 사립학교 관계자와 언론인이 직무와 관련하 여 아무리 적은 금액이라도 정당한 이유 없이 금품등을 받는 것을 금지하는 것이 부당하다고 할 수 없다. 시행되기 전 법률의 위헌 여부를 심판하면서 국가가 당해 법률의 입법목적을 무시하고 권력 을 남용하여 법률을 부당하게 집행할 것이라는 전제하에 당해 법 률의 위헌성을 심사할 수는 없다. 이런 사정을 모두 종합하여 보면 부정청탁금지조항과 금품수수금지조항이 침해의 최소성 원칙에 반한다고 보기 어렵다.

다. 사립학교 관계자나 언론인은 금품수수금지조항에 따라 종 래 받아오던 일정한 금액 이상의 금품이나 향응 등을 받지 못하게 되는 불이익이 발생할 수는 있으나, 이런 불이익이 법적으로 보호 받아야 하는 권익의 침해라 보기 어렵다. 반면 부정청탁금지조항 과 금품수수금지조항이 추구하는 공익은 매우 중대하므로 법익의 균형성도 충족한다.

라. 따라서 부정청탁금지조항과 금품수수금지조항이 과잉금지 원칙을 위반하여 청구인들의 일반적 행동자유권을 침해한다고 보 기 어렵다.

4. 사립학교 관계자와 언론인이 동일인으로부터 1회 100만 원 또는 매 회계연도 300만 원을 초과하는 금품등을 수수하면 처벌되므로, 이 경우 위임조항의 '대통령령으로 정하는 가액'이 소극적 범죄구성요건으로 작용할 여지는 없다. 따라서 죄형법정주의 위배 문제는 발생하지 않는다. 한편, 사립학교 관계자 및 언론인이 외부 강의등의 대가로 대통령령으로 정하는 금액을 초과하는 사례금을 받고 신고 및 반환조치를 하지 않는 경우, 또는 직무와 관련하여 동일인으로부터 1회에 100만 원 또는 매 회계연도에 300만 원 이하의 금품등을 수수하는 경우에는 과태료가 부과된다. 그런데 과태료는 행정질서벌에 해당할 뿐 형벌이 아니므로 죄형법정주의의 규율대상에 해당하지 아니한다. 따라서 위임조항이 죄형법정주의에 위반된다는 주장은 더 나아가 살펴 볼 필요 없이 이유 없다.

5. '사교', '의례', '선물'은 사전적으로 그 의미가 분명할 뿐만 아니라 일상생활에서 흔히 사용되는 용어들이며, 위임조항의 입법 취지, 청탁금지법 제2조 제3호의 금품등의 정의에 관한 조항 등 관련 조항들을 종합하여 보면, 위임조항이 규정하고 있는 '사교·의례 목적으로 제공되는 선물'은 다른 사람과 사귈 목적 또는 예의를 지킬 목적으로 대가없이 제공되는 물품 또는 유가증권, 숙박권, 회원권, 입장권 그 밖에 이에 준하는 것을 뜻함을 충분히 알 수 있다. 따라서 위임조항이 명확성원칙에 위배되어 청구인들의 일반적 행동자유권을 침해한다고 볼 수 없다.

6. 청탁금지법상 수수가 허용되는 외부강의등의 사례금이나 사교·의례 목적의 경조사비·선물·음식물 등의 가액은 일률적으로 법률에 규정하기 곤란한 측면이 있으므로, 사회통념을 반영하고 현실의 변화에 대응하여 유연하게 규율할 수 있도록 탄력성이 있는

행정입법에 위임할 필요성이 인정된다. 위임조항이 추구하는 입법목적 및 관련 법조항을 유기적·체계적으로 종합하여 보면, 결국 위임조항에 의하여 대통령령에 규정될 수수허용 금품등의 가액이나 외부강의등 사례금은, 직무관련성이 있는 경우이므로 100만 원을 초과하지 아니하는 범위 안에서 누구나 납득할 수 있는 정도, 즉 일반 사회의 경조사비 지출 관행이나 접대·선물 관행 등에 비추어 청탁금지법상 공공기관의 청렴성을 해하지 아니하는 정도의 액수가 될 것임을 충분히 예측할 수 있다. 따라서 위임조항이 포괄위임금지원칙에 위배되어 청구인들의 일반적 행동자유권을 침해한다고 볼 수 없다.

7. 배우자를 통한 금품등 수수의 우회적 통로를 차단하는 한편, 신고라는 면책사유를 부여하여 사립학교 관계자나 언론인을 보호하고자 하는 신고조항과 제재조항의 입법취지, 형법 제13조 등 관련 법조항을 유기적·체계적으로 종합하여 보면, 사립학교 관계자나 언론인은 자신의 직무와 관련하여 배우자가 수수 금지 금품등을 받거나 그 제공의 약속 또는 의사표시를 받은 사실에 대한 인식이 있어야 신고조항과 제재조항에 따라 처벌될 수 있음을 충분히 알 수 있다. 따라서 신고조항과 제재조항이 죄형법정주의의 명확성원칙에 위배되어 청구인들의 일반적 행동자유권을 침해한다고 볼 수 없다.

8. 사립학교 관계자나 언론인 본인과 경제적 이익 및 일상을 공유하는 긴밀한 관계에 있는 배우자가 사립학교 관계자나 언론인의 직무와 관련하여 수수 금지 금품등을 받은 행위는 사실상 사립학교 관계자나 언론인 본인이 수수한 것과 마찬가지라고 볼 수 있다. 청탁금지법은 금품등을 받은 배우자를 처벌하는 규정을 두고 있지

않으며 신고조항과 제재조항은 배우자가 위법한 행위를 한 사실을 알고도 공직자등이 신고의무를 이행하지 아니할 때 비로소 그 의무 위반 행위를 처벌하는 것이므로, 헌법 제13조 제3항에서 금지하는 연좌제에 해당하지 아니하며 자기책임 원리에도 위배되지 않는다.

9. 가. 신고조항과 제재조항은 공적 업무에 종사하는 사립학교 관계자와 언론인이 배우자를 통하여 금품등을 수수한 뒤 부정한 업무수행을 하거나 이들의 배우자를 통하여 사립학교 관계자 및 언론인에게 부정한 영향력을 끼치려는 우회적 통로를 차단함으로써 공정한 직무수행을 보장하고 이들에 대한 국민의 신뢰를 확보하고자 함에 입법목적이 있는바, 이러한 입법목적은 정당하고 수단의 적정성 또한 인정된다.

나. 청탁금지법은 금품등 수수 금지의 주체를 가족 중 배우자로 한정하고 있으며, 사립학교 관계자나 언론인의 직무와의 관련성을 요구하여 수수 금지의 범위를 최소화하고 있고, 배우자에 대하여는 어떠한 제재도 가하지 않는다. 사립학교 관계자나 언론인은 배우자가 수수 금지 금품등을 받은 사실을 알고도 신고하지 않은 자신의 행위 때문에 제재를 받게 되는 것이고, 그러한 사실을 알고 소속기관장에게 신고하거나, 본인 또는 배우자가 수수 금지 금품등을 제공자에게 반환 또는 인도하거나 거부의 의사를 표시한 경우에는 면책되도록 하여 사립학교 관계자와 언론인을 보호하고 있다. 한편, 사립학교 관계자나 언론인은 배우자의 금품등 수수 사실을 알게 된 경우에만 신고의무가 생기므로, 신고조항과 제재조항이 사립학교 관계자나 언론인에게 배우자의 행동을 항상 감시하도록 하는 등의 과도한 부담을 가하고 있다고 보기도 어렵다. 청탁금지법의 적용을 피하기 위한 우회적 통로를 차단함으로써 공정한 직무수행을 보장하기 위한 다른 효과적인 수단을 상정하기도 어려

우므로, 신고조항과 제재조항이 침해의 최소성 원칙에 반한다고
보기 어렵다.

다. 신고조항과 제재조항으로 달성하려는 공익이 이로 인해 제한
되는 사익에 비해 더 크다고 할 것이므로, 신고조항과 제재조항이
과잉금지원칙을 위반하여 청구인들의 일반적 행동자유권을 침해
한다고 보기 어렵다.

10. 공무원에 버금가는 정도의 공정성·청렴성 및 직무의 불가매
수성이 요구되는 각종 분야에 종사하는 사람 중 어느 범위까지 청
탁금지법의 적용을 받도록 할 것인지는 업무의 공공성, 청탁관행
이나 접대문화의 존재 및 그 심각성의 정도, 국민의 인식, 사회에
미치는 파급효 등 여러 요소를 고려하여 입법자가 선택할 사항으
로 입법재량이 인정되는 영역이다. 부정청탁금지조항과 금품수수
금지조항 및 신고조항과 제재조항은 전체 민간부문을 대상으로 하
지 않고 사립학교 관계자와 언론인만 '공직자등'에 포함시켜 공직
자와 같은 의무를 부담시키고 있는데, 이들 조항이 청구인들의 일
반적 행동자유권 등을 침해하지 않는 이상, 민간부문 중 우선 이들
만 '공직자등'에 포함시킨 입법자의 결단이 자의적 차별이라 보기
는 어렵다. 교육과 언론은 공공성이 강한 영역으로 공공부문과 민
간부문이 함께 참여하고 있고, 참여 주체의 신분에 따른 차별을 두
기 어려운 분야이다. 따라서 사립학교 관계자와 언론인 못지않게
공공성이 큰 민간분야 종사자에 대해서 청탁금지법이 적용되지 않
는다는 이유만으로 부정청탁금지조항과 금품수수금지조항 및 신고
조항과 제재조항이 청구인들의 평등권을 침해한다고 볼 수 없다.
　재판관 김창종, 재판관 조용호의 정의조항에 대한 반대의견
　정의조항을 직접 심판대상으로 삼아 그 위헌 여부를 확인하여
주는 것이 청구인들의 입장에서 가장 근본적이고 효과적인 해결책

이 된다. 또한, 정의조항은 부정청탁에 따른 직무수행이나 금품등 수수와 같은 행위금지의무의 인적 범위를 규정하고 있어 청구인들의 일반적 행동자유권이라는 기본권 제한과 밀접히 관련되어 있을 뿐만 아니라, 청탁금지법상 처벌조항의 인적 대상범위를 직접 규정함으로써 형벌조항의 중요한 구성요건을 이루고 있으므로, 기본권 침해의 직접성도 인정된다.

사회에서 발생하는 모든 부조리에 국가가 전면적으로 개입하여 부패행위를 일소하는 것은 사실상 불가능할 뿐만 아니라, 부패행위 근절을 이유로 사회의 모든 영역을 국가의 감시망 아래 두는 것은 바람직하지도 않다. 직무의 성격상 공공성이 인정된다는 이유로 공공영역과 민간영역의 본질적인 차이를 무시하고 동일한 잣대를 적용하여 청탁금지법의 규제대상을 확대하고자 하는 입법목적은 그 자체로 정당성을 인정하기 어렵다. 부정청탁을 하는 사람이나 금품등을 제공하는 사람들의 부정한 혜택에 대한 기대를 꺾고 언론이나 사학 분야의 신뢰 저하를 방지하겠다는 다소 추상적인 이익을 위하여 민간영역까지 청탁금지법의 적용대상에 포함시키는 것은 입법목적의 달성을 위한 효율성의 측면에서도 결코 적정한 수단이라 볼 수 없다.

사립학교가 공교육에 참여하는 것은 국가의 역할을 일정 부분 분담하는 것에 불과하고, 사적 근로관계에 기초한 사립학교 교직원의 지위가 국·공립학교 교직원의 지위와 동일하게 되는 것은 아닌 점, 언론은 민주주의 사회에서 그 활동의 자유가 보장되어야 하는 자율적인 영역이고, 언론이 부패하면 신뢰를 상실하여 자연스럽게 도태된다는 점에서, 사립학교 교직원과 언론인이 행하는 업무의 공정성과 신뢰성 및 직무의 불가매수성이 공무원에게 요구되는 것과 동일한 수준으로 요구된다고 보기 어렵다. 정의조항이 민간영역인 사립학교 관계자나 언론인의 사회윤리규범 위반행위에 대하여까지 청탁금지법을 통해 형벌과 과태료의 제재를 가할 수 있도록 한 것은 과도한 국가 형벌권의 행사이며, 금품등 수수행위에 대한 청탁금지법상 제재는 책임과 형벌 간의 비례원칙에도 어긋난다. 그 밖에도 정의조항은 이들 민간영역에서 자발적으로 이루어지는 자율적 규제와 자정기능을 무시한 채 민간의 자발적인 부정부패 척결의 의지를 꺾고, 수사기관으로 하여금 입증이 용이한 청탁금지법에만 주로 의존하게 함으로써 부정부패 척결의 규범력과 실효성을 저하시킬 우려가 있는 점, 사립학교 관계자와 언론인을 공직자와 동일히게 청탁금지법의 적용대상으로 삼은 합리적인 기준을 제시하지 못하여 그 적용대상의 자의적 선정이라는 의심이 늘게 하는 점, 진지한 논의 없이 여론에 떠밀려 졸속으로 입법된 것으로 보이는 점 등에 비추어 보면, 정의조항은 침해의 최소성 원칙에도 반한다.

정의조항에 의하여 달성하려는 공익은 현실화되지 않은 미래의 막연하고 추상적인 위험성에 불과한 반면, 정의조항에 의해 사립학교 관계자 및 언론인이 청탁금지법의 적용대상에 포함됨에 따라 발생하는 일반적 행동자유권의 제한 정도는 중대하고 이로 인하여 교육의 자유와 언론의 자유가 사실상 위축될 가능성도 존재한다. 따라서 제한되는 사익이 정의조항으로 달성하려는 공익보다 훨씬 크므로 법익의 균형성도 갖추지 못하였다.

재판관 김창종의 정의조항 반대의견에 대한 보충의견

민사소송 등 다른 소송절차와 마찬가지로 헌법재판에서도 심판대상(소송물)은 매우 중요한 의미를 지닌다. 헌법재판의 심리가 심판대상을 중심으로 이루어질 뿐 아니라, 중복제소나 일사부재리에 해당되는지 여부, 기판력이나 기속력 등과 같은 종국결정이 미치는 효력의 범위도 심판대상이 원칙적 기준이 되기 때문이다.

청구인이 심판청구서에서 명시적으로 적시하면서 심판받기를 원하는 법률조항에 대하여, 헌법재판의 특수성에 따른 제한의 필요성이 인정되지 않는데도, 헌법재판소가 직권으로 이를 심판대상에서 함부로 제외하여서는 아니 된다. 이는 신청주의나 처분권주의에 명백하게 반하는 것일 뿐 아니라 자칫하면 '판단누락'으로 되어 재심사유에 해당할 수도 있기 때문이다.

법정의견은 정의조항 그 자체로는 청구인들의 자유를 제한하거나 의무를 부과하는 등 법적 지위에 영향을 주지 않는다는 이유로 정의조항을 심판대상에서 제외하고 있지만, 이러한 이유만으로는 청구인들이 심판청구서에서 심판대상으로 명시적으로 적시한 정의조항을 직권으로 심판대상에서 제외할 정당한 근거는 되지 못한다. 그러므로 정의조항을 심판대상에서 제외하여서는 아니 되고, 만약 법정의견처럼 정의조항 자체만으로는 기본권 침해의 직접성이 인정되지 않는다고 본다면, 정의조항에 대한 이 사건 심판청구는 부적법하게 되므로 주문에서 이를 각하함이 마땅하다.

한편, 청구인들을 '공직자등'에 포함시킨 정의조항은 그 자체만으로도 청구인들의 일반적 행동의 자유를 제한하고 각종 의무를 부과하는 등 기본권 제한 또는 법적 지위에 영향을 주는 것이라고 보아야 하므로, 정의조항은 기본권 침해의 직접성이 인정된다.

청구인들은 특히 정의조항이 사립학교 관계자와 언론인을 그 성격이 전혀 다른 공직자와 동일하게 보아 청탁금지법의 적용대상에 포함시킨 것과 공익성이 강한 여러 민간영역 중에서 유독 사립학교 관계자와 언론인만을 '공직자등'에 포함시킨 것이 청구인들의 평등권을 침해하고, 언론의 자유나 사학의 자유 등을 침해한다는 취지로 계속 다투고 있다. 그러므로 과연 청구인들을 청탁금지법의 '공직자등'에 포함시킨 것이 평등권이나 일반적 행동자유권과 같은 다른 기본권을 침해하는지 여부는 정의조항을 직접 심판대상으로 삼아 그 위헌 여부를 확인하여 주어야 마땅하고, 또 그렇게 하는 것이 청구인들에게 가장 효율적이고 근본적인 기본권 구제의 수단이 된다.

만약 청구인들의 주장이 받아들여져 정의조항이 위헌으로 선언된다면 자동적으로 청구인들은 청탁금지법에서 공직자등을 수범자로 한 여러 기본권 제한 규정이나 처벌조항 등의 적용을 받지 않게 되므로 그들의 기본권 제한이나 침해는 근원적으로 제거될 것이기 때문이다.

'수혜적 법률'의 정의규정의 적용대상에서 제외(배제)된 청구인이 평등권 침해를 주장하는 경우에 그 정의조항에 대하여 기본권 침해의 직접성을 넓게 인정해온 종래의 헌법재판소의 선례에 비추어 보더라도, '침해적 법률'의 성격을 지닌 청탁금지법의 적용대상을 규정한 정의조항에 포함된 것이 청구인의 평등권 등을 침해한다고 다투는 이 사건의 경우도 이와 다르게 해석할 합리적인 이유가 없다.

그러므로 정의조항을 직접성 요건을 갖추지 못하였다는 이유로 심판대상에서 제외하여서는 아니 되고, 정의조항 자체를 심판대상으로 삼아 청구인들의 이에 관한 기본권 침해 주장의 당부를 판단한 다음, 주문에서 정의조항에 대한 심판청구의 인용 여부를 직접 선언하는 것이 옳다.

　　재판관 이정미, 재판관 김이수, 재판관 안창호의 위임조항 중
　　제8조 제3항 제2호에 대한 반대의견
　　헌법상 법치주의의 핵심적 내용인 법률유보원칙은 단순히 행정작용이 법률에 근거를 두기만 하면 충분한 것이 아니라, 국가공동체와 그 구성원에게 기본적이고도 중요한 의미를 갖는 영역, 특히 국민의 기본권 실현에 관련된 영역에 있어서는 행정에 맡길 것이

아니라 국민의 대표자인 입법자 스스로 그 본질적 사항에 대하여 결정하여야 한다는 요구, 즉 의회유보원칙까지 내포한다.

따라서 적어도 국민의 헌법상 기본권과 관련된 중요한 사항 내지 본질적인 내용에 대한 정책 형성 기능만큼은 주권자인 국민에 의하여 선출된 대표자들로 구성되는 입법부가 담당하여 법률의 형식으로써 수행해야 하지, 행정부나 사법부에 그 기능을 넘겨서는 아니된다. 국회의 입법절차는 국민의 대표로 구성된 다원적 인적 구성의 합의체에서 공개적 토론을 통하여 국민의 다양한 견해와 이익을 인식하고 교량하여 공동체의 중요한 의사결정을 하는 과정이며, 일반 국민과 야당의 비판을 허용하고 그들의 참여가능성을 개방하고 있다는 점에서 전문 관료들만에 의하여 이루어지는 행정입법절차와는 달리 공익의 발견과 상충하는 이익간의 정당한 조정에 보다 적합한 민주적 과정이기 때문이다.

청탁금지법 제8조 제1항은 명목을 불문한 일정액 이상의 금품등의 수수를 금지하고 제2항은 직무와 관련해서는 대가성을 불문하고 일정액 이하의 금품등의 수수도 금지하는 내용으로, 이들 조항만 있는 경우에는 사실상 공직자등은 청탁금지법의 입법취지와는 무관한 일상적인 사적 금전거래마저도 모두 할 수 없는 것이 되고 이는 보호법익의 침해가 없는 행위마저 금지하는 결과를 초래하는바, 청탁금지법 제8조 제1항 및 제2항은 그 자체로는 완결적인 금지조항이라고 보기 어렵다. 이러한 불합리함을 해소하고 청탁금지법의 입법취지에 맞는 실효성을 확보하기 위해 청탁금지법은 제8조 제3항을 규정하여 형식상 제1항 및 제2항에 해당하는 행위이지만 청탁금지법이 보호하고자 하는 법익의 침해가 전혀 없는 행위들을 처음부터 제1항 및 제2항의 규율에서 벗어나게 하도록 하였다.

그렇다면 결국 공직자등에게 금품등 수수와 관련하여 실질적인 행동규범으로 작용하는 것은 청탁금지법 제8조 제1항에서 정한 '동일인으로부터 1회에 100만 원 또는 매 회계연도에 300만 원 초과 기준'과 함께 청탁금지법 제8조 제3항 제2호에 따라 대통령령에서 정해지는 '금품등 수수 금지행위의 가액 하한선'이 된다고 할 것이다.

현재 청탁금지법의 시행을 앞두고 사회적 논쟁이 되고 있는 주된 부분이 청탁금지법의 인적 적용범위와 아울러 바로 청탁금지법 제8조 제3항 제2호에 의해 대통령령에서 정해지는 '금품등 수수 금지행위의 가액 하한선'을 둘러싼 것임은 주지의 사실인바, 이러한 현상은 대통령령에서 정해지는 가액 기준의 위와 같은 실질적 규범력을 방증하는 것이라고 할 수 있다.

또한 청탁금지법 제8조 제3항 제2호가 규정한 음식물·경조사비·선물 등은 비단 공직자등 뿐만 아니라 우리 국민 모두가 일상생활에서 사교·의례 또는 부조의 목적으로 서로 주고받게 되는 것이므로, 대통령령에서 정해지는 '금품등 수수 금지행위의 가액 하한선'은 공직자등 뿐만 아니라 수많은 국민들의 행동방향을 설정하는 기준으로 작용할 수 있다. 2015년 9월 기준으로 청탁금지법의 적용대상 기관은 40,008개, 적용대상 '공직자등'의 인원은 약 224만 명으로 추산될 만큼 많고(현대경제연구원, '청탁금지법의 적정 가액기준 판단 및 경제효과 분석', 2015. 9., 25면 참조), 그 밖에 공직자등의 배우자는 공직자등의 직무와 관련하여 수수 금지 금품등을 수수하여서는 아니 되는 의무를 부담하므로(청탁금지법 제8조 제4항) 공직자등의 배우자 역시 청탁금지법의 적용을 받게 되며, 나아가 국민 누구든지 공직자등에게 또는 그 공직자등의 배우자에게 수수 금지 금품등을 제공하거나 그 제공의 약속 또는 의사표시를 하여서는 아니 되고, 이를 위반하면 형사처벌 또는 과태료의 제재를 받게 된다(청탁금지법 제8조 제5항, 제22조 제1항 제3

호, 제23조 제5항 제3호)는 점까지 감안하면, 청탁금지법은 사실상 모든 국민이 그 적용을 받는다고 보아야 할 것이다.

아울러 청탁금지법의 직접 적용을 받지 않더라도 예컨대 국내에서 생산되는 농·축·수산물의 생산·판매·유통관련 업무에 종사하는 자, 요식업을 비롯하여 청탁금지법이 '금품등'으로 규정한 것과 관련된 산업에 종사하는 자 등에 이르기까지 대통령령에서 정해지는 '금품등 수수 금지행위의 가액 하한선'에 의해 실질적 또는 간접적으로 영향을 받을 가능성이 있는 국민들의 수도 상당할 것으로 예상되는바, 이는 사실상 국민 모두의 이해관계에 관련되어 있다고 할 수 있다.

법정의견은 청탁금지법 제8조 제1항과 제2항을 종합하여 보면, 청탁금지법 제8조 제3항 제2호에 의해 대통령령에 정해질 가액의 상한선은 100만 원이라고 해석되므로 입법자는 법률에서 구체적이고 명확한 입법의 기준을 제시하고 있다고 한다. 그러나 위 법정의견에 따르면 대통령령은 100만 원의 범위 내에서는 그 허용 가액 기준을 자유롭게 정할 수 있게 된다. 그런데 음식물·경조사비·선물 등의 가액과 관련된 국민 일반의 일상 생활에서의 경험과 법감정, 공직사회의 투명성 제고 등 청탁금지법의 입법취지를 고려할 때, 공직자등에게 제공되는 음식물·경조사비·선물 등과 관련하여 가액 상한선 100만 원은 지나치게 고액이므로 상한선으로서 어떠한 실질적인 입법의 지침으로 기능한다고 할 수 없고, 공직자등의 구체적인 행동규범의 기준으로서 특별한 의미를 가진다고 할 수 없다. 그 결과 대통령령에 규정될 가액기준이 100만 원의 범위 내이기만 하면 모두 청탁금지법의 입법취지에 부합한다고도 할 수 없다. 따라서 입법자는 공직자등에게 제공되는 음식물·경조사비·선물 등과 관련하여 허용되는 가액기준이 비록 100만 원의 범위 내라고 하더라도 이에 관련된 다수 국민들의 이해관계를 충분히 고려하고 국민의 법감정과 청탁금지법의 입법취지에 부합하는 구체적인 가액기준을 직접 제시할 필요가 있는 것이다.

한편, '금품등 수수 금지행위의 가액 하한선'을 법률에서 직접 규정하기에 곤란한 부득이한 사정이 있다고 보기 어렵고, 이것이 행정부 전문관료들의 전문적 판단이 요구되는 전문적·기술적 영역이라고 보이지 않고 입법자의 결단이 필요한 영역일 뿐이다. 또한 이는 시대적·경제적·문화적인 변화나 국민인식의 변화, 경제규모와 물가수준의 변화 등을 고려하더라도 그 액수가 수시로 급변하는 성질의 것이라고 할 수 없을 뿐만 아니리(일본 등 외국의 사례도 수시로 변경되지 않은 것으로 보임), 공직사회에 대한 투명성의 요청이 갈수록 더 높아지는 추세에 비추어 '금품등 수수 금지행위의 가액 하한선'에 대한 국민의 법감정도 쉽게 변할 것으로 보이지 않으므로 행정입법에 의하여 탄력적으로 대처할 긴급한 필요성도 인정하기 어렵다.

그렇다면 청탁금지법 제8조 제3항 제2호에 따라 대통령령에서 정해지는 '금품등 수수 금지행위의 가액 하한선'은 청구인들을 포함한 공직자등의 일반적 행동자유권과 관련된 중요한 사항 내지 본질적인 내용에 대한 것이고 나아가 국민 모두의 이해관계 내지 기본권 제한에 직·간접적으로 영향을 미치는 기본적이고 중요한 사항에 속하는 것이므로, 이는 주권자인 국민에 의하여 선출된 대표자들로 구성되는 입법부가 담당하여 법률로써 결정되어야 할 사항이지 행정부에 그 기능을 넘겨 결정할 사항이 아니다.

따라서 위임조항 중 청탁금지법 제8조 제3항 제2호가 '금품등 수수 금지행위의 가액 하한선'을 법률이 아닌 대통령령에서 정하도록 위임한 것은 헌법 제37조 제2항에서 정하는 기본권 제한의 법률유보원칙, 특히 의회유보원칙에 위반하여 청구인들의 일반적 행동자유권을 침해한다.

재판관 김창종의 위임조항에 대한 반대의견

청탁금지법 제8조 제3항 제2호 및 제10조 제1항의 위임조항은 단지 '대통령령으로 정하는 가액 범위 안의 금품등', '대통령령으로 정하는 금액을 초과하는 사례금'이라고 규정하여, 수수가 허용되는 금품등의 가액 범위에 관한 기본적 사항에 관하여 어떠한 기준이나 범위도 구체적으로 제시하지 아니한 채 그 내용을 모두 하위법령인 대통령령에 포괄적으로 위임하고 있다.

그리하여 수범자인 공직자등은 위임조항을 통하여 단지 대통령령에 위임될 대상이 '금품등의 가액'이나 '사례금의 금액'이라는 것만 알 수 있을 뿐이고, 더 나아가 수수가 허용되는 금품등의 가액이나 외부강의등 사례금의 상한액이나 범위가 어느 수준으로 대통령령에 규정될 것인지를 도저히 예측할 수 없다.

위임조항은 수수 등이 허용되는 금품등이나 외부강의등 사례금의 가액 범위를 대통령령에서 규정하도록 포괄적으로 위임하고 있을 뿐이지, 그 가액의 범위를 청탁금지법 제8조 제1항이나 제2항의 한도 내에서 정하도록 제한하는 어떠한 규정도 두고 있지 않는 점, 청탁금지법 제8조 제3항은 "제10조의 외부강의등에 관한 사례금 또는 다음 각 호의 어느 하나에 해당하는 금품등의 경우에는 제1항 또는 제2항에서 수수를 금지하는 금품등에 해당하지 않는다."고 규정하고 있는 점에 비추어 보면, 위임조항의 위임에 따라 대통령령에 규정될 가액은 청탁금지법 제8조 제1항이나 제2항의 기준(동일인으로부터 1회에 100만 원 또는 매 회계연도에 300만 원)과는 아무런 상관없이 독자적으로 정해진다고 해석될 여지가 충분히 있다.

청탁금지법 제8조 제3항 제2호 중에서 '사교·의례 또는 부조의 목적으로 제공되는 음식물·경조사비·선물 등'의 수수는 공직자등이 단지 국민의 한 사람으로서 일상적인 사회생활의 일환으로 행

하는 것일 뿐이지 그의 직무와 아무런 관련성이 없는 것이고, 청탁
금지법 제10조 제1항의 외부강의등에 포함되는 토론회·세미나·공
청회 등의 대가로 받은 사례금도 그것이 반드시 공직자등의 직무
와의 관련성이 인정되는지 여부도 불분명하다. 그러므로 위임조항
에 의하여 대통령령에 규정될 수수 허용 금품등의 가액이나 외부
강의등 사례금은, 직무관련성이 인정되지 아니하므로, 100만 원을
초과하지 아니하는 범위 안에서 정해질 것이라고 누구나 충분히
예측이 가능하다고 보기는 어렵다.

　　결국 위임조항은 포괄위임금지원칙을 규정한 헌법 제75조에 위
배되어 청구인들의 일반적 행동자유권을 침해하므로 헌법에 위반
된다.

재판관 서기석의 위임조항 법정의견에 대한 보충의견

　　청탁금지법 제8조나 제10조를 종합하여 보아도 대통령령에 규
정될 금품등의 가액이나 사례금의 상한액이 100만 원 이하의 금액
이 될 것이라고 예측할 수 없다고 하더라도, 공직자에게 적용되는
공직자윤리법, '부패방지 및 국민권익위원회의 설치와 운영에 관
한 법률' 제8조에 따라 제정된 공무원윤리강령, '공직자 행동강령
운영지침', '공무원 행동강령 업무편람', '부패방지 및 국민권익위
원회의 설치와 운영에 관한 법률' 제27조에 따른 '공직자 외부강의
제도개선 방안'과 사립학교 관계자·언론인에게 적용되는 '사립유치
원 윤리강령', '교육공무원 징계양정 등에 관한 규칙', 교육청의
'불법찬조금 및 촌지 근절 대책', 기자윤리강령 등에서 공직자등이
수수할 수 있는 금품등의 가액이나 외부강의등의 사례금의 상한액
과 공직자등이 금품등의 수수와 관련하여 준수할 사항 등에 관하
여 규정하고 있고, 이들은 이미 상당 기간 시행되어 공직자등이 잘
알고 있는 사항이다. 따라서 이러한 관련 법령 등에서 정하고 있는

사항과 누구나 납득할 수 있는 일반 사회의 관행을 기준으로 하여 청탁금지법상 공공기관의 청렴성을 해하지 아니하는 한도 내에서 대통령령이 수수허용 금품등의 가액이나 외부강의등의 사례금의 상한액을 정할 것임을 충분히 예측할 수 있다 할 것이므로, 위임조항은 포괄위임금지원칙에 위배되지 않는다.

재판관 이정미, 재판관 김이수, 재판관 김창종,
재판관 안창호의 제재조항 중 제22조 제1항 제2호에 대한 반대의견
어떤 행위를 범죄로 규정하고 이를 어떻게 처벌할 것인가 하는 문제는 광범위한 입법재량이 인정되는 분야이다.

그러나 범죄의 설정과 법정형의 종류 및 범위의 선택에 관한 입법자의 입법재량권이 무제한한 것이 될 수는 없으며, 형벌 위협으로부터 인간의 존엄과 가치를 존중하고 보호하여야 한다는 헌법 제10조의 요구에 따라야 하고, 헌법 제37조 제2항이 규정하고 있는 과잉입법금지의 정신에 따라 형벌개별화 원칙이 적용될 수 있는 범위의 법정형을 설정하여 실질적 법치국가의 원리를 구현하도록 하여야 하며, 형벌이 죄질과 책임에 상응하도록 적절한 비례성을 지켜야 한다.

공직자등이 그 배우자의 금품등 수수 사실을 알면서 신고하지 아니한 행위(이하 '불신고행위'라고 한다.)를 처벌할 필요가 있다고 하더라도, 그 불신고행위의 가벌성과 죄질, 비난가능성, 행위의 책임이 공직자등이 직접 금품등을 수수한 경우와 동일하다고 보기는 어렵다. 그런데도 제재조항 중 제22조 제1항 제2호(이하 '불신고처벌조항'이라 한다)은 공직자등의 불신고행위를 공직자등이 직접 금품등을 수수한 경우와 그 가벌성이나 죄질 등이 동일하다고 보아 같은 법정형으로 처벌하도록 규정하고 있으므로 책임과 형벌의 비례원칙에 위반된다.

우리 형사법체계상 불고지죄를 처벌하는 경우로는 국가보안법 제10조의 불고지죄 외에는 그 예를 쉽게 찾기 어렵다. 더구나 국가보안법상의 불고지죄의 경우는 본범이 중하게 처벌되는 범죄인데 반하여, 불신고처벌조항은 본범(금품등을 직접 수수한 공직자등의 배우자)이 전혀 처벌되지 않음에도 본범의 행위를 알고서 신고하지 않는 불고지범(공직자등)만을 처벌하는데 이러한 입법례는 더더욱 찾기 어렵다.

처벌되지 않는 본범의 행위를 알고서 신고하지 않은 행위만을 처벌하는 불신고처벌조항은 우리 형사법체계에서 찾아보기 어려운 극히 이례적인 입법형태이고, 책임에 상응하지 않은 형벌을 부과하는 것이므로 형법체계상의 균형을 상실한 과잉입법에 해당한다.

이와 같은 이례적인 입법형태를 취하였기 때문에 불신고처벌조항의 공소시효(5년) 기간이 사실상 무한정으로 연장되는 불합리한 결과를 초래한다. 만약 직접 금품등을 수수한 배우자가 처벌된다면 그 처벌조항의 공소시효는 수수한 때로부터 5년이므로 그 기간만 경과하면 배우자는 처벌되지 않을 것이고, 그 후에 배우자의 수수행위를 알고서 신고를 하지 않은 공직자등도 처벌되지는 않는다. 그런데 청탁금지법은 금품등을 직접 수수한 배우자의 행위를 처벌하지 않기 때문에, 이로 인하여 오히려 공직자등은 배우자의 수수행위가 있은 날로부터 5년이 훨씬 지난 후, 언제라도 그 수수사실을 알고서 신고를 하지 않으면 그 때부터 5년의 공소시효가 진행되는 불합리한 결과를 초래하는 것이다.

공직자등이 그 배우자를 통하여 금품등을 우회적으로 수수하는 통로를 차단하는 가장 확실하고 효과적인 수단은, 수수 금지 금품등을 수수한 공직자등의 배우자를 직접 처벌하는 것이다. 공직자등의 배우자가 이를 위반하여 '공직자등의 직무와 관련하여' 금품등을 수수하였다면 그 죄질이나 가벌성, 책임의 정도가 공직자등이 '직무관련성이나 대가성 없이' 직접 그 만큼의 금품등을 수수한 경우와 비교해 보더라도 결코 가볍다고 할 수 없기 때문에 공직자 등의 배우자를 처벌하더라도 형평에 반한다고 할 수 없다. 이처럼 공직자등의 직무와 관련하여 금품등을 직접 수수한 공직자등의 배우자를 처벌하는 대신에 그러한 사실을 알게 된 공직자등이 이를 신고하면 그 배우자의 형을 필요적으로 감경 또는 면제하도록 규정한다면 배우자를 통하여 우회적으로 금품등을 수수하는 통로를 차단하는 목적을 충분히 달성할 수 있다.

이러한 점들을 모두 종합하면 불신고처벌조항은 형벌과 책임의 비례원칙에 어긋나고 형벌체계상의 균형을 상실하여 청구인들의 일반적 행동자유권을 침해하므로 헌법에 위반된다.

〈심판대상조문〉

부정청탁 및 금품등 수수의 금지에 관한 법률(2015. 3. 27. 법률 제 13278호로 제정된 것) 제5조 (부정청탁의 금지) ① 누구든지 직접 또는 제3자를 통하여 직무를 수행하는 공직자등에게 다음 각 호의 어느 하나에 해당하는 부정청탁을 해서는 아니 된다.

1. 인가·허가·면허·특허·승인·검사·검정·시험·인증·확인 등 법령(조례·규칙을 포함한다. 이하 같다)에서 일정한 요건을 정하여 놓고 직무관련자로부터 신청을 받아 처리하는 직무에 대하여 법령을 위반하여 처리하도록 하는 행위
2. 인가 또는 허가의 취소, 조세, 부담금, 과태료, 과징금, 이행강제금, 범칙금, 징계 등 각종 행정처분 또는 형벌부과에 관하여 법령을 위반하여 감경·면제하도록 하는 행위
3. 채용·승진·전보 등 공직자등의 인사에 관하여 법령을 위반하여 개입하거나 영향을 미치도록 하는 행위

4. 법령을 위반하여 각종 심의·의결·조정 위원회의 위원, 공공기관
   이 주관하는 시험·선발 위원 등 공공기관의 의사결정에 관여하
   는 직위에 선정 또는 탈락되도록 하는 행위
5. 공공기관이 주관하는 각종 수상, 포상, 우수기관 선정 또는 우수
   자 선발에 관하여 법령을 위반하여 특정 개인·단체·법인이 선정
   또는 탈락되도록 하는 행위
6. 입찰·경매·개발·시험·특허·군사·과세 등에 관한 직무상 비밀을
   법령을 위반하여 누설하도록 하는 행위
7. 계약 관련 법령을 위반하여 특정 개인·단체·법인이 계약의 당사
   자로 선정 또는 탈락되도록 하는 행위
8. 보조금·장려금·출연금·출자금·교부금·기금 등의 업무에 관하여
   법령을 위반하여 특정 개인·단체·법인에 배정·지원하거나 투
   자·예치·대여·출연·출자하도록 개입하거나 영향을 미치도록 하
   는 행위
9. 공공기관이 생산·공급·관리하는 재화 및 용역을 특정 개인·단
   체·법인에게 법령에서 정하는 가격 또는 정상적인 거래관행에
   서 벗어나 매각·교환·사용·수익·점유하도록 하는 행위
10. 각급 학교의 입학·성적·수행평가 등의 업무에 관하여 법령을
    위반하여 처리·조작하도록 하는 행위
11. 징병검사, 부대 배속, 보직 부여 등 병역 관련 업무에 관하여
    법령을 위반하여 처리하도록 하는 행위
12. 공공기관이 실시하는 각종 평가·판정 업무에 관하여 법령을 위반
    하여 평가 또는 판정하게 하거나 결과를 조작하도록 하는 행위
13. 법령을 위반하여 행정지도·단속·감사·조사 대상에서 특정 개
    인·단체·법인이 선정·배제되도록 하거나 행정지도·단속·감사·
    조사의 결과를 조작하거나 또는 그 위법사항을 묵인하게 하는
    행위

14. 사건의 수사·재판·심판·결정·조정·중재·화해 또는 이에 준하는
    업무를 법령을 위반하여 처리하도록 하는 행위
15. 제1호부터 제14호까지의 부정청탁의 대상이 되는 업무에 관하
    여 공직자등이 법령에 따라 부여받은 지위·권한을 벗어나 행
    사하거나 권한에 속하지 아니한 사항을 행사하도록 하는 행위
② 제1항에도 불구하고 다음 각 호의 어느 하나에 해당하는 경우
   에는 이 법을 적용하지 아니한다.
1.~6. 생략
7. 그 밖에 사회상규(社會常規)에 위배되지 아니하는 것으로 인정
되는 행위

부정청탁 및 금품등 수수의 금지에 관한 법률(2015. 3. 27. 법률 제
    13278호로 제정된 것) 제8조 (금품등의 수수 금지) ① 공직자
    등은 직무 관련 여부 및 기부·후원·증여 등 그 명목에 관계없
    이 동일인으로부터 1회에 100만 원 또는 매 회계연도에 300만
    원을 초과하는 금품등을 받거나 요구 또는 약속해서는 아니
    된다.
② 공직자등은 직무와 관련하여 대가성 여부를 불문하고 제1항에
   서 정한 금액 이하의 금품등을 받거나 요구 또는 약속해서는
   아니 된다.
③ 제10조의 외부강의등에 관한 사례금 또는 다음 각 호의 어느 하
   나에 해당하는 금품등의 경우에는 제1항 또는 제2항에서 수수
   를 금지하는 금품등에 해당하지 아니한다.
1. 생략
2. 원활한 직무수행 또는 사교·의례 또는 부조의 목적으로 제공되
   는 음식물·경조사비·선물 등으로서 대통령령으로 정하는 가액
   범위 안의 금품등

3.~8. 생략

④~⑤ 생략

부정청탁 및 금품등 수수의 금지에 관한 법률(2015. 3. 27. 법률 제
13278호로 제정된 것) 제9조 (수수 금지 금품등의 신고 및 처
리) ① 공직자등은 다음 각 호의 어느 하나에 해당하는 경우에
는 소속기관장에게 지체 없이 서면으로 신고하여야 한다.

1. 생략

2. 공직자등이 자신의 배우자가 수수 금지 금품등을 받거나 그 제
공의 약속 또는 의사표시를 받은 사실을 안 경우

②~⑧ 생략

부정청탁 및 금품등 수수의 금지에 관한 법률(2015. 3. 27. 법률 제
13278호로 제정된 것) 제10조 (외부강의등의 사례금 수수 제
한) ① 공직자등은 자신의 직무와 관련되거나 그 지위·직책 등
에서 유래되는 사실상의 영향력을 통하여 요청받은 교육·홍
보·토론회·세미나·공청회 또는 그 밖의 회의 등에서 한 강의·
강연·기고 등(이하 "외부강의등"이라 한다)의 대가로서 대통
령으로 정하는 금액을 초과하는 사례금을 받아서는 아니 된다.

②~⑤ 생략

부정청탁 및 금품등 수수의 금지에 관한 법률(2015. 3. 27. 법률 제
13278호로 제정된 것) 제22조 (벌칙) ① 다음 각 호의 어느 하
나에 해당하는 자는 3년 이하의 징역 또는 3천만 원 이하의
벌금에 처한다.

1. 생략

2. 자신의 배우자가 제8조 제4항을 위반하여 같은 조 제1항에 따른
수수 금지 금품등을 받거나 요구하거나 제공받기로 약속한 사

실을 알고도 제9조 제1항 제2호 또는 같은 조 제6항에 따라 신고하지 아니한 공직자등(제11조에 따라 준용되는 공무수행사인을 포함한다). 다만, 공직자등 또는 배우자가 제9조 제2항에 따라 수수 금지 금품등을 반환 또는 인도하거나 거부의 의사를 표시한 경우는 제외한다.

3.~5. 생략

②~④ 생략

부정청탁 및 금품등 수수의 금지에 관한 법률(2015. 3. 27. 법률 제13278호로 제정된 것) 제23조 (과태료 부과) ①~④ 생략

⑤ 다음 각 호의 어느 하나에 해당하는 자에게는 그 위반행위와 관련된 금품등 가액의 2배 이상 5배 이하에 상당하는 금액의 과태료를 부과한다. 다만, 제22조 제1항 제1호부터 제3호까지의 규정이나 형법 등 다른 법률에 따라 형사처벌(몰수나 추징을 당한 경우를 포함한다)을 받은 경우에는 과태료를 부과하지 아니하며, 과태료를 부과한 후 형사처벌을 받은 경우에는 그 과태료 부과를 취소한다.

1. 생략

2. 자신의 배우자가 제8조 제4항을 위반하여 같은 조 제2항에 따른 수수 금지 금품등을 받거나 요구하거나 제공받기로 약속한 사실을 알고도 제9조 제1항 제2호 또는 같은 조 제6항에 따라 신고하지 아니한 공직자등(제11조에 따라 준용되는 공무수행사인을 포함한다). 다만, 공직자등 또는 배우자가 제9조 제2항에 따라 수수 금지 금품등을 반환 또는 인도하거나 거부의 의사를 표시한 경우는 제외한다.

3. 생략

⑥~⑦ 생략

〈참조조문〉

헌법 제10조, 제11조 제1항, 제13조 제1항, 제3항, 제37조 제2항, 제75조

헌법재판소법 제68조 제1항

부정청탁 및 금품등 수수의 금지에 관한 법률(2015. 3. 27. 법률 제 13278호로 제정된 것) 제2조 (정의) 이 법에서 사용하는 용어의 뜻은 다음과 같다.

1. "공공기관"이란 다음 각 목의 어느 하나에 해당하는 기관·단체를 말한다.

가.~다. 생략

라. 「초·중등교육법」, 「고등교육법」, 「유아교육법」 및 그 밖의 다른 법령에 따라 설치된 각급 학교 및 「사립학교법」에 따른 학교법인

마. 「언론중재 및 피해구제 등에 관한 법률」 제2조제12호에 따른 언론사

2. "공직자등"이란 다음 각 목의 어느 하나에 해당하는 공직자 또는 공적 업무 종사자를 말한다.

가.~나. 생략

다. 제1호라목에 따른 각급 학교의 장과 교직원 및 학교법인의 임직원

라. 제1호마목에 따른 언론사의 대표자와 그 임직원

3.~4. 생략

부정청탁 및 금품등 수수의 금지에 관한 법률(2015. 3. 27. 법률 제 13278호로 제정된 것) 제5조 (부정청탁의 금지) ① 생략

② 제1항에도 불구하고 다음 각 호의 어느 하나에 해당하는 경우에는 이 법을 적용하지 아니한다.

1. 「청원법」, 「민원사무 처리에 관한 법률」, 「행정절차법」, 「국회법」

및 그 밖의 다른 법령·기준(제2조제1호나목부터 마목까지의 공
공기관의 규정·사규·기준을 포함한다. 이하 같다)에서 정하는
절차·방법에 따라 권리침해의 구제·해결을 요구하거나 그와 관
련된 법령·기준의 제정·개정·폐지를 제안·건의하는 등 특정한
행위를 요구하는 행위
2. 공개적으로 공직자등에게 특정한 행위를 요구하는 행위
3. 선출직 공직자, 정당, 시민단체 등이 공익적인 목적으로 제3자
의 고충민원을 전달하거나 법령·기준의 제정·개정·폐지 또는
정책·사업·제도 및 그 운영 등의 개선에 관하여 제안·건의하는
행위
4. 공공기관에 직무를 법정기한 안에 처리하여 줄 것을 신청·요구
하거나 그 진행상황·조치결과 등에 대하여 확인·문의 등을 하는
행위
5. 직무 또는 법률관계에 관한 확인·증명 등을 신청·요구하는 행위
6. 질의 또는 상담형식을 통하여 직무에 관한 법령·제도·절차 등에
대하여 설명이나 해석을 요구하는 행위
7. 생략

부정청탁 및 금품등 수수의 금지에 관한 법률(2015. 3. 27. 법률 제
13278호로 제정된 것) 제8조 (금품등의 수수 금지) ①~② 생략
③ 제10조의 외부강의등에 관한 사례금 또는 다음 각 호의 어느 하
나에 해당하는 금품등의 경우에는 제1항 또는 제2항에서 수수
를 금지하는 금품등에 해당하지 아니한다.
1. 공공기관이 소속 공직자등이나 파견 공직자등에게 지급하거나
상급 공직자등이 위로·격려·포상 등의 목적으로 하급 공직자등
에게 제공하는 금품등
2. 생략

3. 사적 거래(증여는 제외한다)로 인한 채무의 이행 등 정당한 권원(權原)에 의하여 제공되는 금품등

4. 공직자등의 친족(「민법」 제777조에 따른 친족을 말한다)이 제공하는 금품등

5. 공직자등과 관련된 직원상조회·동호인회·동창회·향우회·친목회·종교단체·사회단체 등이 정하는 기준에 따라 구성원에게 제공하는 금품등 및 그 소속 구성원 등 공직자등과 특별히 장기적·지속적인 친분관계를 맺고 있는 자가 질병·재난 등으로 어려운 처지에 있는 공직자등에게 제공하는 금품등

6. 공직자등의 직무와 관련된 공식적인 행사에서 주최자가 참석자에게 통상적인 범위에서 일률적으로 제공하는 교통, 숙박, 음식물 등의 금품 등

7. 불특정 다수인에게 배포하기 위한 기념품 또는 홍보용품 등이나 경연·추첨을 통하여 받는 보상 또는 상품 등

8. 그 밖에 다른 법령·기준 또는 사회상규에 따라 허용되는 금품등

④~⑤ 생략

〈참조판례〉

1. 헌재 2007. 7. 26. 2003헌마377, 판례집 19-2, 90, 98

2. 대법원 2000. 4. 25. 선고 98도2389 판결
   대법원 2001. 2. 23. 선고 2000도4415 판결
   대법원 2002. 4. 9. 선고 99도2165 판결
   대법원 2004. 6. 10. 선고 2001도5380 판결
   대법원 2014. 5. 16. 선고 2012도13719 판결

3. 헌재 2012. 7. 26. 2009헌바298, 판례집 24-2상, 37, 51

   헌재 2013. 9. 26. 2010헌가89등, 판례집 25-2상, 586, 600-601

   헌재 2013. 11. 28. 2009헌바206등, 판례집 25-2하, 352, 361

   헌재 2015. 7. 30. 2013헌가8, 판례집 27-2상, 1, 8-9

4. 헌재 1998. 5. 28. 96헌바83, 판례집 10-1, 624, 635

   헌재 2003. 12. 18. 2002헌바49, 판례집 15-2하, 502, 521

8. 헌재 2005. 12. 22. 2005헌마19, 판례집 17-2, 785, 792

   헌재 2011. 4. 28. 2009헌바90, 판례집 23-1하, 13, 24

   헌재 2011. 9. 29. 2010헌마68, 판례집 23-2상, 692, 700

10. 헌재 2009. 3. 26. 2007헌마988등, 판례집 21-1상, 689, 704

    헌재 2013. 6. 27. 2011헌마315등, 판례집 25-1, 570, 570

    헌재 2014. 9. 25. 2013헌마411등, 판례집 26-2상, 609, 609

〈당사자〉

청구인 [별지 1] 청구인 명단과 같다

〈주문〉

1. 청구인 사단법인 한국기자협회의 심판청구를 각하한다.
2. 나머지 청구인들의 심판청구를 모두 기각한다.[1]

---

1) 보다 자세한 결정문은 헌법재판소 홈페이지(http://www.ccourt.go.kr)

II. 지방법원 결정

1. 부정청탁금지 관련

수원지방법원 2017. 5. 25. 자 2017과4 결정
소방서장이 소방서 소속 공무원에게 묵인 및 취하지시를 한 사안

〈주문〉

위반자를 과태료 금 10,000,000 원에 처한다.

〈이유〉

1. 소명사실

기록 및 심문 전체의 취지에 의하면 다음 각 사실이 소명된다.

가. 위반자는 2013. 7. 2.경부터 ○○소방서장으로 근무하다 2016. 12. 31. 퇴직한 자이다.

나. ○○주식회사는 2016. 9. 1. 자동화재탐지설비 소방시설공사를 진행하면서 공사감리자를 지정하지 않았고, 2016. 10. 17. 주식회사 ○○를 소방공사 감리자로 지정하여 이를 신고를 하였다.

다. ○○재난안전본부는 2016. 5.경 '소방관련업체 등 지도·감독계획'을 수립하였고, ○○소방서는 위 계획에 따라 '2016년 2차 소방관련업 지도·점검 운영계획'(이하 '이 사건 운영계획'이라 한다)을 세워 2016. 6. 1.경부터 2016. 12. 31.경까지 소방공사현장 등에 대한 표본점검 등 지도·감독을 하게 되었는데, 2016. 11. 1. 감리완공신청 표본검사 결과 ○○주식회사가 '소방시설을 시공할 때에는

소방시설공사의 감리를 위하여 감리업자를 공사감리자로 지정하여야 한다'고 규정한 소방시설공사업법 제17조 제1항을 위반하였다는 사실(이하 '이 사건 소방시설공사업법 위반행위'라 한다)을 확인하였다.

라. 위반자는 2016. 11. 1. 17:30경 ○○소방서의 서장실에서 ○○주식회사의 감리업체인 주식회사 ○○의 전무이사를 만났고, 같은 날 17:40경 ○○소방서에 근무하는 신고자를 불러 신고자에게 이 사건 소방시설공사업법 위반행위를 없었던 것으로 하라는 취지로 말하였다(이하 '이 사건 묵인지시'라 한다).

마. 위반자는 2016. 11. 2. 16:20경 ○○소방서의 ◇◇팀장에게 ○○주식회사로 하여금 소방시설공사 준공필증 신청을 취하하게 하라고 지시하였다(이하 '이 사건 취하지시'라 한다).

바. 신고자는 2016. 11. 3. ○○지사에게 위반자의 이 사건 묵인지시를 신고하였고, ○○지사는 2017. 1. 13. 이 법원에 위반자가 부정청탁 및 금품등 수수의 금지에 관한 법률(이하 '청탁금지법'이라 한다)을 위반하였다는 통보를 하였다.

사. 이 사건과 관련이 있는 법령은 별지 관계법령과 같다.

2. 위반자의 주장 요지

① 위반자는 2016. 11. 1. 17:30경 당시 이 사건 소방시설공사업법 위반행위를 구체적으로 잘 알지 못하여 신고자에게 이를 확인하려고 하였을 뿐이며, 신고자에게 이 사건 묵인지시를 하지 않았고 단지 법의 테두리 내에서 ○○주식회사를 도와줄 수 있는 방안을 검토하라고만 하였을 뿐이다.

② 위반자가 2016. 11. 2. 16:20경 ◇◇팀장에게 한 이 사건 취하지시는 ○○소방서장으로서의 의견을 개진한 것에 불과할 뿐 지시

를 한 것이 아니다.

③ 소방시설공사업법 제14조는 공사감리자가 지정되어 있는 경우 공사감리 결과보고서로 완공검사를 갈음하도록 되어 있으므로 공사감리자가 지정된 ○○주식회사에 대하여는 현장 완공검사를 하여서는 아니 됨에도, ○○소방서는 현장 완공검사를 통하여 이 사건 소방시설공사업법 위반행위를 적발하였다. 또한 이 사건 운영계획에 의한 현장 지도·감독은 ○○재난안전본부가 수립한 '소방 관련업체 등 지도·감독 계획'에서 제시한 표본점검 대상의 범위를 벗어나 감독대상을 임의로 확대·추가하여 실시한 위법행위로서 법적 근거도 없다. 따라서 이 사건 소방시설공사업법 위반행위는 위법한 ○○소방서의 현장 지도·감독에 의한 것이므로, 위반자는 이 사건 취하지시를 통하여 ○○주식회사의 준공필증 신청을 취하하게 함으로써 ○○소방서의 공신력을 유지하고 위법한 현장 지도·감독으로 인하여 발생할 수 있는 민원을 방지하려고 하였을 뿐이다.

④ 소방시설 공사업체가 소방시설공사 준공필증 신청을 취하하는 것은 법위반이 아니다.

⑤ 따라서 위반자는 청탁금지법 제5조에서 정한 부정한 청탁을 하지 않았다.

3. 판단

가. 청탁금지법위반

위 소명사실에 의하면, 위반자는 신고자에게 이 사건 묵인지시를 하거나 ◇◇팀장에게 이 사건 취하지시를 함으로써 공직자등에 해당하는 신고자와 ◇◇팀장에게 행정단속 또는 조사대상에서 ○○주식회사가 배제되도록 하거나 ○○주식회사의 위법사항을 묵인하게 하는 행위를 하였다고 할 것이므로, 청탁금지법 제5조 제1항 제

13호를 위반하였다고 할 것이다.

나. 위반자의 주장에 관한 판단

1) 위반자의 ①, ② 주장에 관하여

기록 및 심문 전체의 취지에 의하면, 신고자는 위반자가 이 사건 당일 신고자에게 '봐 줄 수 있지? 없었던 것으로 할 수 있지?'라는 말을 하였다고 분명히 진술하고 있을 뿐만 아니라 이 사건 당일 및 그 이후의 상황에 관하여도 구체적이고 일관되게 진술하고 있고, 위반자는 신고자를 만나기 전 주식회사 ○○ 전무이사를 만나 이 사건 소방시설공사업법 위반행위에 관하여 충분히 인지하고 있었던 것으로 보이며(충분히 인지하지 않았다면 신고자에게 위와 같은 말을 할 이유도 없는 것으로 보인다), 위반자와 신고자, ◇◇팀장의 직급 및 관계, 위반자의 지위 및 권한 등을 고려할 때 이 사건 취하지시가 위반자의 단순한 의견개진이라고 볼 수 없으므로, 위반자 ①, ② 주장은 이유 없다.

2) 위반자의 ③, ④ 주장에 관하여

기록 및 심문 전체의 취지에 의하여 알 수 있는 다음과 같은 사정 즉, ㉮ 위반자가 신고자에게 이 사건 묵인지시를 하기 직전에 이 사건 소방시설공사업법 위반행위의 당사자인 ○○주식회사의 감리업체로 지정된 주식회사 ○○ 전무이사를 만나고 있었던 점, ㉯ 위반자가 주식회사 ○○ 전무이사를 만나게 된 이유는 위반자의 매제로부터 사전에 연락을 받았기 때문인 점, ㉰ 위반자는 ○○소방서의 공신력 유지와 향후 발생할 수 있는 민원을 방지하기 위하여 이 사건 취하지시를 하였다고 하나, 이 사건 취하지시 당시 ◇◇팀장에게 그러한 사유에 관하여 전혀 언급하거나 논의하지 않았던 것으로 보이는 점, ㉱ 이 사건 소방시설공사업법 위반행위는 소방시설공사업법 제14조 제1항에 의한 완공검사가 아닌 이 사건 운영계획에 의한 현장 지도·감독에 의하여 적발된 것으로서, 소방서

가 소방시설공사업법 제14조를 위반하여 이 사건 소방시설공사업
법 위반행위를 적발한 것으로 볼 수 없을 뿐만 아니라, 위 제14조
의 문언상 위 조항이 공사감리자가 지정되어 있는 경우 반드시 공
사감리 결과보고서로 완공검사를 갈음하여야 한다는 것으로 해석
되지도 않는 점, ⑪ 소방시설공사업법 제31조 제1항과 화재예방,
소방시설 설치·유지 및 안전관리에 관한 법률(약칭 소방시설법) 제
46조 제1항은 '소방서장은 소방시설업의 감독을 위하여 필요할 때
에는 관계 공무원으로 하여금 소방시설업체나 특정소방대상물에
출입하여 검사할 수 있다'고 규정히고 있으므로, 이 사건 운영계획
에 의한 현장 지도·감독은 분명한 법적 근거가 있다할 것인 점, ⑫
위와 같이 이 사건 운영계획에 법적 근거가 있는 이상 이 사건 운
영계획이 반드시 ○○재난안전본부가 수립한 '소방관련업체 등 지
도·감독 계획'의 추진계획에서 정한 표본점검 선정기준 범위 내에
서 실시되어야 한다고 보기 어려울 뿐만 아니라, 위 선정기준 또한
지도·감독 대상에 관한 일응의 가이드라인일 뿐 반드시 그 선정기
준의 범위 내에서 지도·감독 대상을 정하여야 한다고 해석되지
않으므로, 위반자의 주장과 같이 이 사건 운영계획에서 지도·감독
대상을 임의로 추가·확대하였다고 볼 수도 없는 점, ⑬ 이 사건 운
영계획에 의한 현장 지도·감독은 당시 ○○소방서장으로 근무하고
있던 위반자의 결재 하에 이루어진 것으로 보이는바, 위반자의 주
장과 같이 위반자가 위법한 이 사건 운영계획에 따른 ○○소방서
의 지도·감독으로 발생할 수 있는 문제를 해소하기 위하여 이 사
건 취하지시를 하였다면, 그 자체로 위반자의 허물을 덮기 위한 부
정한 청탁이라 할 것인 점, ⑭ 이 사건 취하지시로 인하여 가장 '부
담'이 없어지는 자는 이 사건 소방시설공사업법 위반행위로 인한
형사처벌을 면하게 되는 ○○주식회사라 할 것이므로, 위반자가 이
사건 취하지시 당시 말하였다는 '직원한테 부담안가고'의 '직원'은

○○주식회사로 해석하는 것이 자연스러운 점, ㉔ 소방시설 공사업체가 소방시설공사 준공필증 신청을 취하하는 것은 그 자체로 법 위반은 아니라고 할 것이나 위와 같은 제반사정들에 비추어 볼 때 위반자는 ○○주식회사의 이 사건 소방시설공사업법 위반행위를 묵인하려는 의도로 이 사건 취하지시를 한 것으로 보이는 점 등을 종합하여 보면, 위반자의 ③, ④ 주장도 이유 없다.

다. 과태료 부과의 범위

청탁금지법 제23조 제1항 제1호는 '청탁금지법 제5조 제1항을 위반하여 제3자를 위하여 다른 공직자등에게 부정청탁을 한 공직자등'에게 3,000만 원 이하의 과태료를 부과한다고 정하고 있는바, 기록 및 심문 전체의 취지에 의하여 알 수 있는 다음과 같은 사정 즉, 위반자가 이 사건에 관하여 납득할 수 없는 비상식적인 주장으로 일관하며 이 사건 청탁금지법 위반행위를 부인하고 있는 점, 위반자는 ○○소방서의 공신력 유지를 위하여 이 사건 취하지시를 하였다고 주장하면서도 이 사건 심문과정에서 본인이 기관장으로 있었던 ○○소방서의 이 사건 운영계획 자체가 불법이었다는 취지로 주장하며 오히려 ○○소방서의 공신력을 저해하고 ○○소방서에 대한 신뢰를 훼손하는 주장을 하고 있는 점, 이 사건 묵인 및 취하지시는 형사상 직권남용에 해당할 수도 있고 그로 인하여 ○○주식회사가 부당하게 형사처벌을 면할 수도 있었던 점, 소방서장으로 근무하였던 위반자의 이 사건 청탁금지법 위반행위로 인하여 일선에서 성실히 근무하고 있는 소방관들의 사기저하가 우려되는 점, 이 사건 묵인 및 취하지시로 인하여 실제로 ○○주식회사가 소방시설공사업법이 정한 처벌을 면한 것은 아닌 점(이 법원 2016고약16642호), 위반자가 이 사건 위반행위로 인하여 부정한 이익을 취한 것으로 볼 만한 자료가 없는 점, 그 밖에 위반자의 지위, 이 사건 청탁금지법 위반행위의 경위와 정도 및 그 이후의 정황 등

제반사정을 종합적으로 고려하여, 위반자에게 1,000만 원의 과태
료를 부과하기로 한다.

4. 결론

그렇다면, 청탁금지법 제23조 제1항 제1호, 제5조 제1항 제13호,
질서위반행위규제법 제36조에 의하여 주문과 같이 결정한다.

2. 금품등의 수수금지 관련

① 금품등수수가 인정되지 아니한 사건

> **대전지방법원 2017. 3. 10. 자 2016과557 결정**
> 대학 실험실에 실험장비 납품 회사 직원이 2만원 상당의 도넛을 제공한 사안

〈주문〉

위반자를 과태료에 처하지 아니한다.

〈이유〉

1. 신고 사실

B대학교 C대학에 실험실 소모품 등을 판매하는 D 사원인 위반자는 2016. 10. 13. 15:00경 위 대학 분자생물학실험실로 약 20,000원 상당의 도넛(이하 '이 사건 음식물'이라 한다)을 E 학부생에게 전달하여 공직자 등에게 수수 금지 금품등을 제공함으로써 부정청탁 및 금품등 수수의 금지에 관한 법률 제8조 제5항을 위반하였다.

2. 위반여부

이 사건 기록 및 심문 전체의 취지를 종합하면, 위반자가 위 대학의 실험실에 실험장비를 납품하는 회사의 사원으로서 실험장비 납품을 결정할 지위에 있는 국립대학교 교수인 F이 지도하는 E 학부생에게 혼자서 섭취하기에는 다소 많은 양의 이 사건 음식물을 전달한 사실을 인정할 수 있다.

위 인정 사실에 의하면 위반자가 직무와 관련하여 위 국립대학교 교수에게 이 사건 음식물을 전달하려 한 것이 아닌지 의심이 가는

것은 사실이다.

그러나 한편 이 사건 기록 및 심문 전체의 취지에 의하여 인정할 수 있는 다음과 같은 사정, 즉 ① 위반자가 E 학부생을 통하여 이 사건 음식물을 전달하여 E을 비롯한 학부생들이 함께 나누어 먹고 있는 도중에 위 F 교수가 위 음식물을 회수하고 이를 신고한 점, ② 위반자는 2015. 12.경부터 위 대학에 실험장비 납품 등의 용무로 출입하면서 학부생들과 알게 되어 친분이 있었던 점, ③ 제공한 음식물의 가액이 약 20,000원 상당으로 많은 금액이 아니고 부정청탁 및 금품등 수수의 금지에 관한 법률 시행령 제17조가 허용하는 음식물 가액 범위인 30,000원의 범위 내에 있는 점, ④ 그 밖에 이 사건 음식물의 전달 경위 및 그 이후의 정황 등을 종합하여 보면, 위 인정 사실만으로 위반자가 E 학부생을 통하여 국립대학교 교수인 F에게 이 사건 음식물을 제공하였다거나 제공하려는 의사표시를 하였다고 인정하기 부족하고 달리 이를 인정할 만한 자료가 없다.

3. 결론

그렇다면 위반자가 부정청탁 및 금품등 수수의 금지에 관한 법률 제8조 제5항을 위반하였다고 볼 수 없으므로 위반자를 벌하지 않기로 하여, 주문과 같이 결정한다.

대전지방법원 2017. 3. 17.자 2016과527 결정
영화 세미나에 참석하여 영화 관람, 식사 등을 제공받은 사안

〈주문〉

위반자들을 과태료에 처하지 아니한다.

〈이유〉

1. 인정사실

기록 및 신문 전체의 취지를 종합하면 다음 사실이 인정된다.

가. 1) 위반자 A는 행정기관 D으로서 통신인프라 구축, 정보보안 운영, 관리 등 행정기관 E과 업무를 총괄하는 사람이다.

2) 위반자 B는 행정기관 E과에서 내부정보시스템, 통신인프라 등 관리 업무를 담당하는 사람이다.

3) 위반자 C 주식회사(대표이사 F, 이하 '주식회사' 기재는 생략한다)는 컴퓨터 및 주변기기 제조, 도소매업, 소프트웨어 개발, 용역, 공급업 등을 목적으로 설립된 법인이다.

나. 위반자 A, B는 2016. 10. 26. 18:30경 서울 ○○구 소재 G 신관 지하 5층에 위치한 H에서 위반자 C이 주최한 I 영화세미나(이하 '이 사건 영화세미나'라 한다)에 참석하였다.

다. 이 사건 영화세미나에서 위반자 A는 식사를 마치고 세미나가 종료된 후 선물로 지급된 수건 1장을 받고 돌아갔고, 위반자 B는 식사와 세미나에 이어 상영된 영화를 관람하였다.

라. 이 사건 영화세미나에서 제공된 식사의 1인당 단가는 30,000원, 영화의 1인당 단가는 20,000원, 수건은 1장당 2,500원이다.

마. 행정기관장은 위반자 A, B의 이 사건 영화세미나 참석과 관련한 사실관계 등을 조사한 후 위반자들의 각 행위가 부정청탁 및 금품등 수수의 금지에 관한 법률(이하 '청탁금지법'이라 한다) 제8조 제2항 및 제5항에 위반된다고 보아 2016. 11. 15. 청탁금지법 제23조 제5항에 따라 이 법원에 과태료 부과 의뢰를 통보하였다.

2. 판단

가. 위반자 A, B와 위반자 C 사이에 직무관련성이 있는지 여부

1) 위반자들의 주장 요지

행정기관에서 클라우드, 빅데이터, AI 등을 담당하는 주관업무부서는 J과이고 위반자 A, B가 소속된 E과는 기존 시스템의 관리와 운영만을 담당하고 있으므로 전산시스템과 관련하여 외부업체와 계약을 진행할 가능성은 전혀 없다. 또한 행정기관은 위반자 C의 상품에 상응하는 시스템으로서 정부 차원의 통합전산 시스템을 이미 사용하고 있으므로 행정기관이 위반자 C과 개별적으로 계약을 체결할 가능성은 전무하다. 설령 계약이 필요하더라도 정부의 모든 계약은 조달청을 통하여 공개경쟁입찰로 이루어지므로 행정기관 D이나 소속 직원에 불과한 위반자 A, B는 위반자 C과 직무관련성이 전혀 없다.

2) 판단

청탁금지법은 공직자등의 공정한 직무수행을 저해하는 부정청탁 관행을 근절하고, 공직자등의 금품등 수수행위를 직무관련성 또는 대가성이 없는 경우에도 제재가 가능하도록 하여 공직자등의 공정한 직무수행을 보장하고 공공기관에 대한 국민의 신뢰를 확보한다는 중대한 목적을 위하여 형사법상의 뇌물죄로 포섭할 수 없는 부분까지 광범위하게 규율하고자 제정되었다. 이와 같은 청탁금지법

의 입법취지나 각 금지규정의 내용에 비추어 볼 때 청탁금지법에
서 정한 직무관련성을 '금품등 제공자를 상대로 한 직접적인 업무
를 담당하는 경우'로 좁게 인정할 경우 청탁금지법의 입법취지가
몰각되거나 법적 제한이 잠탈될 우려가 있음은 자명하다. 따라서
금품등 제공자를 상대로 한 직접적인 업무를 담당하는 경우만이
아니라 담당하는 업무의 성격상 금품등 제공자에 대한 정보(이 사
건에 있어서는 해당 업체의 제품, 기술력 등이 될 것이다)나 의견
을 제시하는 등으로 직접적인 업무를 담당하는 자에게 영향을 줄
수 있는 업무를 담당하거나 그러한 위치에 있는 공직자등의 경우
역시 금품등 제공자와 직무 관련성이 있는 자에 해당한다고 봄이
상당하다.

기록에 의하여 알 수 있는 다음 사정, 즉 위반자 C는 가상화, 클라
우드, 빅데이터 구축, 가상 환경의 백업 등 소프트웨어 개발 및 판
매 영업을 하는 정보통신장비업체이고 위반자 A, B는 행정기관의
D 내지 소속 직원으로서 위반자 C의 개발, 판매하는 상품에 상응
하는 행정기관의 전산시스템을 직접 관리, 운영하고 있는 점, 위반
자 A는 2016. 9.경 행정기관의 미래발전전략에 최신 정보기술을
접목하여 미래통관행정의 고도화 방향을 정립, 선진 정보기술(IT)
적용 트렌드 파악, 빅데이터, 클라우드, 사물인터넷 등에 대한 정
보기술 발전 동향 수집 등을 목적으로 IT세미나 및 글로벌 IT업체
방문을 위한 해외 출장을 다녀오기까지 한 점, 위반자 A는 평소 E
과 직원들에게 IT신기술 관련 세미나 참석을 독려하여 왔으며 직
원들이 신기술의 동향을 파악하는 데에 도움을 주고자 전체 공지
로 이 사건 영화세미나 소식을 알리기까지 한 점, 위반자 B는 출
장명령을 받아 출장의 형태로 이 사건 영화세미나에 참석한 점 등
을 종합하여 볼 때 비록 위반자 A, B가 현실적으로 행정기관의 외
부 발주나 계약 체결 업무등을 직접적으로 담당하고 있지 않다고

하더라도 위반자 C과의 직무관련성은 인정된다.

나. 청탁금지법 제8조 제3항의 예외사유 해당 여부
　위반자 A, B와 위반자 C 사이에 직무관련성이 인정되는 이상 위반자 A, B가 이 사건 영화세미나에 참석하여 식사 및 영화 등을 제공받은 행위 및 위반자 C이 위반자 A, B에게 위와 같은 금품등을 제공한 행위가 청탁금지법이 예외적으로 허용하고 있는 경우에 해당하는지에 관하여 본다.
　1) 인성사실
기록 및 심문 전체의 취지를 종합하면 다음 사실을 인정할 수 있다.
　　가) 이 사건 영화세미나의 행사 내용 및 참석자 범위 등
　　　○ 이 사건 영화세미나와 관련하여 위반자 C이 작성, 배포한 초대장에는 다음과 같은 초대 문구 및 행사 안내 문구가 기재되어 있다.

[초대문구]
C의 영화세미나에 귀하를 초대합니다. 최신 IT기술동향을 공유하고 최신 개봉 영화를 관람하실 수 있는 자리를 마련했습니다. 일정이 바쁘시겠지만 부서원들과 함께 오셔서 편안한 분위기에서 유익하고 즐거운 저녁시간을 보내셨으면 하는 바람입니다.
〈세부일정〉
세미나(간편식사 제공)
최신 개봉 영화 관람
〈행사안내 문구〉
신청 순으로 조기 마감될 수 있습니다.
참가신청 후 신청사항 변경 및 취소를 원하시는 경우 꼭 C에 연락해 주시기 바랍니다.

행사등록 및 인사교류를 위한 명함지참 부탁드립니다.

부정청탁 및 금품수수의 금지에 관한 법률(김영란법)에 저촉되지 않는 행사입니다.

○ 행사 내용 : 이 사건 영화세미나에서는 ① SDDC(소프트웨어정의 데이터센터)를 위한 네트워크 가상화 솔루션 NSX, ② 최적의 VD환경 구현을 위한 CISCO 솔루션이라는 두가지 주제 발표가 이루어졌다. 당시 식사는 모든 참석자들이 세미나를 듣는 좌석에 앉아 각자의 도시락을 먹는 형태로 제공되었으며, 주제 발표 이후 '럭키'라는 최신 영화 상영이 이어졌다.

○ 참석자 : 이 사건 영화세미나의 초대 대상은 정부, 공공, 제조, 금융 등 전 산업군의 IT 담당 부서원이다. 이 사건 영화세미나의 실제 참석자는 모두 49명(위반자 C의 직원 6명 포함)으로, 주로 위반자 C의 거래처 내지 IT 관련업체의 임직원들이 참석하였다.

나) 위반자 A, B의 참석 경위

위반자 C의 대표이사 F은 위반자 A와 2016. 4. 7. K대학원 L 고위과정(M 고위과정) 제4기를 함께 수료한 동문 사이로 F은 위 고위과정 제4기 회장을 맡고 있다. F은 위 고위과정 동문들의 카카오톡 단체대화방에 이 사건 영화세미나의 초대장을 올려 동문들을 초청했고, 위반자 A는 카카오톡을 통하여 F에게 세미나 참석 의사를 밝혔다. 한편, 위반자 A는 행정기관의 E과 직원들에게 전체 공지로 이 사건 영화세미나에 대해 안내하며 세미나 참석을 독려하였고, 위반자 B는 그 공지를 보고 당일 오후 출장신청을 하고 이 사건 영화세미나에 참석하였다(다만, 위반자 A는 세미나 장소에 도착할 때까지도 위반자 B의 참석 사실을 알지 못하였던 것으로 보인다).

다) 위반자 C의 기존 영화세미나 등 개최

위반자 C은 2007. 6. 26.경 G의 H를 대관하여 영화세미나를 개최한 이래 같은 장소에서 현재까지 정기적(월 1회), 지속적으로 이 사건 영화세미나와 동일한 형식의 영화세미나를 개최하여 왔으며, 이 사건 영화세미나는 위반자 C이 개최한 I 영화세미나에 해당한다. 이 사건 영화세미나 개최를 위한 대관료, 식사와 영화 제공을 위한 비용 등은 모두 위반자 C의 정상적인 비용 지출절차를 거쳐 지출되었다.

라) 영화세미나에서 제공된 금품등의 형태 및 가액

그동안 위반자 C에서 개최한 영화세미나에서 제공된 식사와 영화는 1인당 식사72,727원, 영화 27,723원 합계 100,000원 상당이었으나 위반자 C은 이 사건 영화세미나가 청탁금지법 시행 이후인 것을 고려하여 1인당 단가를 식사 30,000원, 영화 20,000원으로 조정하는 것으로 H 측과 협상하였다. 그에 따라 이 사건 영화세미나의 식사는 기존 영화세미나에서 제공되어 오던 홀 서빙 방식의 디너코스가 아니라 영화관 테이블에 착석한 상태에서 참석자 전원이 각자 도시락을 지급받아 식음하는 형태로 변경되었고 초대장에도 '호텔식 디너코스 제공', '스페셜한 다이닝' 등 기존 초대장 문구 대신 '간편식 제공'이라는 문구가 기재되었다. 한편, 위반자 A가 받은 수건 역시 C의 로고가 자수된 홍보용품으로서 참가자들에게 일률적으로 지급되었다.

2) 판단

위 인정사실에 기록 및 심문 전체의 취지를 더하여 알 수 있는 다음 사정, 즉 이 사건 영화세미나는 위반자 C이 약 10년 간 200회가 넘도록 개최하여 온 신기술 홍보 및 문화행사로서 민간기업의 공식적인 행사로 볼 수 있는 점, 이 사건 영화세미나의 참석대상은 위반자 C의 고객사, IT관련업체의 임직원 등 IT 관련 업무담당자로서 위반자 C은 담당하는 업무를 위주로 초대 대상을 정하였을 뿐 공무원 기타 특정 집단으로 참석자를 제한하지 아니하였고 대관한 영화관의 수용 인원 한계상 선착순으로 참가신청을 받은 점, 이 사건 영화세미나의 행사내용은 IT신기술 홍보 및 설명에 이은 최신 영화 상영으로 영화세미나의 목적과 내용에 부합하게 이루어졌으며, 당시 제공된 식사는 1인당 3만 원, 영화는 1인당 2만 원 상당으로 통상적인 수준을 벗어나지 않는 것으로 보이는 점, 영화세미나는 다양한 업계에서 홍보행사로 활용하여 온 세미나 방식으로서 식사에 영화, 음악, 공연 감상 등 문화예술공연을 함께 제공하는 형태의 세미나가 사회통념상 특별히 과도하거나 비정상적이라고 보이지 아니하는 점, 위반자 C은 영화세미나 외에도 등산, 마라톤, 가족동반 현장체험 등 다수의 문화체육행사를 지속적으로 개최하여 왔으며, 오히려 이 사건 영화세미나는 문화예술산업을 활성화하고 기업의 건전한 접대문화를 조성하기 위하여 문화접대비 제도를 확대한다는 정부의 방침에도 부합하는 측면이 있는 점 등을 종합하여 보면, 위반자 A, B가 이 사건 영화세미나에 참석하여 식사, 영화관람을 하거나 기념품을 지급받은 것은 청탁금지법 제8조 제3항 제6호에서 정한 '직무와 관련하여 공식적인 행사에서 통상적인 범위에서 일률적으로 제공되는 금품등을 지급받은 경우'에 해당한다고 봄이 상당하다(한편, C의 로고가 자수된 2,500원 상당의 수건은 위반자 C이 불특정 다수인에게 배포하기 위하여 제작한 기념품 또는 홍보용품으로서 위반자 A가 이를 지급받은 것은 청탁금지법 제8조 제3항 제7호의 예외사유에도 해당하는 것으로 판단된다).

3) 소결

위반자 A, B가 이 사건 영화세미나에 참석하여 식사 등 금품을 제공받은 것은 청탁금지법 제8조 제3항 제6호 내지 제7호가 정한 예외사유에 해당하므로 청탁금지법 제8조 제2항 위반행위라고 할 수 없고, 위반자 A, B의 행위가 법위반행위에 해당하지 않는 이상 위반자 C의 청탁금지법 제8조 제3항 위반행위도 성립하지 아니한다.

3. 결론

위반자들을 과태료에 처하지 아니하기로 하여 주문과 같이 결정한다.

② 금품등 수수가 인정된 사건

전주지방법원 군산지원 2016. 12. 5. 자 2016과76 결정
변호사가 판사의 식사비를 지불한 사안

〈주문〉

위반자를 과태료 금 112,000원에 처한다.

〈이유〉

기록에 의하면 위반자는 ○○지방법원 ○○지원 관내 변호사로서 2016. 10. 30. 15:52경 ○○시 B소재 C 식당에서 위 지원 소속 D 판사가 가족(남편, 자녀 1명)과 함께 식사한 식사대금 합계액 3만원 중 2만 8천원을 위 판사가 모르는 상태에서 대신 지불함으로써 공직자에게 직무와 관련하여 수수 금지 금품등을 제공한 사실이 인정되므로, 부정청탁 및 금품등 수수의 금지에 관한 법률 제23조 제5항 제3호, 제8조 제5항, 제2항, 질서위반행위규제법 제36조 제1항, 제44조에 의하여 주문과 같이 결정한다.

대구지방법원 안동지원2017과2
제목공연제작사 대표이사가 공연장 소속 공무원에게 식사를 접대한 사안(양벌규정)
[내용] 〈주문〉
1. 위반자 조○○, 조XX을 각 과태료 100,000원에 처한다.
2. 위반자 윤○○, 주식회사 도○○○○를 각 과태료 200,000원에 처한다.

〈이유〉

1. 인정사실

기록에 의하면 다음과 같은 사실을 인정할 수 있다.

가. 위반자 조OO(공연기획담당), 조XX(무대예술팀장)은 OO시 산하 OO문화예술의 전당 소속 공무원이고, OO문화예술의 전당 은 한국문화예술회관연합회가 우수 공연프로그램으로 선정한 위 반자 주식회사 도OOOO(이하 '도OOOO'라 한다) 제작의 뮤직드라 마 'OOOO'를 초청 공연작으로 결정하였고, 위반자 윤OO은 도 OOOO의 대표이사이다.

나. 위반자 조OO, 조XX, 윤OO과 척OO(OO문화예술의 전당 운 영사인 주식회사 OO 소속 직원), 황OO(위반자 조OO의 지인)은 위 'OOOO'의 공연 전날인 2016. 11. 4. 19:00경 'OO횟집'(OO시 OO 동 소재)에서 같이 저녁식사를 하였고, 위반자 윤OO은 246,000원 상당(1인당 49,200원)의 음식 값을 법인카드로 전액 지불하였다.

다. 이에 관하여 OOO도는 '부정청탁 및 금품등 수수의 금지에 관한 법률(이하 '청탁금지법'이라 한다)' 위반사실에 대해 조사를 하였고, 소속 기관장인 OO시장은 위반자들의 위 음식물 수수·제 공행위가 청탁금지법 제8조 제2항, 제5항에 위반된다고 보아 2017. 1. 4. 청탁금지법 제23조 제7항에 따라 이 법원에 과태료 부과 의 뢰를 통보하였다.

2. 판단

가. 청탁금지법 제8조 제2항, 제5항 위반여부
청탁금지법 제8조 제2항에 따르면 공직자등은 직무와 관련하여 대 가성 여부를 불문하고 제1항에서 정한 금액 이하의 금품등을 받거 나 요구 또는 약속해서는 안 되고, 같은 조 제5항에 따르면 누구든지 공직자등에게 수수 금지 금품등을 제공하여서는 안 된다.

또한 청탁금지법의 제정취지가 금품등 수수 금지를 통한 직무수행의 공정성 확보라는 점을 고려할 때, 공직자등의 금품등 수수로 인하여 사회일반으로부터 직무집행의 공정성을 의심받게 되는지 여부가 직무관련성 판단의 기준이 된다.

이 사건에서, 공연관련업무 담당공무원인 위반자 조OO, 조XX은 OO문화예술의 전당에서 공연되는 뮤직드라마 'OOOO'의 공연제작사인 도OOOO의 대표이사인 윤OO으로부터 음식물을 제공받고, 위반자 윤OO은 이를 제공한 것으로, 위반자들의 지위, 인적 관계, 업무내용, 제공 시점 등에 비추어 이는 직무관련성이 있다고 보기에 충분하다. 따라서 이 사건 음식물을 제공한 행위는 청탁금지법 제8조 제2항, 제5항에서 금지된 직무관련성이 있는 공직자등에 관해 수수 금지 금품등을 받거나 제공한 행위에 해당한다.

그러므로 위반자들은 청탁금지법 제8조 제2항, 제5항을 각 위반하였다고 판단된다.

나. 과태료 금액

청탁금지법 제23조 제5항 제1호, 제3호는 위반행위와 관련된 금품등 가액의 2배 이상 5배 이하에 상당하는 금액의 과태료를 부과하도록 규정하고 있다. 금품등 가액의 2배 이상 5배 이하의 금액 범위 내에서 구체적인 금액을 결정함에 있어서는 공직자등의 직무관련성의 내용과 정도, 수수 당사자들 사이의 인적 관계, 금품등의 수수 경위, 금품의 종류와 가액, 반환 여부 등을 종합적으로 고려하여야 한다.

이 사건 위반행위에 있어서, 이 사건 음식물을 받거나 제공한 행위는 그 금액이 청탁금지법 시행령 제17조 별표 1에서 정한 30,000원을 초과하는 49,200원에 해당하여 청탁금지법 제8조 제3항 제2호에서 정한 수수 금지 금품등의 예외사유인 원활한 직무수행 또는 사교·의례 또는 부조의 목적으로 제공된 음식물로 보기 어려운 점, 다만 위반자 조OO은 당시 치과치료 중이었고, 자녀를 데리러 가기 위해 음식을 끝까지 먹지 못하고 중간에 식사자리를 떠났다고 주장하고 있는 점, 위반자 조XX은 위 식사자리가 끝나고 나서 2차로 호프집에 가서는 술값 80,000원을 자신이 현금으로 계산하였다고 주장하고 있는 점(위 주장에 대해서는 이를 인정할 만한 객관적인 자료가 없기는 하다), 청탁금지법은 아직 시행 초기로 해당 위반자들이 위 법에 대한 충분한 숙지와 경각심이 없었을 것으로 보이는 점, 위반자들이 자신의 위반사실을 모두 인정하고 반성하고 있는 점 등을 두루 참작하여, 위반자들에게 각자 받거나 제공한 금품등 가액의 2배를 조금 상회하는 금액에 해당하는 과태료를 부과하기로 한다(위반자 윤OO과 도OOOO는 위반자 조OO과 조XX에 대해 각 49,000원을 제공하였으므로 그 2배에 해당하는 각 100,000원씩 합계 200,000원의 과태료를 각 부과한다).

> **의정부지방법원 2017. 3. 14. 자 2016과384 결정**
> 피조사자가 담당 경찰에게 현금 100만원을 제공한 사안

〈주문〉

위반자를 과태료 금 3,000,000원에 처한다.

〈이유〉

기록에 의하면, 위반자는 2016. 9. 20. 08:10경 OO경찰서 OO지구대에서 업무방해 현행범으로 체포되어 피의자 대기실에서 대기하던 중 자신의 바지에 대변을 보는 바람에 경찰관들이 이를 수습하는 등의 사유가 발생하여 경찰관들에게 미안한 감정을 가지고 있다가, 2016. 10. 15. 14:50 OO경찰서 형사2팀 사무실에서 경위 OOO로부터 피의자신문을 받고 조서작성을 마친 후 위 경위 OOO이 잠시 자리를 비운 틈을 타 자신의 명함과 100만 원이 든 흰 봉투를 책상 위에 놓고 자리를 이탈함으로서 자신과 직무 관련이 있는 위 경위 OOO에게 금품을 제공한 사실을 인정할 수 있다.

과태료 금액에 대하여 보건대, 이 사건 위반행위의 내용은 위반자가 피의자로서 수사를 받고 있는 중임에도 불구하고 고도의 공정성과 청렴성을 요하는 수사 담당 경찰관에게 금품을 제공한 것이고 금액도 비교적 다액에 해당하므로 비난 받아 마땅하나, 한편 금품수수의 경위에 참작할 만한 사유가 있고, 담당 경찰관에 의해 이 사건 금품이 곧바로 위반자에게 반환되어 최종적으로 금품이 담당 경찰관에게 귀속되지 않은 점, 위반자가 비교적 고령인 점 등을 종합적으로 고려하여 위반자에게 금품등 가액의 3배에 해당하는 3,000,000원의 과태료를 부과하기로 한다.

따라서, 부정청탁 및 금품등 수수의 금지에 관한 법률 제23조 제5항 제3호, 제8조 제5항, 제2항, 질서행위반행위규제법 제36조, 제44조에 따라 주문과 같이 결정한다.

대전지방법원 2017. 3. 14.자 2017과24 결정
공사 수주 건설업체 직원이 공사 발주 공직유관단체 소속 공직자에게
식사를 접대한 사안

〈주문〉

위반자를 과태료에 1,500,000원에 처한다.

〈이유〉

1. 위반 사실

위반자는 2016. 10. 11. 16:10경 서울 ○○구 B에 있는 C노래방에서 공직유관단체 직원인 D, E, F과 음주를 하고, 이어 17:30경부터 18:45경까지 서울 ○○구 G에 있는 H노래방에서 위 D, F과 음주를 한 후 상호 미상 음식점에서 저녁식사를 하면서 그 비용 479,164원(계산 내역은 별지와 같음)을 부담함으로써 공직자 등에게 수수 금지 금품등을 제공하였다.
　[인정 근거] 이 사건 기록 및 심문 전체의 취지

2. 과태료 금액의 결정

위반자에게 부과할 과태료 금액과 관련하여 부정청탁 및 금품등 수수의 금지에 관한 법률 제23조 제5항은 위반행위와 관련된 금품 등 가액이 2배 이상 5배 이하에 상당하는 금액의 과태료를 부과하도록 규정하고 있다.
이 사건 기록 및 심문 전체의 취지에 의하여 인정되는 다음과 같은 사정, 즉 ① 위반자는 I 건설공사를 수주한 ○○○○ 주식회사의

J이고 금품등을 제공받은 D, E은 위 건설공사를 발주한 ○○○○공
사의 직원들이며 F은 위 건설공사의 감리업체 K으로서 직무관련
성이 있는 점, ② 수수된 금품등의 액수가 상당히 많은 액수이고
시간적으로 근접하기는 하나 3회에 걸쳐 금품등이 제공된 점, ③
금품등이 수수된 동기 및 그 경위, ④ 수수된 금품등이 이후 반환
된 점 등을 종합적으로 참작하여, 위반자에게 1,500,000원의 과태
료를 부과하기로 한다.

3. 결론

이상과 같은 이유로 부정청탁 및 금품등 수수의 금지에 관한 법률
제23조 제5항 제3호, 제8호 제5항, 제2항, 질서위반행위규제법 제
36조에 의하여 주문과 같이 결정한다.

수원지방법원 2017. 5. 31. 자 2017과49 결정

포장 공사 감독업무를 담당하는 공직자등이 자신이 감독하는 시공사의

이사로부터 현금 100만원을 받은 사안

〈주문〉

위반자를 과태료 금 3,000,000 원에 처한다.

〈이유〉

1. 위반사실

기록에 의하면 아래 각 사실이 인정된다.

가. 한국도로공사 C지사에 근무하던 토목직 5급 공무원 A(이하 '위반자'라 한다)은 「2016년 C지사 관내 포장 연간유지 보수공사」의 감독업무를 담당하였던 공직자이다. 주식회사 B(이하 'B'이라 한다)은 위 C지사 관내의 포장공사를 불법으로 하도급 받은 업체이다.

나. 위반자는 B건설의 이사 D로부터 만나자는 연락을 받고 2016. 12.경 경기도 화성시 향남읍 평리 소재 식당에서 B를 만나 그로부터 현금 100만 원을 지급받았다. B는 현금을 지급하면서 위반자에게 '잘 봐달라'는 취지로 말하였다.

다. 위반자는 B건설의 포장공사의 감독업무와 관련하여 상급자의 지시를 위반하여 공사비 산출서와 단가를 확인하지 않는 등 감독업무를 소홀히 하였고, 그에 따라 B건설에 대하여 과다한 기성금이 지급된 점이 한국도로공사 C지사 감사 결과 문제 되었다.

라. 한국도로공사 C지사장은 2017. 3. 13. 부정청탁 및 금품등 수수의 금지에 관한 법률(이하 '청탁금지법'이라 한다) 제23조 제7

456   청탁금지의 법과 사회

항에 따라 이 법원에 위와 같은 위반사실을 통보하였다.

2. 관련 법령

이 사건과 관련된 청탁금지법의 주요 내용은 아래와 같다.

제8조(금품등의 수수 금지)

① 공직자등은 직무 관련 여부 및 기부·후원·증여 등 그 명목에 관계없이 동일인으로부터 1회에 100만원 또는 매 회계연도에 300만원을 초과하는 금품등을 받거나 요구 또는 약속해서는 아니 된다.

② 공직자등은 직무와 관련하여 대가성 여부를 불문하고 제1항에서 정한 금액 이하의 금품등을 받거나 요구 또는 약속해서는 아니 된다.

제23조(과태료 부과)

⑤ 다음 각 호의 어느 하나에 해당하는 자에게는 그 위반행위와 관련된 금품등 가액의 2배 이상 5배 이하에 상당하는 금액의 과태료를 부과한다. 다만, 제22조 제1항 제1호부터 제3호까지의 규정이나 「형법」 등 다른 법률에 따라 형사처벌(몰수나 추징을 당한 경우를 포함한다)을 받은 경우에는 과태료를 부과하지 아니하며, 과태료를 부과한 후 형사처벌을 받은 경우에는 그 과태료 부과를 취소한다.

1. 제8조 제2항을 위반한 공직자등(제11조에 따라 준용되는 공무수행사인을 포함한다). 다만, 제9조 제1항·제2항 또는 제6항에 따라 신고하거나 그 수수 금지 금품등을 반환 또는 인도하거나 거부의 의사를 표시한 공직자등은 제외한다.

⑦ 소속기관장은 제1항부터 제5항까지의 과태료 부과 대상자에 대해서는 그 위반 사실을 「비송사건절차법」에 따른 과태료 재판

관할법원에 통보하여야 한다.

3. 판단 및 결론

가. 청탁금지법 위반 여부에 관한 판단

위반자는 자신의 감독 하에 있는 시공사인 B건설로부터 100만 원을 받았으므로, 이는 청탁금지법 제8조 제2항에서 금지된, 「직무 관련성 있는 자로부터 1회 100만 원 이하의 금품등을 받은 행위」 에 해당한다. 아울러 위 위반행위는 수수 금지 금품등에 대한 예외 를 규정하고 있는 청탁금지법 제8조 제3항 각 호 사유에 해당되지 도 아니함이 명백하다.

나. 과태료 금액에 관한 판단

위반자에게 부과할 과태료 금액과 관련하여 청탁금지법 제23조 제5항은 위반행위와 관련된 금품등 가액의 2배 이상 5배 이하에 상당하는 금액의 과태료를 부과하도록 규정하고 있다. 금품등 가 액의 2배 이상 5배 이하의 금액 범위 내에서 구체적인 금액을 결 정함에 있어서는 공직자등의 직무관련성의 내용과 정도, 수수 당 사자들 사이의 인적관계, 금품등의 수수 경위, 금품등의 종류와 가 액, 반환 여부 등을 종합적으로 고려할 수 있다.

이 사건을 보건대, 위반자가 공여자에게 명시적으로 금품등을 지급할 것을 요구하지는 아니 하였으나, 직무관련성이 높은 관계 에 있는 공여자로부터 수수한 경우에 해당하는 점, 사내 감사 결과 실제로 위반자가 공여자에 대한 감독업무를 소홀히 하여 과다한 기성금이 집행된 점이 문제가 된 점을 참작하여 위반자에게 금품등 가액의 3배에 해당하는 3,000,000원의 과태료를 부과하기로 한다.

다. 결론

이상과 같은 이유로 청탁금지법 제23조 제5항 제1호, 제8조 제2

항, 질서위반행위규제법 제36조, 제44조에 의하여 주문과 같이 결
정한다.

서울중앙지방법원 2017. 6. 7. 자 2016과408 결정

전기공사업체 사원이 전기공사를 시행한 공공기관 직원에게
상품권을 제공한 사안

〈주문〉

위반자를 과태료 금 300,000 원에 처한다.

〈이유〉

1. 소명사실

기록에 의하면, 아래의 사실이 소명된다.

가. 위반자는 전기공사 업체인 B 소속 사원이고, C는 공공기관의 운영에 관한 법률 제4조에 따른 공공기관인 한국전력공사 D본부 판매사업실에 근무하는 사옥관리 담당 사원이다.

나. 위반자는 2016. 10. 8. 한국전력공사 E 사옥에서 내선 전기공사를 시행한 다음 위 사옥의 관리자인 C에게 같은 날 20:50경 위 사옥 내 수전실에서 공사내용에 대한 설명을 하였다. 이후 위반자가 C의 사무실로 먼저 올라갔고 C는 수전실 정리를 마친 후 자신의 사무실로 돌아왔다.

다. C는 같은 날 21:00경 자신의 사무실 책상 위에 놓인 롯데백화점 상품권 봉투를 발견하고 즉시 위반자에게 전화를 걸었으나 위반자의 휴대전화가 통화중이어서 연결이 되지 않았다. 이후 21:05경 위반자와 통화가 이루어졌고 C는 위반자에게 상품권을 받을 수 없으니 반환하겠다는 취지의 말을 하였다.

라. C는 2016. 10. 10. 09:00경 자신의 사무실을 방문한 위반자

에게 위 상품권을 돌려주었고 위반자는 이를 수령하였다. C는 위 상품권의 액수를 확인하지 않았으나 위반자는 10만 원 상당이라고 진술하였다.

2. 판단

위 소명사실에 의하면, 위반자가 자신과 직무 관련이 있는 한국전력공사 직원 C에게 금품을 제공한 사실을 인정할 수 있다. 이에 대하여 위반자는 2016. 10. 8. 21:00경 C의 사무실 전화를 이용하기 위해 C의 책상으로 갔을 뿐이고 그 과정에서 자신의 다이어리에 끼워 놓은 상품권을 실수로 흘린 것이지 고의로 놓고 간 것은 아니라는 취지로 주장한다. 그러나 C의 사무실 전화 통화내역에는 위 일시에 통화가 이루어진 사실이 없음을 알 수 있으므로(같은 날 21:05경 이루어진 통화 내역은 C가 위반자에게 전화한 내역임) 위반자의 위 주장은 받아들이지 않는다.

3. 결론

따라서 부정청탁 및 금품등 수수의 금지에 관한 법률 제23조 제5항 제3호, 제8조 제5항, 제2항, 질서위반행위규제법 제36조, 제44조에 따라 주문과 같이 결정한다.

③ 금품등 수수가 인정된 사건 중 예외사유 해당 여부를 다룬
사건

춘천지방법원 2016. 12. 6. 자 2016과20 결정
고소인이 담당 경찰에게 떡 1상자를 제공한 사안

⟨주문⟩

위반자를 과태료 금 90,000원에 처한다.

⟨이유⟩

1. 인정 사실

기록에 의하면 다음 사실을 인정할 수 있다.

가. 위반자는 2016. 9. 1. ○○경찰서에 'B이 변제할 의사나 능력
없이 자신(위반자)으로부터 1,700만 원을 차용금 명목으로 편취하
였으니 B을 사기죄로 처벌하여 달라'는 내용의 고소장을 제출하였
다. 위반자는 위 고소사건의 수사를 담당한 ○○경찰서 소속 C과
전화로 일정을 조율하여 2016. 9. 29. 경찰서에 출석하여 조사를 받
기로 하였다.

나. 위반자는 2016. 9. 28. 자신이 운영하는 업체의 직원인 D로
하여금 C에게 45,000원 상당의 떡 1상자(가로 약 40cm, 세로 약
30cm, 이하 '이 사건 금품'이라 한다)를 전달하도록 하였다.

다. D는 2016. 9. 28. 14:30경 고소인의 지시에 따라, C의 사무실
로 전화하여 '위반자가 떡을 보내 경찰서 주차장에 와 있습니다'라
고 말하면서 ○○경찰서 주차장에서 만나자고 요청 하였다.

라. C는 위 일시경 ○○경찰서 주차장에 나가 D에게 이 사건 금

품을 보낸 경위, D의 신분 등을 물어보았으나 확실하게 대답하지 않고 이를 반환하려고 해도 반환받지 않자 사실관계를 확인해 볼 필요가 있다고 판단하여 일단 이 사건 금품을 받아둔 후, 위반자에게 전화를 하여 이 사건 금품을 D를 통해 제공한 사실을 확인하였다. 이후 C는 같은 날 15:00경 퀵서비스를 이용하여 이 사건 금품을 위반자에게 반환한 다음, 부정청탁 및 금품등 수수의 금지에 관한 법률(이하 '청탁금지법'이라 한다) 제9조 제1항 제1호에서 정한 신고절차에 따라 소속기관장인 ○○경찰서장에게 서면으로 위 금품 제공 사실을 신고하였다.

마. ○○경찰서장은 이 사건 금품 제공 사실관계 등을 조사한 후 위반사의 위 금품 제공행위는 청탁금지법 제8조 제5항 위빈된다고 보아 2016. 10. 18. 청탁금지법 제23조 제7항에 따라 이 법원에 과태료 부과 의뢰를 통보하였다.

2. 판단

가. 청탁금지법 제8조 제5항 위반 여부

청탁금지법 제8조 제2항에 의하면 공직자등은 직무와 관련하여 대가성 여부를 불문하고 제1항에서 정한 금액 이하의 금품등을 받거나 요구 또는 약속해서는 안 되고, 같은 조 제5항에 따르면, 누구든지 공직자등에게 수수 금지 금품등을 제공하여서는 안 된다.

이 사건의 경우, 위반자는 B를 사기죄로 처벌하여 달라는 내용의 고소를 제기한 고소인의 지위에 있었고, 고소사건의 수사가 진행 중에 위 사건의 수사를 담당한 C에게 이 사건 금품을 제공한 것이므로, 위반자와 C는 직무관련성이 있다고 볼 수 있다. 따라서 이 사건 금품을 제공한 행위는 청탁금지법 제8조 제5항에서 금지된 직무관련성 있는 공직자등에게 수수 금지 금품등을 제공한 행위에 해당한다.

따라서 위반자가 청탁금지법 제8조 제5항을 위반하였다고 인정할 수 있다.

나. 청탁금지법 제8조 제3항의 예외 사유 해당 여부

청탁금지법 제8조 제3항은 각호에서 수수 금지 금품등에 대한 예외를 규정하고 있는데, 이 사건과 관련하여서는 첫째, 원활한 직무수행 또는 사교·의례 또는 부조의 목적으로 제공되는 음식물·경조사비·선물 등으로서 대통령령으로 정하는 가액 범위 안의 금품 등(제2호)에 해당 하는지 여부와 둘째, 그 밖에 다른 법령·기준 또는 사회상규에 따라 허용되는 금품등(제8호)에 해당하는지 여부가 문제된다.

1) 먼저 이 사건 금품이 청탁금지법 제8조 제3항 제2호에서 정한 '원활한 직무수행 또는 사교·의례 또는 부조의 목적으로 제공되는 음식물·경조사비·선물 등으로서 대통령령으로 정하는 가액 범위 안의 금품등'에 해당하는지 여부에 대하여 본다. 청탁금지법 제8조 제3항 제2호, 같은 법 시행령 제17조 별표 1에 의하면, 원활한 직무수행 또는 사교·의례 또는 부조의 목적으로 제공되는 5만 원 이하의 선물은 수수 금지 금품등에 해당하지 않는다. 수수 금지 금품등의 예외에 해당하기 위해서는 이처럼 '원활한 직무수행, 사교·의례 또는 부조의 목적'이 있어야 한다.

이 사건의 경우에 위반자는 자신이 제기한 고소사건을 C가 담당하면서 비로소 그를 알게 되었고, C는 B에 대한 사기 피의사건의 수사를 담당하는 등 공직자등이 수행한 직무의 내용, 위반자와 공직자등의 관계에 비추어 볼 때, 이 사건 금품의 제공행위에 원활한 직무수행 또는 사교·의례·부조의 목적이 있다고 볼 수 없다.

따라서 이 사건의 금품이 청탁금지법 제8조 제3항 제2호에서 정한 예외에 해당한다고 볼 수 없다.

2) 다음으로, 이 사건 금품이 청탁금지법 제8조 제3항 제8호(이하 '이 사건 조항'이라 한다)에서 정한 '그 밖에 다른 법령·기준 또는 사회상규에 따라 허용되는 금품등'에 해당하는지 여부에 대하여 본다.

가) 사회상규의 의미

어느 법령 자체에 그 법령에서 사용하는 용어의 정의나 포섭의 구체적인 범위가 명확히 규정되어 있지 아니한 경우에, 법령상 용어는 그 법령의 전반적인 체계와 취지·목적, 해당 조항의 규정형식과 내용 및 관련 법령을 종합적으로 고려하여 해석하여야 한다(대법원 2016. 1. 28. 선고 2015두51668 판결 등 참조). 이 사건 조항에서 사회상규라는 개념을 사용하고 있는 것과 마찬가지로, 위법성 조각사유에 관한 형법 제20조에서도 '법령에 의한 행위 또는 업무로 인한 행위 기타 사회상규에 위배되지 아니하는 행위는 벌하지 아니한다.'고 규정하여 동일한 용어를 사용하고 있고 대법원이 이에 대해 일관된 해석을 해 오고 있으므로, 이 사건 조항의 사회상규도 이와 통일되게 해석 할 수 있다[헌법재판소 2016. 7. 28. 선고 2015헌마236, 412, 662, 673(병합) 결정]

형법 제20조의 '사회상규에 위배되지 아니하는 행위'라 함은 법질서 전체의 정신이나 그 배후에 놓여 있는 사회윤리 내지 사회통념에 비추어 용인될 수 있는 행위를 말하고, 어떠한 행위가 사회상규에 위배되지 아니하는 정당한 행위로서 위법성이 조각되는지 여부는 구체적 사정 아래 합목적적, 합리적으로 고찰하여 개별적으로 판단하여야 한다(대법원 2000. 4. 25. 선고 98도2389 판결 참조). 또한, 지극히 정상적인 생활형태의 하나로서 역사적으로 생성된 사회질서의 범위 안에 있는 것이라고 볼 수 있는 경우에는 일종의 의례적이거나 통상적인 활동으로서 사회상규에 위배되지 아니하여 위법성이 조각되는 경우가 있을 수 있지만 그와 같은 사유로 위법성의 조각을 인정함에는 신중을 요한다(대법원 2007. 4. 27. 선고 2007도218 판결 참조).

이상과 같은 형법 제20조에 규정된 사회상규의 의미나 판단방법을 고려할 때, 이 사건 조항에 규정된 사회상규는 전체 법질서의 바탕을 이루는 사회윤리 및 사회질서와 불가분적으로 연결되는 개념이라고 보아야 하므로, 사회상규에 해당하여 위법성의 조각을 인정하기 위해서는 단순히 어떠한 관행 등이 있었다는 것만으로는 부족하고, 그러한 관행이 법질서 전체의 정신이나 그 배후를 이루는 사회윤리에 비추어 용인될 수 있는 것이어야 한다.

그리고 앞서 본 법리에 따르면, 이 사건 금품 수수가 사회상규에 해당하는지 여부를 살펴보기 위해서는 청탁금지법의 입법취지와 금품수수 금지조항의 의의와 함께 금품 제공자와 공직자등 과의 직무관련성의 내용, 금품 제공자와 공직자등과의 관계, 금품의 내용 및 가액, 수수 시기와 장소, 수수 경위 등을 종합적으로 검토할 필요가 있으므로, 이하 항을 달리하여 살펴본다.

　　　나) 청탁금지법의 입법취지 및 금품수수 금지조항의 의의

우리나라는 세계에 유례없는 경제 발전과 사회 변화를 이루어냈지만, 사회의 청렴도는 경제 발전에 걸맞은 수준으로 높아지지 않고 있고, 국제투명성기구의 공공부분 부패인식지수가 경제협력개발기구(OECD) 회원국 중 최하위권에 속하는 등 부정적 평가를 받고 있다. 이와 같은 부패 문제를 실효적으로 해결하기 위하여 청탁금지법이 제정되기에 이르렀다. 청탁금지법은 공직자등의 공정한 직무수행을 저해하는 부정청탁 관행을 근절하기 위하여 부정청탁행위 자체를 금지하는 한편 공직자등의 금품등 수수행위를 '대가성이 없는 경우에도 제재'할 수 있도록 하고 있다. 청탁금지법은 이런 방법을 통하여 공직자등의 공정한 직무수행을 보장하고 공공기관에 대한 국민의 신뢰를 확보하는 것을 목적으로 한다[헌법재판

소 2016. 7. 28. 선고 2015헌마236, 412, 662, 673(병합) 결정 참조].
청탁금지법은 공직자 등에 대한 부정청탁 및 공직자 등의 금품등
의 수수(收受)를 금지함으로써 공직자 등의 공정한 직무수행을 보
장하고 공공기관에 대한 국민의 신뢰를 확보하는 것을 목적으로
규정하고 있다(제1조). 이러한 목적을 달성하기 위하여 국가는 공
직자가 공정하고 청렴하게 직무를 수행할 수 있는 근무 여건을 조
성하기 위하여 노력하여야 하고(제3조 제1항), 공공기관은 공직자
등의 공정하고 청렴한 직무수행을 보장하기 위하여 부정청탁 및
금품등의 수수를 용인(容認)하시 아니하는 공직문화 형성에 노력
하여야 한다고 규정하고 있다(제3조 제2항). 아울러 공직자등의 의
무로서 공직자등은 사적 이해관계에 영향을 받지 아니하고 직무를
공정하고 청렴하게 수행하여야 하고(제4조 제1항), 공직자등은 직
무수행과 관련하여 공평무사 하게 처신하고 직무관련자를 우대하
거나 차별해서는 아니 된다고 규정하고 있다(제4조 제2항).
공직자등의 직무수행은 실제로도 법령에 정해진 대로 공정하고 청
렴하게 이루어져야 할 뿐 아니라 외부로부터 공직자등의 직무수행
이 공정하고 청렴하게 이루어지고 있다는 신뢰를 확보하는 것 역
시 매우 중요하다. 직무관련성이 있는 공직자등이 직무수행 과정
에서 부정청탁 이나 금품등을 받는다면 직무수행의 공정성과 객관
성에 대한 신뢰를 깨뜨리게 된다. 이에 청탁금지법은 '부정청탁금
지'와 '금품등 제공금지'를 각각 별도의 장에서 규율하고 있다. 즉,
제2장에서는 공직자등에게 부정청탁을 금지하고 이를 위반하는
경우의 제재 및 신고절차에 관하여 규정하고, 제3장에서는 금품등
의 수수를 금지하고 마찬가지로 이를 위반하는 경우의 제재 및 신
고절차에 관하여 규정하고 있다.
특히 금품등 수수 및 제공 금지와 관련하여, 제8조 제1항은 '공직
자등은 직무 관련 여부 및 기부·후원·증여 등 그 명목에 관계없이

동일인으로부터 1회에 100만원 또는 매 회계연도에 300만원을 초
과하는 금품등을 받거나 요구 또는 약속해서는 아니 된다.'고 규정
하여 직무관련성 여부를 묻지 않고 동일인으로부터 이와 같이 정
한 금액을 초과하는 금품 수수를 원천적으로 금지하고 있다. 제8
조 제2항은 '공직자등은 직무와 관련하여 대가성 여부를 불문하고
제1항에서 정한 금액 이하의 금품등을 받거나 요구 또는 약속해서
는 아니 된다.'고 규정하여 '직무관련성'이 있는 공직자등에게 '부
정청탁이나 대가성 여부를 불문'하고 제8조 제1항에서 정한 금액
이하이더라도 금품수수를 금지하고 있다.

그리고 제8조 제5항은 '누구든지 공직자등에게 제1항 또는 제2항
에 따라 공직자등이 받는 것이 금지되는 금품등을 제공하거나 그
제공의 약속 또는 의사표시를 해서는 아니 된다.'고 규정하여, 공
직자등이 받는 것이 금지되는 금품등을 제공하는 행위도 금지하고
있다.

공직자등에게 제8조 제1항, 제5항을 위반하여 금품등을 제공하는
경우에는 징역 3년 이하 또는 3천만 원 이하 벌금형에 따른 형사
적 제재를(제22조 제1항 제3호). 제8조 제2항, 제5항을 위반하여 금
품등을 제공하는 경우에는 '금품등 가액의 2배 이상 5배 이하의 과
태료'의 행정상 제재를 받도록 규정하고 있다(제23조 제5항 제3호).
아울러 법의 실효성 확보를 위해 공직자등에게 수수 금지 금품등
을 받는 경우 소속기관의 장에게 지체 없이 서면으로 신고하도록
신고의무를 부과하고(제9조), 누구든지 위반사실을 신고 할 수 있
도록 규정하고 있다(제13조).

이와 같이 금품등 수수를 금지한 청탁금지법 제8조의 핵심 내용은,
기존 뇌물죄 등과는 달리 금품등을 수수하는 과정에서 부정청탁의
존재나 대가성의 결부를 요구하지 않고, 직무관련성이 있는 공직
자등에게 금품등 제공을 원칙적으로 불허한다고 것이고, 이러한

규정의 취지는 앞서 살펴본 바와 같이 공직자등 직무수행의 공정성과 청렴성을 실질적으로 보장하고, 공직자등 직무수행의 신뢰를 확보하기 위해서이다.

다) 이 사건 금품 제공이 사회상규에 해당하는지 여부

앞서 본 인정 사실 및 기록을 통하여 알 수 있는 다음 사정을 종합하면, 이 사건 금품 제공행위가 사회상규에 따라 허용된다고 볼 수 없다.

경찰관의 직무 중 범죄의 수사, 특히 고소사건의 수사는 중립적·객관적인 시위에서 고소인의 신술의 신위 여부를 파악하여 공정하게 사건을 수사하여야 할 필요가 매우 크다. 고소사건 담당 경찰관은 고소인의 진술이 객관적인 사실에 부합하는지 여부를 조사하고, 만약 고소인의 고소 내용이 허위인 경우에는 형법 제156조의 무고죄에 해당하는지 여부를 수사할 수도 있다. 수사 결과 고소인의 진술이 객관적인 사실에 부합하는 경우 피고소인은 수사결과에 따라 향후 형사재판의 피고인이 될 수 있고, 나아가 유죄 판결을 받는 경우 형사처벌까지 받을 수 있다.

그런데 고소인이 자신이 제기한 고소사건의 수사 진행 중에 담당 경찰관에게 이 사건 금품을 제공하는 것은 피고소인이나 제3자의 입장에서 볼 때 수사의 공정성에 의심을 불러일으키기에 충분하다. 특히 이 사건의 경우, 고소사건 수사를 담당한 경찰관에게 해당 사건의 수사를 의뢰한 고소인이 수사 진행 중에, 더욱이 위반자가 경찰서에 출석하여 조사받기 하루 전에 D를 통해 담당 경찰관에게 이 사건 금품을 전달하였고 그 가액도 45,000원 상당인바, 이와 같은 금품등 제공의 시점과 경위, 금품의 가액 등을 고려하면, 위반자의 금품 제공행위는 수사의 공정성과 청렴성, 신뢰를 해 할 수 있는 행위로서, 청탁금지법이 금지하는 내용을 정면으로 위반한 것이다.

위반자는 ○○경찰서에서 이 사건 금품 제공행위와 관련한 사실
확인과정에서, '경찰관이 늦게까지 근무한다는 사실을 알게 되어
간식으로 드시라는 의미로 준 것'이라고 진술하였다. 또한 한편으
로는 자신의 출석 일정을 조율해 준 것에 대한 감사의 표시를 하
기 위하여 이 사건 금품을 제공하였을 가능성도 배제할 수 없다.
그러나 청탁금지법은 직무관련성이 있는 공직자등에게 금품을 제
공하는 것을 원칙적으로 금지하고 여기에 부정청탁이나 대가성의
존재를 전혀 요구하지 않고 있다. 즉, 청탁금지법 제8조 제5항, 제2
항 위반행위가 인정되기 위한 고의는 위반자에게 직무관련성 있는
공무원에게 금품을 제공한다는 인식과 의사만 있으면 충분하고 여
기에 부정청탁의 목적이나 대가성 인식 등의 주관적 구성요건은
요하지 않는다. 특히 고소인인 위반자가 경찰 조사를 받기 전에 수
사 진행 중인 고소사건에 관하여 금품을 제공하는 행위는 사회규
범적 견지에서 범죄수사의 공정성과 청렴성에 관한 신뢰를 해할
수 있는 점, 앞서 본 바와 같은 위반자와 담당 경찰관의 관계, 직무
관련성의 내용과 정도, 금품등 제공의 시점과 경위, 금품등의 가액
등을 종합적으로 고려하면, 위반자에게 이와 같은 의도가 있었다
고 하더라도 위와 달리 볼 수 없다.

다. 과태료 금액

　위반자에게 부과할 과태료 금액과 관련하여 청탁금지법 제23조
제5항은 위반행위와 관련된 금품등 가액의 2배 이상 5배 이하에
상당하는 금액의 과태료를 부과하도록 규정하고 있다. 금품등 가
액의 2배 이상 5배 이하의 금액 범위 내에서 구체적인 금액을 결
정함에 있어서는 공직자등의 직무관련성의 내용과 정도, 수수 당
사자들 사이의 인적 관계, 금품등의 수수 경위, 금품등의 종류와
가액, 반환 여부 등을 종합적으로 고려할 수 있다.

470 청탁금지의 법과 사회

이 사건 위반행위의 내용은 위반자가 고소한 사건이 수사 중임에도 불구하고 고도의 공정성과 청렴성을 요하는 수사를 담당한 경찰관에게 금품을 제공한 것으로 위반 정도에 상응한 과태료 제재가 필요하다. 다만, 이 사건 금품은 45,000원 상당의 떡 1상자로 가액이 비교적 크지 않고 환가의 가능성도 높지 않은 점, 담당 경찰관에 의해 이 사건 금품이 곧바로 위반자에게 반환되어 최종적으로 금품이 담당 경찰관에게 귀속되지 않은 점 등을 참작하여 위반자에게 금품등 가액의 2배에 해당하는 90,000원의 과태료를 부과하기로 한다.

3. 결론

이상과 같은 이유로 청탁금지법 제23조 제5항 제3호, 제8조 제5항, 제2항, 질서위반행위규제법 제36조, 제44조에 의하여 주문과 같이 결정한다.

> **서울북부지방법원 2017. 6. 28. 자 2016과290 결정**
> 행정심판 청구인이 청구한 사건의 담당 공무원에게 경조사비 5만원을 보낸 사안

⟨주문⟩

위반자를 과태료 금 100,000 원에 처한다.

⟨이유⟩

1. 위반사실

　기록에 의하면 아래의 사실을 인정할 수 있다.

　가. 위반자는 2016. 5. 30.경 도봉세무서에 양도소득세 세무조사와 관련한 주택매수확인서 등 각종 자료의 정보공개를 요청하였으나 정보비공개 결정을 받고 이에 대한 이의신청도 기각되자, 2016. 8.경 중앙행정심판위원회에 이에 대한 행정심판을 제기하였다.

　나. 국민권익위원회 행정심판국 B과 C사무관(이하 '담당 공무원'이라 한다)은 위 행정심판의 서류 확인 및 사실관계 조사, 조사 결과의 행정심판위원회 상정 업무를 담당하였다.

　다. 위반자는 2016. 11. 말경 담당 공무원의 부재로 다른 공무원과 통화하던 중 담당 공무원이 신혼여행 중임을 알게 되자, 2016. 12. 2. 50,000원을 우편환으로 담당 공무원에게 발송하였다. 그 후 위반자는 2016. 12. 5. 9:40경 담당 공무원에게 전화하여 자신의 안건 처리를 부탁한 후 위 우편환 발송 사실을 알렸다.

　라. 담당 공무원은 2016. 12. 5. 10:00경 D과 소속 주무관으로부터 위 우편환을 전달받고 같은 날 15:00경 위 우편환을 위반자에게 소포로 반송한 후 소속기관장인 국민권익위원회위원장에게 부정청탁 및 금품등 수수의 금지에 관한 법률(이하 '청탁금지법'이라

한다) 제9조 제1항에 따라 서면으로 위 우편환 수령 및 반환 사실을 신고하였다.

2. 판단

가. 청탁금지법 위반 여부

청탁금지법 제8조에 따르면, 공직자등은 직무와 관련하여 대가성 여부를 불문하고 금품등을 받거나 요구 또는 약속해서는 아니 되고(제2항), 누구든지 공직자 등에게 또는 그 공직자 등의 배우자에게 위와 같이 수수가 금지된 금품등을 제공하거나 그 제공의 약속 또는 의사표시를 해서는 아니된다(제5항).

이 사건에서 담당 공무원은 위반자의 행정심판 사건의 사실관계를 조사하고 그 결과를 중앙행정심판위원회에 상정하는 업무를 담당하였으므로, 위반자가 담당 공무원에게 금품을 제공한 행위는 청탁금지법 제8조 제5항에서 금지하고 있는 직무관련성 있는 공직자등에게 수수 금지 금품등을 제공한 행위에 해당한다.

나. 예외적으로 허용되는 금품등에 해당하는지 여부

다만, 위반자가 제공한 금원이 청탁금지법 제8조 제3항 제2호에서 정한 원활한 직무수행 또는 사교·의례 또는 부조의 목적으로 제공되는 경조사비 등의 금품에 해당하는지 또는 같은 법 제8조 제3항 제8호에서 정한 사회상규에 따라 허용되는 금품에 해당하는 것은 아닌지 살펴보기로 한다.

기록 및 심문전체의 취지에 의하여 인정되는 다음과 같은 사정, ① 위반자는 예전부터 담당 공무원과 친분이 있던 사이가 아니었고, 행정심판을 제기한 후 업무관계로 담당 공무원과 전화통화만 하던 관계였던 점, ② 담당 공무원이 위반자에게 자신의 결혼 사실 등을 알린 바 없고, 위반자가 우연히 담당 공무원의 부재 사실을 문의하던 중 결혼 사실을 알게 되었던 점, ③ 위반자는 전화통화로 담당 공무원에게 우편환을 발송한 사실을 알리면서 업무처리를 부탁하기도 하였던 점, ④ 우편환을 발송한지 불과 4일 후인 2016. 12. 6. 중앙행정심판위원회는 위반자의 청구에 대하여 일부 자료의 공개를 결정하는 등 담당 공무원과 위반자와의 업무관계가 지속되었던 점, ⑤ 담당 공무원이 위반자의 행정심판 사건 업무를 담당하지 않았다면 위반자가 담당 공무원에게 축의금 등의 명목으로 금원을 보내지 않았을 것으로 보이는 점 등에 비추어 보면, 위반자가 제공한 금품이 결혼을 축하할 목적으로 제공한 축의금이 아니라 자신의 업무 편의를 제공받을 목적으로 지급한 금품이라 봄이 상당하다. 따라서 위 금품을 청탁금지법 제8조 제3항 제2호에서 정한 원활한 직무수행 또는 사교·의례 또는 부조의 목적으로 제공되는 경조사비, 선물 등으로 보기 어렵다.

또한, 사회상규에 따라 허용되는 행위가 되기 위해서는 물품 제공 행위가 지극히 정상적인 생활 형태의 하나로서 역사적으로 생성된 사회질서의 범위 안에 있는 것이라고 볼 수 있어야 하는데, 공직자 등의 직무수행의 공정성과 청렴성을 실질적으로 보장하고자 금품등을 수수하는 과정에서 부정청탁의 존재나 대가성의 결부를 요구하지 않고, 직무관련성이 있는 공직자등에게 금품등 제공을 원칙적으로 불허하도록 규정하고 있는 청탁금지법 제8조의 취지를 고려하면, 앞서 본 바와 같이 위반자의 민원을 조사하는 업무를 담당하는 공무원에게 5만 원의 금품을 제공한 행위가 정상적인 생활형태의 하나로서 역사적으로 생성된 사회질서의 범위 안에 있는 것이라 볼 수 없다. 위반자의 금품 제공은 청탁금지법 제8조 제3항 제8호에서 정한 예외사유에도 해당하지 아니한다.

다. 과태료 금액

위반자에게 부과할 과태료 금액과 관련하여 청탁금지법 제23조 제5항은 위반행위와 관련된 금품등 가액의 2배 이상 5배 이하에 상당하는 금액의 과태료를 부과하도록 규정하고 있다. 금품등 가액의 2배 이상 5배 이하의 금액 범위 내에서 구체적인 금액을 결정함에 있어서는 공직자등의 직무 관련성의 내용과 정도, 수수 당사자들 사이의 인적 관계, 금품등의 수수 경위, 금품등의 종류와 가액, 반환 여부 등을 종합적으로 고려할 수 있다.

위반자가 직무관련성이 있는 담당 공무원에게 일방적으로 금품등을 제공하였으나 제공한 금품의 액수가 50,000원 정도인 점, 그 밖에 위반자가 물품을 제공한 경위, 그 이후의 정황 등 제반사정을 종합적으로 고려하여, 위반자에게 금품등 가액의 2배에 해당하는 100,000원의 과태료를 부과하기로 한다.

3. 결론

청탁금지법 제23조 제5항 제3호, 제8조제 5항, 질서위반행위규제법 제36조에 의하여 주문과 같이 결정한다.

엮은이

박명규   서울대학교 사회과학대학 사회학과 교수
이우영   서울대학교 법학전문대학원 교수

필 자

정수복   사회학자, 작가
박효민   건국대학교 이주사회통합연구소 연구교수
양현아   서울대학교 법학전문대학원 교수
임동균   서울시립대학교 도시사회학과 조교수
염유식   연세대학교 사회학과 교수
주윤정   서울대학교 사회발전연구소 선임연구원
김석호   서울대학교 사회과학대학 사회학과 부교수
최계영   서울대학교 법학전문대학원 교수
홍완식   건국대학교 법학전문대학원 교수
박명규   서울대학교 사회과학대학 사회학과 교수

서울대학교 법학연구소 공익인권법센터 · 한국사회학회

청탁금지의 법과 사회

초판 1쇄 인쇄   2019년 2월 18일
초판 1쇄 발행   2019년 2월 25일

엮 은 이   박명규 · 이우영

발 행 인   한정희
발 행 처   경인문화사
총 괄 이 사   김환기
편   집   김지선 한명진 박수진 유지혜
마 케 팅   하재일 유인순
출 판 번 호   406-1973-000003호
주   소   파주시 회동길 445-1 경인빌딩 B동 4층
전   화   031-955-9300 팩   스   031-955-9310
홈 페 이 지   www.kyunginp.co.kr
이 메 일   kyungin@kyunginp.co.kr
ISBN   978-89-499-4779-2   93360
값 32,000원